U0625680

全椒古代典籍叢書

金望欣集（外一種）

1

（清）金望欣 撰

政協全椒縣委員會 編

國家圖書館出版社

總序

皖東全椒，地介江淮，壤接合寧，古爲吴楚分野，今乃中部通衢，建置歷史悠久，文化底蘊深厚。據《漢書·地理志》載，全椒於漢高祖四年（前二〇三）置縣，迄今已逾二千二百二十年。雖屢經朝代更替，偶歷廢易僑置，然縣名、治所乃至疆域終無巨變。是故國史邑乘不絶筆墨，鄉風民俗可溯既往，遺址古迹歷然在目，典籍辭章卷帙頗豐。

有唐以降，全椒每以文名而稱江淮著邑。名臣高士時聞於朝野，文采風流廣播於海内。本邑往哲先賢所撰經史子集各類著作并裒輯之文集，於今可考可見者，凡數百種一百七十餘家。其年代久遠者，如南唐清輝殿學士張洎之《賈氏譚録》、宋代翰林承旨吴幵之《優古堂詩話》《漫堂隨筆》；其聲名最著者，如明代高僧憨山大師（釋德清）之《憨山老人夢游集》、清代文豪吴敬梓之《儒林外史》；至於衆家之鴻篇巨制、短編簡帙，乃至閨閣之清唱芳吟，舉類繁複，不一而足。又唐代全椒鄉賢武后時宰相邢文偉，新舊《唐書》均有其傳，稱以博學聞於當朝，而竟無片紙傳世，諸多文獻亦未見著録其作；明代全椒鄉賢陽明心學南中王門學派首座戚賢，辭官歸里創南譙書院，經年講學，名重東南，《明史》有傳，然文獻中唯見其少許佚文，尚未見輯集。凡此似於理不合，贅言書此，待博見者考鏡。

雖然，全椒古爲用武之地，戎馬之鄉，兵燹頻仍，紳民流徙，兼之水火風震，災變不測，致前人之述作多有散佚。或僅見著録下落不明，或流散異鄉束之高閣，且溯至唐代即疑不可考，搜於全邑亦罕見一帙……倘任之如故，恐有亡失無徵之虞，亟宜博徵廣集，歸整編次。前代鄉先輩未嘗不欲求輯以繼往開來，然薪火絶續，非唯心意，時運攸關。

今世國運昌隆，政治清明，民生穩定，善政右文，全民呼應中華民族復興，舉國實施文化强國戰略。全椒縣政協準確把握時勢，以傳承發展中華優秀傳統文化爲己任，於二〇一七年發軔擔綱編纂《全椒古代典籍叢書》，獲全椒縣委、縣政府鼎力支持，一應人事財力，適時調度保障。二〇一八年十月，古籍書目梳理登記及招標采購諸事宜甫定，即行實施。

是編彙集宋初至清末全椒名卿學士之著述，兼收外埠選家裒集吾邑辭章之文集，宦游者編纂他邑之志書則未予收録。爲存古籍原貌，全套影印成册。所收典籍底本，大多散落國内各省市、高校圖書館及民間收藏機構，或流落海外，藏於日英美等異邦外域。若依文獻目録待齊集出版，一則耗時彌久，二則亦有存亡未定者，恐終難如願。爲搶救保護及便於閲研討，是編未按經史子集析分門類，而以著述者個人專題分而輯之，陸續出版。著多者獨自成集，篇短者數人合集，多則多出，少則少出，新見者續出。如此既可權宜，亦不失爲久遠可繼之策。全椒古籍彙集編纂，史爲首舉。倉促如斯，固有漏失，非求急功近利，實乃時不我待。拾遺補闕，匡正體例，或點校注疏，研發利用，唯冀來者修密，後出轉精。

賴蒙國家圖書館出版社承影印出版之任，各路專家學者屬意援手，令尋訪古籍、採集資料、版本之甄别、編纂之繁難變而稍易。《易》曰：『二人同心，其利斷金。』君子共識而遇時，其事寧有不濟哉？

文化乃民族之血脉，典籍乃傳承之載體。倘使吾邑之哲思文采，燭照千秋，資鑒後世，則非唯全椒一邑獨沾遺澤，亦可忝增泱泱中華之燦爛文明以毫末之光。編次伊始，略言大要，勉爲是序。全椒末學陸鋒謹作。

《全椒古代典籍叢書》編纂委員會

二〇一八年十月

前言

曾經擔任湖北巡撫的晚清學者唐樹義有一首詩曰：『當時玉局共前游，剩得才名到子由。遠上黄河誰賭取，不勝回首望蘭州。』這首詩是寫給全椒名士金望欣的，他將金望欣、金望華兄弟比作蘇軾、蘇轍兄弟，可謂評價甚高。

金望欣（1789—？），字嵎谷，一作禺谷，號秋士，安徽全椒人。《清惠堂詩集》卷四《叔由以閏生日索詩賦長歌答之》曰：『君年長我惟一年（戊申、己酉），君月早我亦一月。生日先我兩日耳（四月初七、五月初九）。』是知金氏生於清乾隆五十四年己酉（1789）五月初九。［民國］《全椒縣志·金望欣傳》卷十言金氏『以知縣需次甘肅，題補古浪縣，未任而卒』。又考［民國］《古浪縣志》卷八，浙江舉人沈泰來於清道光十五年（1835）初任古浪知縣，四月已升任撫邊同知。浙江進士陳墉於清咸豐二年（1852）繼任古浪知縣。由此可推知金氏當卒於道光二十四年至咸豐二年之間。

清嘉慶二十一年（1816），金望欣考中舉人。金氏治經學最久，曾著有《周易漢唐古義》。他於學無所不窺，早年與江臨泰成爲忘年交，向其學習梅氏天文曆法學説以及《授時曆》《時憲曆》。道光二十四年，金望欣還爲烏程陳傑《算法大成》作序。在張秉倫等編著的《安徽科學技術史稿》中，將金望欣視爲梅文鼎、許如蘭以來的第三代著名數學家。《疇人傳三編》單獨爲其列傳，并且高度評價了他的學術貢獻。除此之外，金望欣還工山水畫，據［民國］《全椒縣志》記載，他的畫作意境與董其昌接近，爲世人所珍。

金望欣在清代文學史上頗具有影響力。袁昶寓居全椒時曾評價金氏曰：『近代棕亭、山尊、桑根輩，皆能以詞章雄於時，而根柢經史、學有心得者，惟金某一人。』其好友鄧立誠甚至將他與沈約、杜牧等人作比，充分肯定了他在文學史上的地位。據黄錫慶《清惠堂集》序，金望欣原有《寫笠軒詩鈔》及《淮海扁舟集》，也是其最早得以刊刻的詩詞集。道光十九年，金氏自選詩六卷，文二卷，詞二卷，成《清惠堂集》，而最早刊刻的兩種詩詞集反而湮没無聞。

金望華，金望欣之弟。生卒年不詳，字子春。金望華才華出衆，曾手抄宋元名家作品成《詩餘簡編》。道光六年，金望華始居住於吴氏小聽秋館，與詞家范鍇毗鄰，交往密切。范氏認爲詞盛於宋元，而詞之正宗當爲姜夔、張炎、王沂孫三家，故二人合編三家詞選，成《三家詞合刻》。

本集收録金望欣著述四種，因金望華乃金望欣之弟，故將金望華著述兩種附録於《金望欣集》之後。《清惠堂外集》《金秋士詩鈔》《清惠堂集》《金桐孫詩鈔》皆爲金氏兄弟各個時期的文學作品；《清惠堂遺印詩》爲金望欣所編，乃各家爲金望欣先祖金九陛所撰之詩；《三家詞合刻》乃金望華所編南宋詞人姜夔、張炎、王沂孫三家之詞作。本集乃金望欣、金望華兄弟著述的第一次彙編，相信對進一步研究全椒金氏家族將大有助益。

《全椒古代典籍叢書》編纂委員會

二〇二〇年十二月

凡例

一、本集凡文獻六種，其中金望欣著述四種，因金望華乃金望欣之弟，故將金望華著述兩種附録於《金望欣集》之後。成書三册。

二、本集所收各書，另撰有提要置於全書之前。

總目録

第一册

第二册

第三册

外一種（金望華集）

提要

一、清惠堂外集

《清惠堂外集》二卷，清金望欣撰，清道光十五年（1835）刻本。此集含《嵎谷雜體賦鈔》一卷、《嵎谷試帖詩鈔》一卷，是書扉頁題『清惠堂外集（雜體賦 試帖詩 制義文）』，自盦汪申題』『道光乙未，嵎谷雜體賦鈔，汪申題』。卷首有吴文鎔所撰清惠堂外集叙及金望欣自序。《嵎谷雜體賦鈔》録金氏賦三十篇，多爲擬物之作，仿東漢小賦。《嵎谷試帖詩鈔》卷首有金氏自題小序，録試帖詩九十九首。此書有數則眉批，乃汪申校讀所撰，涉及聲韻、訓詁諸多考釋，多有可觀之處。卷末又有時人點評，如《魏公子竊符救趙賦》末郭孚占評曰：『慮周藻密，細膩風光，極有揣摩之作。』

二、金秋士詩鈔

《金秋士詩鈔》一卷，清金望欣撰，清道光十六年（1836）清美堂刊《蔗根集》本。《蔗根集》十七卷乃黄錫麒所編，《金秋士詩鈔》見收於此編卷四。此書卷端題『全椒金望欣秋士』。黄錫麒，字也園，工詩文，與一時文士多有唱和。黄氏與金望欣交好，故自選金氏未刊稿中數十篇詩入《蔗根集》。所選大半乃金氏早年與江淮詩人唱和之作，詩風勁健，《春風狂》《王彦章鐵槍歌》等皆屬此類。

三、清惠堂遺印詩

《清惠堂遺印詩》三卷首一卷末一卷，清金望欣編，清道光十九年（1839）刻本。此書扉頁爲『清惠堂遺印詩』，牌記謂『道光己亥年孟冬六世孫望欣敬題』。卷首有陳方海序，卷末有金望欣道光十八年跋語。是書卷首爲金九陛遺印述略、東林列傳、金九陛畫像及馬瑙印圖。卷上爲海内名賢題咏，卷中爲桑梓詩人題咏，卷下爲後裔子孫題咏。據金望華所撰《先少參公馬腦遺印徵詩述略》：『道光庚寅（1830）春，自漢上歸里門，偶於市肆購得馬腦古印章，晶瑩光潔，篆則公（金九陛）諱也。』是知金氏偶然發現祖先金九陛之遺物，故以此爲題，徵詩於名賢，故成是編。是編含金九陛小傳及金氏家族譜系之資料。其中全椒鄉賢之唱和題咏尤夥，不啻爲全椒文學總集之一種。

四、清惠堂集

《清惠堂集》十卷，清金望欣撰，清道光二十年（1840）刻本。是書含文二卷、詩六卷、詞二卷。扉頁爲『清惠堂集（文二卷 詩六卷 詞二卷）』，牌記謂『道光庚子仲夏廣陵黄氏校刊』。卷首有陳方海、卞士雲、鄧立誠諸人序。道光十九年，金氏自選詩六卷，文二卷，詞二卷，與揚州陳穆堂共同校勘，乃成《清惠堂集》十卷。此集文二十九篇，古今體詩四百一十二首，詞一百二十五闋。卞士雲序評價其詩謂：『風俗之春龐，民生之疾苦，守土者之何去何從，悉寓之於咏言之内，謂非留心於當世者耶？』此論至爲允當。

五、金桐孫詩鈔

《金桐孫詩鈔》一卷，清金望華撰，清道光十六年（1836）清美堂刊《蔗根集》本。是書見收於黄錫麒輯《蔗根集》卷十一。金氏詩文專集皆已失傳，此《詩鈔》乃僅存之遺澤也。此編所選金詩可補金氏史料之闕，如《讀先世父棕亭詩鈔》向爲金兆燕研究學者所不知。金氏之詩多清婉可誦，如五言《抵家》、七言《憶揚州》等皆有唐詩蘊藉之風貌。其詩雖流傳甚少，但其境界或在其兄金望欣之上。

六、三家詞合刻

《三家詞合刻》四卷，清金望華、范鍇編，清道光二十二年（1842）刻本。此書扉頁題『道光壬寅，三家詞合刻，鐵琴書』，牌記題『道光二十一年歲次辛丑春』。卷首有汪全泰道光二十二年序。卷末有金望華、吴撍光跋語。是書收録姜夔、張炎、王沂孫三人詞集。姜夔《白石道人歌曲》、王沂孫《花外集》、張炎《山中白雲詞》卷末皆有范鍇跋語。宋元以來三家之詞集多矣，然文辭多有舛誤，金氏乃互參各家選本，以成此善本。

第一册目録

清惠堂外集二卷

（清）金望欣 撰

清道光十五年（1835）刻本

育惠堂代集二卷

清惠堂外集

雜體賦　試帖詩　制義文

自盦汪申題

道光乙未

嵬石雜體見錄

汪申題

清惠堂外集敘

有攷據之學有詞章之學有義理之學三者似趣相睽也顧精攷據者以經爲本擅詞章者於史爲近而義理則必窮經奧熟史事融會儒先諸家之説始足以識其歸不然高談性命而空疏不文所謂義理者亦句剽字竊焉耳朱子大儒其義理之粹直窺孔孟曷嘗以攷據見者然讀其書知其於天文地理三代之制度文章無不洞澈於中郎詞章亦南渡後卓然一大家薈容有義理未深而箋釋蟲魚吟弄風月以一得鳴者未有積學

儲理而轉苦名物之不知文采之不贍者也然則三者亦一以貫之而已吾友金子嵎谷於書無所不讀好深湛之思實事求是尤長於秝學所著說經諸書及詩文集盈尺矣將次第行世先出其詩賦時文共若干首付之梓人此特其緒餘耳奚足以盡嵎谷之學之富然其辭則瀏然清也其氣則沛然充也其取材則澤於古而與道適也非醞釀於經史者甚深何以擷義之精晰理之微若此然則讀是集者不獨詞章已見一斑卽其攷據之詳審亦無不可推類而知也若嵎谷者其庶幾一

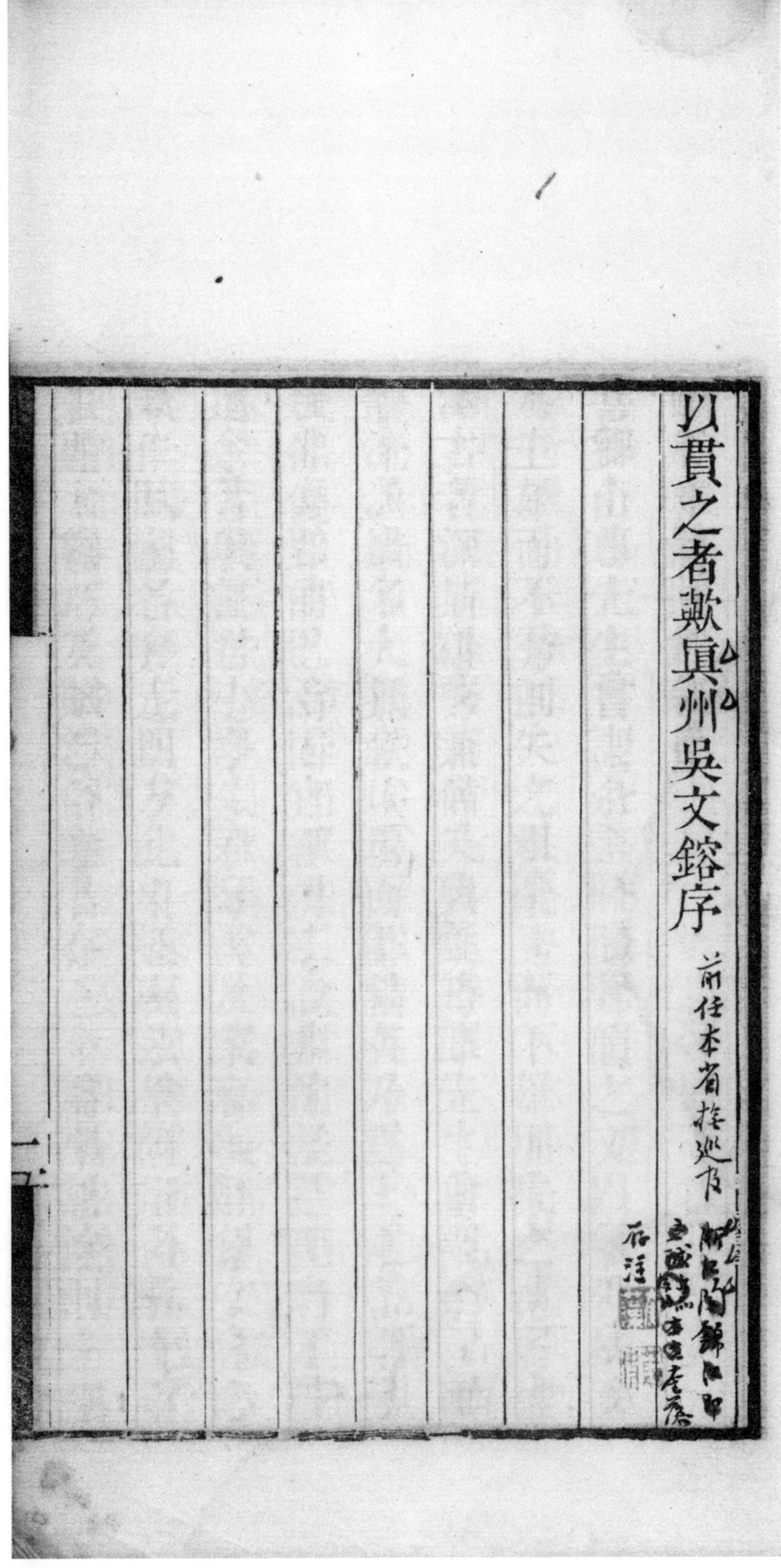

以貫之者歟眞州吴文鎔序

嵎谷雜體賦鈔叙目

吾鄉山尊先生嘗謂余言駢體聲韻之文以氣骨雄秀爲主雄而不秀則失之粗豪秀而不雄則失之薄弱惟澤古者深斯雄秀兼備吳興葉筠潭先生嘗謂余言賦體流派最多大抵軼埃堨而鮮精英乃爲上乘否則易類俳優郢曲巴渝固宜細辨二說非沈浸選理者不能道余昔與汪君小亭朱君琴溪及家春渠姪每文會必兼作賦嗣各奔走四方此事遂廢兹撿篋衍得數十篇去題太纖巧及賦涉俗豔者存三十篇期無悖兩先生

三

之敎云爾全椒金望欣識於廣陵小玲瓏山館寓齋。

角黍賦

披裘負薪賦

團扇賦

金帶圍賦

隋隄柳賦

虞美人花賦

七夕乞巧賦

白杜鵑花賦

蛙鼓賦
美人風箏賦
臨邛賣酒賦
桃花春漲賦
一朝獲十禽賦
昆明池習水戰賦
春草碧色賦
假衣於春賦
銅雀瓦硯賦

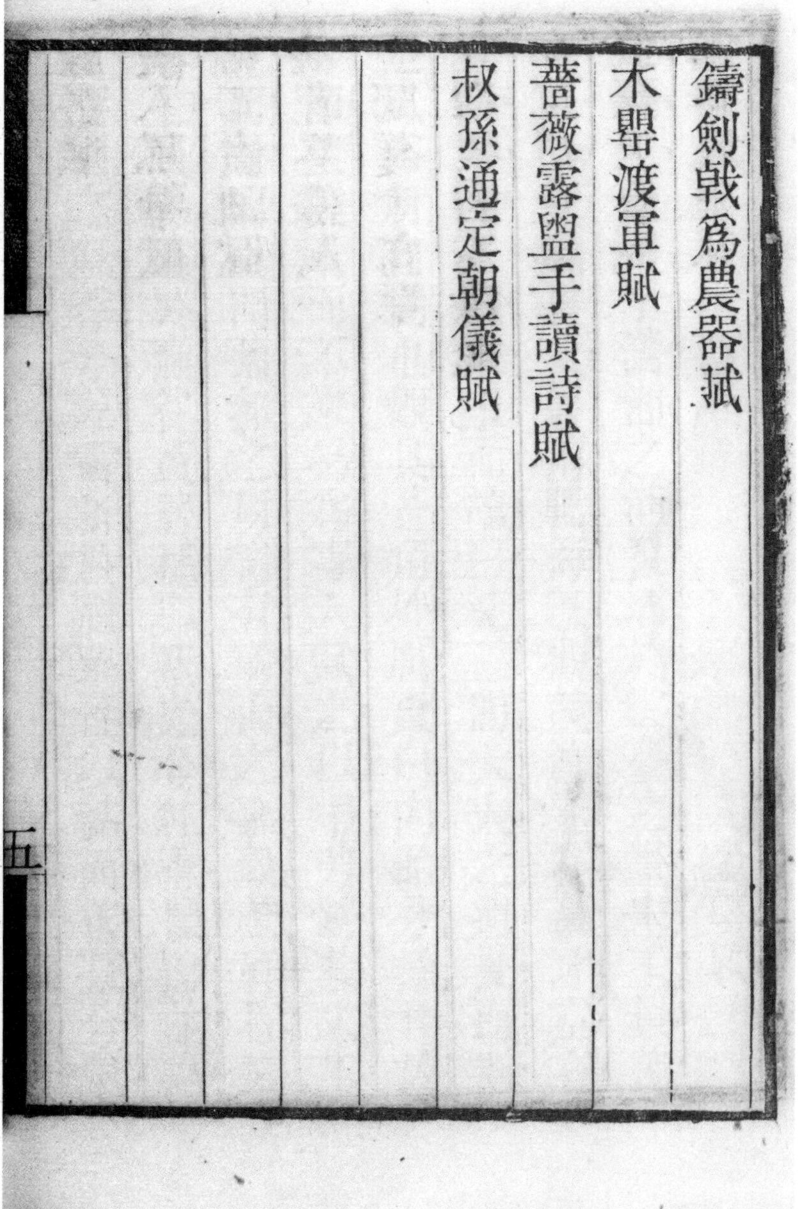

鑄劍戟爲農器賦

木罌渡軍賦

薔薇露盥手讀詩賦

叔孫通定朝儀賦

五

角黍賦

金望欣 秋士

楚襄王泛舟乎瀟湘之浦置酒於雲夢之臺宋玉景差侍於時薰風長艾暑雨肥梅旣觀競渡遂宴羣才左右進角黍焉王顧宋玉而嘻曰此三閭大夫之遺愛而荆楚風俗所自開也觀其芒角外厲貞白內胎兮餘甘於令節望美人而不來曷爲寡人賦之以弔芳躅哉宋玉跪而對曰臣聞蘭郝之所司有璚山之嘉穀獻祥符於鄗上回陽噓於燕谷黃著穗以韭光兮紅垂櫻而並熟當寢園之旣荐兮羣嘗新於蘆粟性以黏而善凝兮氣

以鄉而散馥流淸風於湘潭兮成漢陽之舊俗儼裹飯
於青精兮宛刻稜於碧玉其爲狀也珍珠臚聚鋒鍔馮
生繚朱絲之緯纏兮裹翠箬之縱橫荷以青而香溢兮
棗以赤而膏盈菱未秋而生角兮筍已夏而含萌屈到
見而誤嗜兮鄒衍累而易成藕粟隱而欲露兮雞粟咏
而旋驚洵馨香之可託兮詎廉隅之難名時則桃印懸
采蒲觴泛青歎舉世兮皆醉更何人兮獨醒采幽芳於
沅澧懷夫子之德馨溯三楚之父老感歲時之易經貯
筒米以薦誠兮投汨羅之淸泠蛟龍驚而見避兮繫采

索之瓏玲駕輕舟兮上溯橫大江兮揚靈見朱衣兮棄馬颭桂旗兮洞庭握靈犀兮點點糝珠粒兮星星矗百怪兮恍惚雷填填兮雨冥冥願靈修之可接兮永廟祀於烟汀楚王曰善顧命景差起而爲招魂之辭曰魂兮歸來享吾食些蕙肴蘭藉神其格些君王宴樂陳清歌些美人既醉朱顏酡些念子芳草沈清波些瓊漿罍勺召荆巫些纍纍薌合實於蒲些有捄其角操彼瓠些魂兮歸來食多方稻粢穱麥挐黃粱形容确确光垂芒爲君皎潔厲衷腸辰良日吉告巫揚千秋萬歲福我王

古茂之氣溢於行間　琴溪朱烺跋

摹寫工麗寄託遥深　補卿唐惇培跋

披裘負薪賦 以五月披裘不取遺金爲韻 金望欣 原名旺欣

吳季子奔走江淮翱游齊魯稅駕乎蘅皋停車乎蘭渚於時日景方中月辰得五披襟當風揮汗成雨倏有老樵荷夫巨斧袒敝裘兮翩翩歌錯薪兮詡詡季子早心異其人而接其步武也俄而地上遺金遇諸倉猝價奪琳瑯精騰日月廉者爲之智昏貪者爲之興發季子始顧客曰吾聞之人失而人得之聖人所不譏也人弃而我取之王者所不罰也夫以子之淸貧而見金於倏忽是天憐子窮以生死而肉骨也子何爲卻錦繡之紛華

甘敗絮之蕪没辭東陵之軒車荷西山之薇蕨哉客乃仰天而笑相視而嘻曰是何言之鄙也士各有志請爲公子賦之羌余一野人兮甘草莽而不辭除荆榛以得路兮抱璞玉而爲姿結同心於敝裘兮雖怨暑而猶披苟貞亮之在躬兮詎舉肥而相皮彼齊紈與魯縞兮非平生之所期惟故衣之難忘兮曾比德於素絲任被錦於嫫母兮隨負薪之西施我心悠悠伐檀河洲旣有力之可食復何入而懷憂望中林以託足兮見夏木之陰幽懼枳棘之充塞兮混臭味於薰蕕有蕭艾之可刈兮

溯江漢之方舟嘻腰腳之長健兮詎搴裳而起愁恐市井之溷濁兮汚平仲之狐裘豈躑躅於迷途兮聊憩息於道周夏日炎炎余懷鬱鬱子乘朱輪我棄赤紱苟自守其廉貞又何分乎伸屈荷余薪以行吟兮汗沾衣而誰拂隨蟣蝨之蠢蠕兮受風塵之敗黦飲廉泉之涓滴兮伐惡木之蓊蔚甘空山之苦辛兮懼稼穡之皆不守至寶於不貪兮豈喪寶於外物彼遺金之在塗兮直視之以糞土何公子之浼余兮謂一毫之可取歎舉世之皆濁兮並至人而敢侮獨不念夫前修兮余何爲而自

四

苦惟清正之足娛兮始踽僂於闤闠笑穊穢之可羞兮實吾人所共覩願長揖以相辭兮余將沈姓名於終古也歌曰世於我兮相遺我於天兮何欺息我肩兮箕山曲洗我耳兮潁水湄吳季子聞而歎曰峩峩遠岑沈沈茂林彼其之子孰測高深其心如水其度式金不慕榮利不愧影衾生芻一束實勞我心

天仙化人語得力於離騷者多矣 琴溪

其抒寫處則天馬行空也其結摘處則羚羊掛角也

補卿

金帶圍賦以紅瓣黄腰號金帶圍爲韻　金望欣

韓魏公垂紳朝右移節淮東瓊筵酒綠鈴閣花紅於時廣陵芍藥之繁甲於天下而金帶圍現則宰相出於城中公感名花之開四朵選佳客以應三公惟郡倅王珪具公輔之器幕官王安石有名士之風薄暮而過客陳太傅升之至人適與花數同焉乃滌盆瓶設籬柵聯玉爵之三雅焚龍香之一瓣晝戟肅然笙歌相間公指花而笑曰老夫與諸君遭遇聖朝浮沈薄宦心許稷契名羞管晏苟樞密之可期知禎祥之非幻觀其毓秀露浥

七

胎芳風綻豔壓冠纓香縈衣襻不可無新辭以寵之介
甫聲名繫於蒼生詞章尤所習慣彼相如與子雲曾不
足以當一盼作賦之才非君莫辦安石曰唯唯夫何造
物之不測兮鍾異種於維揚惟玆花之有象兮兆嘉瑞
於玉堂譯香名於綽約殿春色而芬芳發朱明於首夏
間土德於中央秉乾體之大赤含坤文之通黃采綴珊
瑚之色梢分蘭粟之光彼玉盤盂兮無以比其色即纓
金囊兮無以逾其香其狀則有舒有斂非琢非雕表異
態於千瓣傲殊寵於羣寮冠仙班於紫禁開生面於紅

紉蚌珠攢兮絫密蜂鬢簇兮心嬌遠而望之緋袍著乎竟體迫而察之金魚繫乎中腰其炫爛有光也若揚州之貢以三品其縈紆有象也若渾河之界以一條爾乃如絲雨纖似翦風報穿蝴蝶而鉤衣壓貂蟬而妨帽挂繡毬之低枝異荷包之別號珥木筆而朝天束書草而入告脫蘿衣而釋褐封桐圭而執瑁松風吹兮不解花雨漸兮如膏陋鄭女之相謔鄙子產之贈縞披以五銖兮春羅翦衫加以九錫兮紫薇書誥於是折束座上移尊花陰主人倒屣良朋盍簪扶頭酒熟婪尾杯斟芍相

望之冠蓋散公餘之衣襟值名華之開口更淸醴之醉心兆黄屝之枚卜對紅藥而長吟歌曰披繡帷兮開錦衾手赤玉兮腰黄金散仁風兮儲甘霖顧物瑞兮思官箴韓魏公聞而歎曰體物有方設采如繪覺詞香之霏微與花葩而映帶藉華國之文藻占生民之利賴則金帶圍者非老夫之樞機而諸君之蓍蔡也乃爲之亂曰日遲遲兮駐春暉風習習兮香四圍金有耀兮綰東皇之黄綬帶有餘兮束上宰之朱衣旣名器之不可假兮舍國士將焉歸

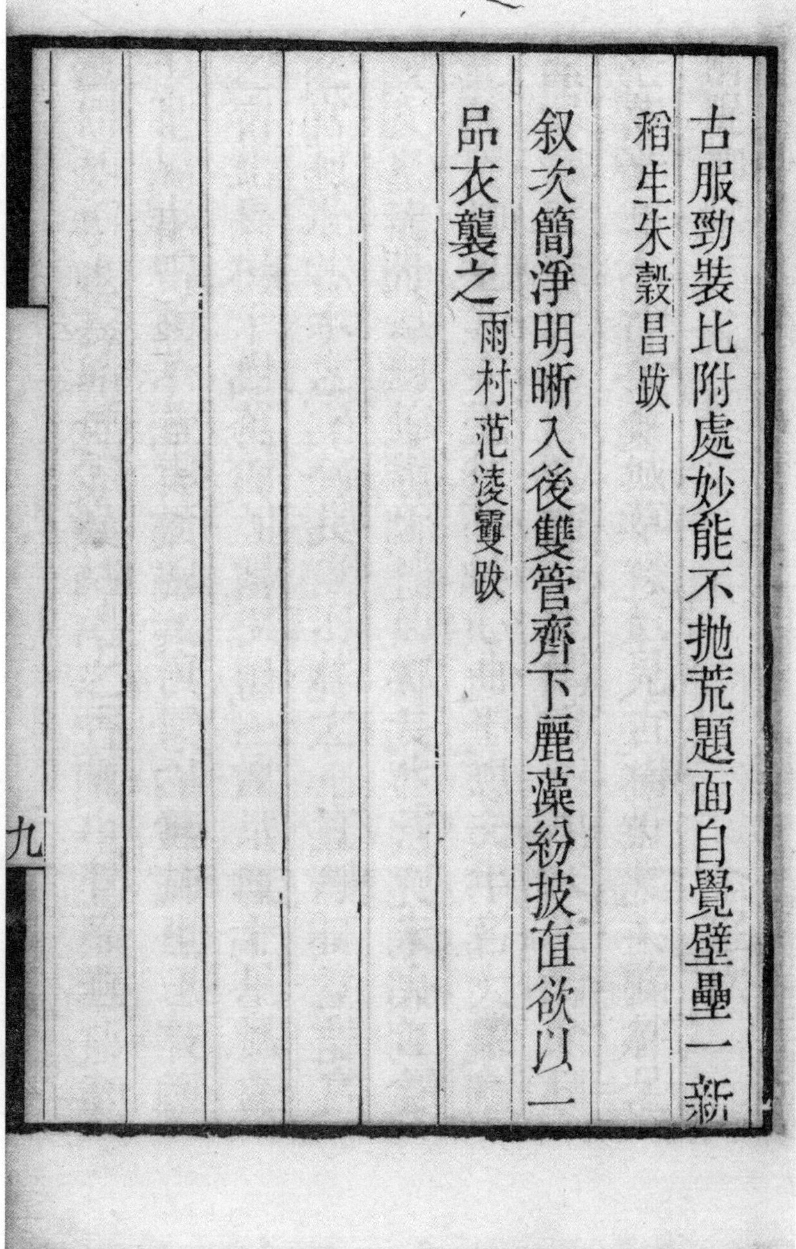

古服勁裝比附處妙能不拋荒題面自覺壁壘一新

稻生朱穀昌跋

叙次簡淨明晰入後雙管齊下麗藻紛披直欲以一品衣襲之雨村范淩霄跋

九

隋隄柳賦

金望欣

茫茫乎邗水沙黄蕪城草綠但見古樹折腰柔條絆足絮弱飄香絲肥漲淥鵶宿昏煙鸝鳴曉旭父老告余曰此隋隄柳也客亦憶往事於心曲乎想夫年名大業制變文皇龍舟鳳舸錦纜牙檣仙鄉長住清夜未央江都之宮何壯汴水之渠何長豈羽林之屯宜細柳豈離宮之宿比長楊千樹萬樹朝陽夕陽一波烟暖十里風香于是屬車雷動華蓋雲橫露葉溟濛濕旌旆也風枝瀟灑間琴筝也霧結煙霏裊鑪邊之香氣也鶯啼燕語和

馬上之歌聲也眼波眉黛則又妒三千人之迎輦十六院之傾城也豈知萬古豪華一朝蕭索李子方榮楊花忽落廿四橋頭三千殿脚貝齒珠唇雕欄畫閣莫不化春水之鴛鴦成空山之猨鶴惟餘喬木荒凉寒林秀削寫雨態於行宮搖風痕於水郭隄下有柳繫估帆矣隄上有柳絆征騎矣柳棉飛白鳥無聲矣柳火鑽紅花餘淚矣徒見柳浪迷漫柳枝憔悴牛礪角而根欹馬啄瘡而瘦寄斧斤禿而蓬頭蟲鳥穿而露臂安得不弔古傷懷永歎長歌於其地歌曰垂柳復垂楊歡場即幻場錦

帆人不見依舊絮飛揚余聞而和曰斜陽何處問迷樓

滿樹春光欲變秋莫唱曉風殘月調十年夢已醒揚州

不多著墨恰令人黯然銷魂匪由雕刻之工實見情

韻之妙　雨村

意本蕪城枯樹二賦傷今弔古俯仰情深　琴溪

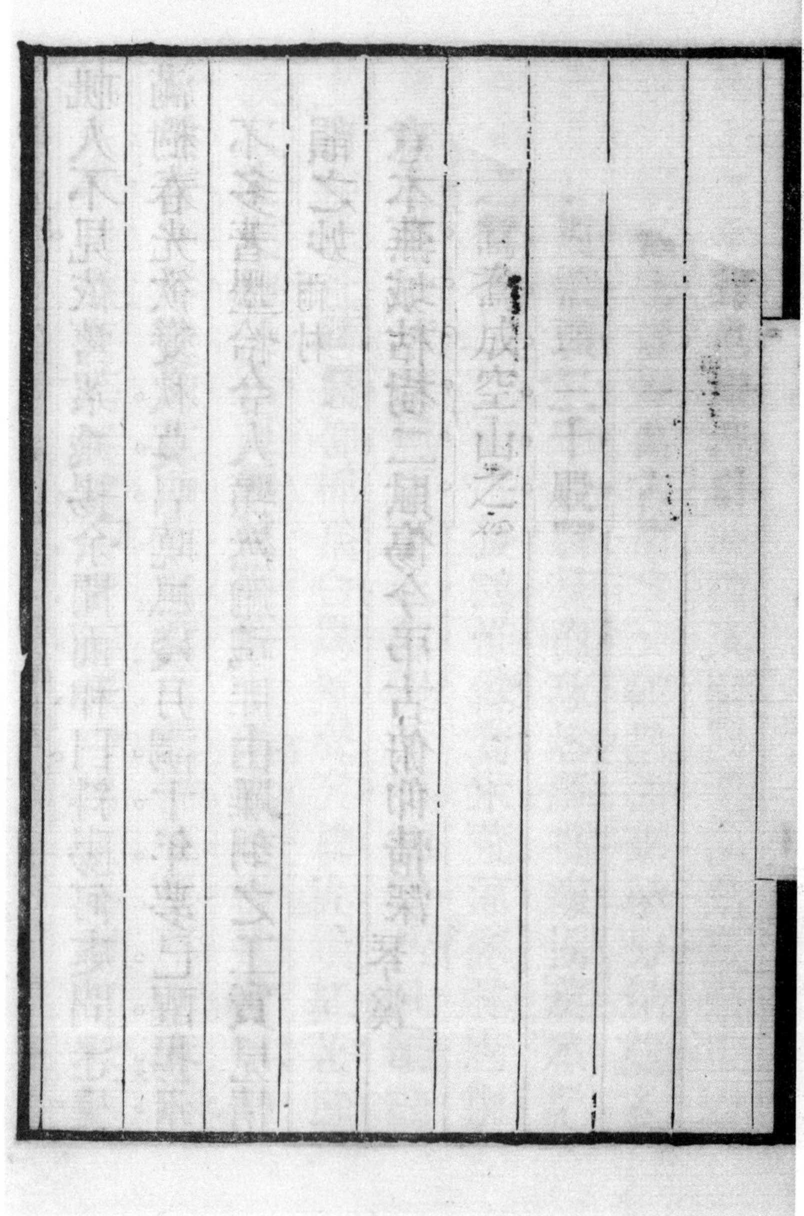

虞美人花賦 以楚宮花態至今存爲韻

金望欣

羅裙青青空向楚虞兮唱罷春無語一縷魂隨碧血埋千秋香尙黃金貯綽約園中花輕盈馬上女春色闌珊夢始醒玉容寂寞愁如許心傷衆卉之蕪名冠羣芳之譜爾乃梅纔釀雨楝欲罷風茁傳傳兮弱幹表楚楚兮新叢淚墮女兒之粉脂凝妃子之紅弔芬菲於別圃憶情態於離宮當其胎芳育豔將花未花垂頭浥露斂靨含霞似帳中晨起尙羞困之交加已而破粉融酥薰香染黛光采射人嬌妖作態似衣錦同還向故鄉而嗚佩

至若煙濕朝迷雨疎夕至暈頰嚬紅折腰倚翠似楚歌遠聞下數行之清淚及其狂飆散朵薄霧留陰臙支委地狠藉摧心似淋漓劍血結沈恨於古今百戰英風渺弗存奈何喚殺美人魂覇業眞如夢幽香别有根曬甲何時除恨草嗟虞何處弔孤墩年年風信到南園催得枝枝葉葉繁我欲花前訪遺事花應銜恨不能言

中四段託胎宋廣平梅花賦而無痕跡 琴溪

七夕乞巧賦

金望欣

金飈入室秋氣涼銀漢絡角秋漏長上蘭宮中衣漸薄長信殿裏扇初藏月纖纖而弄影星歷歷而垂芒時則河鼓遥臨天孫獨處服停此夜之箱鳴罷中宵之杵鵲駕遲兮河無梁鸞信通兮天不語紛離緒其如雲盈別淚而爲雨今夕復何夕他生又此生拚將俄頃會訴盡古今情磨蝎宮臨天未補銀蟾鎖合夜旋明人間不少癡兒女猶向雙星証臂盟則有殿坐長生池臨百子蛛網結而采雲停羊燈顫而微風起膾百味而同心縷五

絲而繞指宮漏穿花天街似水抛得金梭月易斜開襟樓上望軿車粧成但乞鍼神巧散作空中吉慶花至若妾住江南君居塞北鏡聽無靈刀還尚隔臉共蓮而捐紅鬢比蓬而退黑夢斷今年魂銷此夕何事神仙怨別離有情天也解相思聘錢難覓貧終累靈鵲能通見未遲中庭瓜果盡紛紛影隔紅墻語不聞多少深閨爭乞巧妾因巧始織迴文

有景有情筆饒生趣似子安七夕賦　琴溪

白杜鵑花賦

金望欣

春信將闌東風無顏鵑啼血盡花落脂寒有美人兮空谷處揚素貌兮縞衣單羞加芳澤薄御鉛華霜非秋而態冷月不夜而痕斜可憐蜀道斷腸種開作人間薄命花二花一葉枝枝相接朱不膏脣粉長在靨冰鑠望帝之魂玉妒甘妃之頰履素如君懷貞似妾躑躅躑躅閨深廊曲文君新寡之愁花欒生離之辱鏡任捐紅蛾羞掃綠子規子規山巔水湄鬢髮漸變朱顏全非素面長別素心告誰問花信兮晚復晚悵王孫兮歸不歸

六朝人吐屬讀之齒頰生香　飯石朱實發跋

逸情藻思活色生香　補卿

盆蘭賦 以蘭有國香人服媚之爲韻　　金望欣

地僻春早根孤香寒羞衆卉之爲伍延入室之幽蘭聯華芝兮莖弱倚修竹兮形單感主人之手植寄客土而身安臭無言而自馥露長潤而不乾當夫匿跡荒巖埋踪幽藪樹禿鴂嘒蕪深兎走傷蕭艾之易繁望蓀荃而烏有盼公子兮不來泣美人兮寡偶羞離俗以自媒長素心之獨守苟余情其信芳豈草茅之能久香吐長清茅穿自直尼父聞而停吟靈均見而動色披荊榛以相招偕芷蘅而並植女辭家以適人臣出身而報國入簾

圭

幙之清虚感風塵之拂拭培黄土於墻東置素瓷於硯北踈葉密葉一行兩行沙明根淨陶古膏凉花猜鏡裏香奪鑪旁土入抔而苔活水盈掬而泉芳招湘君之舊夢試玉女之明妝閉門獨笑盡室皆香於是澤畔放臣天涯覊人望故鄉而極目思幽室以棲身辭江蘺與辟芷别宿莽與荒榛謝巖桂之招隱結瓶梅而爲隣竹韻茶香之境拳山勺水之春亦有思婦長愁麗姬獨宿吁闗塞兮不春傷河梁兮無服空滿袖兮懷馨香誰爲容兮罷膏沐供几上之清芬流釵邊之芳郁恨吉夢之難

成願長歌以當哭歌曰花解人離憂人憐花嫵媚藉以寄所思迢迢不可致一種幽姿好護持人回遠道欲何之衣香三月停熏後屋裏春深風未知

似禰正平鸚鵡賦似王子安青苔賦　琴溪

披讀一過如入芝蘭之室　祁卿

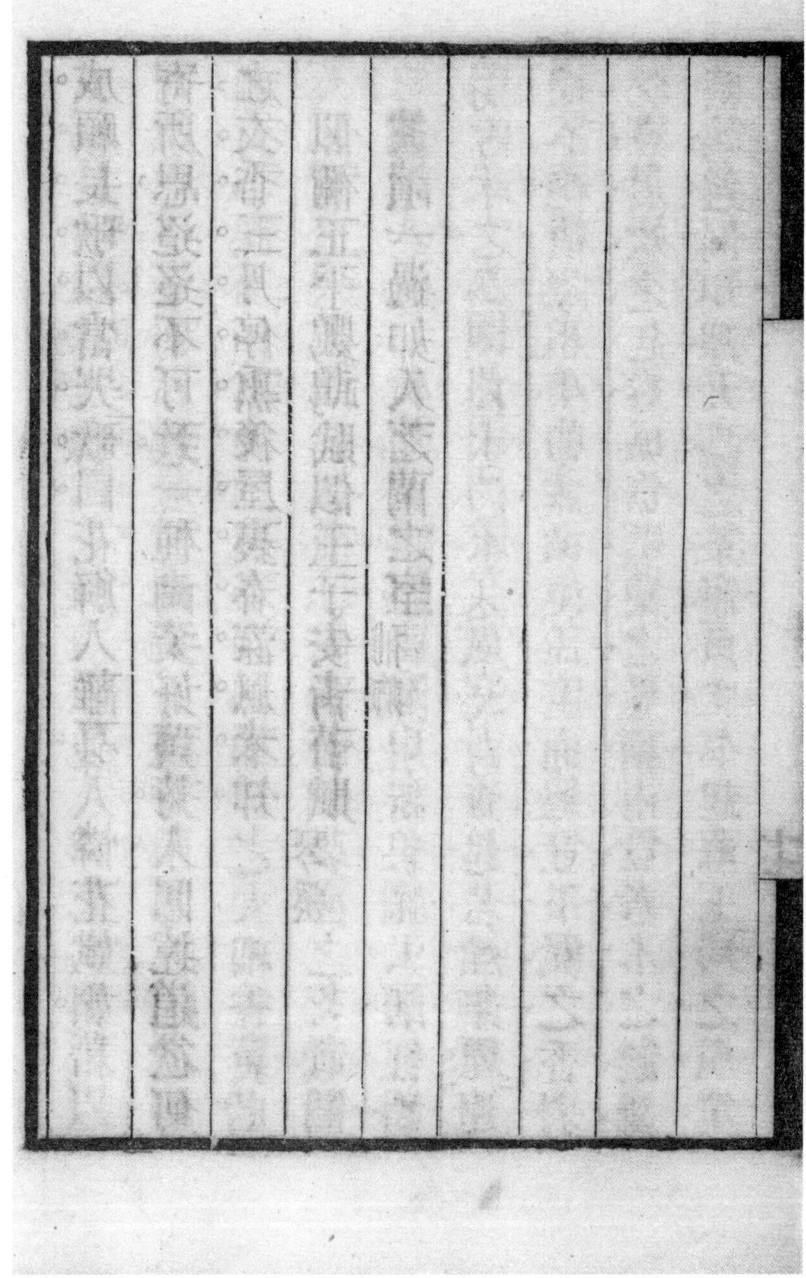

茶煙賦 以茶煙輕颺落花風爲韻 金望欣

薰爐香燼藥鼎塵遮風迴樓角雨過簷牙忽輕煙之嫋娜出小院而橫斜淺碧飄來春試榆林之火細香裊處人煎花塢之茶詩仙酒仙社前雨前酣夢窗之茗戰鬬吟館之茶緣一槍翠重半甲青鮮泉新碧膩火活紅嫣剛雪味之頻調以水濟水逐風痕而漸起若煙非煙連綿不絶續斷相生帶露欲濕比雲還輕豈午爨之香別院豈晨炊之起春城豈蒸藜之遲積雨豈煮朮之趁新晴鶴避偏知陸天隨之茶竈魚吹乍起蘇玉局之瓶笙

十七

當夫寒夜客來清談神曠笑水戹之先愁舉火攻以相向竹霧微明之際半縷初飄松風欲作之時一痕低颺亦有訪禪悅於蓮房問宗風於蘭閣三椀餐餘五甌茗瀹竹爐之宿火猶明柏子之清香共爚晨殿角兮依依出廊腰兮漠漠杜刺史酒醒禪榻花徑風來鄭都官夢繞僧樓松窗雪落至若棘闈夜永鎖院春賒試蟹眼之沸鼎聽羊腸之推車冥濛矮屋之間火餘槐葉掩映玻鐺之內汁潑桃花效聞吟於學士手何憚乎頻叉詩曰颼飀細響隔簾櫳香靄低迷一綫通惆悵蛾眉曾捧處

年年春老鬢絲風

秀骨天成深得唐賢三昧 姪湏

刻鏤無痕細膩欲絶 雨村

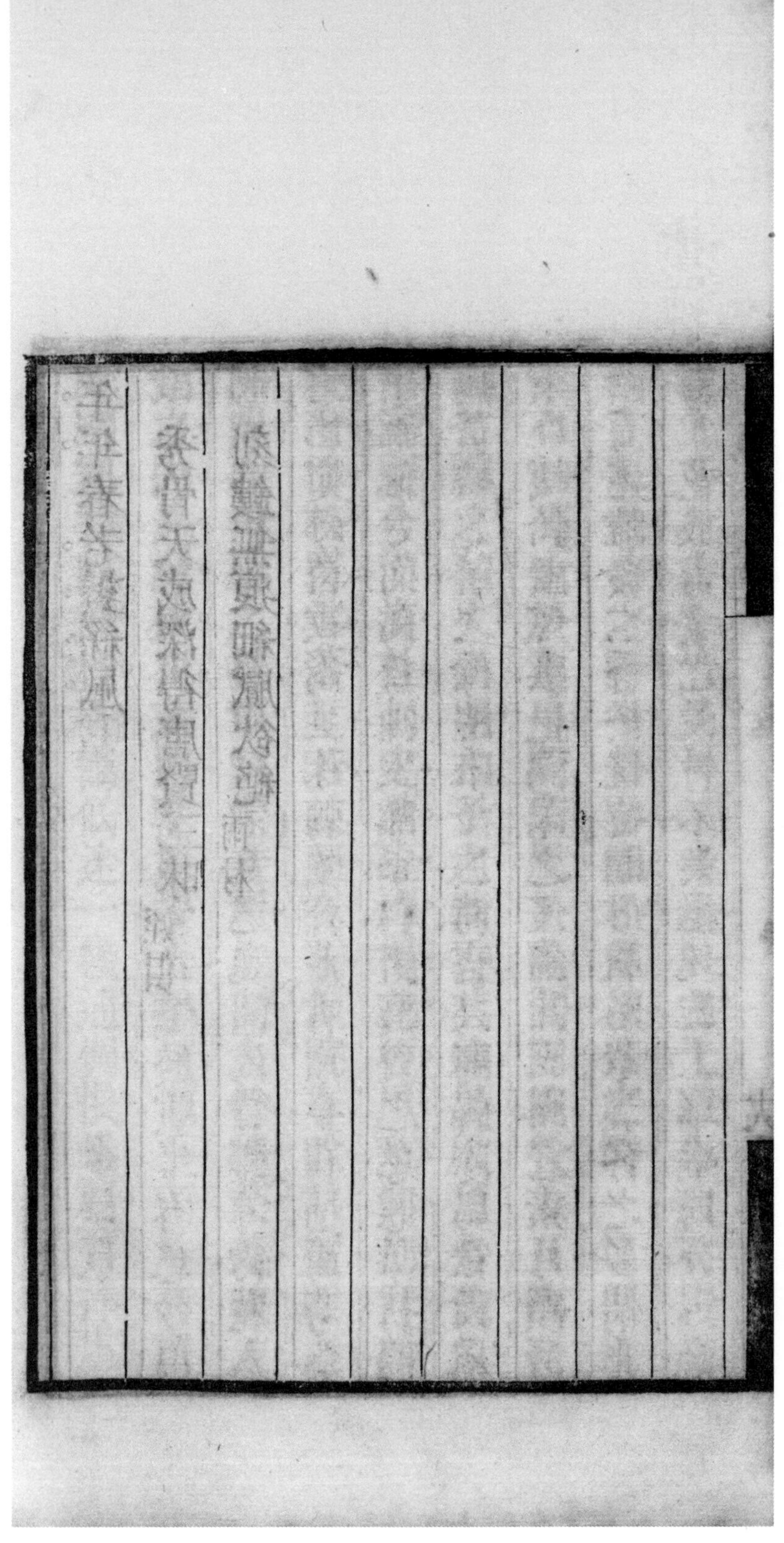

花影賦以雲破月來花弄影爲韻　金望欣

倏月如沐好風自薰香蒸成霧花爛於雲堆春愁兮萬疊畫春色兮三分婷娉倩女之魂淸依竹韻綽約麗人之影瘦壓苔紋爾其柳弱鶯捎芹香燕坐有情而芍藥爭翻無力而薔薇欲臥簾垂白晝寶兒之憨態誰扶門掩黃昏妃子之餘醒未破於時宿鳥將歸陽烏欲沒檐重煙棲鈴虛風歇挹藹藹之澄輝升團團之素月顧淸蔭而迷離發空香於恍惚贈形贈影惹騷客之多情非霧非花成畫家之沒骨不染纖埃旋上瑤臺摶芬雪聚

颭碧風來十點五點三堆兩堆肥應認蘗瘦欲欺梅魚吹水面之痕翻嗁虛幻蜨覓林間之夢亦費疑猜則有蕩子天涯蕩婦倡家天何宵而無月春何樹而無花酒邊暈粉燭底羞霞曳珮環兮飄忽照釵索兮交加對鏡工顰月桂空餘香澤臨波作態風桃猶妒夭斜莫不花裏相邀花間相送擁千重錦繡之圍壓一枕鴛鴦之夢曲傳子野翻淸笛之一腔拍怨虞兮譜焦琴之三弄已而斗柄將橫漏聲漸永吹殘歌管之音移上欄杆之影望月色之沈沈兮餘露華之綴冷

穠豔在骨秀韻天成　漢卿朱藜照跋

擇其佳句可入錦囊　琴溪

二十

擇其能命亦可以入論議者焉
瓊[illegible]林[illegible]秀識天成[illegible]仲冬之吉[illegible]

按過音嫁同箇聲與過我之過似若不同又音平聲訓孤今不傳其字而有聲出越方語中嘗見人採字成詩以證其有音平聲之說秘監此仄聲乃與嫁義同訓之解為近未識有據溯否姑妄思而妄注之以存縷示空明之不虛所指視也附書見妄記

雁字賦 以書破遙天一字行爲韻

金望欣

漁汀雨後雁磧霜初早漸遠之有象宛遵渚而攸居聽數聲於遠浦排幾字於晴虛萬里雲藍光似泙青之簡一江練素影涵飛白之書彼雁也勁翮羣飛歷鳴相和高柳長辭衡陽不過南來而楚澤棲遲北度而代雲銜破銜蘆霜塞班超之筆同投繫帛冰天蘇武之音遠播聲傳嘹唳勢借扶搖來賓迢遰應候逍遙看成行於千里睹妙翰於一朝風狂雨橫之秋疾揮沙漠霧結煙霏之勢高署雲霄其字則非眞非草若斷若連露垂秋杪

泥印江邊辨體則陣排奇正象形則格異方圓臨池學
張草之工幾行映水窺跡在義圖以上一畫開天則有
負羽邊城羈身旅次郵傳一紙之書家抵萬金之寶正
愁思之方長聽飛音之忽至行行寄遠墨濃而方笑鴉
塗咄咄書空筆妙則親窺鴻戲至若新過粧樓乍驚豔
質看接羽之雙雙感離羣之一一影錯高低勢分疎密
飛過湘江六幅似羊裙起草之時銜開蘆絮千枝效鸞
鬬簪花之筆爰爲之詩曰秋月復秋霜淸涼送雁行排
成幾个字望斷九迴腸馬邑龍堆路正長西風落木共

南翔離人但識天邊影便當家書到故鄉

鏤心鳥跡之中織詞魚網之上小賦若斯可云盡善

漢卿

輕圓簡淨似黃文江　琴溪

音節遠響北調南吹令人神凝氣聚　丁未秋日

聲遠氣張海天一望　己酉九秋

漁家晚煙賦 以鷗嶼殘照漁家晚煙爲韻　金望欣

霞明極浦潮落芳洲江天一鷺春水羣鷗楊花飛而鱸味美香草暮而漁煙稠護南浦之樓臺景猶鬱鬱雜西山之風雨氣自浮浮則有結舍蘆汀卜鄰蘋渚浮家而久慣舟居泛宅而何嫌陸處十里五里地接晃沙三村兩村門迎鶴嶼罷釣繫船之後歸來而徑自潛通賣魚換酒之餘旁晚而飯應催煮時則遠帆盡卸暮鼓初殘澄江弄碧空水生寒失浮雲於波上淨薄靄於林端野曠天低漁火尙遲古渡風恬浪靜漁歌悉罷前灘有一

縷之輕煙上千家之返照始斷續以相牽漸連綿而入妙倚墟里兮依依出林皐兮繞繞堆蘙滿屋護碧浪之千痕曬網當門吐蒼雲於萬竅開江畔之畫圖入游人之臨眺若夫雲林暗處霢霂飛初磯危苔滑堤潤花疎問暮餐於中婦歸晚市之老漁早見騰騰屋角冉冉林於雨積煙遲破湖光於白鷺梅肥筍熟想風味於黃魚至若瘴消水國草醉天涯望落日以還明影纔直上觸微風而欲動勢忽橫斜七里臺荒碧鎖嚴光之宅一溪波漲青迷晉望之家莫不村落毗連江湖棲遯挂蒲席

以同歸欵柴門而自返汲湘潭兮水清燃楚竹兮日晚沙鳥風帆之外望處蒼茫魚莊蟹舍之間晝來平遠已而人喧渡口潮落沙邊山氣沉而遙嵐滅沒江色暗而細浪淪漣閃灼泥燈點幽林之宿火依微茅屋失曲突之炊煙

雲林畫意摩詰詩情　琴溪

松江煙雨紅樹鱸魚讀之令人有張翰秋風之思　補鄉

魏公子竊符救趙賦以題爲韻

金望欣

長平瓦飛邯鄲鼎沸西見制於强秦南求援於弱魏戈鋋耀日偏遲晉鄙之行冠蓋如雲難釋安釐之畏焉得瓜期許代旋解印於將軍庶幾竹使能頒任合符於都尉信陵君乃欲約食客率家僮以寡敵衆因私急公是猶負薪以救火詎能免胄而趨風解綬何人徒嘗軍於河北請纓無路難振旅於關東羽馳趙勝之書狠烽正急座少田文之客狗盜誰雄時有侯生魏之賢士甘擊柝於夷門結鼓刀於屠市密進奇謀專賫女子復讐雪

恨曾多公子之心報義酬仁易入美人之耳倘使通關防於華寢僞授韜鈐何難謝交代以單車暗新壁壘請諸如姬如姬感悅願伺便以探囊儆奏功於入穴宫靜鍵局宵深燭滅摘驪珠於頷下幸值龍眠握虎節於掌中幾同鼠竊似入淮陰之壁奪上將之兵權好登曲逆之壇召諸軍以使節于是前旌夜發輕騎晨趨既重丁妃之護兼煩亥市之屠恐矯制之難欺變生宿將倘勒兵而不援擊倩武夫軍奪崇朝如握虞卿之右券氛銷頃刻何須季子之陰符時則王氣遥雄平原望救指鉅

鹿兮先驅戴鳴鳶兮載驟草山遥望驚旗鼓之忽來突陣如飛薄城隍而轉鬬佇聽凱歌之唱早定傾危回思鬬節之通何愁洩漏是蓋誼重同袍功成建旐合羣策以擯秦卒偏師而用趙羽旄是假若借義以文奸唇齒相依實鋤强而保小共信三千鐵弩軍本無私非同十二金牌詔會可矯巳而美播鄰封强聞當路致豪客之趨歸仰威名而赴愬五城難獻謙辭剖符之榮六國皆從契若合符之固惟反經而合道始爲艮謀長排難以解紛悉卒做賦

慮周藻密細膩風光極有揣摩之作 伯寅郭孚占跋

才雄律細唐賦正宗 雨村

芥舟賦 以坳堂杯水芥為之舟為韻 金望欣

漆園吏著逍遙之樂窮天人之交心不以大小而有間形可渾鉅細而並包海運將飛雲起而鯤鵬奮翼林深可借枝低而鷦鷯營巢鉅則五石之樽任瓢浮於江上細則一杯之水看芥泛於堂坳爾其沈沈靜戸寂寂空堂酌行潦而汙尊比潔颸微風而窟室生光非同抱甕之澆百畦可灌偶自挈缾之注一葦能杭雖負大舟也無力而載小物兮何妨一水墻隈不著纖埃弱難浮羽渡或愁杯漸進而微波瀲灩坎盈而細淚潫洄賁筏誰

乘比蓮花於太乙迷津可問現芥子於如來牽春纜兮游絲雨寘溪柳墮暮帆兮落葉風起庭槐第見蕩漾可觀纖微莫比盆池是泛兮居然南溟之池勺水能通兮宛爾西江之水網如可撤應倩網公魚自堪吞惟須魚婢聽猿聲於兩岸詎雕棘刺之端戰蟻陣於中流幾擲樓船之指盃泛兮五湖囊縫兮九派鏡開兮月棹爭移扇動兮風帆欲挂比以恒河沙數久閱滄桑納以須彌山王便成世界倘問波濤之險易會不容刀如權任載之重輕易於拾芥是蓋水之積也不厚故舟之大也難

移水不能盈科而進舟豈煩刳木而爲若教赤壁重遊應刻樓臺於桃核莫使武陵誤入致迷洞穴於藕絲投之以針尋銕戟未銷之地視爲如草認蒲帆半卸之時簷月斜照窗風橫吹覆豈同夫欹器滿難望乎漏卮比駕葉兮蘇子笑縛草兮退之嫉倩艾人習江頭之競渡難容橋叟載湖上之殘暑緣長而荇菜搖風輕牽未許絮暖而楊花撲雪獨釣偏宜于是至人齊物寓意遠遊不窮乎至小之無間欲觀乎至大而何由故朝菌不知晦朔蟪蛄不知春秋力僅出乎杯水載豈外乎芥舟載

沈載淨庶免杯膠之患時行時止詎深瓠落之愁

奇趣横生可與盆池賦並傳 稻生

巧思綺合清麗芊綿律賦中之金科玉律也 補卿

正聲並發典雅無遺矣字可語神仙中人之

口吻至吐屬勝人千字也夫

綠楊宜作兩家春賦以題爲韻

金望欣

迤邐朱檐猗那碧玉疎烟護隱吏之居嘉樹引芳隣之躅羣推才子齊名在酒地歌場願逐故人卜宅於山陬水曲撿點月明舊約眼久垂青商量春色平分陰須共綠昔樂天之與微之也交原莫逆情豈相忘心跡既親於筆硯影形猶隔以門墻雖云紙閣三間選勝傍鑪峯之側豈若煙嵐四面謫居近蓬島之旁家移陶令門前先誇綠樹地問蕭郎宅畔惟認青楊當其攜琴過從挈榼追隨兩三行裏九十春時誦新歲微和之句起仙都

難畫之思縱接葉以巢鶯聯吟或許看飛花之舞蝶孤賞偏宜儷同思曼神清獨擅風流於桑殿任我小蠻腰瘦肯分淑景於家姬若使地借半弓居容一閣遂買山顆允之思得比尸羊求之樂指新家於城口仁里堪依過濁酒於墻頭清吟競作從此筆牀茶竈未知誰是主賓問渠砌草庭花何處能私籬落而此柳㬌依依春光蕩蕩堆碧線之千重隱朱樓之十丈烟鎖過墻之色亞紅杏兮雙雙風傳隔院之聲聽黃鸝兮兩兩林下卽論心之地跡近攀嵇陰中總攜手之期徑原通蔣一月春

睽一簾霧遮深通乳燕檐共棲鴉別山居之蹊逕立老樹之槎枒界歌管於中央二分隱約窺舞腰於兩地一例天斜遲遲之落日低時才送新陰於東院習習之谷風起處又分飛絮於西家由是金縷調曲玉壺買春話廿載苔岑之誼定半生萍梗之因不分寒燠之枝樹猶如此其事栽培之力德可爲隣員堪對面成吟爭謝氏一庭之雪莫使畫眉入譜分施家兩㨾之顰盖其誼氣相深唱酬有數每暫出以相尋豈索居而不顧但冀閭閻相接遂雅願於芳時頓看草木生輝發華滋於奇樹

鶯遷許卜歡呼寄喬木之章燕翼兼謀封殖拜甘棠之賦。

瀏亮匀圓其名雋處步步引人入勝 稻生

美人風箏賦 以遺世獨立翩若驚鴻爲韻　金望欣

晩風山郭斜日村籬妃女愁紅之候麗人拾翠之期望春樹兮燕支徧染踏香塵兮珠翠爭遺粉蝶撲時鬬花朝之風片紙鳶飛處牽寒食之煙縧乍聞天樂空中音嫋嫋而不絶遥見仙人雲裏影珊珊其來遲是蓋蕩子新裁狡童巧製貌此輕盈宛如佳麗錯彩匀粧堆螺上髻割白練以裁裙染紅牋而翦袂攬愁緒以絲縈絆芳蹤而繩繫豈竊姮娥之藥瞥爾淩虛偶乘少女之風洽然出世時則雨霽春嵐煙銷曉麓疑飛鳥兮翔雲似流

鶯兮出谷風鬟乍拂矗天際兮身輕箏語如聞歎人寰
兮調獨虛原可步許飛瓊之琊還鳴仙恐難留漢成帝
之臺空築第見出沒高林聯翩平隰紅膩衫襟翠鬆裙
褶戲來而童子何知望去而佳人獨立憶琵琶於馬上
塞日猶明驚綵管於人間江雲尚集花落綠珠之笛墜
芳草而偏遲書飛紅線之篋逐東風而正急則有尋花
騷客攜酒少年乍看跕跕誤喚翩翩似寫幽思於雁柱
如聞清弄於鸞弦紅杏雲端隱隱如花之女碧桃風裏
悄逢獻果之仙書花葉以緘愁豈有夢回春午傍楊枝

而弄影恍疑人上秋千更有繡羅香閨吟殘綺閣穿望眼於天涯聽新聲於林薄歌旋移調封家姨意太顛狂曲似迎神雲中君態何綽約豔羨吹簫之女騎鳳齊升妬深解珮之妃游龍宛若是則空中着色虛裡傳聲事雖近乎游戲技自覺其專精用金粉於南朝恨鎖蕭公之寺撥銅琵於西府愁縈秦女之箏羽可換而宮可移曲應有説朝爲雲而暮爲雨夢或頻驚已而月明顧兔風送歸鴻箏絃落落人影匆匆笑弱線之難添轆轤暗轉裊游絲而易墮環珮都空一百六日清明愁逢猛雨

二十四番花信春老幽風

嫋嫋不絕姍姍來遲二語即以持贈 補卿

巧而不纖豔而不褻 雨村

文若撥銅琵琶西廂秘譜秦女之簫弦可挑而宮可移趙近乎游戲拔自鬒其事精乎金粉於音韻根徵蕭公新深解珮之姬游龍宛若是則空中看窗虛憑傳聲畫曲似湘神雲中君態何綷綵纖美吹簫之女驂鳳齊飛眼於天涯聽新聲於林瀨歌旋移調走宮揀意大顯雅而弄影奚疑人上孤干更有繡譜香閨吟發新聲寧望

臨邛賣酒賦 以相如賣酒文君當壚爲韻

金望欣

蜀江水膩蜀道風香才子題橋之地麗人濯錦之鄉羨食貧兮有侶覺處困兮無妨屋少黃金橐囊羞澁人堪白首環珮交相家原近於新豐何嫌貰酒客久倦於梁邸聊隱賣漿司馬氏人間獨立名下無虛千字上林之賦一函諫獵之書驚擁彗於好賢之令得傾觴於大姓之爐繡虎才高公子留賓而意洽求凰曲就美人窺客而顏舒座中致紅拂之奔無媒獻處樓上訝綠珠之墮未嫁逢初巹自文君之既得而臨邛不足以戀相如矣

然而四壁徒懸一瓢空挂無家止賸清貧近市惟嫌湫隘值卓王孫之含怒閉門而一券羞通遲楊得意之知音作賦而千金難賣縱使丹砂有穴無緣逐什一之謀幸敎緣酧多情藉此避尋常之債于是入市躊躇歸謀諸婦笑啟唇櫻愁舒眉柳相如乃脫金貂以易器文君乃拔金釵以換酒琖飛荳蔻香溢茅檐杯泛葡萄光生甕牖橋通萬里看花邀千日之遊村登三家累月醉五陵之友第見郵亭絡繹游騎繽紛半幅之青帘飄影一行之紅字成文杓瀉鵞黃混玉壘遙山之色瓢傾鴨綠

射錦江春浪之紋分明楊柳津亭痕添翠袖指點杏花城郭心醉紅裙莊騷醞釀蘭麝氤氳味以醇而愈淡香以遠而彌芬滌玉盞兮牽衣無違夫子攜金錢兮滿袖歸遺細君裘解驌驦犢鼻之風流自賞杯擎鸚鵡蛾眉之春色微醺浥乎金門待詔粉署爲郎文幟旣拔辭鋒莫當志遂游粱抽毫入座檄成諭蜀仗策還鄉邑令爲之負弩婦翁因以稱觴兮餘潤於銅山居然滿載憶舊游於錦里幾笑空囊盈眸駟馬高車酒國之笙歌繚繞迴首斜陽流水酒家之風景荒涼客有穿巫峽入城都

抱銀甕提玉壺訪前徽於辭客訊芳躅於彼姝第見烟林黯淡雪市糢糊山横遠郭之旁眉猶入畫酒滿郫筒之內春豈須沽記問道於閨人會姤臨邛之路聽數錢於兒女空眠卓氏之壚

風流瀟洒妍秀稱題小亭汪烜跋

清新俊逸兼而有之諸葛君眞名士也補卿

桃花春漲賦 以春水方生紅霞夾岸爲韻

金望欣

遲遲麗日淼淼清淪布芳菲於澤國記景物於河滣一千餘里之川源方經九曲二十四番之風信早報三春浪擁黃雲莫辨浮天之岸林飄絳雪應迷問渡之津則有星宿靈鍾崑崙秀峙經積石以初通過華陰而漸從龍門鑿險吼雪練兮一條馬頰分流鋪雲藍兮萬紙揚晴波于瓠子會撼金堤混春色于桃花翻成錦水時則柳棉送暖茱甲含香望赤城之曉色採紫陌之韶光枝枝歷亂葉葉芬芳烟籠萬樹之前詩題夢得花發千年

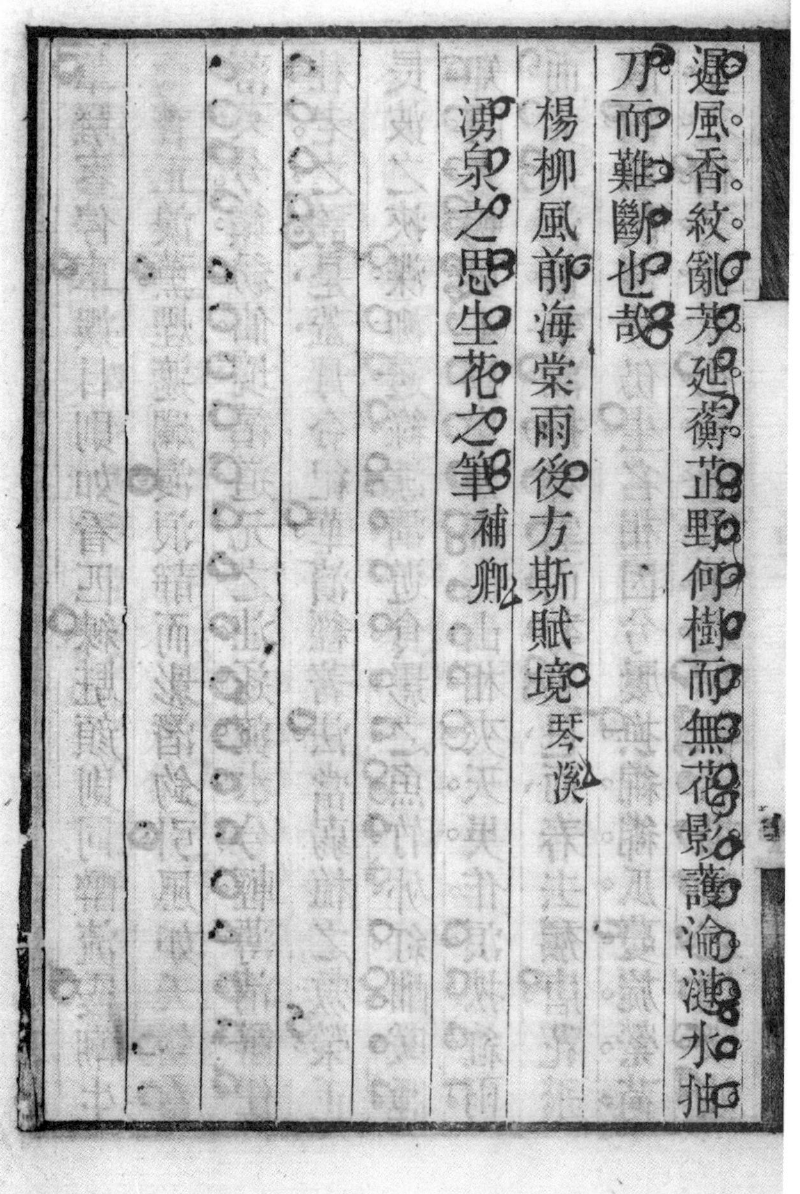

遲風香紋亂芳延蘅芷野何樹而無花影護淪漪水抽刀而難斷也哉

楊柳風前海棠雨後方斯賦境　琴溪

湧泉之思生花之筆　補卿

爲字與檀弓有爲而言爲字一義

一朝獲十禽賦 以爲之詭遇直者所羞爲韻 金望欣

惟善御之良工詎屈身以狥利欲明范之馳驅聊作解嘲之遊戲正而不譎翻詭僨轅巽以行權重經振轡問弋獲之爾能果發蹤之誰爲表何待乎三竿之日色當天功已稱全一片之風毛薇地昔王良之御嬖奚也始則移輪就軌登策授綏鳴鏘鏘之珮列正正之旗驂乘介馬前旌戴貔發彼有的不失其馳乃御雖中節射則踰規歸鞍而歌愧從狼空空如也問漏而時將走兔倀倀何之旣而相見詰朝重尋故軌欲舍正以標奇遂

乘機而用詭匪馬首之是瞻任弦聲之所指揚鞭掃狐兔之羣轉轡赴荆榛之里雉欲起而輪迎猿未驚而轍止吾刃將斬矣速爲驅車手弓而射諸發無虛矢第見曉旆衝烟陰崖釀霧雲慘慘兮鴻號風蕭蕭兮鷹怒古戍啼狐荒岡泣兔野鼠晨趨饑鴞日遇轅幾躓于朽株驂幾絓于大樹然後飲羽無憂控弦弗謑奔馳改步賈大夫之技能鳴指示有人蕭相國之功誰悟於是跨雕輪憑畫軾草淺獸肥弧彎矢直數軍實兮何多顧獵禽兮自得九烏射處逐一雁而沈空四鹿歸來借六麋以

佐食較若畫一效已奏于十全中必疊雙文應備乎五
色斯時也朝霧辭林朝霜濕瓦朝暾壓山朝露被野問
晨餐於韓信籌正傳軍驗行漏于耿禰壺猶在馬東隅
懸測景之圭北道飲策勳之筭五雙是獻足供饌舍之
嘉賓十乘同歸足犒後車之從者固可雪恥馬前奏能
輦下矣然而昨是今非後恭前倨志士心傷英雄氣沮
本失足之場豈榮身之所任擢直轡失鳥獸於空山不
逐彎弓登羽毛於列俎秋駕夢縈於三載技絕屠龍春
田道枉於一朝感深投鼠將表片言以長辭又何十禽

罡

之足語也況乎士君子道啞妾婦志藐王侯作冥飛之鴻鵠效安步之肆騮攬轡登車本澄清之可致出疆載贄猶朋比之堪憂奚難枉尺直尋倖御者一時之捷卻畏貴王賤伯貽聖門五尺之羞

雄健蒼涼處似鮑明遠 稻生

不意此等題獲此洋洋灑灑之文眞羽獵長楊手筆也 補卿

昆明池習水戰賦以題爲韻　金望欣

漢武帝雄才獨運偉烈長存思有以邁前武垂後昆道
達邛僰跡踰河源惟西夸之既艾欲南粤之並吞象深
淵於滇水開清池於秦原於是建靈鼉之鼓御天馬之
轅屛戎車而解纜排戰艦而揚旛將軍特號樓船鼓堂
旗正水卒悉披犀甲浪擁風奔當夫虺蛇未滅龍虎方
爭蠻煙瘴雨之鄉險憑澤國叢竹深林之境難肆天兵
將舟師之是用宜水戰之先精爰浮潛兮迺瀉引涇濁
兮渭清疏爲曲沼愛此澄泓辨燒劫於乾坤墨灰黷淡

象亘綿於、星宿銀漢分明帝、乃、張鳳蓋樹龍旗沈白馬駕青螭集乎豫章之宇臨乎昆明之池佽飛建節驃騎參帷青旌是戴白旄以麾黃龍蜿蜒赤雀迷離、俄而、千艘雨集萬柁雲隨隔浦風驅搴旗飛渡成羣水馬列陣奔馳錑軸瑚弓出沒排戈船之隊佽鍋牙鉤瓜森嚴肅介士之威儀、于、是一戰氣盈三軍角立比游闘兮馳驅進呂師兮練習水闘利兮飛燕鳴水怪驚兮瘦蛟泣受上瀨桴鳴之節刁斗音韽助中流鼎沸之聲兜鍪汗濕藺茈共旌旗一色草木陰森風雲與檣檝齊飛波濤緊

急軍其為鵞為鸛似背水之縱橫敵則有鯨有鯢待沿
流而勦襲蓋其志靖炎方心馳遠征知輿轎之難行擬
栰舟而直指待繫纓於何日挂上林弋雁之弓擇被練
於平時肄江畔射蛟之矢故得一十七郡卒收嶺外版
圖悉由二十萬人久識舟中壁壘豔漢家之簫鼓聲訖
三山狀秦地之關河波分八水然以肆欲沙場開邊海
甸雖志滿而氣盈終望奢而力倦茂陵夜雨旋牘淒涼
太液秋風空餘眷戀撫石鯨之鱗甲烟水蒼茫抽織女
之機絲星河遷變斷戈臥地土繡斑斑折戟沈沙苔花

片片第餘此地之荒寒誰憶當年之苦戰何如我

國家九有塵清悉本

聖天子一人德裕丹山碧水盡隨表海以歸誠烏弋黃

支且驗春風而獻素百尺之櫓樓何用華夷早共揚威

兩階之干羽長新閩粵敢猶負固有備無患奚煩破浪

之師偃武修文願效凌雲之賦

氣雄筆健律賦正宗 小亭

漢書武帝紀元狩三年穿昆明池臣瓚注有兩說謂

象昆明國之滇池西南夷傳無實據謂伐南越習戰

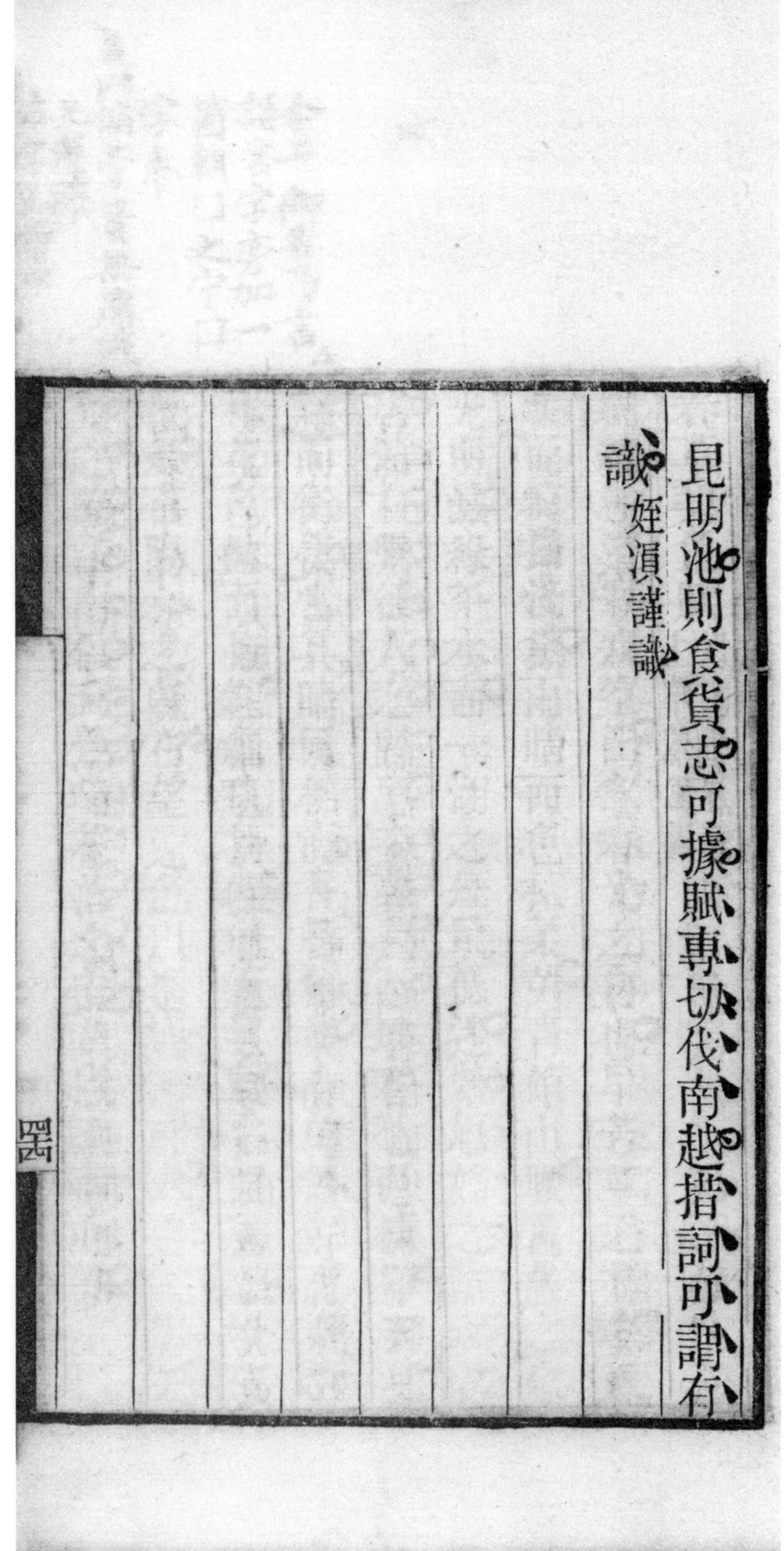

昆明池則食貨志可據賦專切伐南越措詞可謂有

識姪湏謹識

今上御名乃言語言字旁加一箇朝口之宁口字奉旨以偏旁著無庸避凡遵避本字爲留心

春草碧色賦以閨中風暖陌上草薰爲韻　金望欣

綿綿遠道寂寂空閨忽春光之冉冉早芳草之萋萋風暖而痕描淺黛雨晴而色拭柔荑青鎖山腰萬疊之嵐光明滅綠平水面一湖之煙景低迷縈思婦之離魂君居淄右繫征人之歸思妾夢遼西堆春愁而慵掃觸別緒而銜悽[illegible]當其晴回柳浪香轉蘭𦷜山鳥翎鮮而染翠林花色豔而拖紅細毯抽餘瑞煙輕冪柔茵展徧嫩日微烘喜陽和之既布望遠色以迢迢通河畔人迷雲影天光之際江南信到鶯啼花落之中葉以柔而浥露莖以

望

弱而愁風袍以單而呆薄帶以細而光融潛身之翡翠難分渾成一色偷眼之蜻蜓欲落逗破雙瞳歌席鋪時失壺中之綠蟻香輪碾處迷花外之青驄由是招吟賓訪幽館丁鬬草之期羅遊山之伴峯複花濃谷深煙暖迷離則樹點闌仝平遠則山皴倪瓚接古道兮野卉縈入荒城兮煙蕪满香足呆兮歸遲芳任尋兮步綏山眉淺畫鏡中之金翠偏多屐齒濃沾天際之雲藍不斷至若雪霽空江潮生大澤渺渺沙堤迢迢綺陌漢之廣矣江之永香偏王孫沅有芷兮澧有蘭愁添騷客混水色

而非泮染春波而似帛禰衡洲上綠遺鸚鵡之毛西子湖邊翠刷鷓鴣之翮則有塞上離愁樓頭遠望見楊柳而低佪采蘼蕪而惆悵翠可拾於階前青可踏於原上魂飛碧玉之簫夢斷碧紗之帳弃道周而不顧懶吟卷耳之詩樹堂背以無從愁見披心之狀粘來袖唾疑别時啼血長堙秀到裙腰看醉後朱顏無恙又如春盡窮途人羈遠道青袍之誤我頻仍綠鬢之愁人易老歎杜若之芳菲感女蘿之縈抱銷魂蜀道青迷處處之山落魄揚州碧送年年之草到處雲饒落日春來江國陰多

四六

多空空如也時則凍雀棲林飢烏啄瓦青袍之黯澹堪
傷朱戶之翺翔益寡豈負不歸之咎致絶周旋未逢無
憾之交誰輕取捨效狐白之盜兮客異孟嘗望肅霜之
脫兮世無司馬佩吝蔡侯之寶欲得無因葢同子夏之
珍從來不假已而山消積雪雲捧晴暉啟微和之淑景
收肅殺之嚴威聽鳥語之嘲人脫卻布袴任桃花之笑
客賜到新緋披來錦繡林中取之不盡借向翦刀風裏
樂也忘歸方知造化爲工繡出多情世界始信陽春有
脚送來無縫天衣是以才人任運達士安居順陰陽以

出處隨寒暑而卷舒翦落葉兮補秋衣涼生薜荔嗅寒
梅兮知春氣香傍林於山中踏雪之時履攜不借花底
腰金之會帶詠有餘薰藉檀烟
北闕賜上方之錦染需柳汁東風操左券之書況乎
聖天子治成有象節重懸鶉四海仰
垂裳之度三軍歌挾纊之仁地普桑麻民皆被利里成
冠葢世盡嬉春多士絕子衿之詠百寮榮在笥之陳莫
不抃舞
虞廷

袗衣頌德，何至貽譏莊叟；短褐憂貧也哉。

拈花微笑，觸手生春，固齒宿而意新，亦慮周而藻密。

小鶴王城跋

清詞麗句，信手拈來，無非妙諦。補卿

原題有説

以華祕研

銅雀瓦硯賦 以古硯自磨銅雀瓦爲韻　金望欣

香馥金猊塵清玉壓籤帖翻風簾櫳捲雨詔毛潁兮毫
新傳羅文兮硯古珍同圭璧（今御名从言旁）貯從絳縣之囊辱在泥塗
發自清漳之土隱約字留古篆仿石鼓於周宣經營制
本澄泥溯銅臺於魏武當斯臺之初成也畫棟巍峩綺
疏葱倩赤墀與青瑣交通刻桷與雕甍並炫其瓦則碧
油渥偏光分翡翠之軒紅焰燒餘色射鴛鴦之殿作賦
而華櫓燦采抽陳王七子之毫徵歌而彤管飛聲覆甎
后諸兄之硯已而城棘潛生滄桑頓異聲銷北里之笙

四九

簀影散西陵之珠翠弔故址兮無存訪遺文兮何自頹
垣斷井王仲宣罷恨之樓賸粉零脂劉公幹銷魂之地
歎飄零於異代夢雨無聲認磨洗於前朝割雲有淚于
是良工雕琢韻士摩挲剝蘚花兮色滯蝕土繡兮痕多
池淺波平長留古澤窪微墨聚好任新磨攜來箏笛灘
頭寫賣履分香之恨洗向舳艫江口和沈沙折戟之歌
吁嗟乎豪華如夢歌舞旋空憶昔之冰井北峙金虎南
通壁疑飾翠柱欲模銅不轉瞬而摧梁折檻敗雨頹風
誰憐金碧重重都作長平之碎止賸琉璃片片曾延卽

切研

賸與剩同字

墨之封撫斯硯也回首驕奢傷心剝落助此日之文思弔當年之霸略幾件唾壺擊碎烈士增悲空教橫槊吟殘英雄不作乞靈詞客溫飛卿句太荒涼寫怨妖姬陸士衡興應蕭索淚愁滴盡感深晉冢之蟾蜍心欲磨穿恨寄魏宮之鼠雀彼夫金線名高寒星制雅雕蟲之銕足磨礱翔鳳之銅堪鑄冶何如此瓦之曾覆高臺偶傾大廈貯自華梁之下才識應劉排從棐几之旁香分班馬歲歲筆耕墨耨豈許冒墓上之田年年蘚蝕苔封本鄴水江邊之瓦

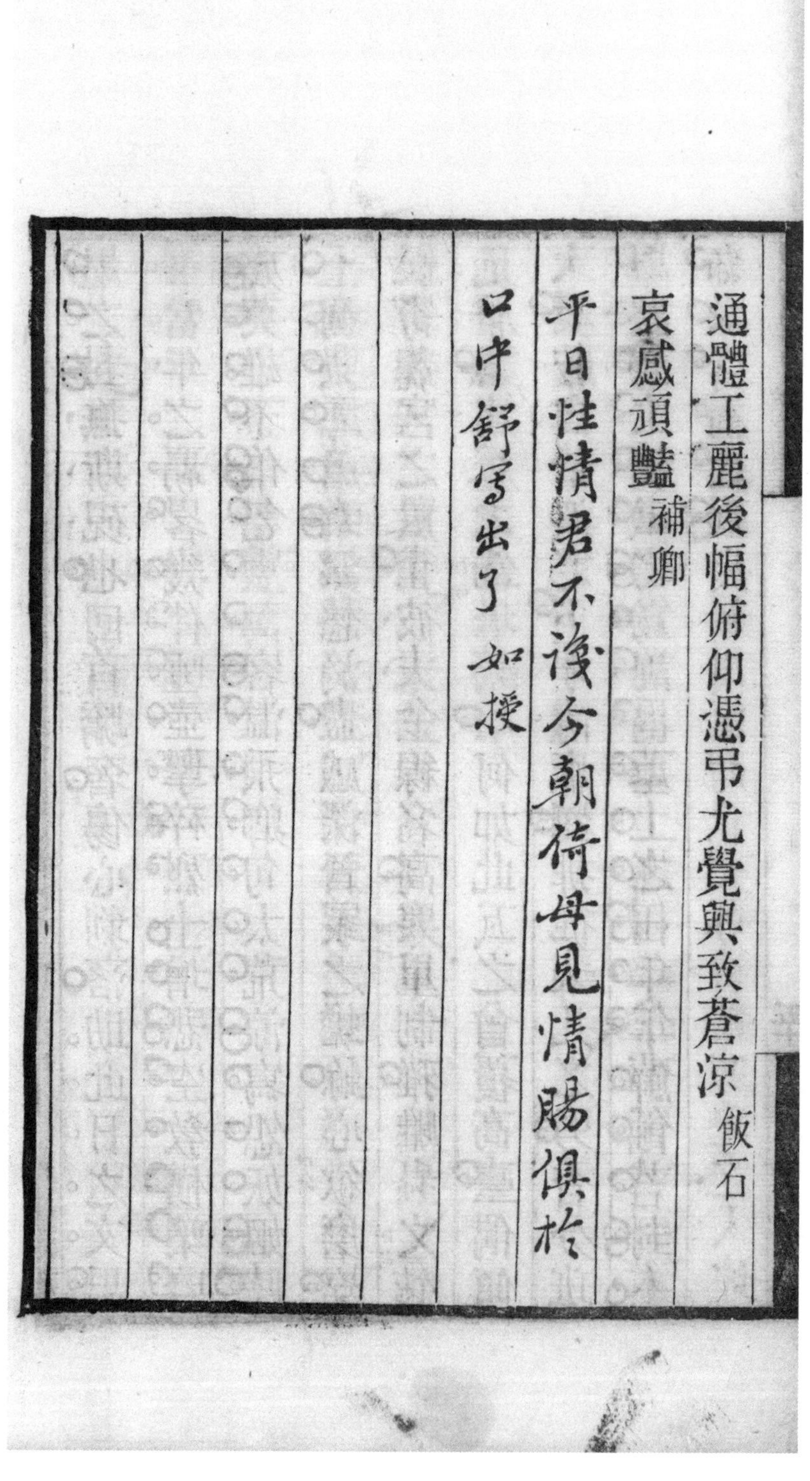

通體工麗後幅俯仰憑弔尤覺興致蒼涼 飯石

哀感頑豔 補卿

平日性情君不淺今朝待母見情腸俱於口中舒寫出了 如撄

鑄劍戟爲農器賦以題爲韻　　金望欣

伊

聖世之涵濡散

仁風而布濩劃繡錯於農田慶鋒藏於武庫綠槍金甲

但期相國之肯銷紫電淸霜豈羨將軍之善鑄干戈戢

而爭風盡熄雨洗

天兵耰耡給而德色全消春回

皇路想夫劍戟之爲用也勇士撫而誰當郎官執而不

借試膏而鵜血長新出匣而龍文可驗矚寒鋩之入地

射斗騰光擬巨刃之摩天生風吐燭好奮秦軍百萬載
詠同袍肯隨周士三千羣高脫劍然而瀆武非
上聖之心重農乃
至仁之澤方期游沃土而擕鋤奚事選良金而試戟勇
於公戰刪商君開塞之書食爲民天取充國屯田之策
載櫜弓矢何需兵氣之飛揚雖有鎡基尤望膏腴之墾
闢於是
恩申
巽命象變離爲惟備耕耘之用豈陳威武之儀脫季子

之寶佩擲温侯之小枝非唱凱而抛戈不啻高齊於熊耳自歡呼而投刃無庸倒載以虎皮鼓造化之洪鈞鎔須火帝洗乾坤之殺運吹倩風師已而制由良匠用徧老農異段槍之土繡入比屋而花濃化渤海之强風戴牛佩犢陋咸陽之雄器鑄鎵銷鋒長隨廣陌晨烟刈一鐮之穲稏若問前身秋水失三尺之芙蓉自昔世際澄平民沾撫字詠錢鎛以賡詩荷鉏斤而樂事欃槍星墜烽烟銷百代之愁蓑笠雲歆禾黍獻三時之瑞沈沙鏃斷空認前朝切玉光寒都歸閒地别具鑪錘於大冶莫

不躍作祥金但持耒耜者良民始識兵爲凶器況乎我
國家一統無塵我
皇上四推有度梗化久格於七旬力田咸歌夫五袴
覽常武大明之什昭示
神威
題豳風無逸之圖
周知農務豐財和衆民賡良耜之章吐氣含和臣誦耤
田之賦
千辟萬灌光氣熊熊 稻生

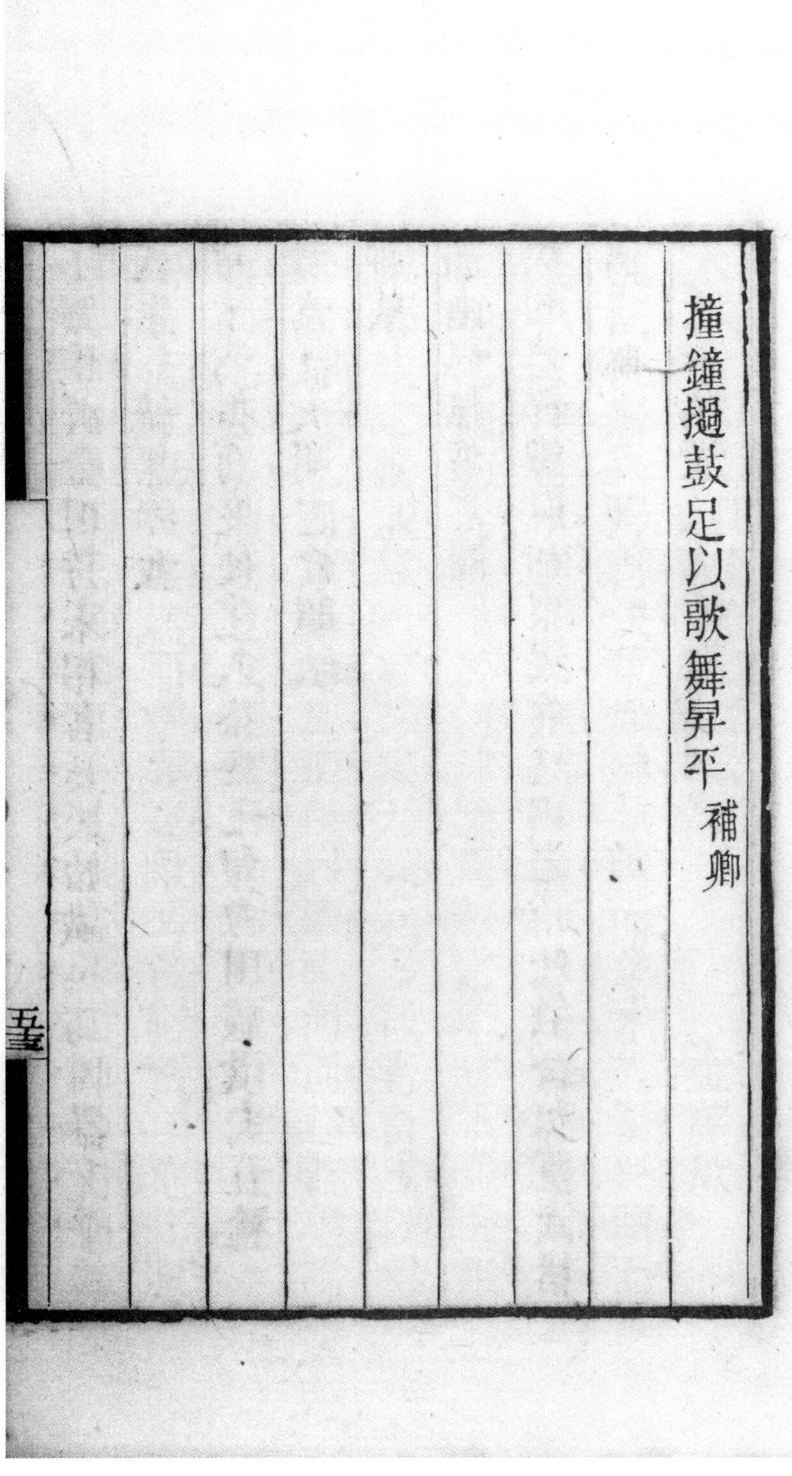
撞鐘撾鼓足以歌舞昇平 補卿

木罌渡軍賦 以陳船臨晉伏兵夏陽爲韻 金望欣

淮陰侯將兵獨善決策如神執戟而雄才久鬱登壇而豪氣方伸背水偏師勇摧趙壁囊沙妙法智絶楚人彼省親之魏豹先叛漢於河津棄周叔之將材秪憑險阻拒酈生之游說豈有經綸侯乃疑兵多設奇計密陳得木則浮近水而軍持絡繹潛師以濟臨河而杯渡逡巡當豹之盛兵蒲坂也戈鋋耀日旌旆騰煙問渡全無走舸斷流豈畏投鞭然而灌嬰難敵馮敬雖賢項它不足以當曹參漢無患矣柏直不足以當韓信師乃出焉憶

昔年暗度陳倉策堪再試看此日佯攻臨晉軍若孤懸敵忘安邑之危城謂少迷津寶筏我走夏陽之間道何須破浪戈船有罌焉陶於河上抱自漢陰似寒匏之長柄若枯樹之空心或以爲瓶也而其量較廣或以爲缶也而其容較深腹則碩大無朋陣石之風雲任納口則方圓有度壺天之日月能臨名以鴟夷兵猶酒也而非猶水譬之撲滿物可浮也而亦可沈乃復縛以木焉刊擇茂林伐資利刃借一葦以開航散五花而作陣斫比馬陵之樹氣倍陰森曳殊城濮之柴機須靜鎮始似惜

陰之陶侃千軍皆運甓而行繼如鑿空之張騫一水忽
乘槎可進中孚然後濟師大壯受之以晉於是露宿風
餐夜行晝伏渡貝冑之千羣勝樓船之萬斛銜枚守戶
請君入甕而何辭流杭驚心趁彼撫埤之未哭爲鵞爲
鸛水邊之號令聽無如虎如貔天上之將軍下速何用
白衣搖櫓炫異驚奇宛如采石浮梁駕輕就熟水驛從
橫津吏送迎雲陰月黑戍古潮平溯游藉五石之樽無
用以爲之用洴澼買百金之藥行乎不得不行智豈挈
缾决國士奏功之策捉如開甕笑降王就縛之兵但云

遇凍知寒抱朴子技猶小道若使策勳飲至涵春君功足專城迄今蹟弔渾河名傳華夏經舊壘而停車招扁舟而駐馬杈枒老樹惜上黨之餘春寂寞寒泉滴未央之古瓦破甑之河山難顧玉椀魂歸背嵬之弓劍何存銅瓶淚瀉釋遺文於服氏木柙誰知問軼事於蕭郎壺盧可假我

國家金甌無缺玉燭彌長

聖武丕揚於九有

神功載振於八荒屯田直邁車師十千維耦獻賮遠來

大夏九五

當陽堂堂正正之軍陸讋兼之水慓洸洸滔滔之士虎賁佐以龍驤久看懷

德畏

威服

宸謨於海宇奚事藏踪匿跡爭勝算於沙場也哉

日光玉潔霞蔚雲蒸處處綰定木罌尤爲才大心細

漢卿

鰲擲鯨呿龍跳虎卧具此才華何難於金華殿中置

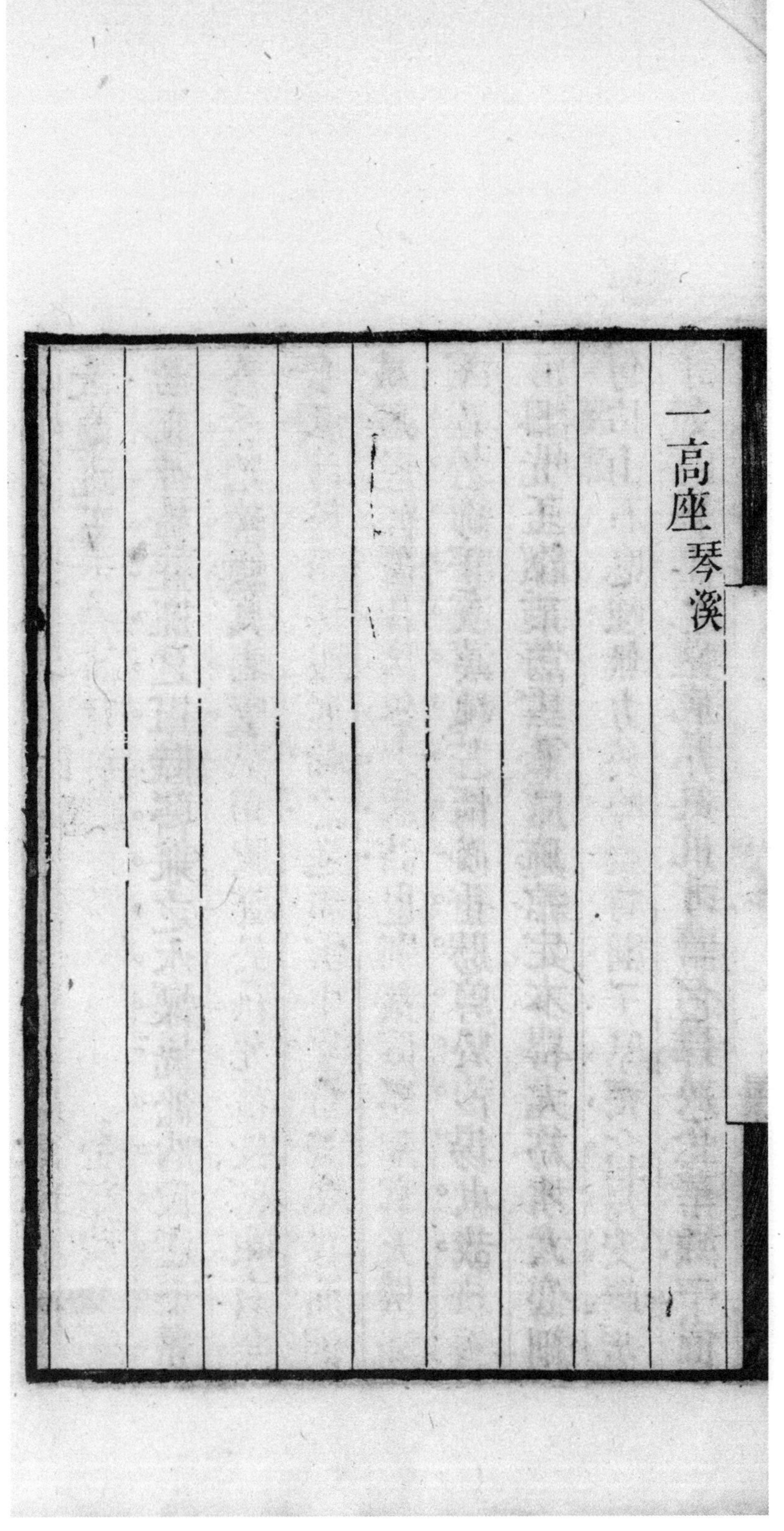

一高座琴溪

薔薇露盥手讀詩賦 以題爲韻

金[illegible]欣

緬交游於韓柳有提唱之篇章振衰風於八代耀瑞景於三光故能冀北空羣獨騰聲於藝苑縱使河東有集亦低首於詞場服麗翰之遥須雲生翠管滌塵襟而朗誦露挹紅薔昔昌黎之爲詩也别裁僞體陶寫天機謝齊梁之綺靡造漢魏之精微孔思周情抗行大雅班香屈豔吐棄餘菲當其筆掃衡雲其訶有神於摛藻偶爾句拈山石應嗌無力於吟微時則子厚齊名長安聯步訂交比李杜之聲華方駕想曹劉之旨趣其信韓豪柳

雅論文無臭味之差非同島瘦郊寒給札少英華之露
豈必盼梅花於驛使極目睽離何須植桃李於公門隨
聲景慕而乃把玩音書躊躕池館若形穢之自慚轉手
披之可綏仰日光於吏部久瞻石鼓之嵯峨啟雲錦於
天孫誰挽銀河而澣盥回憶一觴一詠各深遷客之牢
愁未經三沐三薰恐褻故人之誠款有露焉承白金莖
酌以瑤斗走荷蓋而珠傾渥瓊林而玉剖香生一院喜
滿架之風和甘被千枝濕重巾而汁厚羅掌上之琲璣
滌眼前之塵垢便可蕉陰展紙繹起草之文心宛如貝

葉繙經試拈花之妙手於是尺素徐開寸丹久服啟綠字之重緘效白圭之三復如倩麻姑之爪癢處能搔幾回刺史之腸愁來可讀好對薰風榕葉傾仙液於三危頓開秋水蓬心飲餘香於一掬是蓋神交珍重大筆淋漓欲展良朋之藻思先收靈氣於花枝丐來賸馥殘膏拾如香草忍使鸁砂大石磨爾豐碑獨有千秋國子先生之集傳鈔萬本元和聖德之詩況乎

宸翰昭回

奎章森布

披吟垂百世典謨。
制作奏九霄韶頀。啟
生知之瑞應。河出圖而洛出書。溯
養正之
聖功。
聲爲律而
身爲度。承
龍光於湛露。含香賡
舜陛之歌誦。

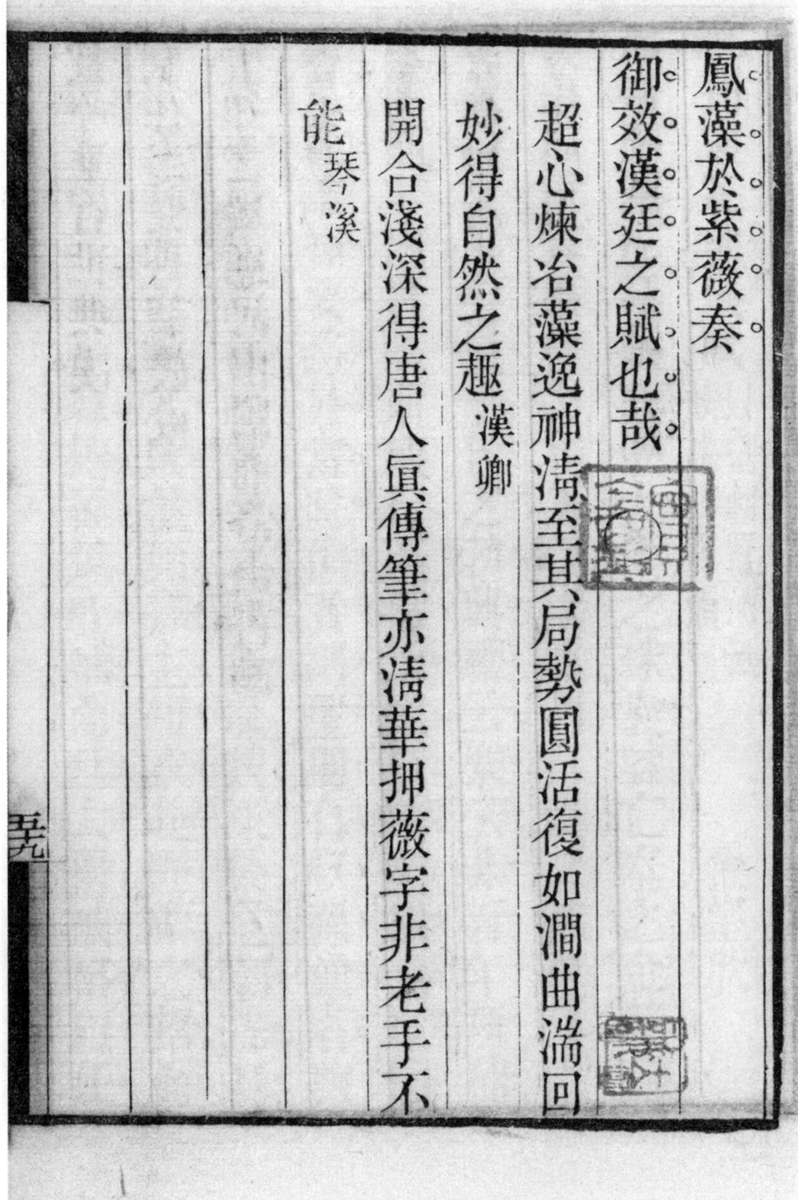

鳳藻於紫薇奏
御效漢廷之賦也哉
超心煉冶藻逸神清至其局勢圓活復如澗曲湍回
妙得自然之趣　漢卿
開合淺深得唐人眞傳筆亦清華押薇字非老手不
能　琴溪

叔孫通定朝儀賦 以竟朝置酒無敢讙譁爲韻　金望欣

赤帝膺圖形廷敷政啟大漢之珠囊鑒亡秦之金鏡韓侯申以軍容蕭相彰其法令律歷制自張蒼都邑建由婁敬高矣美矣見一代之勃興禮云樂云非百年所能竟惟綱舉以目張斯施行而措正欲括繁文以大度簡則易從誰知要務於當時作者謂聖則有叔孫通者胸羅故事身擅清標際焚書之阨運耻挾策於危朝虎口逃生孤劍偭重瞳之敗龍顏擇主短衣赴隆凖之招而高祖方朝營戰壘暮捲征鑣吐哺而延大猾破格以任

羣僚厭陸子之詩書孤寒喋喋問漢家之制度草昧寥寥何容邊幅是修致誚井蛙齷齪任爾儒冠可溺敢隨仗馬諠囂已而患難削平儀容率易封異姓之侯王訂同功之位次豐沛從龍之彥視天子如故人燕齊屠狗之徒以朝廷爲兒戲甚且沙中聚語刺刺無休殿上論功僊僊既醉欲求反側之便安須有良規以變置安上全下莫如禮班朝之制尤嚴經天緯地謂之文偃武之時可試通乃徵儒林薦僚友聚古禮之散亡雜秦儀而刺取設綿蕞於郊原置茅蕝於畎畝定九棘三槐之階

綴鵷班則行列如眉開千門萬戶之畫圖象魏則指陳
在手呼腐儒而野習虛文笑優孟衣冠導英主以徵行
眞氣動秦王戶牖通侯刑白馬書盟外戚畏朱虛監酒
庶足以遠撫百蠻近綏九有究皇儀而展帝容陳百寮
而贊羣后也於是七年輯瑞十月合符咨爾列辟詔我
上都皇帝乃下明詔定嘉謨大一統奉三無穆穆焉御
衮龍之法服巍巍乎儆金爵之宏模紫蓋朱輪之族襃
冠博帶之儒莫不引謁肅伏臚傳爭趨始也夾陛陳兵
侍周廬而山立終以捧觴上壽望朵殿而嵩呼諸侯王

率而行之聿昭臣度大丈夫當如此矣允奠皇圖是蓋位正重離心亨習坎辨將相之等威法陰陽之舒慘禮緣義起知和亦不可行君本臣綱相畏有所不敢雖以事久因循豈曰典難搜擘姬籙考不完之册止缺冬官秦坑揚未燼之灰兼資呂覽他若原廟廣孝慈之本寢園則春薦櫻桃離宮大游豫之規太液則秋開菡萏凡繼世所增飾而恢宏皆太常所經營而慘澹然而儀多草創時尚艱難實因依於簡陋未淪浹於傷殘是以賈長沙獻策之秋改正朔亦易服色董江都解絃之論治

萬民先正百官河間輯古事以成書始知雅樂王吉延

儒生而述禮思改舊觀匡衡疏路寢之威儀當成帝尙

多紛飾劉向議辟雍之法度至顯宗方奏洽安蓋卯金

氏開國規模漢太史禮書久缺而稷嗣君逢時學術魯

諸生衆口交譏矣何如我

國家運隆軒昊我

皇上德邁勳華

重熙累洽之化成

繩

武則光輝日月

祖述憲章之烈盛

考文則爛漫雲霞通禮丕煥

皇猷統

國野以爲民極會典更詳

朝制合內外以飭官邪烏臺糾五等車旗花驄有度

鳳闕聳

九重閶闔馴象無譁非同長樂堂廉分東西而執幟詎

有少文絳灌坐南北以開衙

昌明博大宏我漢京 漢卿

揚州磚街青蓮巷柏華陞董刊

奎

嵎谷試帖詩鈔敘目

詩之有五言試帖猶文之有四書制義其格益下求工益難以有題目爲之範圍非可任筆馳騁亂頭粗服法律蕩然與錯彩鏤金無自然之趣其失均也余自束髮應童子試即事塗抹旋以詩受知於學使白小迂先生狃思弋獲科名於試帖始爲加意嗣客廣陵與丹陽於仲舟孝廉時聯文社所作漸多及游京師以拙集就正戴南江司寇葉筠潭鴻臚徐星伯中書吳甄甫學士王絅齋庶子汪大竹員外徐曉村易晴江兩編修唐補卿

徐鏡溪兩主政陳雪漁陳東之兩孝廉諸君子不棄鄙陋間加刪訂即試帖一體亦得承教益今夏待閒臨清與陳穆堂茂才鄰船問難評點雜體詩文外復取試帖商存百篇繕爲一册聊以就正師友之餘備童蒙掇拾云爾道光乙未六月既望全椒金望欣書於韓莊舟中

相公新破蔡州回

賣劍買牛

夜雨滴空階

川嶽徧懷柔

一覽衆山小

宫雲去殿低

十聯詩在御屏風

翦葉補秋衣

十月穫稻

一星幽火照叉魚

東閣官梅動詩興

書有三味

祈糠成輿

刺繡五紋添弱線

樵路細侵雲

水始氷

山意衝寒欲放梅

戲拈禿筆掃驊騮

前身相馬九方皐

律娶妻

春色先從草際歸

雨洗秋山淨

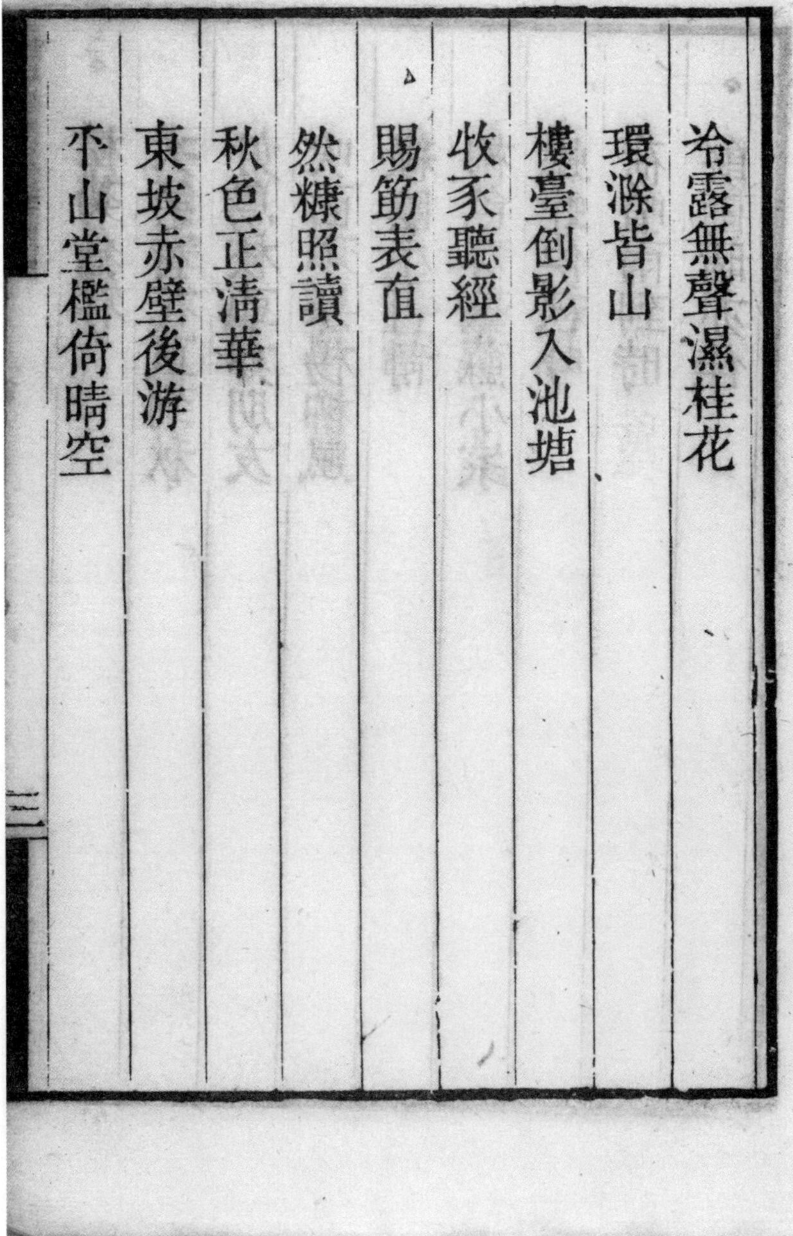

冷露無聲濕桂花
環滁皆山
樓臺倒影入池塘
牧豕聽經
賜筋表直
然糠照讀
秋色正清華
東坡赤壁後游
平山堂檻倚晴空

○松菊猶存

次第看花直到秋

好鳥枝頭亦朋友

吹面不寒楊柳風

綠陰生晝靜

柳色春藏蘇小家

蟋蟀俟秋吟

荷喧雨到時

○旣雨晴亦佳

山雨欲來風滿樓
綠疇小駐勞春農
帶月荷鋤歸
將軍三箭定天山二首
經代手版
九節菖蒲石上仙
爾惟鹽梅
道是春風及第花
山不讓塵

四

鶴立雞羣

辛夷花發杏花飛

○鑪煙添柳重

○宮漏出花遲

好問則裕

濟治由賢能

膏雨自依旬

△德輶如毛

△德輶如羽

宿雨潤新耕

左城右平

野篁抽夏筍

二十四番花信風

避人焚諫草

㲉雨熟櫻桃

月銜樓間峯

沙留鳥篆斜

小風吹水碧鱗開

五

飲易三爻

新筍掀泥已露尖

興廉舉孝

竹閉緄縢

七相五公

綴珠爲燭

廣厦構衆材

選士皆百金

李下不正冠

金芝九莖產函德殿銅池中

黃鵠下建章宮太液池

春風吹又生

踈雨滴梧桐

物勤工名

熟梅天氣半晴陰

周妻何肉

溪喧獺趁魚

風正一帆懸

六

天道如雞子

雷聲忽送千峯雨

多事始知田舍好

故鄉無此好湖山

七葉珥漢貂

在漢蘇武節

成家書滿室

添口鶴生孫

拔劍驅蒼蠅

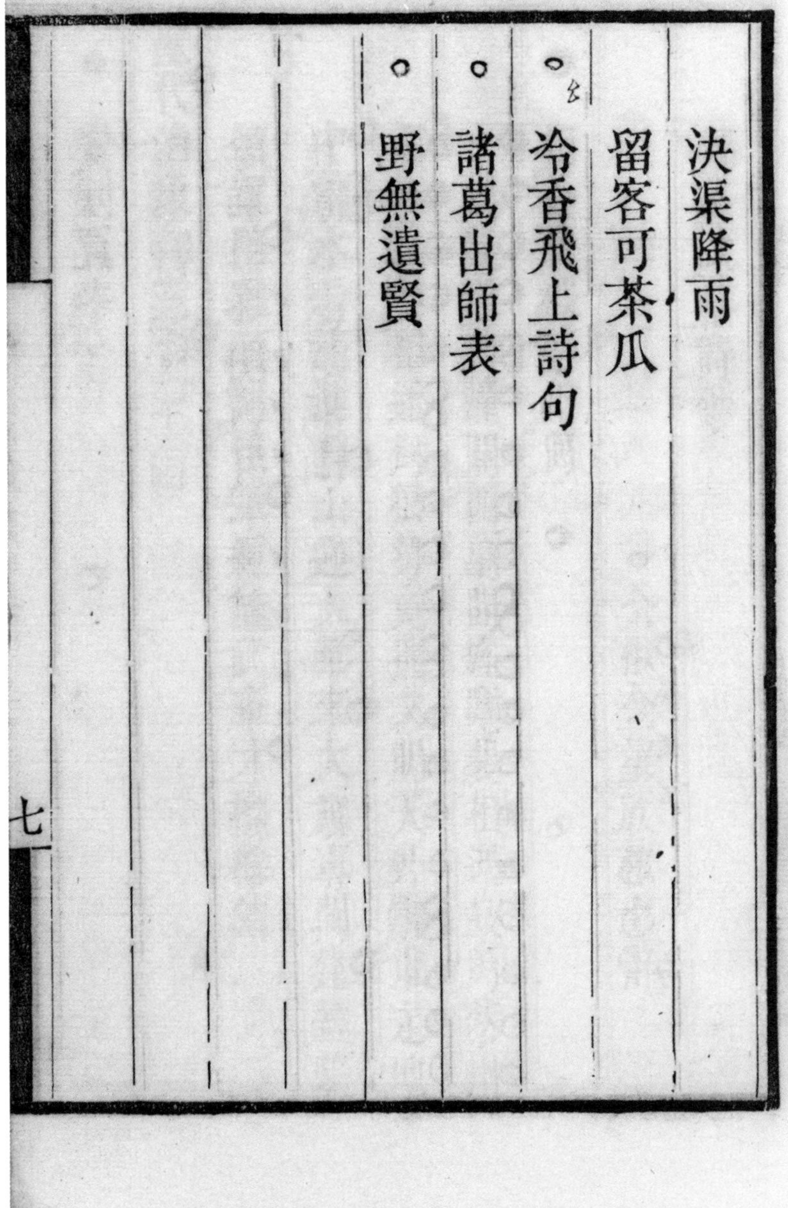

決渠降雨

留客可茶瓜

○冷香飛上詩句

○諸葛出師表

○野無遺賢

七

循吏催耘耔良民息鼓鼙劍除三尺佩牛駕萬家
犁價自青萍長詩應黑牡題銷鋒村市裏橫笛野
橋西緱解魚腸冷縻牽犢鼻低芙蓉秋水落穲稏
夕陽齊鑄戟逢
昭代求芻樂庶黎
宸遊耕屢省南畝蹴花驄
夜雨滴空階
簾外瀟瀟雨離人此夜中氣添茅屋冷響滴石階
空竦點侵蒼蘚繁聲落翠桐五更秋塞黑一燄曉

鐙紅鴛夢清難結雞鳴晦自通寒生衣戍削愁秤漏丁東風急敲簷馬雲低滯渚鴻何時重翦燭尊酒故交同

川嶽徧懷柔

瑞獻川原日銘刊嶽麓秋時巡隆望秩幽贊協懷柔潮向金隄避雲隨玉簡浮永清千載應肆覲五年周亥步全歸化中生默佐猷幅員綿帶礪典禮肅公侯河洛羲圖出岷峨禹蹟留普天瞻

聖治望

幸徧神州

一覽衆山小

泰岱高何極登臨小衆山千盤窮日觀一覽徧塵寰雲氣歸襟帶煙光擁髻鬟諸峯爭出沒九點露斑斕薺葉天邊樹泥丸海上闗云亭飛鳥外齊魯戴鼇閒俯仰形堪挈高低勢若環

蓬瀛如可到更願効躋攀

宮雲去殿低

工部朝初退瞻雲紫禁中氤氳迷漢殿巍煥顯唐

宮彩捧重樓鳳晴拖複道虹御香三素接華葢九
階崇向日長依座非煙漸下空樹連温室碧花壓
建章紅地迴祥光近天低淑氣通
宸居占瑞景
閶闔勢穹窿
◎十聯詩在御屏風
學士金華句會歸御覽中十聯呈黼座幾幅寫屏
風皇邸排原整烏絲界最工才名膺袋貯榮遇勝
紗籠騈麗傳三殿橫斜示六宮蠅頭書映綠猩色

篆留紅清禁吟聲出仙班韻事同

右文昭

聖治雅頌譜成功

翦葉補秋衣

寒信知將到乘秋整舊衣著憐棉久斂補趁葉初
飛熨處雲無跡沾來露未晞縫紉千片碎裁翦一
林稀霞映疑拖紫霜經宛賜緋摽爭花並巧裝訝
絮添肥葛帔涼颸早荷裳暑氣微
皇仁霑被褐染汁待春歸

〇十月穫稻

秋稻收偏晚登逢十月陽豐盈如再熟刈穫有餘忙笠影斜冬日鐮聲破曉霜飽抽雙穎碧凉約一畦黃穤種金釵細秔收玉粒芳驚鴻過别浦叱犢滌新場地僻時難早天和歲自穰葢藏誇盛世春酒隔年香

〇一星幽火照文魚

魚文何處響遠火一星畱雲暗漁村失風揺釣渚幽心光當畱動尾影撲竿浮波罩雙鱗躍芒生獨

四

餤流黑沈菰米岸紅隕蓼花洲螢冷天難曉鱸香
水欲秋聲驚過斷蛩景伴宿沙鷗好協豐年兆
宸襟快豫遊

東閣官梅動詩興

連朝情緒懶東閣罷題詩忽見寒梅發先教逸興
馳簾旌煙動後窗紙雪晴時羌管催人急清尊伴
我凝呵來忘凍手撚處觸吟髭禪趣偕應悟仙心
鶴早知相思懷北使先暖感南枝調鼎承
天寵屢飈到

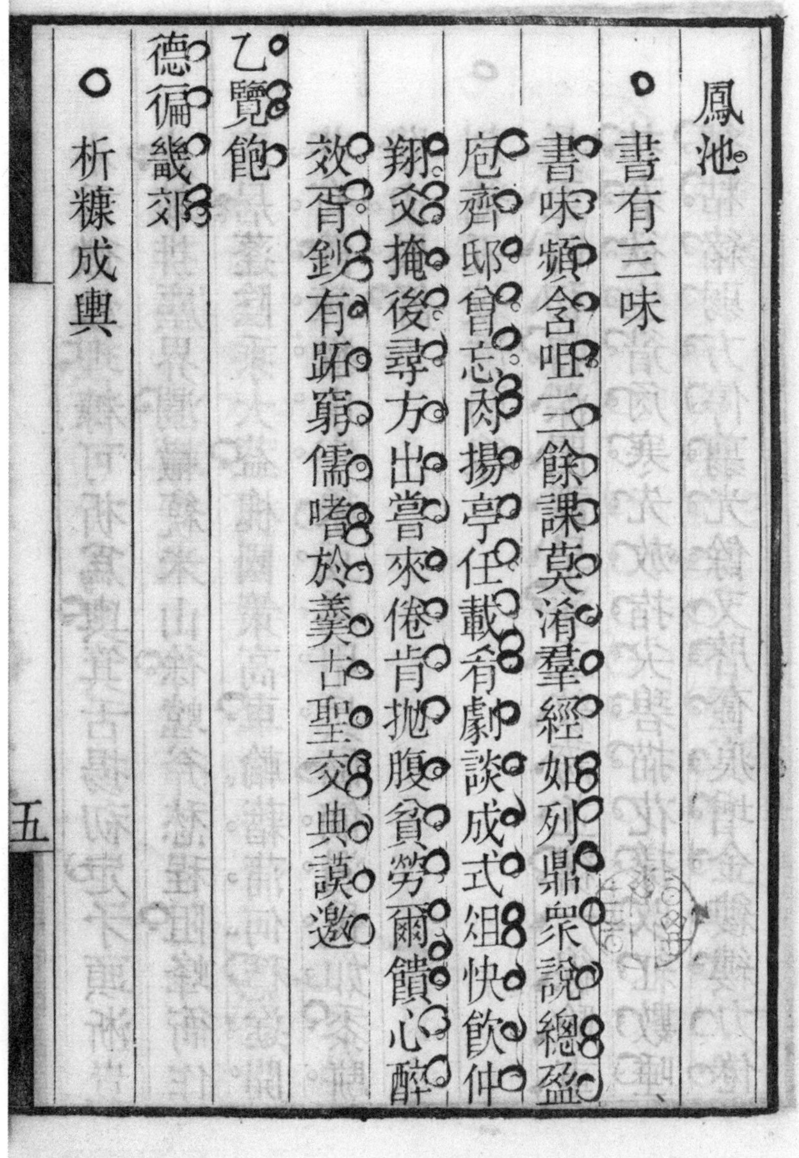

鳳池

書有三味

書味頻含咀，三餘課莫淆。羣經姬列鼎，衆説總盈庖。齊邸曾忘肉，揚亭任載肴。劇談成式俎，快飲仲翔爻。掩後尋方出，嘗來倦肯拋。腹貧勞爾饋，心醉效胥鈔。有跖窮儒嗜，於羹古聖交。典謨邀乙覽，飽德徧纖郊。

析糠成輿

小言徵妙理糠可析爲輿箕舌揚初定矛頭淅豈

虛轅排塵界凋轍繞米山徐蝗斧愁程阻蜂衙作

廄居蓬陰乘大蓋槐國策高車輪藉蒲何穩途開

芥有餘棘猴中字象豆馬甲兵儲倘遇民如黍駢

登尚展舒

刺繡五紋添弱線

長至時初轉深閨課早添五紋誇並繡一線驗重

拈春欲生箭爲寒先放指尖碧描花搽改紅數唾

絨粘緒弱方停翦光餘又啓奩痕增金縷縷力倦

玉織織異采成應速分陰惜更嚴經綸思美錦補
衮到
堂廉

樵路細侵雲

路接三义細雲通一綫遥林遮無過客峯轉見歸
樵高下横煙棧紆迴度石橋氣連虚白失痕入蔚
藍銷伐木歌聲出看山畫境描斜陽孤影踏落葉
半肩挑行處淸疑水攀來迴逼霄
瀛洲知已近勞爾訪王喬

六

○水始氷

痕落初冬水聲澌候曉氷已驚風力勁猶怯日華
昇玉結壺天小花團鏡沼澄嫩寒翻鳥翼殘溜咽
魚罾勢減波三尺光添暈一層淵臨方慎薄霜履
漸占凝潔表心留跡威看骨起稜清懷需
聖鑒操守凜兢兢

○山意衝寒欲放梅

消息微陽漏衝寒雪一林山容饒臘意梅萼破冬
心瘦影搖前灞橫枝逕遠岑春憐風信綴香護月

痕深羌笛誰家弄奚囊幾處尋探幽人索笑忍凍
雀催吟樹壓浮煙失峯斜落照侵
御園開獨早調鼎報佳音

戲拈禿筆掃驊騮

一掃驊騮見拈來筆有神匠心工肖物生面突迎
人休笑中書老能傳上將眞千軍扛氣勢九馬出
風塵毫禿精華古毛拳骨相新縱橫金管力慘澹
玉花身兔走全消穎龍騰若振鱗
帝閑天驥滿誰是九方歅

七

前身相馬九方臯

一片神行處都忘色相來直如求駿馬方解寫寒梅粉黛痕全洗驪黃品莫猜慧心緣爾種生面爲誰開豈有前因在偏將衆妙該風情消灞岸聲價並燕臺畫手非凡骨花身亦幻胎按圖休索驥

禁苑富龍媒

○律娶妻

律呂音須别陰陽義本齊相生方有子得偶便爲妻隔八宮雖間參三局不迷水妃占在北金女白

行西配氣先分至司春首攝提灰飛君子管象協
老夫稊位以丁壬四年宜艮兌稽
熙朝垂制作大樂化蒸黎
○春色先從草際歸○
風光浮草際春去又春歸先見芳菲色從窺發育
機燒痕蘇宿雨晴意媚斜暉有脚通青律無心染
翠微語催鶯款款行襯馬騙騙岸柳徐舒黛林花
綏著緋聲纔回黍谷香早上苔磯
太液葱蘢處

八

恩膏迓

六飛

雨洗秋山淨

洗出秋光淨蒼然雨後山斜陽明滅外疊嶂有無間翻墨雲留影添螺石點斑新涼生竹塢空翠撲柴關白嶽仙開掌靑天佛露鬟孤煙橫晻曖落木下潺湲爽啟窗三面淸環水一灣蓬瀛看最近翹首快登攀

泠露無聲濕桂花

湛湛繁花濕叢叢老桂榮風馨開有信露冷落無
聲孤鶴林邊警凉蟾葉上明漸沾秋錦碎不覺曉
珠盈黃雪光初潤青霄氣正晴仙香空際浥禪味
靜中生階任零金粟屏宜障水精一枝攀
朵殿
聖澤渥西清

環滁皆山　金望欣 嵑谷

醉翁登眺跡滿目總滁山風景千秋麗雲光四面
環南譙雄古郡西嶺鎖重關地界江淮險人家水

九

石閒雨屙遭縈雉堞出沒露螺鬟但有煙村處都歸

雨岫間高峯餘綠意太守共蒼顔

聖代民尤樂嬉春任往還

樓臺倒影入池塘

一片樓臺影漣漪倒入長流丹搖棟宇拭碧印池

塘亞字横三面韡紋静一方萍開時見鬪花漾尚

依牆魚認簾鉤避蛙疑藻井藏看來迷戸牖凭處

誤衣裳金翠天如障琉璨水作鄉

恩波融

太液幔捲鏡中央

牧豕聽經

談經逢子感牧豕有承宮麟筆聽能記豬奴戲豈同渉波忘夜雨入笠仰春風村講三家學鞭停五尺童神惟青汗注羣任白頭空師範推城北鄉林繼海東受辛辭漸解辨豕義全通

聖代旁求廣高文達

帝聽

賜筋表直

十

恩紀開元日功高宋廣平從繩臣語直賜筋主知明物本和羹用人同折檻旌前籌參子細大節表寅清象齒曾陳戒魚頭定並名震威天鑒肅咸德帝嘉誠鉅任金甌寄孤懷鐵柱成諫書希

聖世

朵殿尚延英

○然糠照讀

金望欣 嵎谷

奮勵書生志家貧憶顧歡蒲編資諷詠糠火佐艱難有篇空鑿竹無膏可爇蘭士能勤夜讀妻願減

朝餐藜照同明滅薪傳任仰鑽黄分箕舌碎紅解
案頭寒縱讓挑燈便何勞鑿壁觀學成褒
帝治蓮燭送歸看

○秋色正清華

蘋洲秋色好入望正清華高下光千里陰晴水一
涯天青經雨嫩山翠入雲斜南浦芳餘芷東籬豔
著花炊煙遲野渡落葉露人家林靄香團雪江空
綺散霞

蓬瀛仙放棹牛斗客浮槎金碧瞻

雙闕歸飛帶日鴉。

○東坡赤壁後游

記得山川勝前游更後游古懷仍赤壁客與共黃州雙槳八初艤清尊婦早謀鱸羹香野岸鶴影澹江流丸月明於昔襟風冷甚秋夢沈孤棹靜聲憶洞簫愁戰壘空橫槊浮生足泛舟坡仙眞樂在健筆有誰儔

○平山堂檻倚晴空

賢守堂新構晴空望眼開欄高疑接漢檻迥自平

山簾模参差際笙歌縹緲間林端横亞字天末映

連環入座星堪摘開尊月可攀絮搖虛室白花壓

短窗殷江左峯巒拱淮東水木彎

翠華會到處仙境異人寰

○松菊猶存 題係余家祖陶姓先生之文也余今得一閱竟上刊四字 漬先生詩稿不勝有遠到之思藉述之以續于例

曳杖辭彭澤淵明樂自存柴桑還故里松菊滿荒

園猶有秋三徑宜開酒一尊盤桓風解帶採摘月

當軒北牖濤聲聽東籬影更繁重逢如舊雨相伴

負朝暾世任經人閒心堪共爾論歲寒盟未改從

十二

此閉蓬門

次第看花直到秋

東閣淹留日名花次第看相邀同早起不覺到秋殘夕秀朝華繼嫣紅姹紫攢雪香先爛漫霜影殿高寒棉葛經來易臙支畫徧難豔歸詩筆麗涼入酒杯寬選勝時能憶延芳興未闌

宸遊勤茂對

上苑集鵷鸞

好鳥枝頭亦朋友

忽訝艮朋至枝頭鳥一鳴馴非關得食樂亦解求
聲夕照歸巢影春風出谷情窺人唬映竹喚我話
班荆庭樹聯新侶山花證舊盟語憐傾耳熟詩助
弄吭清報喜當書幌催耕到管城
皇州聽百囀更有
上林鶯

○吹面不寒楊柳風

十里垂楊岸春來雨復風吹衣寒盡減撲面暖初
融影颭樓頭碧塵飄扇底紅能教陶令醉那畏楚

王雄餘冷重棉脫微和一節通不知妝鬢怯彌覺
舞腰工鳥囀扶搖外花飛瀲蕩中何如依
上苑長得
禁煙籠

綠陰生晝靜

衆綠肥初夏扶疎繞砌陰晝長花木古人靜屋廬
深但有千章蔭都無萬籟音浮青生几席活翠上
衣襟吹息眠茵犬鳴遲隔葉禽蕉窗香盡展蓮漏
響初沈蓋影瞻嘉樹鑪煙出

上林四方無一事日永契堯心

柳色春藏蘇小家

戲訪杭州夢名姬道姓蘇伎家花並植春色柳平鋪助豔風三月藏嬌水一湖歌聲聽隱約妝影認模糊簾捲窗疑近橋通路轉紆高樓飛雪護小字隔烟呼釵股金如許裙腰綠到無白頭司馬醉應倩美人扶

蟋蟀俟秋吟

物有知時哲非秋響自沉蜉蝣飛尚滯蟋蟀隱難
尋暑雨潛蹤遠涼雲結想深織猶遲綺杼鳴秪待
疎砧倏爾淸商發翩然弱羽吟金籠千載遇士壁
十年心况挾雕蟲技思聆致鳳音求賢逢
聖主
第須擢儒林

荷喧雨到時 得荷字五言八韻
不知山雨到何處響聲多拂牖徐驚竹臨池亂卷
荷明珠跳錯落輕蓋舞娑娑夢欲芭蕉誤香如菡

萏何花光催羯鼓秋氣上吳羅淨豈虛衷擾喧因

急點過聽來垂柳港隔斷采菱歌佳景

幾餘賞

恩流

太液波

旣雨晴亦佳 得晴字五言八韻

久深霖雨望旣雨不嫌晴澤至方蘇物雲開亦浹

情汀花紅帶潤溪柳碧搖濤積霧連山濕餘霞照

水明漁歸蓑笠重農臥桔槹輕一洗炎蒸氣重聞

笑語聲諸天綿化日佳氣徧羣生

聖世多豐歲歡占百室盈

山雨欲來風滿樓得樓字五言八韻

晚雷聽隱隱看雨獨登樓山色遮旋失風聲起未

休霖殷三尺望塵拂一窗秋斗帳涼珠動牙籤落

葉浮霞紅猶露脚雲黑已當頭地迴扶搖接天低

沛澤周石飛巖樹暗海立屋泉流

巽命重申處

恩膏徧九州

綠疇小駐勞春農 得勤字五言八韻

小駐東城望。三農業正勤。幾番殷勞倈。一例促耕耘。蓋偃溪頭雨。車停谷口雲。村煙炊靄靄。田水漾沄沄。紅指桃源近。青瞻麥隴分。馬聲花外靜。語笠邊聞。曉旆搖官柳。春旂拂社枌。翠華巡幸處。佳氣更氤氳。

帶月荷鋤歸 得歸字五言八韻

種豆攜鋤去。還家帶月歸。淸光生桂樹。暮色認柴扉。出戶星猶爛。耘苗露漸晞。擔來鴉嘴倦。看到兔

十六

毫肥散采圓承笠橫經短曳衣足音尨起吠背影
鷺鷲飛皓宇千家共瞑煙一徑微息肩鐙火近尊
酒對明輝

將軍三箭定天山得天字五言八韻

三箭乘機發千軍奏凱還師貞占地水將勇奪天
山加一臧魁速成雙獲醜鬩虜塵傳矢靖邊月逐
弓彎緊組囊盛錦連珠石透斑刀頭歸薊馬鼎足
殪諸蠻金僕人驚膽爲丈婦失顏至今瞻雪嶺聳
固

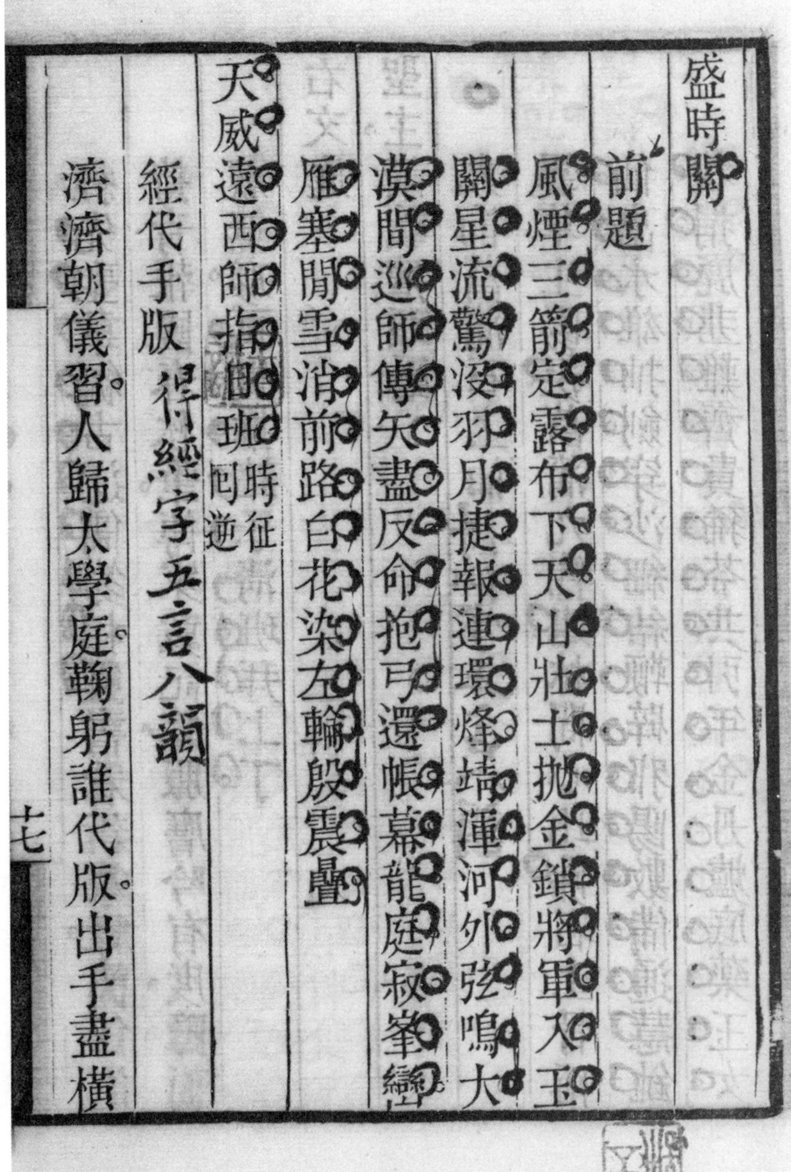

盛時賦

前題

風煙三箭定露布下天山壯士抛金鎖將軍入玉

關星流驚沒羽月捷報連環烽堠渾河外弦鳴大

漠間巡師傳矢盡反命抱弓還帳幕龍庭寂峯巒

雁塞聞雪消前路白花染左輪殷震壘

天威遠西師指日班時征叨逆

經代手版 得經字五言八韻

濟濟朝儀習人歸太學庭鞠躬誰代版出手盡橫

七

經。先聖章編古迂儒笏相靈書看新篆綠。簡任倒
持青報國春秋筆。傳家戴記銘。服膺吟有度。障面
視無。形畏貴推諸子濤班拜上丁
右文逢
聖主。講義擅頭聽。
○九節菖蒲石上仙 得仙字五言八韻
異草生陽羨菖蒲九節連林間心比佛石上骨稱
仙出水雄抽劍穿沙細結鞭辟邪陽數備通慧鈍
根捐鹿韭難齊貴稀苓共引年金丹爐底藥玉女

茹字叢説考証
茹考入平韻六魚第
茹四十六字其本注
云茹菜也又説典
茹茹藘相類易
拔茅連茹以其彙

杖頭煙周讌羹會嗜堯廷種盎延花開徵

聖壽符瑞協

乘乾

爾惟鹽梅得咸字五言八韻

誰是鹽梅佐經綸出傅巖三公原象鼎一德自成咸筴正敷嘉績筐頊表至誠薦馨通夢卑伴食笑才凡苦茹羹初和甘同果並銜獨能調爕稱豈畏割烹譏越俎餚家食充庖慰老饞

斟元逢

十八

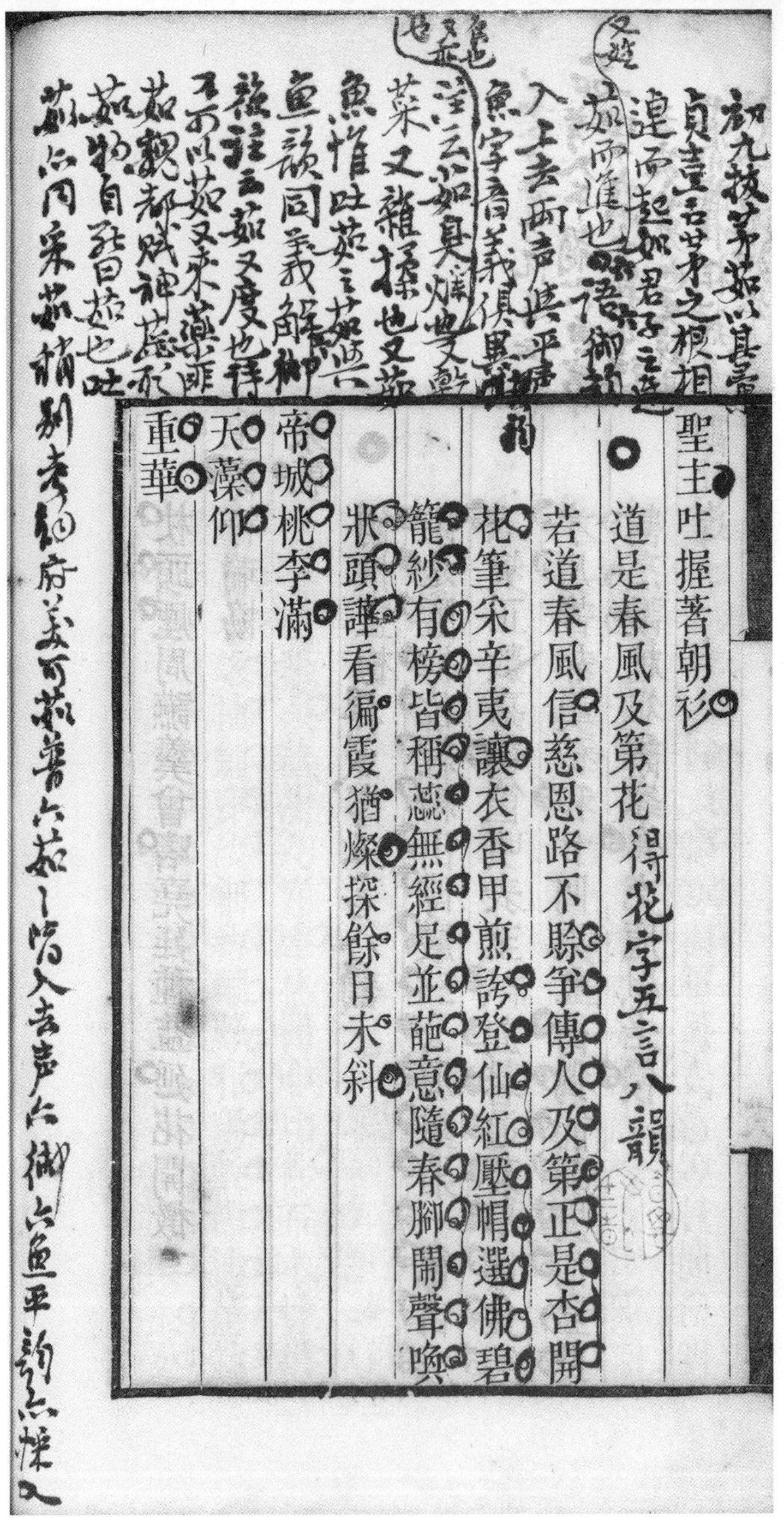
聖主吐握著朝衫

道是春風及第花得花字五言八韻

若道春風信慈恩路不騄爭傳人及第正是杏開花筆采辛夷讓衣香甲煎誇登仙紅壓帽還佛碧籠紗有榜皆稱蕊無經足並葩意隨春腳鬧聲喚狀頭譁看徧霞猶燦採餘日未斜

帝城桃李滿

天藻仰

重華

山不讓塵

莫以浮塵細而忘自勵情爲山功豈讓積土象方呈野馬光難定蟠龍勢不平欹紅隨地益太白接天横十二峯棱見三千世界成瞻巖雖設險足嶽詎嫌輕韞玉收羅富霏珠掇拾精宸衷容獻納埃報有丹誠

鶴立雞羣

特立嵇生行翛然鶴骨分倘教雞共食直比驥空羣高視輕凡羽長鳴冠此軍孤淩過店月閒倚度

開雲廚料廉應讓窗談和不聞雙翎標皎潔千跡

息紛紜乘蓋逢秋田樓塒判夕曛

恩披衣一品五德共宣勤

辛夷花發杏花飛

杏苑花飛後辛夷又發花朶爭詩筆健香上酒旗

斜木末標紅萼枝頭賸絳紗暖生摩詰塢春鬧子

京家揚耀方迎日飄英早散霞葯房烘曉豔蕊榜

競朝華次第探無盡從容看不差門楣添瑞氣簪

處

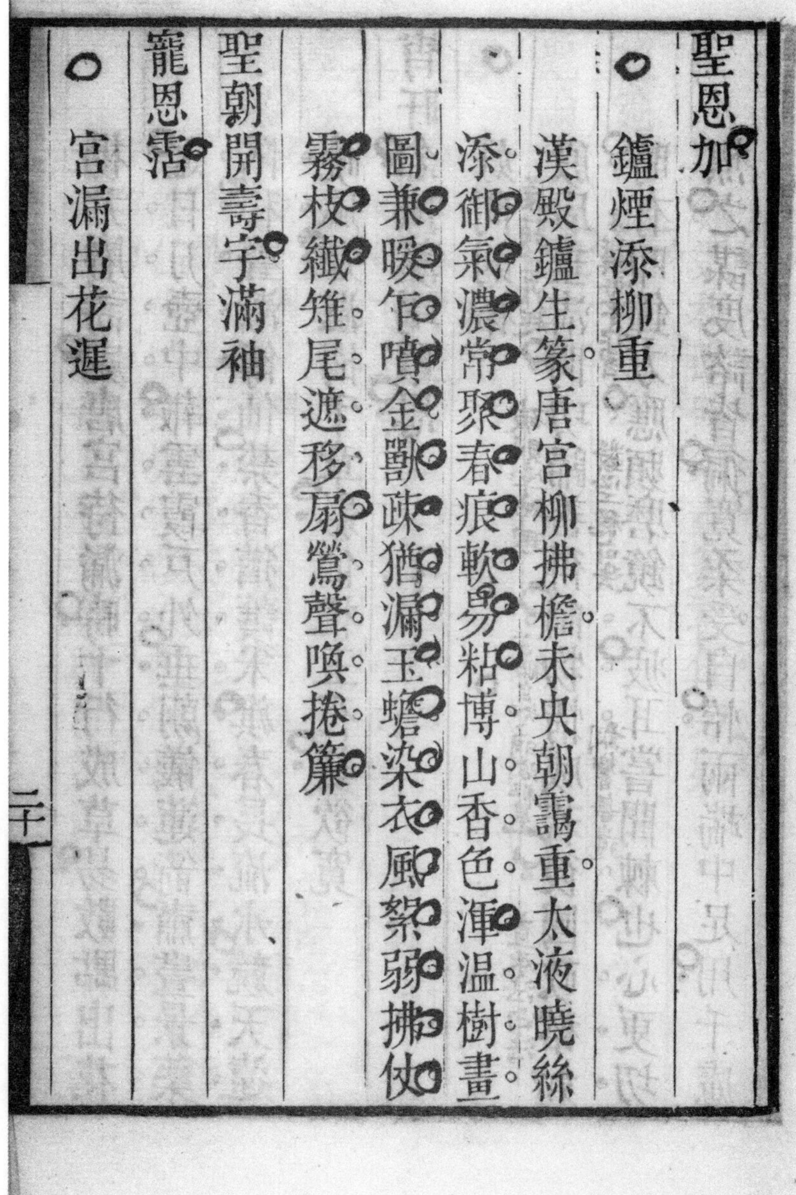

聖恩加

鑪煙添柳重

漢殿鑪生篆唐宮柳拂檐未央朝靄重太液曉絲

添御氣濃常聚春痕軟易粘博山香色渾溫樹畫

圖兼暖乍噴金獸疎猶漏玉蟾染衣風絮弱拂仗

霧枝纖雉尾遮移扇鶯聲喚捲簾

聖朝開壽宇滿袖

寵恩霑

宮漏出花遲

楊尹賡詩處唐宮待漏時十行成草易數點出花
遲日月壺中報雲霞戶外垂朝儀蓮箭肅晝景藥
階移聲漸傳仙禁香猶護釆旗春長流水競天遠
曉風知溫樹千章影仙桃五夜姿欲寬
宵旰念掞藻竭覃思

好問則裕 破則字神理

殷后原題旨作起垂淸問功歸善得師言師自知之明尚私見物情咸若後國政裕如直承法句法

時有先講好字作回叩鐘方應對照上穩句法頻磨鏡不疲調響音無遺耳嘗聞棘也心更切

標之謀虞諮皆偏寬柔受自恰兩端中足用千慮

下無遺秕政除須盡芻言任勿疑

經筵詢訪確

聖論奥難窺

○濟治由賢能

未盡賢能用誰爲濟治才得之

皇極建由此

帝紘開魚水千秋契鵬雲萬里來是非臣共諍寬猛政

兼該任使需舟楫經綸象雨雷三升司馬職九德

大夫林功業推人望英豪恥自媒

而無道著處字並到之時見之耳說之音韻即于用字處見其類韻矣

聖朝求士切神駿滿金臺

○膏雨自依旬

澤物惟膏雨依旬若有期珠光流沃土玉液潤良時曉色沾苗活春痕驗筍知月周三度報風信兩番吹庭草頻添翠林花又濕胭洽心占自喜屈指計非遲六甲漸濡徧千丁作息宜撫辰勤茂對耕鑿慶雍熙

○德輶如毛　得如字

山甫論功什中庸載道書日宣三德立風舉一毛

如微秒修難盡毫釐憾未除妙猶留色相疵豈畏
吹噓品格孤鴻振文章彩鳳舒堯心明峻處禹脛
克勤初夜氣涵長足秋毫察豈虛
聖懷徵不顯淪浹徧坤輿
德輶如羽
壯武勤修省詩因劚志書德輶非易荷羽舉問誰
如冠玉温無玷鈞金重有餘高山徒仰止弱水亦
淪胥從義鶯同出懷仁鶴自梳速行郵遞後輕比
檄飛初養翮翔

三三

皇路
傳心仰
聖居日新
宸念切附翼望
丹除

宿雨潤新耕

聽雨纔經宿催耕正及春煙痕榆莢活風景柳條
新麥隴開膏壤桑田淨麴塵塊霑牛力健泥滑鳥
聲馴竿日烘猶嫩衣雲散未勻農官晴倚蓋饁婦

濕移薪社祝豐年戊

朝聞

巽命中東郊

星駕夙

天子四推親

○左堿右平

宮室西都壯崇高左右階堿宜人進退平爲輦安

排仙仗分龍虎濤陰映棘槐月梯三殿逈星舍六

符佳劍履登俱便錫鈴聽自諧分曹差以齒由闌

坦如懷將相東西列親賢上下偕

聖朝堂陛肅俊乂滿天街

○野篁抽夏筍

何處蕭蕭響新篁入夏修連山香不斷徧野筍長

抽綠折梅風急靑連麥浪浮疏籬穿鹿角亂石露

猫頭過雨陰猶潤驚雷節尙柔朱櫻時報孰翠篠

徑通幽雉子眠根靜龍孫解籜稠南薰生

殿陛長養契

宸遊

○二十四番花信風

誰與傳花信和光颺碧空三千香色界廿四豔陽風幾兩銖衣稱頻番縱勝工芳辰重疊後淑氣往來中數叉欄杆偏吹仍律呂同弦彈朱瑟膽簫譜畫橋通品考中書藥枝駢

上苑桐卷阿賡

聖藻肆好洽

宸衷、

○避人焚諫草

吁咈求賢日謀猷進諫辰上書宣室事焚草杜陵人問樹猶押舌飛章況逆鱗履聲花外靜燈火禁中新拜手封除副探懷稿遍眞告天憑在已避地謝同寅傾藿忠良志燃藜密勿臣

聖朝言路廣獻納仰

楓宸

○穀雨熟櫻桃

穀雨今番報良辰喜又遭徑猶抽竹筍林已熟櫻桃日氣肥梅綻風聲著麥號嫣紅垂一院新綠漲

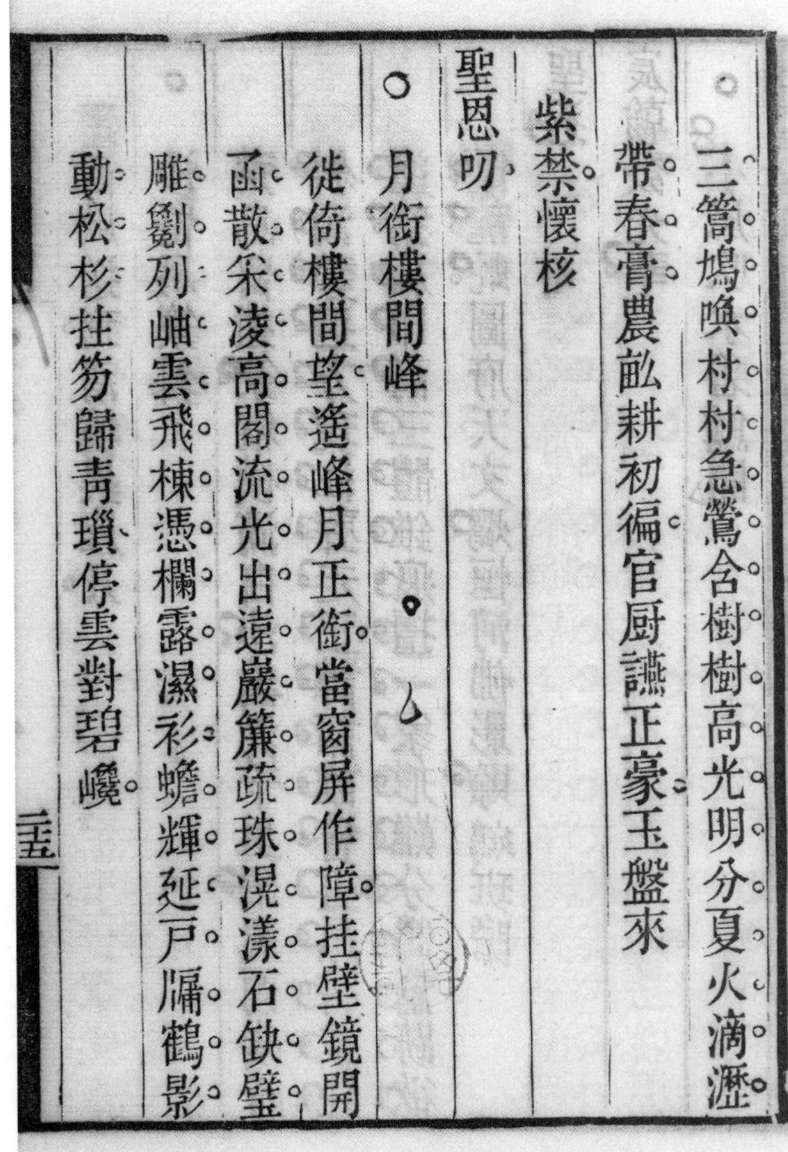

三籥鳩喚村村急鶯含樹樹高光明分夏火滴瀝帶春膏農畝耕初徧官厨讌正豪玉盤來紫禁懷核聖恩叨

月銜樓間峰

徙倚樓間望遥峰月正銜當窗屏作障挂壁鏡開函散采淩高閣流光出遠巖簾疏珠滉瀁石缺璧雕鎸列岫雲飛棟憑欄露濕衫蟾輝延戶牖鶴影動松杉挂笏歸青瑣停雲對碧巉

蓬山風送到淸境異塵凡

沙留鳥篆斜

飛鳥留遺篆縱橫滿白沙雲泥千里隔風雨幾行斜潮勢迴方現江聲走正譁諾誰曾畫鳳書或任塗鴉爪印高三體錐痕擅一家形難分鵠鶩跡欲亂龍蛇圖府天文爛恒河佛影賒鵷班瞻

聖近

宸翰發光華

小風吹水碧鱗開

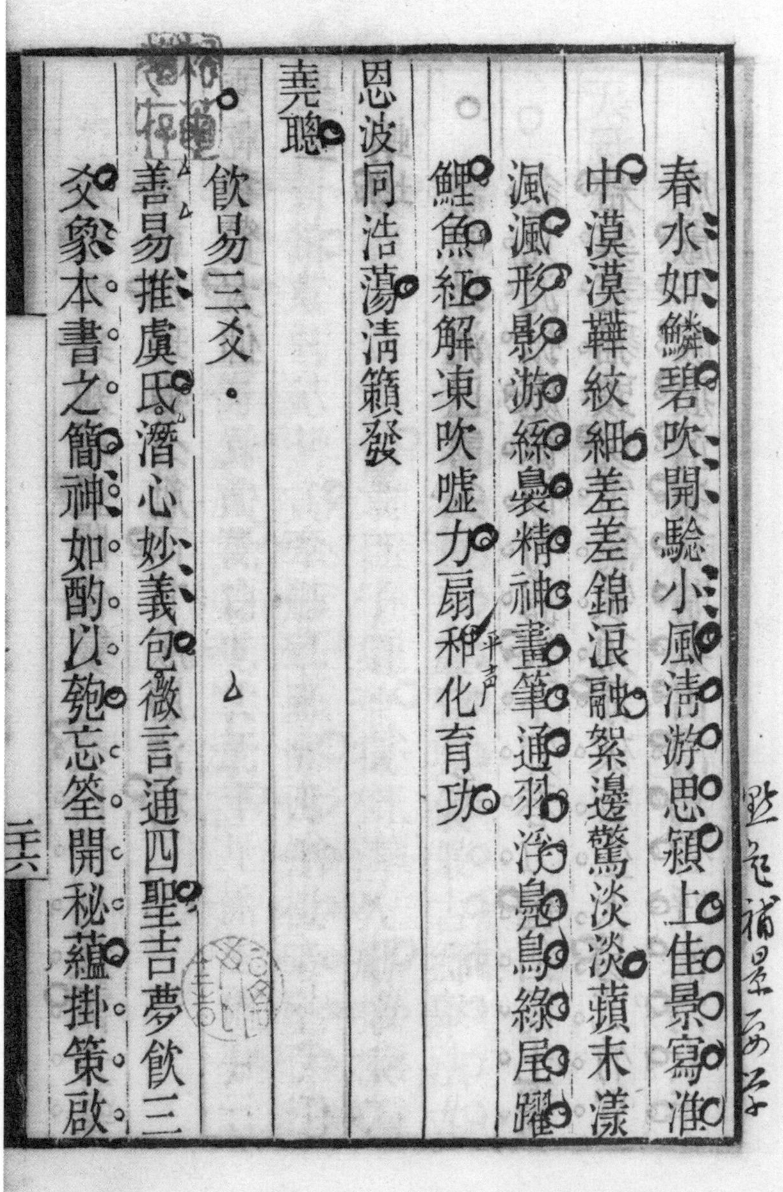

春水如鱗碧吹開驗小風清游思潁上佳景寫淮
中漠漠韡紋細差差錦浪融絮邊鷺淡淡蘋末漾
渢渢形影游絲裊精神畫筆通羽浮鳧鳥緣尾躍
鯉魚紅解凍吹噓力扇和化育功
恩波同浩蕩清籟發
堯聽

飲易三爻
善易推虞氏潛心妙義包微言通四聖吉夢飲三
爻象本書之簡神如酌以匏忘筌開秘蘊掛策啟

三六

元苞天道窺難盡陽儀變已交白圭同屢誦丹篆肯輕拋理數分勳兩甘腴勝酒肴

乘乾參贊大仰

聖望

蟰蛸

新筍掀泥已露尖

忽見泥掀處微微筍露尖不知春力健猶認土膏粘雪盡貓頭現雷驚犢角添破苔生太易成竹兕應嚴乍暖痕消凍新晴氣出潛鳥聲呼滑滑女手

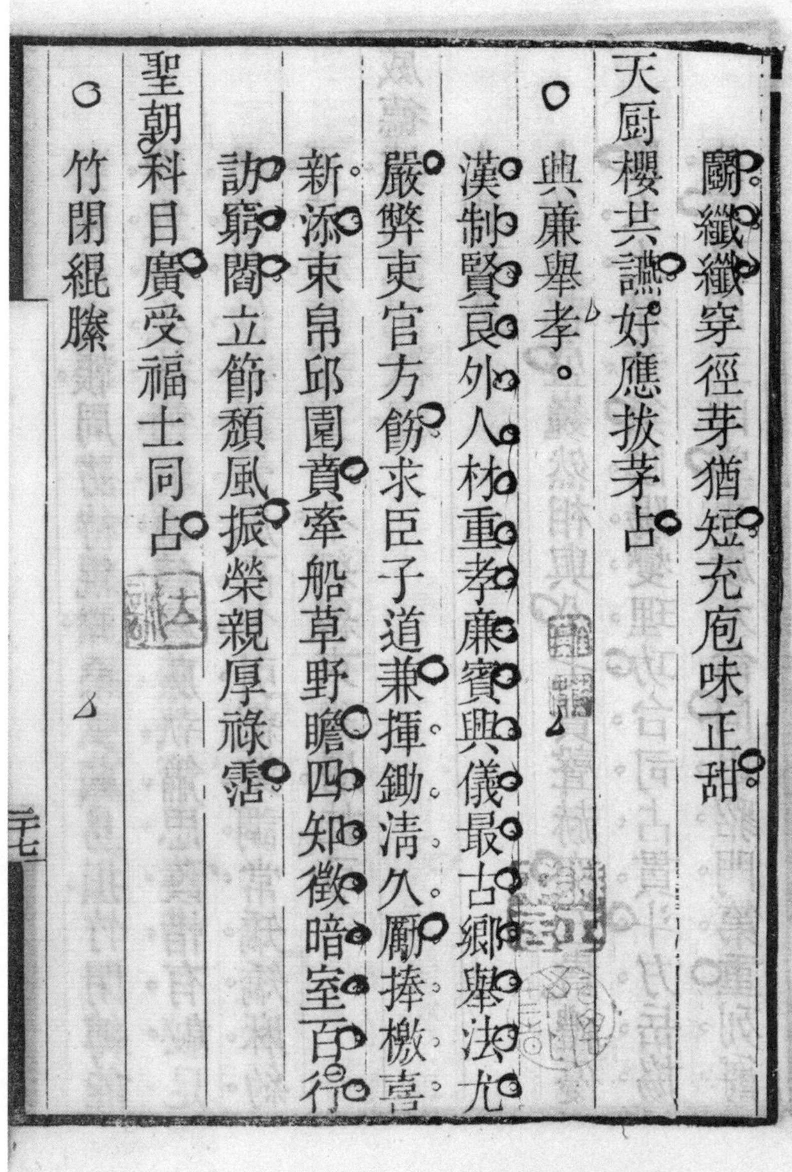

鬬纖纖穿徑芽猶短充庖味正甜
天厨櫻共讌好應拔茅占
○與廉舉孝
漢制賢良外人材重孝廉賓興儀最古鄉舉法尤
嚴弊吏官方飭求臣子道兼揮鋤清久屬捧檄喜
新添束帛邱園賁牽船草野瞻四知徵暗室百行
訪窮閻立節頹風振榮親厚祿霑
聖朝科目廣受福士同占
○竹閉緄縢

三七

弦弛將交韔周防待緄縢桑弧藏易損竹閉縛能
勝豈碍生枝節無嫌繞葛藤執簫思護惜有轂足
依憑月缺新添暈風高乍引繩檠調常矯矯麻約
更棱棱斷續芟千个綢繆束幾層挂弓
威德遠唱凱記歡騰

七相五公

人物西都盛巍然相與公七賢聲赫奕五貴禮優
隆火土精華氣陰陽燮理功台司占貫斗方岳協
生崧臺閣三師掌車旗九命同珥貂門第重列爵

品階崇辰宿分秦野威儀擅漢宮地靈鍾

聖代

輦轂盡豪雄

綴珠爲燭

漢殿祥光發深宮麗采鋪金釭嵌趙璧銀燭綴隨

珠明月看常滿輕煙散欲無露凝仙掌淨秋入晝

屏腴蚌剖靈胎聚龍銜曙影孤水犀清共照蠟鳳

巧應輸新火千門徧餘輝十乘俱沈淵昭

聖度列炬啟

宸謨

○廣厦構衆材

衆材非易聚濟治比求賢不藉良工構焉能廣厦連鄧林資雨露夏屋仰雲煙楨幹須培植盤桓待結聯更番繩墨中次第棟榱全累月勞都匠淩霄狀列仙萬間羣得地八柱共承天

聖主延英切

經筵設細旃

○選士皆百金

良士從容選皆誇値百金十家貲莫計萬鎰賞能
任洴澼方初售儈騰客盡臨虎頭飛食肉麟趾坐
推心刀貝揮如土旌旗會若林露臺財豈惜煙閣
將難尋市駿留佳話登龍報捷音
紫宮環勁旅
賜予感
恩深
李下不正冠
李下嫌宜避應防冷眼看成蹊貞素履穿樹聳危

冠鑽核入心鄙斜簪士品端倘教修道範何以釋
疑團帽任卑枝礙巾同折角覼掉頭非種苦舉手
卽儒酸卓行中林見仙根
上苑蟠
主恩承
賜果慶效貢公彈

金芝九莖產函德殿銅池中

漢殿瞻函德金芝產最奇九莖聯玉樹三秀覆銅
池正色光分桂純陽數協蓍列蓂雲氣繞承露

華滋寶鼎成歌後觚棱煥采時根因梁柏託影傍

瓦松垂瑞應中興著祥符大德司

聖朝珍物賤

舜抱樂茅茨

黃鵠下建章宮太液池

物瑞徵黃鵠翩然落漢宮建章春藹藹太液水融

融圜闕會鸞鳳香泥忽印鴻菊裳翔日下荇帶暖

波中隥道雙飛迴漸臺獨立雄千門環大澤六翮

斂微風豹尾臨觀樂鵷班賞讌同

三十

聖恩天浩蕩所愧羽毛豐

●春風吹又生

乍見離離影經春草怒生霜痕猶顯澹風力又縱

橫黍谷調新律蕪田話舊盟連番通信息依掾拂

句萌點蕩裙腰淺芊眠扇底輕膏催迎社雨火記

燒荒晴噓植非無意滋榮倍有情含和宣

聖德吹綠上

蓬瀛

疏雨滴梧桐

淹貫淹通同解

雁 梌應字从雁从心即雁心也

其義秘監著於

咸豐元年花朝夕問

深院鎖黃昏梧桐壓短垣秋聲何處起疏雨夜來喧碎響搖千點濃陰抹一痕瀟瀟當戶滴菶菶映階翻聽與芭蕉亂侵添薜荔繁涼颸生鴈塞落葉下龍門天釀清虛境人傳雋永言微雲時聚散河漢對吟罇

物勒工名

月令稽程度精勤考衆工勒名分巧拙辨物貴淹通妙篆徵辛父奇文識乙公鼎何愁認贗鉤亦可稱鴻簡刻蒿宮玉銘鐫柏寢銅畫圖編博古官職

補司空和兑留傳器班垂造作功

聖朝崇璞素省試九經同

○熟梅天氣半晴陰

氣候陰晴半黃梅正熟天微雲疎復密細雨斷還

連筵許爭櫻筍衣難定葛棉綠肥蒸野月紅綻點

江煙辛苦調停稱酸甜醖醲全靄沾籬角濕虹臥

樹頭圓孟德征鞭指方回麗藻聯

舜薰敷大化燮理想名賢

○周妻何肉

未除妻與肉累各數周何恩愛心爲縛慈悲理尙
訛見情難見性同道不同魔寢報晨雞早廚供夜
鯉多色空懺法喜舌淨愧維摩經卷時相伴屠門
偶一過繩牀眞隱逸虀臼老頭陀兩戒都能守清
修到釋迦

溪喧獺趁魚

何處波聲起名園綠水西魚潛方在藻獺趁忽喧
溪風激騰如虎喘飛辟似犀鱸腮驚乍曝雉尾拔
初齊潑刺筠竿攪跳梁荇帶迷毆因春水潤祭向

夕陽低溉釜思烹奕忘筌便取擕釣容垂

鳳沼詩共賞花題

○風正一帆懸

去路春風正長江試一帆高懸天助順利涉境超

凡張處裁蕃錦吹來皺客衫竿烏看穩稱檣燕坐

呢喃飽挂身如御孤飛尾孰銜貼雲鍼指綫拾月

鏡開函舫詠思牛渚舟材出傅巖巨川攸濟頼同

德

主知咸

○天道如雞子。

推策觀雞子陰陽道準天渾儀人有則太極物無偏虛白包真一中黃界大千見心神理得伏卵氣機全累處求差角旋來悟揩圓象原鶵尾應銜在豕脬先混沌留終古規輪啟後賢法宮頒鳳紀泰運協坤乾

○雷聲忽送千峰雨

乍覺輕雷起垂空雨意濃聲纔聞四野勢忽送千

峰坕上猶鳴鶴雲中早躍龍翻盆迷歷歷伐鼓助

鼕鼕塵浥歌三疊泉飛挂百重坐談驚失箸行隊

罷扶笻甲拆方生物

辛祈久貴農

恩威皇極建

聖澤徧

堯封

多事始知田舍好

少壯輕田舍中年事漸多始知饒積聚方好補蹉

跎婚嫁貧家迫功名酬尉詞六根廓市俗三徑想
弦歌種秫杯浮螘嘗蔬案舉蛾但能甘畎畝何至
苦風波晚悟山林福須同孝弟科
省耕勞
聖慮擊壤謳中和
○故鄉無此好湖山
太守成中隱湖山任宴娛平生佳句徧此境故鄉
無春水韡紋細秋嵐髻影孤好栽隄上柳羞說社
邊榆主客忘形迹陰晴總畫圖景光留我賸歸計

杓音貂同

笑人迂汶腹清難比峨眉秀亦輸浙西魚鳥戀眞
足老髯蘇

七葉珥漢貂

前漢推名族金張盡珥貂兩家勳績重七葉寵榮
昭麟閣圖風節蟬冠映斗杓濫誰嘲續尾貂亦遠
垂髫禮數華宗異官儀御氣飄羽毛分近侍仍耳
貴中朝簪筆人相繼彩纓代共邀

殊恩逢
聖世孔翠燦雲霄

在漢蘇武節。

正氣徵蘇武丹心一節持中朝符命重屬國性情癡雁積將身銜羝羣信手麾撐犂昭信義甌脫識威儀游說辭空費歸來畫亦奇赤旄天漢色白髮老臣姿照耀千秋史淒涼五字詩至今邊徼外羞語李陵碑

成家書滿室

魏野躭書卷閒居避世譁收羅都滿室完美已成家插架蝸廬礙題籤鳥篆斜目耕資活計心醉送

生涯豔摘窺鄰宋奇探載酒芭騷壇兒拾草筆陣
婦簪花福地瑯嬛近名山委宛縣
九重徵隱逸
中秘讀爭誇

添口鶴生孫
也算家增口鄉看鶴有孫孳生蓬戶易胎化羽禽
蓄子和鳴聞野丁添喜在樊門延仙客喬廚費腐
儒飧眷屬梅會伴宗枝竹共繁老攜雛守戶貧愧
俸乘軒豈受祖庸累仍煩卵翼恩嘉祥因

盛世不比長雞豚

拔劍驅蒼蠅

豪俠王郎擅平生最惡蠅止樊聲擾擾拔劍氣棱棱巨闕横秋水幺麼昧夏氷直同詠白起不許晝曹興利刃誰堪汙讒人自可憎魚腸供叱咤驥尾息飛騰摩厲情何急驅除力尚能穩眠高挂壁笑爾枉呼朋

決渠降雨

水利西都廣時開鄭白渠成雲擔畚鍤降雨潤苗

畬祈禱民無事宣通歲有餘奔流看放牐汎灑任
耕淤汨汨聲初作祁祁勢不如風雷神讓力溝洫
史陳書善解隄防術長盈廪庾儲豐年沾
帝澤飛輓便舟車

留客可茶瓜

留客山居樂摘辭憶玉田茶煎明月夜瓜摘早秋
天香焙連村熟甘浮出水鮮款延花徑裏笑語荳
棚邊一餅研來細雙環剖處圓莫嫌兼味少聊稱
主人賢洗琖清風發堆盤絳雪傳貢新思

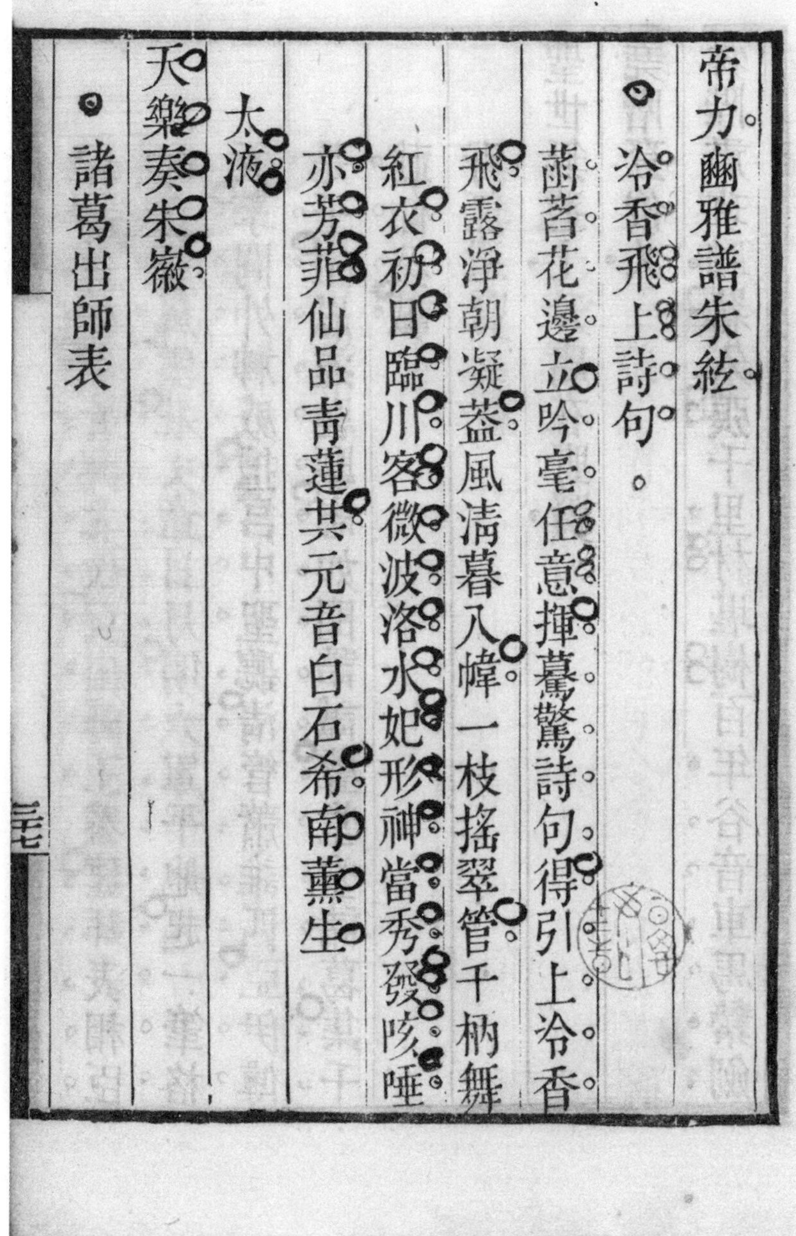
帝力豳雅譜朱絃
冷香飛上詩句
菡萏花邊立吟毫任意揮驀驚詩句得引上冷香
飛露淨朝凝蓋風淸暮入幃一枝搖翠管千柄舞
紅衣初日臨川客微波洛水妃形神當秀發咳唾
亦芳菲仙品靑蓮共元音白石希南薰生
太液
天樂奏朱徽
諸葛出師表

樹百年 管子一樹百穫

纔息南征甲旋與北伐兵出師王業建拜表相臣
行壁壘風雲壯文章日月明六軍平地起一筆格
天擎閫外神威擅宮中聖聽清管蕭誰匹亞伊傅
是平生思遂馳驅志如聞誥誡聲堂堂諸葛集千
載仰公誠
野無遺賢
聖世無遺士升庸在野賢
堯階登俊乂
舜陛肅班聯羅久張千里材堪樹百年谷音車馬縶劍

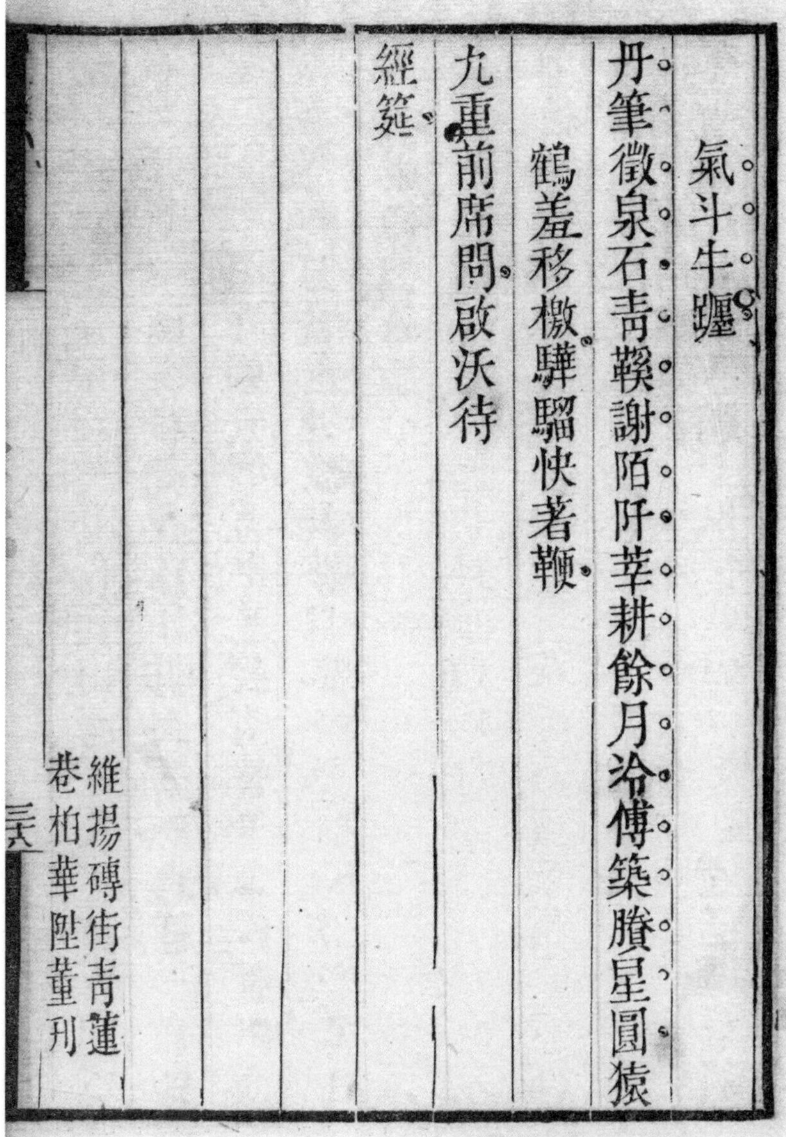
氣斗牛躔
丹筆徵泉石青鞵謝陌阡莘耕餘月洽傅築賸星圓猿
鶴羞移檄驊騮快著鞭
九重前席問啟沃待
經筵

維揚磚街青蓮
巷柏華陞董刊

三六

蛙鼓賦 以水底笙歌蛙兩部爲韻　　金望欣

月明娟兮三更烟蒼茫兮一水何衆籟兮齊韜忽繇聲兮乍起白沙堤上望處皆空靑草湖邊聽來漸邇豈有笙吹水閣還一曲之難分恍如鼓擊官船倘三撾而未已有物焉白石盟心淸泉托體當車兮如軾糾桓投瓦兮應愁觸抵曾逢莊叟跳梁自詡於河干若比公孫跛黽空形於井底譜芳草池塘之樂逸韻鼕鼕隔華林鼓吹之音淸流瀰瀰時則桃花雨漲梅子風輕春盡而波瀾正濶夏初而螻蟈爭鳴亂野水兮三篙非關蚓笛作

寒家兮半部不羨鸞笙好從鷃䳍洲前憶才人之絕調
曾向蝦蟆陵下和老伎之新聲一彈再鼓低唱高歌匪
擊罷而徜排蜂蟻匪戰餘而陣散鸛鵞匪記曲而板偕
舞蝶匪知時而更應靈鼉匪因帆鬣之張船頭歷亂匪
藉桐魚之刻石上摩挲萬疊喧闐逐炎飈而不斷一羣
跳躍經宿雨而偏多則有停船繫纜喚渡離家正長途
兮寂寞忽前渡兮喧譁風吹楝子之花如催羯鼓月滿
垂楊之岸亂叫官蛙遠近傳聲似留情於記里再三作
氣應敢諫以開衙更有坐繡閣以懷人上蘭舟而打槳

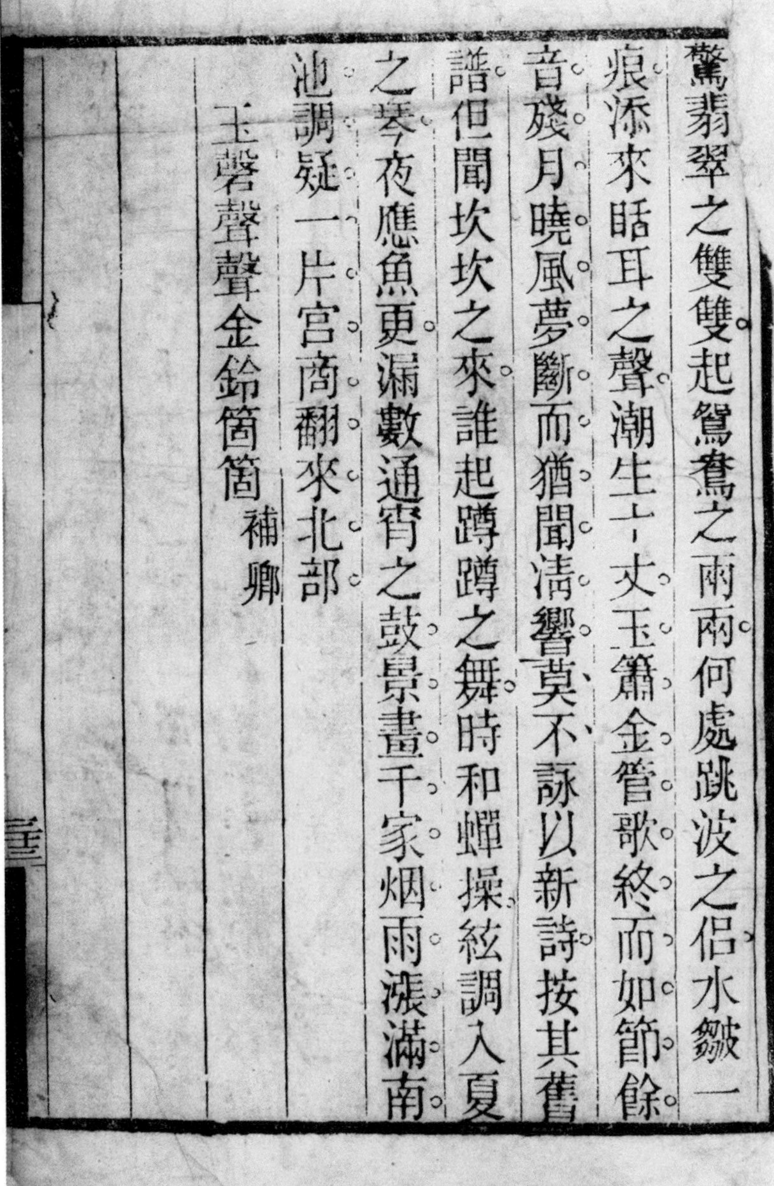

驚翡翠之雙雙起鴛鴦之兩兩何處跳波之侶水皺一痕添來聒耳之聲潮生七丈玉簫金管歌終而如節餘音殘月曉風夢斷而猶聞清響莫不詠以新詩按其舊譜但聞坎坎之來誰起蹲蹲之舞時和蟬操絃調入夏之琴夜應魚更漏數通宵之鼓景畫千家烟雨漲滿南池調疑一片宮商翻來北部

玉磬聲聲金鈴箇箇　補卿

（清）金望欣 撰

金秋士詩鈔一卷

清道光十六年（1836）清美堂刊《蔗根集》本

蕉根集卷四

全椒金望欣秋士

農歌

杏花白初見麥見麥未能嘗日慮春糧缺棗花黃初插秧插秧田無水日慮秋禾荒天公若惜老農苦來朝速下一天雨徧種黃金入黃土

題秋山圖

林表立高峯蒼茫開遠曙木落溪水秋小橋低可渡橋外野人家蕭蕭烏桕樹幽棲素懷客曳杖林深處笑看山頭雲無心自來去

道上口號

出飲前村帶醉回陰雲薄暮鎖林隈拂衣陡覺春衫濕山雨如烟撲馬來

春寒

春氣遲江國東風竟日寒濕烟多倚樹細雨欲沈山酒盡愁仍在詩枯興易闌高樓何處笛一曲早梅殘

夜起立月

虛室忽生白翻疑曙色微無端夜啟戸乍見月當扉天淨星光小春深花影肥湖山閒立久凝露暗沾衣

舟中夜坐

今夜酒醒處孤舟人寂寥岸遥天壓樹江漲水吞橋帆影三秋月灘聲半夜潮風清寒到枕夢穩愧鳥鵁

長歌答汪小亭

暮雲捲我入山去春風吹我出山來去時正值梅花落來時乍見桃花開桃花開春滿塢攜樽從此尋花去城南老屋訪詩人楊柳遮門不知處童子啟柴扉先生尙未歸聞說尋花河水畔新結詩朋與酒伴知君日日花爲家曲水觴飛酒無算特爲看花返故園誰憐佳會我無緣妒殺山公接䍦倒河亭酒幔春風顛春風顛先生醉萬樹晴絲綠霧斜一條落日紅霞碎碎霞斜霧送歸

來拂案見書聊自開開書忽報故人到醉眼模糊口微
笑狂吟走筆作長歌欸門向我殷勤道道是人生到處
家半生聚散總如花昨日别君山之側今日逢君天之
涯相逢下馬長相揖花時休負春消息夕陽重訪桃花
源壓橋飛雨燕支滴歸時小院亂蕪青三徑花深春滿
庭花可供詩筆人應倒酒瓶長教酒泛濫莫使花飄零
明朝騎馬入山去笑别桃花與小亭

同泰寺　刺佞佛也

同泰有浮圖浮圖之高高於建康城磴道七層亘霄漢
金碧照眼鈴鐸鳴下瞰南朝四百八十寺檀烟接天金

蔽地至尊捨身親講經大品淨名與三慧宮裏初營救苦齋殿前屢作無遮會胡爲乎一億萬錢去不回甘露莫救浮圖災金仙不至魔鬼來仰天荷荷誠可哀誌公說偈會自猜因果之說何在哉落花如雨空徘徊行人淚墮臺城臺

沈觀音　憫賢妃之失位也

碩人巧笑顏如玉阿嬌曾貯黃金屋一自黃奴擁麗華蛾眉獨向空房宿宿空房誦梵經錦繡無緣入內廷九閽哀叩飛靈雨孤魄猶明讓小星月落星稀夜凄凛西風瑟瑟來華寢漏滴長門分外長淚痕暗濕珊瑚枕夢

回鐘起景陽樓暮暮朝朝唱未休花倚隱囊猶壓膝鏡開結綺正梳頭繁華易盡旋消歇燕支入井鵑啼血長隨青蓋洛中行痛哭魚軒江上別別江南望江北才看瓊樹伐青溪又見瓊花開大業茫茫恨水自東流哀辭千古猶酸切垂楊花落李成陰重渡毗陵歲月深消盡紅顏餘白髮人間誰識沈觀音

後庭花　戒色荒也

承香殿外斜陽落笛聲遙起臨春閣美人粧罷豔神仙狎客詩成恣笑謔翻作新聲舞復歌金尊華燭映橫波橫波一曲人皆醉忘却春窗曙色多有限歡娛可奈何

大功坊　哀世族之式微也

桓桓大將徐與常福澤獨數中山王死而賜葬孝陵側生而賜第大功坊房杜辛勤立門戶金張甲第聞鐘鼓從來世族易驕淫黃金但買歌與舞江淮一旦起塵氛萬春園破散如雲白項老烏啄大屋王孫痛哭江之濱武子德澤不在人吁嗟誰惜徐青君吁嗟誰惜徐青君

山道夜行　時李閒雲臥病特往候之

客路何修阻秋聲倍激哀四更殘月曉一徑亂山開樹遠疑人立峯危壓馬來關心高士臥望斷白雲隈

暮歸山館

蕭條竹樹鎖孤村匹馬歸來日已昏一月西風三日雨滿山黃葉自關門

渡牛渚遇風

我來九月秋潮平澄江如練波盈盈歷陽烟樹霜落盡布帆高挂扁舟輕快意半渡風忽起波浪拍空疾如駛老蛟戲舞驪龍醒赤衣將軍策騄駬黑雲低壓天冥冥山飛水立迴風腥舟艤磯頭不得泊崢嶸山色橫江靑須臾風緩船尾掉一帆入港舟人笑彈壓百怪無雄文怒中我欲然犀照

扶桑石

海日欲上扶桑紅祖龍未死游海東鞭山填海石流血
一卷飛墮明堂宮稜角峭料畫不到痕消斧鑿疑鬼工
空隙隱隱見兩字丞相斯筆無其雄云亭碑牒不足貴
古今骨董天爲功火精水銀鑄冶就森然陰氣留洪濛
摩挲七十有二代遺傳萬古長無窮

樓桑村

森森如蓋碧凝烟一木難支大廈顛豐沛未聞還赤帝
許昌終恨立黃天奸雄羣鼠窺周鼎臣主雙龍復漢錢
更有成都桑八百功成曾望賦歸田

觀平山堂僧收藏佛變相圖

座上一聲師子吼蜿蜒鉢中孽龍走象王詭譎不可摹
天遣道元出高手白描後有李伯時寫意無功黃子久
作者成竹在心胸落筆渭川掃千畝不然形具氣不完
神妙毫顛十失九安得經營慘澹中毛髮纖微見深厚
十載丹青面壁人俗匠庸奴應頫首年來我欲逃畫禪
偶然學佛因無酒佛竊吾儒變化說幻向空虛演奇耦
我今拜畫不拜佛甘露豈乞瓶中柳妙畫通神佛護呵
藏百餘年絕點垢留爲摩詰鎮山門夜夜奇光射牛斗

午日題鍾馗溪山策蹇圖

南風暴作吹榛蕪幽崖大澤招神巫夏至陽極一陰伏

羣鬼蠢動山之隅終南老子惡作劇從來役鬼如役奴
杜伯見賣羊立變我疑啞鬼成黔驢官肥驢瘦載不得
何堪鞭撻行崎嶇泉聲歷歷風徐徐老子與發掀髭鬚
髮指忽睜華元目貌醜自笑張飛胡歸妹已了婚嫁願
偏思山水爲清娛蒲酒百觴解宿渴深林蒼翠看成朱
驅之驅之去復去何愁七聖多迷途相隨一鬼瘦於驢
枯肩負重聲吁吁彳亍亂石不敢怒汗臭流徧青肌膚
琴書累人更累鬼喃喃鬼語罵腐儒怪底進士長不第
倘再作吏鬼無餘驢蹄已到水窮處尙欲前進胡爲乎
水底百怪不可問離憂應弔荊三閭、

邘江送子春之武昌迎眷歸里即次其留别原韻

分襟西去慘離魂惆悵他鄉甚里門大别江聲冬〻洞勢
小孤山色晚粧痕文章蘇轍遲金籍孝友王琳愧玉昆
雁影暫飛歸及早高堂從此數晨昏

昔年送爾赴前川風景邘江尙宛然鳥過一帆揚子水
鶴銜千里漢陽煙詩成極浦秋天外人倚高樓落日邊
回首那堪陳迹遠月圓重缺缺重圓

故家喬木歎衰門入世眞如蝨處褌窺井有天謀未遠
立錐無地志空存一生王粲成流寓九死皋魚泣逝恩
贅壻寄居非了計紛紛落葉早歸根

大好家山返照侵昔非今是倦投林征鴻暫許尋遺迹
乾鵲先應報遠音雲隔楚西霑泛宅月留邦上待題襟
武昌魚美君休戀知我相思歲暮心

夢人以吳興水郁圖索題醒後僅記雲連墟落一
聯因續成之

畫到鷗波丹九還水村風景寫來閒雲連墟落成孤市
帆送河流入斷山故里料應戀吳越前身端合是荆關
就中不少歸耕地招隱何人十畝間

題畫

入山不覺深曳杖留行跡初秋雪忽飄飛泉下激石濕

煙戀樹青微霜變葉赤下有短竹籬茅茨五畝宅西窗坐看山機忘趣自適峯遠斜陽明林空雲氣白此中神仙人曾蠟幾兩屐笑我坐樊籠讀畫度朝夕

答王第花楚江看月見懷詩即次其韻

扁舟入楚天明月伴君眠彭澤曉潮水漢陽春樹煙躭吟耐風露把酒傲神仙多謝故人意寄詩芳草邊

更生紀事詩

與公於詩父子嘉慶癸酉秋在曹縣幕中遇匪變被刃首傷十二處去其半面死四日父子俱甦改名更生甲戌歸揚州熊介兹先生代為徵

詩事詳吳山尊先生紀事文

妖星照野垂光芒山東小醜羣跳梁入曹殺令兼殺客與公父子當其殃孤城斗大天地黑賊至如風刃如雪客起救令刃中額子起救父首並裂一腔義憤貫雲霄四日重蘇死不得鬼燐閃閃聲啾啾尸骸枕藉成山邱夢醒捫傷十二處子扶父立琴堂秋改命更生不自信冥中定有神爲謀悠悠蒼天高莫測無門禍福誰招求君不見昔時羣賊今懸頭與公半面歸揚州

題江心鑄鏡圖

揚子江心毒龍死飛入老人鑪𨦭裏神物變化不可窮

爐火純青龍血紫鑄成明月升當空鱗甲隱起精神通只許龍顏照天子揚州歲獻飛塵紅君不見咸陽宮中懸照膽不照入關兵火慘又不見仁壽殿前陳寫形五馬東渡看無靈况復唐宮重歌舞脂粉叢中媚兒女此鏡何能照今古請讀香山新樂府

題謝太傅東山攜妓圖

蛾眉絲竹快平生恬退何曾少宦情世上但留王景畧斯人無處倖功名

讀陳穆堂竹書紀年集證

秦阬灰冷伏生出魯宮虛壁聞絲竹漢興高閣開天祿

中秘才人富書讀馬遷史學秦漢熟三代紀傳非實錄
左氏晚出劉歆簏不見晉乘楚檮杌下迨典午平吳蜀
蝌蚪古書地下緣以儒發冢論未篤口中明珠異魚目
無賴摸金難免俗竹簡燃向人魚燭幸被官收入卷軸
寫以今文荀與束璅語師春外篇續更有逸編傳周穆
終魏安釐始殤叔元凱取之棄公穀陳子雅有讀書福
嗜此十年日三復注成集證萬筆禿五十餘卷堆案牘
堯元丙子繼軒頊迄周隱王九鼎復證以百家文郁郁
奇談妙論出心腹　本朝考據千載獨古史李鍇與馬
驌李倣志傳慎比屬馬紀本末富邊幅編年一體待老

宿今得君書堪鼎足踵門求書車擊轂吾家吉甫抱書

哭謂仁山先生通鑑前編

題魯秋江翁秋江泛月圖

魯叟示我泛月圖清光滿紙江平鋪幾竿竹韻戛金玉
一枝楓葉搖珊瑚青天無雲月一顆江神獻出驪龍珠
西風蕭瑟露氣白寒流日夜東南趨扁舟如葉順流下
此時光景眞難摹我讀斯圖識雅意君今七十黃綺徒
少年曾詡富遊釣南歷百粵東三吳平生足跡半天下
歸來霜雪盈頭顱種花自得和靖趣作畫不減雲林迂
閉戶臥遊六合外仍於山水尋清娛松下孤亭近水郭

江南古驛連山郭就中一舸載一叟翁之樂也仙仙乎我亦年年四方走風微睡穩航江湖廣陵濤聲正召客二分明月隨人呼

題家士安珠湖漁父圖

三十六陂秋水濶去年曾駭洪湖決巨浪聲狂散作花扁舟人穩輕於葉如君豈合老垂綸高足須臨要路津思爲蒼生救饑溺故鄉水利問漁人

題士安青燈讀史圖

梧桐葉大芭蕉肥木犀香裏闢柴扉青燈一盞人獨坐西風蕭瑟吹秋衣披圖喜見讀書樂牙籤錦軸擁四圍

三千年來治忽迹二十二史通者稀浩如烟海不易涉
小儒雙目生陰霏子方年少才力富東生紅日爭光輝
到眼十行俱可下速如孔道馳征騑我聞霍光傳未讀
萊公不學良朋譏挂角小兒學項羽一誤再誤焉知非
所貴讀書正心術由博返約窮精微熟習典章馬貴與
通達體例劉知幾不及温公識理亂取舍考異無依違
願君讀此廣學識勿徒飣餖求輕肥亡書三篋知可補
中秘一車思借歸承明著作待時至他年名譽應騰飛
新詩題罷掩卷臥纖纖好月窺書帷

項王墓

道出古穀城風沙塞行路下車望豐碑乃見項王墓王才足亡秦不恃空名助蛇足立懷王此錯何可鑄徒成放弑名勁敵先自樹范增多奇謀所謀無乃誤不解薦淮陰武涉說已暮枉殺韓王成自送留侯去致把千金頭仍葬封魯處匕首到鍾離柳車匿季布二客從田横王無一人顧自古得人昌養賢貴有素

偕王小鶴登揚州鎮海樓遠眺和小鶴韻

連朝小雨風光秋新晴同上南城樓登高望遠勢不及全憑靉靆清雙眸東西城郭盡在眼億萬屋瓦人煙稠北望蜀岡螺數點雷陂水涸開通溝憑欄南望獨遼濶

龍鱗原隰多田疇金焦北固勢絡繹漕河逶接長江流千帆萬舵順流下夕陽明滅浮圖浮兹樓昔時住吾友（同年卞光河嘗讀書其上）曾如蔣徑來羊求讀書人已到臺閣空餘庭竹風颼颼嗟我與君獨不達閉門又苦無林邱終年作客豪氣盡何時天外容昂頭黃金臺上遭罷斥竹西亭畔愁淹留君謂此言殊不爾巢許豈與皐夔儔立功立言同不朽神仙何必居瀛洲我愛此邦足嘯傲今年有集名東游（小鶴丙戌年詩名東游集）

題浣花草堂圖

蜀山青枕蜀江隈僑寓千秋大雅才天寶兵戈詩史在

杜陵花木畫圖開新蒲細柳驚心變惡竹高松刺眼來
大厦萬間何日構草堂今亦付蒿萊

將歸遇雪用東坡書北臺壁韻二首

冰痕已失水紋纖風力尤催夜氣嚴布被生寒驚子美
玉容掩媿無鹽不愁大道塡車轍多恐來朝舞帽簷
一幅營邱枯木畫家山應露筆峯尖
日暮蕪城起陣鴉已防集霰阻行車絮飛三九河邊柳
香散三千世上花今我來思憐戍卒時王師西征回逆有年相
慶喜農家綺窗更識寒梅放宴客錢堪數畫叉

送汪介安回里

揚州四月花成圍櫻桃上市鰣魚肥十里笙歌載畫舫衣香人影湖雲霏君曰緐華不足戀異鄉雖好何如歸送君茱萸灣上水蒲帆高挂東風微金焦瞬息來舵尾寒煙瓜步看依稀樹色濛濛過棠邑扁舟直上應如飛入戶高堂人健飯候門有弟知牽衣骨肉團欒開笑口無憂季女歌朝饑君家大阮正嘯傲樓開列岫山崔巍吾家季方亦遊倦（時子春自漢陽歸里）銜杯同趁春芳菲所惜君歸我新出無由重返花間扉好書借君壯囊橐鄉音代我呈庭幃問我何時始歸讀年年風雪馳征騑旅食依人豈久計客中送客空依依

寒鴉

歲暮寒生老樹村羽毛黯澹向誰温清聲空入琴中調瘦影長留畫裏痕萬翅摶風遮碧落一羣和雪下黃昏丈人屋上思香飯猶有空巢未報恩

年年蹤跡滯江鄉難共飛鴻覓稻粱白首無聲啼靜夜黃金有色借斜陽不妨獨處依牛背何肯成羣啄馬瘡莽莽蕪城風雨急莫教終古戀垂楊

空江作陣敵重圍點入遥天影漸微亞子孤軍驚北至阿瞞杯酒怨南飛日邊難託心先冷雪裏初歸項更肥休動鄰機秦女恨玉關千里夢征衣

棲遲無定問誰憐况值氷霜迫歲年城上畢逋瞻大屋竿頭獨立下空船荒村落月神祠社衰草寒煙古墓田終有上林枝可借春回依舊羽翩翩

王彦章鐵槍歌

沙陀風勁碭雲死河上飛來李亞子將軍料敵更如神力拔南城三日耳萬人辟易勢莫當當時爭號王鐵槍一槍之勇何足貴此槍能共梁興亡笏畫山川策不用鄆州死比邱山重叔寶威名沒世傳哥舒肉眼平生痛吁嗟乎五代干戈幾戰場沙沈苔臥尋茫茫秖今十丈桑乾鐵誤把留名屬彦章琉璃河橋旁倚鐵長數丈俗呼爲彦章篙

詠史二首

南人豔王謝北人重崔盧四姓盡華轂八族咸羅襦親戚炙手熱盤據連根株老牛夜舐犢飛燕春將雛爲犧詎所料焚幕焉知虞何如孤寒士散髮游江湖

丈夫死知已何況君臣間相遇如衆人亦可挂冠還胡爲戀榮祿不恤天步艱彦回佐禪代障面心何安休文勸篡弑斷舌神應寒況復英雄主心薄前朝官斬丁而封布慷慨厲頹頑名節豈不貴殺身良獨難

舟次灣頭

落日東風和輕舟泊淺渚燈火遠揚州村市聞人語欸

煙起舵樓春鮮帶鱗煮尊酒忘鄉懷高歌慰羈旅知已兩三人諠笑相爾汝船頭暝色來蒼然見平楚春星照遠洲灼爍光如炬展衾喚童僕聯牀多伴侶夢逐岸柝醒燈檠上饑鼠

舟過淮關

渺渺清淮流餘霞燒晚色千檣復萬舵爭向關頭息欲棄終軍繻屢折垂天翼數數往更來關吏應相識文書勘一紙放行喜頃刻乘便御順風那畏前途黑篙師坐船頭箕踞頗自得篷腳逐岸轉搖盪苦傴仄釣臺不可見王孫饑未食千載愛才心長懷蕭相國

碭山懷古

梁沛驅車動陌塵青山豁眼勢嶙峋風雲漢代歸英主
宗社唐家付亂臣閏位龍蛇空戰野新豐雞犬孰爲隣
五經不第尋常事多恐兒孫解笑人

春風狂

春風狂猛於虎夜半蔽天起塵土倦客驅車出店門雙
耳惟聞樹作雨炯炯燈燭暗不紅前車後車聲隆隆人
語馬嘶不可辨此身如墮煙雲中須臾雞唱東方白黯
澹金丸日無色避風暫入任邱城屈指燕南與趙北燕
趙美人顏如花繡襦蟬鬢來酒家嘈嘈切切作繁響留

人私語聞琵琶琵琶聲停風欲止遊子壯心逐塵起連
橋十三柳迎人似到江南望煙水煙水茫茫接暮曛高
城車馬集如雲時淸管鑰寄萬里懷古猶說天雄軍
題費崑來西園感舊圖次原韻四首
崑來蜀人吳山尊先生居揚州西園時記室也
江湖落魄酒盈巵久觸西園感舊思自愧傭書仍故我
無從問字似當時朝官誰重羅昭諫節使曾親杜拾遺
今日披圖倍惆悵廿年前有上公詩
四海皆知鑿齒名千軍掃處氣縱横雄文舊價高鸞掖
豪飲長安薄鱖生神武挂冠慈母意廣寒看月寓公情

著書司馬隨人取遺稿飄零孰品評

談藝偕君末座陪燈紅酒綠綺筵開一生文字慚知巳千古英雄總愛才如此江山無老輩至今花木有餘哀可堪風義兼師友忍向西州路上來

竹間亭榭水邊屏圖畫依然碧四圍華表何年仙鶴返垂楊終古暮鴉飛故鄉田舍行將盡隔世琴尊夢不歸懷舊有情君獨厚座中賓客幾沾衣

次韻答知白見懷

泛舸韓江濱十年夢未覺破裘解戀人春分侚飛雹近喜旬日晴柳枝青可擢畫舫多游女微睇送緜邈夭桃

笑野渡赤瑕露駁犖梯登樓尺五雲去天一握羇人寡懽悰爲君畧揚搉旅邸近東關鄉園眄南嶽千金享敝帚三獻泣完璞繞指曲如鉤射聲鳴失骲適越笑章甫仕魯效獵較空張李陵劵難奪尉遲矟惟有覓醉鄉壺中天日暐亦或逃畫禪水石狀礐硞吟興日以減倦如聽古樂得君錦一囊兩眼忽洗濯造句奇且險山徑踏犖确又如控駿馬五花眩皇駮班揚駭光怪韓孟鬬堅確告我淮陰遊暫息滄浪櫂侏儒飽欲死饑獨讓臣朔喜有鹽鐵論幸無酒酤榷紅羅裹明珠朱絲繫雙珏能事入牢籠苛禮厭握齱金重郭隗價木小齊匠斲層冰

黃河堅飛塵北風濁廨舍何荒穢土地本磽埆身雖烏在籔心實蟬脫殼虛白生斗室神智豈備晉篝燈讀雲笈夜起雞喔喔氣健春忘寒風雪任紛颸官骸原寄宇所畏易傾撲坐隱何逍遙行吟偶跉踔浮雲視富貴風影誰捕捉笑彼緇與黃見道未必卓念我別離久春秋去逴逴牛皁困騏驥雞棲倦鸞鷟何時脫塵網同放籠中鶴

偕朱稻生郭嶺生个園晚步

園林夏扶踈苔蘚接行路穿籬繞鶴欄藥田一散步微雨過城頭斜陽在高樹手撫新竹竿徘徊不知暮

讀梅村詩集書後

雨深空館酒盈杯慷慨歌行上口來七字詞人長慶體一朝詩史杜陵才蓬萊宮闕身曾到烽火乾坤首重回仙籍惜無雞犬分江關蕭瑟有餘哀

知白以閏生日索詩賦長歌答之

君年長我惟一年戊申己酉君月早我亦一月生日先我兩日耳四月初七五月初九呼君爲兄從束髮君遊淮之北我遊淮之南中隔一淮水神交以筆談銜書忙赤鯉魚尾開緘十韻百韻險語長諵諵君才如潑水苦君方未已剛逢閏生日索我賦詩之書又一紙我聞東坡言長生未暇

學請學長不死凡鉛家火君慣燒大耳豐頤神氣紫瓊宮玉女來翩翩蛾眉一笑東風前左挹浮邱袖右拍洪厓肩通明殿上看鵠立文人慧業皆成仙胡不遍索吉祥語使君富貴延君年君謂此言殊不然瀛洲蓬萊方丈無真傳仙人今已謫塵世惟吾與爾共游戲爾如洛下閎吾似漆園吏漆園文字奇非狂尤非癡長生久視在性命鼎爐龍虎吾誰欺洛下會計當古今共一帳烏飛兎走相循環浩劫茫茫天蕩蕩爾今布算吾生時至今日月幾推移萬象盤旋如磨蟻乾坤欲息終無期我謂君生至今閏生日萬有五千三百二旬奇又七其間

閏月十五圓四度生日重開筵四度君年四十二百年
十度君應堪八生三萬六千場歷徧到此不死寧非貪
倘使百年君不死我和君詩何日止

吳公臺懷古

廣陵有高臺昔峙雷陂上雷陂今已涸高臺何處望思
古空徘徊平遠自遼曠父老相傳言遺蹤半已忘傷哉
竟陵王專城肆無狀白首沈慶之偏師氣何壯憑高教
弓弩茲臺實始創繼起吳明徹力與高齊抗江淮盡戰
場增修列兵仗六代烽煙銷大業清遊暢春草滿雞臺
後庭聞鬼唱膝上失麗華頭顱惜隋煬竟把平陳業換

此歸魂壙愛子生相捐蕭娘死同葬茫茫千載後憑弔
成悽愴信史旣無徵孤墳尙餘謗吳公事陳書本傳不載隋煬帝墳今尙存
止有江上山青青舊時樣

戴小蘿以南屏僧了義所繪玉厨山館圖寄屬題
詠時小蘿客漢陽山館其故鄉讀書處也

先生生長湖山曲更有神仙讀書福山僧居山山貌熟
畫出山中讀書屋我向晴窗展畫讀百尺峰巒勢盤鬱
坡陀逶迤接山麓松矯如龍鱗鬣綠左右繞廬盡修竹
圍以短垣隔麋鹿風動牙籤千萬軸蕭齋中有人如玉
記識斯人兩寒燠面目清癯胸不俗誅茅龍山宅久卜

玉廚峯連青簇簇日吸湖光飲山淥史聖經神貯滿腹
頻年足音出空谷西向楚天逐黃鵠心恐山靈笑僕僕
回首西湖猶躑躅畫師有神地可縮直捲雲山入書簏
南屏上人頭雖禿墨名儒行世所獨畫與巨然相追逐
此是南宗眞眷屬對畫懷人忽感觸在山泉清出山濁
讀書萬卷不食肉四十未沾升斗祿輕弃家山爲金粟
倦客秋風同一哭我代先生約松菊三徑有貲歸自速

先少參公瑪瑙遺印有序

明故朝議大夫湖南兵巡道布政使司參議推
陞南贛巡撫金公諱九陛事績載東林列傳及

兩廣通志道光庚寅春六世孫望華自漢上歸
里門於市肆得公瑪瑙名印六世孫望欣敬賦
五言四十韻紀其事公爲孝廉時以忤魏璫著
節令棗陽時以護顯陵立功擢郎官榷北新關
稅有德農估越人廟祀至今監軍楚粵勦賊破
猺威望尤著甲申之變臥病留都殷憂而卒述
祖德示子孫先其大者不敢毛舉細故懼褻也
藏笏傳清白懸車示寵榮昔賢留法物後嗣寶家聲況
屬頭銜重依然手澤明鴻章盤鬱律馬腦拭晶瑩武惠
摩挲印靈均肇錫名貽謀神所寄述德淚先傾我祖艱

危日貞臣幹濟情登車罹黨部釋褐守孤城鐵騎唐陵
震珠襦漢寢爭直憑民義勇不畏寇縱橫原廟衣仍舉
橋山七不驚花封看放馬粉署聽遷鶯旋應郎官宿來
安賈豎岷浙潮空浩瀚帑藏少奇贏但設關津險常寬
粟布征平時乾沒禁匝月正供盈澤溥越東惠風留江
上清農商新棟宇伏臘薦粢盛（北新關有清惠祠祀公）絳節方移
鎮蒼梧久用兵威靈宣豸繡蠢動笑蠻荆李郭勳思建
孫盧勢苦成戈鋋雙鬢老性命一毛輕多壘間關度餘
氛欠第平襄樊無夜警雲夢有春耕地縱連城復天難
一柱擎軍書馳旁午皇路失夷庚臺已圍侯景碑才仆

蔡京鼎湖龍忽去華表鶴空鳴病骨支離厭孤懷慷慨并生應羞范質死足謝程嬰勝國遺編缺（公與姪中丞公諱光辰齊名按明史中丞公有傳公無傳）熈朝祀典旌（康熙二十六年入祀鄉賢祠）東林徵偉節南粵誌精誠公論千秋在衰宗一髮縈丹青瞻畫像霜露掃荒塋（公像祀宗祠墓在天同院山陽）栗主題重寫（道光三年水災鄉賢祠木主漂沒望欣重製主送入）蘭堂姓屢更（公讀書之尚友堂更歷數姓今舊額移歸篠村兄家）墓田憂旱潦廟屋喜恢宏（公專祠將圮司事後裔以旱潦久未修葺今喜落成）詎料公圖印仍歸我弟兄珍藏輕萬寶歌詠集羣英舊德留完璧宗盟託素瓊清芬拜手誦奕葉仰忠貞

題汪盍林蜀道游草

弟兄萬里壯游同驢背船唇詠最工才調久傳江左右

詩名新播蜀西東行厨竹裏逢嚴武團扇花前畫放翁

一卷歸裝爭快覩玉鉤寫遍薛牋紅

題黄芳谷黄鶴延秋圖

一樓突兀臨江立對面青山相拱揖風流江夏有黄公

樓上延秋開雅集長江終古幾經秋黄鶴仙人去不留

赫赫詞場豔崔李蕭蕭戰壘説孫劉烟蓑雨笠和雲樹

都是詩人著筆處江流莫作楚騷聲鼓吹休明託豪素

漢上題襟盡寓公當年我亦擅雕蟲山郵水驛音書速

多少新篇寄鯉鴻只有高樓未登眺畫圖真面看應肖

輕帆搖曳飽西風遠岫蒼茫開夕照倩我留題東絹端
廣陵惜别意洗瀾何時鸚鵡洲邊過玉笛聲中共倚欄

王潤峯來都以夢樓先生詩集持贈讀罷賦謝三
首

京華厭旅食落魄愁風塵感君頻見過笑語生陽春書
翰何翩翩傚舊能亂眞祖庭有遺寶發篋光常新蘭亭
二十帙帙帙連城珍生平慭惡札欲語迷涯津詩集廿
四卷快讀忘昏晨請將管窺見爲子殷勤陳
先生抱奇骨夙世修行僧生天謝康樂成佛王右丞游
行歷滄海朝日扶桑昇陰風扇古米絶島懸神燈謳吟

發光怪風骨宜飛騰短檠霜夜永一讀一服膺
俗士不可醫東坡留妙語詩人無他長胸中絕塵土風
騷久不作李杜亦已古驢鳴與犬吠繁聲競吞吐鳳凰
千仞飛德音中律呂世無師曠聰雅俗誰辨取先生得
天厚此道識甘苦說詩如說禪滄浪有法乳

讀夢樓先生赤壁懷古詩次韻二首

嘉魚江上夕陽紅南郡旌旗想像中鼎足勢成無漢土
碁枰劫定有天公綸巾指顧三軍壯檣艣倉皇一炬空
到底曹瞞差解事甘將荆益讓英雄
使君若竟殲長坂王氣居然在許昌年少風流能縱火

老奸鬢髮欲成霜空思捷足馳吳會羞逐焦頭渡沔陽

收拾景升豚犬易誰知天下有孫郎

題畫

一山如笏到窗來長夏松窗四面開窗裏書生窗外樹

出山都是棟梁材

夏山如滴日初晴亂樹荒籐繞舍生中有蕭然秋意味

一船詩思聽無聲

水淨沙明落照寒風林霜逕葉聲乾板橋欲渡頻回首

如此溪山畫亦難

向陽茅屋歲寒盟詩思年來徹骨淸攜手不嫌風力勁

要從雪後聽松聲

蔗根集卷四

（清）金望欣 編

清惠堂遺印詩三卷首一卷末一卷（卷首 卷一）

清道光十九年（1839）刻本

惠堂遺印
108658

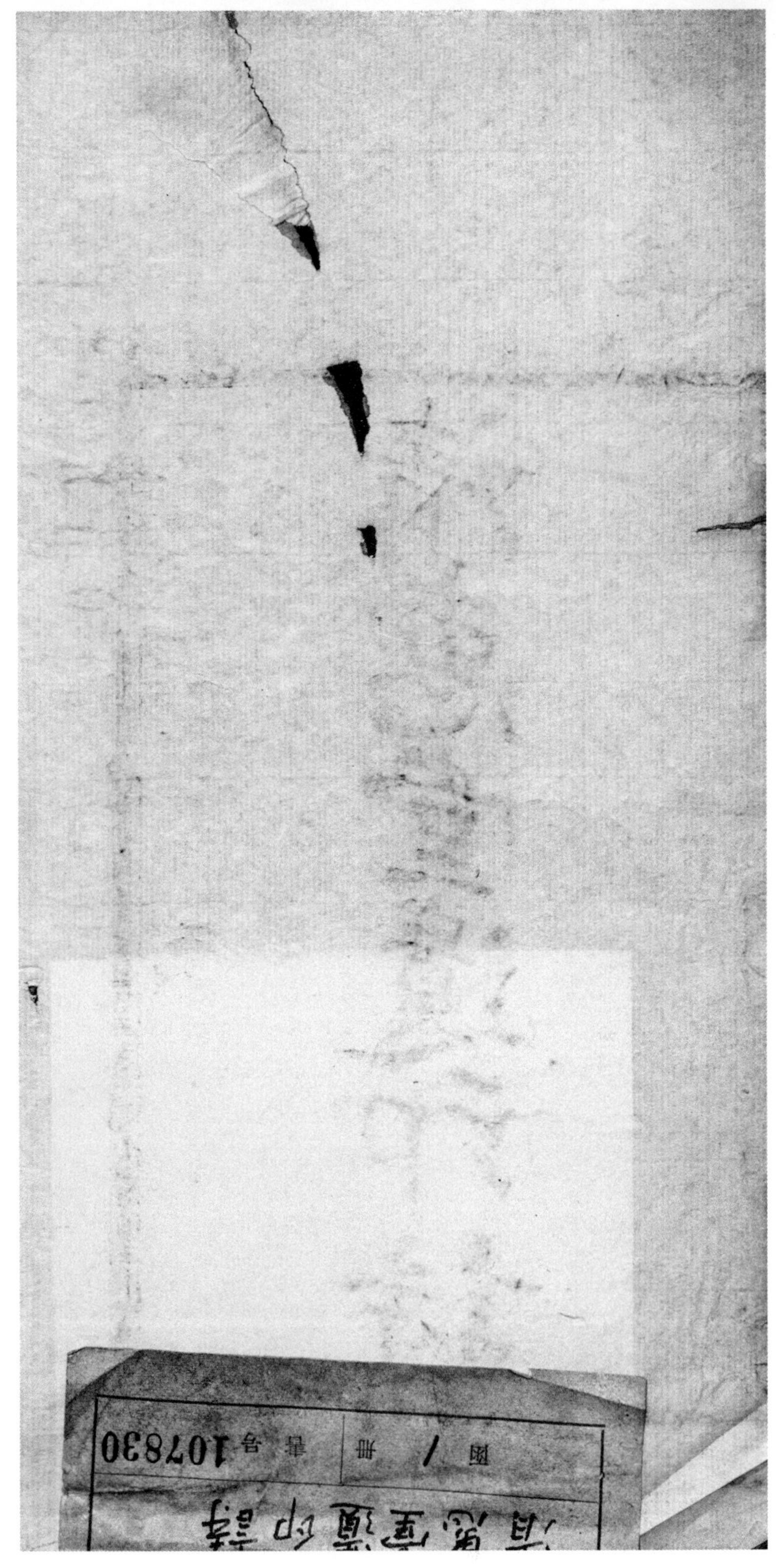

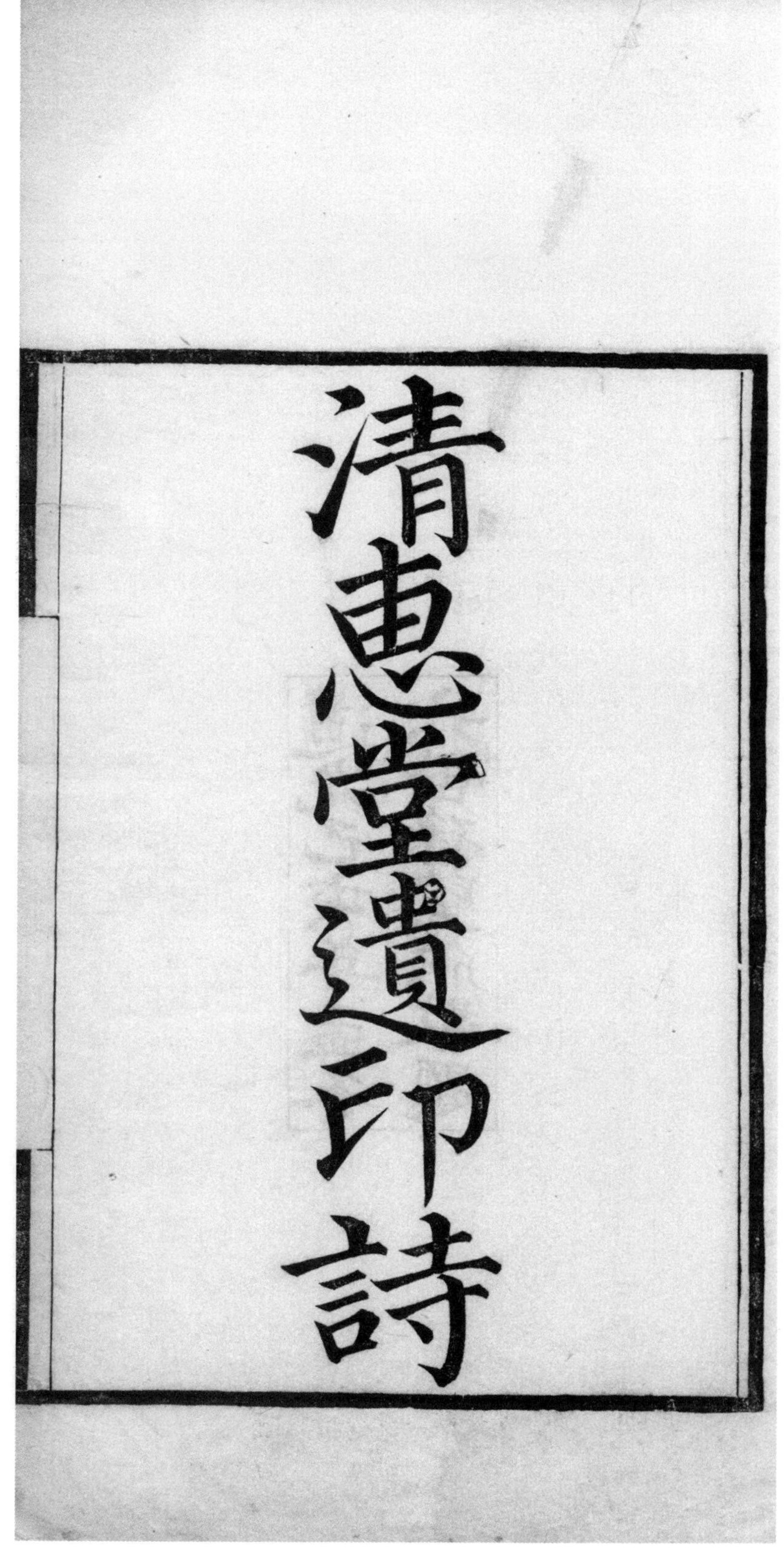

清恵堂遺印詩

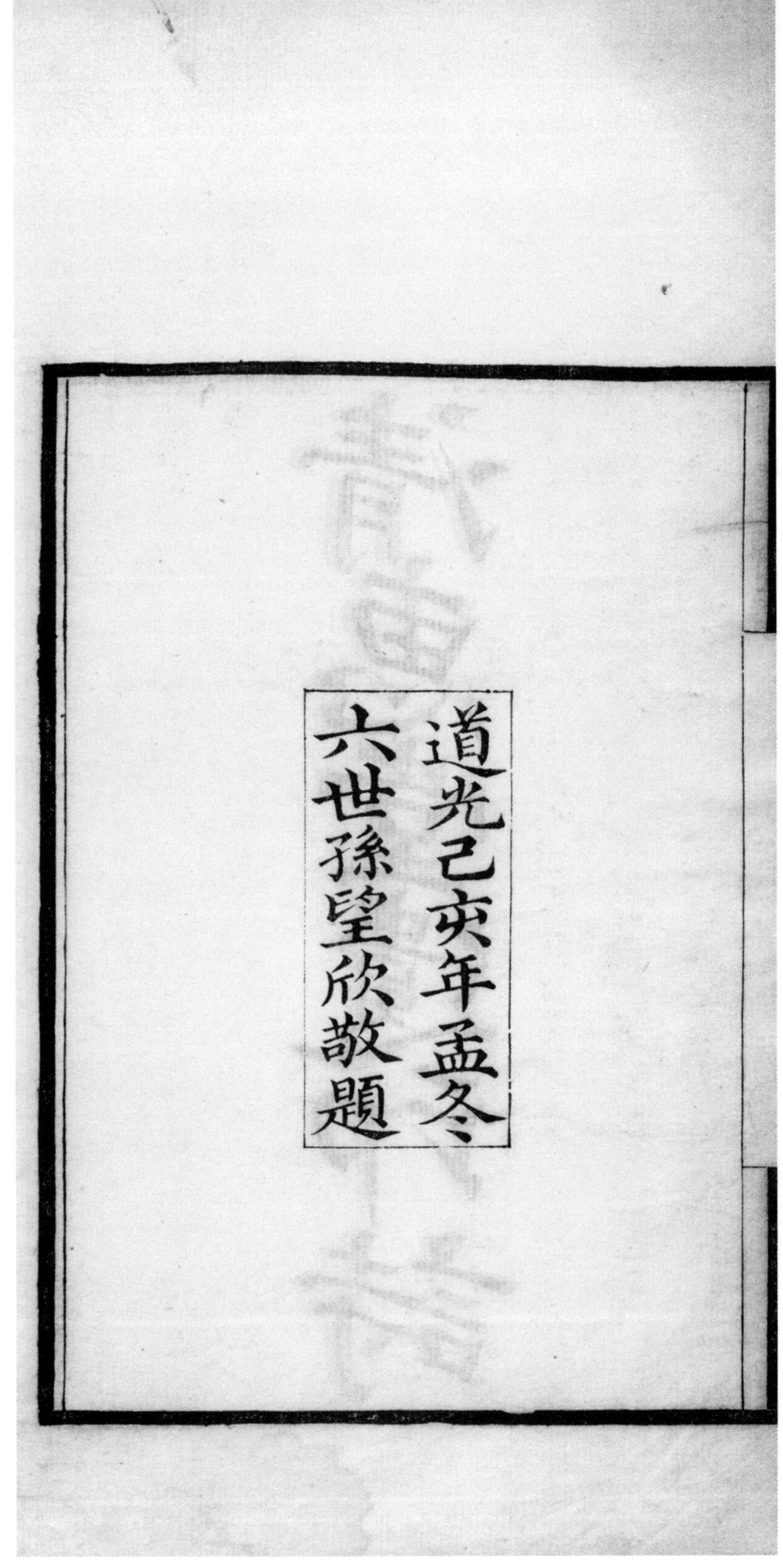
道光己亥年孟冬
六世孫望欣敬題

清惠堂遺印詩序

清惠堂遺印詩若干卷詠明布政使司參議金公馬腦名印之作也公事見東林列傳而明史未立公傳公與兄子光辰同登崇禎戊辰進士公改副榜爲外吏光辰用京秩仕至僉都御史有直聲明史有光辰傳不知何爲佚公也公天啟時嘗詣公車過魏璫祠不拜爲巡按劾去故終熹宗世不復出及爲縣令值天下兵起保城禦寇恒歷阽危位至少參會推巡撫公年已七十以病乞休逾年值甲申之變遂以憂卒道光庚寅公六世孫

望華桐孫於市肆獲公斯印亟購以歸嗚乎公去今二百年而印出有時得印者適公孫也有鬼神矣桐孫徧徵題詠其兄望欣禺谷署爲類次曰海內諸什曰桑梓諸什曰裔孫諸什淸惠堂者公嘗榷稅杭州杭人祠公題牓志慕金氏子孫卽蒙是以牓於家而公在粵則祠名宦於邑祠鄉賢於州附祠四賢政迹德輝至今如見也禺谷故善方海出示此編方海竊思古物之見於今者旋得旋失無文字以留之耳無文字物雖爲人所藏而世莫之知矧藏者不皆可恃乎惟文字能使人諷誦

想像如見其物如見其人文信國之琴謝臯羽之硯今且無人不知職是之故若禺谷昆仲述祖德悲手澤又非好事可比而作者之盛自家門推暨海宇萬簡光怪公靈式憑乃若尙論衰朝追求時事低回諷刺不避思陵眞覺金甌可缺片石常存其或僅謂懷璧盈尺不如一握黄金懸肘遜此數字猶爲所見之小耳方海昔在廣德叢祠中有岳武穆兜鍪又有魏璫錦袍惡其薰蕕竝列梟鸞不倫其時吾友長洲周鶴立石臺海寕查揆梅史皆令睆中石臺藏其先忠毅玉印徵詩亦夥梅史

集中有詠客氏敗刺序稱有人得於都市當日奉聖夫人游公卿間勢燄可想方海嘗與兩君談讌舉此二事則莊敬笑謔一時互作惜不蚤識禺谷使兩印並陳不且謂鳳麟同出乎天不沒忠義之名亦不沒姦邪之名在姦邪不顧後世卽忠義天性勃發亦何嘗計及後世而天必欲舉存其名以爲萬世懲勸則其理有不誣者也與禺谷縱談及此因承命識於簡端道光己亥仲夏之月鄱陽陳方海

清惠堂遺印詩目錄

卷首

卷上

海內名賢題詠

卷中

桑梓詩人題詠

卷下

後裔子孫題詠凡題詠均以得詩先後爲序爵位年齒世次皆所不計

卷尾

跋

清惠堂遺印詩首卷

先少參公馬腦遺印徵詩述畧

公諱九陛字允納號樊桐幼力學通天文兵法具文武才與兄子中丞公諱光辰先後捷萬歷間鄉舉公詣公車過魏璫祠不拜緣是黜崇禎改元起復副南宮授棗陽縣令值寇氛日熾累以軍功晉階推陞贛南巡撫未涖任致仕旋以憂卒仕履宦績詳載　國朝江陰陳定九先生鼎所撰東林列傳公爲郎榷北新關稅裕課恤商商民德之建祠曰清惠范像以祀乾隆已巳先世父

國博公過祠展拜爲詩勒石儀徵阮公撫浙時復飭所屬新其宇於戲公之遺澤在人咸深景仰况吾子孫宜何如之敬恭匆斁哉望華於公爲六世孫幼竊聞先君子暨嵎谷家兄談及偉烈未嘗不肅然起敬道光庚寅春自漢上歸里門偶於市肆購得馬腦古印章晶瑩光潔篆則公諱也不覺狂喜夫公之忠勳表著載籍豈繫於斯印之存亡然如文信國之玉帶生謝皐羽之瓦硯趙忠毅之鐵如意好古者往往重其人珍其物望華爲公裔孫於二百年後獲親手澤見印與見公等敢褻越

視之乎既敬謹珍藏攜諸行篋爰述公梗概及獲印之由敢告當代詞宗賜之題詠俾光家乘感且不朽道光十年秋九月六世孫望華謹述

東林列傳

金九陛字允納光辰叔父也光辰嘗受業焉爲人博學慷慨好持大節領萬歷四十三年鄉薦久不第授經山中滁人皆嚴事之因過逆璫祠不下車巡撫劾之罷去崇禎初起爲棗陽縣始至即辨疑獄禱雨滅蝗民驚以爲神時流寇方肆虐楚中戕州縣以數十計棗故介襄

論者悲之原書公與中丞公光辰合傳茲截錄公傳中丞公傳及贊語不備錄

北新關清惠祠謁先少參公遺像詩有序

明故朝議大夫湖南兵巡道布政使司參議推陞贛南巡撫金公爲郎官時奉命榷杭州北新關稅值寇亂楚蜀道梗國帑蕭然公心憂之歲旣冬寇氛稍息估帆乃來甫一月而正供足公乃悉蠲後稅舟楫雲集市無折閱而民用以饒商與甿咸戴公德構宇範像春秋禋祀于今百年乾隆己巳春五世孫兆燕入越得瞻禮焉敬賦五言四十韻追紀其事

祠堂臨水涘石城古苔封窗納海邊日門迎湖上峯檐
輝明晃朗鈴語響瑽瑢春社鳴晨鼓寒潮帶晚鐘香聞
鄰寺柰影映曲廊松仰止容儀肅思成拜稽恭舊勳猶
赫赫往事忽憧憧緊昔方屯厄遐陬徧突衝踏榆紛聚
蟻負笱恣攢蜂赤縣將沈陸黃圖屢告凶邊儲虧廩庾
國計窘租庸釋褐初紆綬登城便舉烽（公崇禎戊辰進士改會副授秦陽令）
琴堂書上考粉署佐司農艑船通江海關津算㣝賓
羽書何疊疊荇澤正洶洶杼柚嗟難繼蒲羸歎靡供荒
原愁越絕疲戍怨吳儂鷓叫湘煙斷猿號蜀道壅旄頭

首

看郅偈金翅駭艨艟鹽鐵空持論舟車竟絕蹤量沙三
府匱仰屋百憂攻日促憐窮庶星迴值暮冬寇氛稍蕩
戢估艀競征彸橦布如山積朱提似水深安雖同燕燕
飢且拯蚩蚩羣買尤堪念頻年亦孔卭門關鐲賦稅鼓
柤快朝宗萬艦春波濬千檣曉影重不征留古法深感
遍愚悰構宇入輸絹鋪筵歲薦饔神弦調曲雅昔酒酹
尊醲遺像欽如在前徽杳莫逢甘陵今共羨元祐昔難
容北闕塵迷鳳南樓月冷蓂丹忱貫江漢兩廣通志載公禦寇事甚
悉白髮老戈戟憂國顏猶悴公病居金陵以憂卒齋心貌自禺緋

袍遺制古烏几篆煙濃屋角歌陽馬碑題鬱璩龍迹難
終祖德靈或佑衰宗暝色冬青樹塡愁尙滿胸原詩自注見東林傳者不重錄

明少參金樊桐先生馬腦遺印記

夫球圖之珍天府所貴鼎彝之選古器是式杯棬奉乎
前模璠璵以爲身度手澤所寄遺愛斯存至如文房冊
寶玉石同欽秘閣銘章磁銅並貴臣午古印紀實於郎
瑛德元圖書搜奇於米史文區朱白體別凡將秦璽間
存漢摹罕覯習蠣匾之法石鼓擅其嶔崎煉蟬酥之精

昆刀遜其銛利其質則鐙明最珍棗心別派定文製古笵銅性堅金百鍊而益剛玉頻燒而不熱龜紐左顧辟邪右蟠持蓋殊形擷華異狀圖牒所錄鑒賞攸存靡不規矩高曾典型孫子流芳冊府錫譽書城而況傳家簪笏標績旂常矢貫日之忠負凌雲之氣如我少參公者才兼文武識洞天人學則劍氣珠光品則日晶玉潔豈以寸璣尺璧紹美前修艮玉精鏐播芳來許者乎然而易鑠者物之質也不朽者士之眞也公當國步多艱寇氛不靖攖城設險陷敵摧堅六月誓師千里轉餉九死

勿貳百折不回遂使疊吏推誠廟謨倚重洊膺顯秩益懋閎猷公以年及懸車瀝陳解組而贛南甫擢明社遽傾泣血殷憂藐躬淪瘁公之才未展而志勿渝矣公之勳未酬而身已殉矣烏虖趙高邑之如意猶見東林楊忠愍之遺冠尚留焦阜雖使海竭川枯金寒石泐而星霜萬禩彝器如新劫火千年寶衣不化此少參公遺印所當鼎峙昔賢勒銘家乘者也公六世孫望華天資通敏品格清遒釆溢龍文學成麟角門才攸屬祖德無諐道光庚寅之歲歸自漢皋爰以百緡購還茲石遺弓宛

在故壁仍歸精忱所通先靈永鑒藴華結秀複彩韜光爰啟櫝以傳觀遂徵文而紀實不遺蕪學屬以弁言長福燕石徒珍齊門溷跡每扣槃而自惜常橐筆以增慙十稔難工八乂未就語羞貂續詞謝龍曫惟是漢家世胄同出於秺侯仁山餘澤溯源於蘭渚茲也拜手同觀斂容起敬竊願雷彝共寶卞玉同藏箋思公之筆格碧樹珊瑚蘇玉局之硯屏風林月石紀德門之佳話作勝國之美譚從此遞庋藏於吾衍堪臚學古之遺編攷篆刻於徐官再續前朝之印史高郵宗後學長福拜撰

金少參公畫像
溧陽沈翔湘琴臨摹
首七

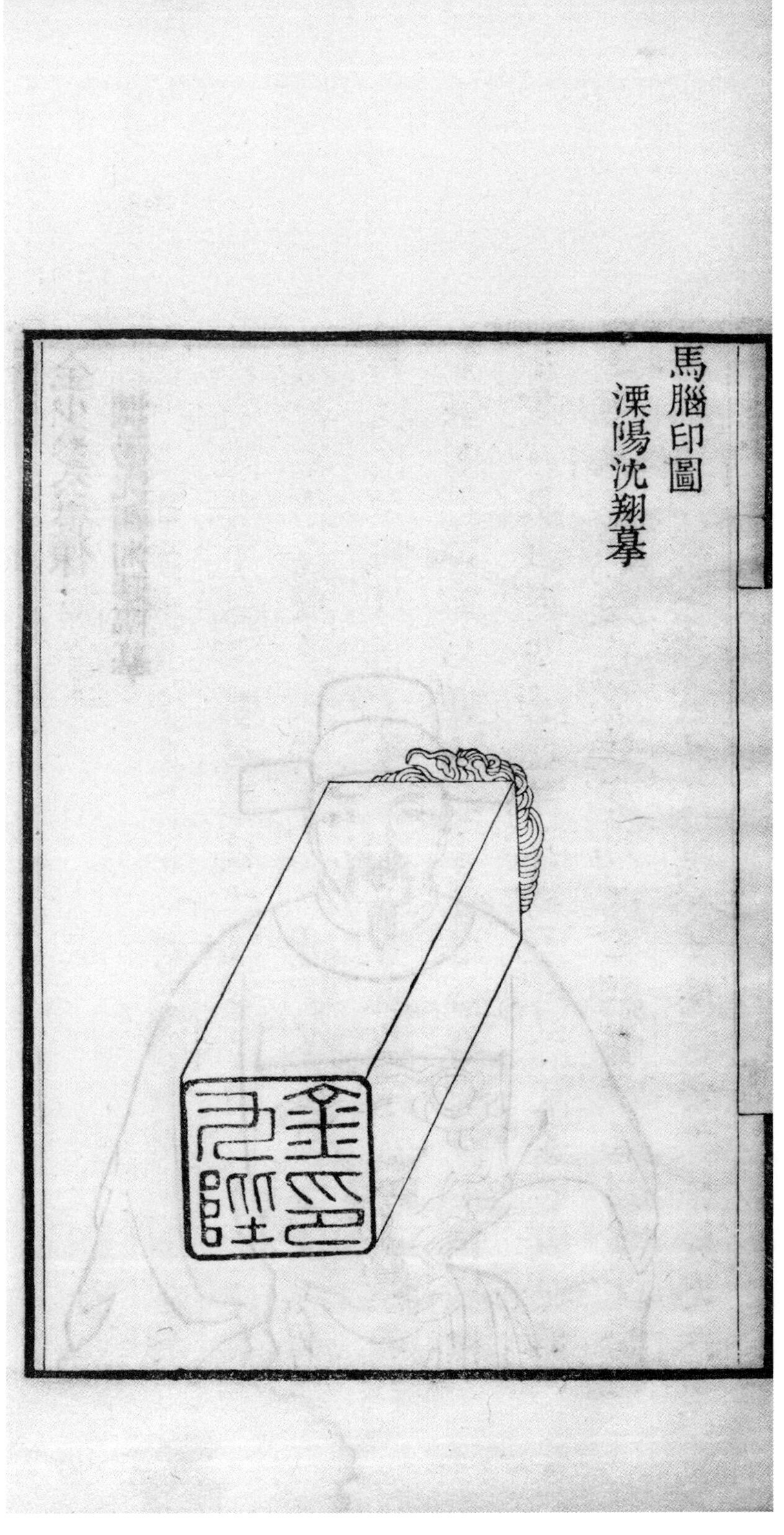

馬腦印圖

溧陽沈翔摹

清惠堂遺印詩上卷

海內名賢題詠

儀徵洪人驊春衢古體一首

尋常物入忠良手便有神靈爲護守儘教埋沒詎久湮終與芳名同不朽君家少參忤魏璫僅遭罷斥難中傷爾時嫉惡遑自保儷六君子無慙惶起復爲郎司榷稅歇歷中外民望繫百戰殲渠功已崇一心憂國身先瘁家無長物世屢更奕禩惟傳冰蘖聲薶然市肆幽光發馬腦小印鐫公名白不受淄堅不磷風骨稜稜見本性

異哉物竟如其人剛健篤實光輝併覩物懷人衆共尊

何况雲仍賢子孫肅然改容愀然憶想見摩挲手澤存

寶之奚啻連城璧貯以篋笥永珍惜鐙前把筆溯根源

尚覺祥光輝四壁我瞻公印誦君文孝義多君更勗君

匹休繩武有事在毋徒撫物思前勳躬逢　盛世承平

久朝無憸壬民無荸康莊不比少參時履險乘危虞掣

肘君家昆仲藴恢奇並駕齊驅正及時家聲本自貽清

白遠路重看振羽儀金章紫綬纍且若君家故物歸如

昨始信先公靈爽憑畀君此印爲吉徵

武進李文喆吉甫古體一首

雲煙變幻留遺跡寶篆赤文發光澤凍色晶瑩浮馬腦千秋萬禩凝寒碧先生幼裕文武才韜畧星辰精考覈逆祠不拜遭瑫忌斯文正氣存一脉棗陽報最擢司農鐲賦通津宿弊革建祠笵像仰儀容武林人士今嘖嘖晉秩蒼梧兵備使八寨猺峝盡辟易先生威望播中外先生勳名壽金石公餘染翰倣秦碑黝黗工妍鏤琥珀貞珉清潤勝瓊瑤鐵筆銳利精點畫此印飄流二百年名臣寶玩幾棄擲文孫一朝購市肆先代遺珍完趙璧

吁嗟乎物以人傳古有徵信國玉帶表精白忠毅如意
忠肅券繡褫錦賻光瑤席裴泉魏笏何足擬浮榮轉盼
徒珍惜英靈訶護得長留雲仍世守期無斁

太湖趙畯耘石近體一首

殺賊未能盡先生意轉哀精靈長不滅神物自歸來姓
字東林傳功名南漢臺傳家留手澤繩武子孫才

婺源江之紀石生古體一首

一方馬腦不盈寸繞屋虹光騰萬仞少參勛望久昭垂
名姓千秋留小印惟公早歲遊東林韜鈐學並經術深

傲晛璫祠登白簡甘罹部黨盟丹心褒陽作宰鄰陵邑
寇火連江勢方急增陴扼險殲渠魁百里巖疆賴安集
留都告警監神倉劇盜聞風皆遠颺越國暴征寬賈賦
至今俎豆留餘芳蒼梧一鼓平猺賊辛苦荆南撫羣慝
八排會勦功始成腸斷銅駝委荆棘於虖明季非無人
如范如盧俱藎臣公才未嘗無識者識公不早才難伸
家聲二百年猶好圖書手澤子孫寶當時肘後金印多
虎符龜紐思長保一朝劫火崑邱焚眼見纍纍埋百草

儀徵吳文鎔甄甫古體一首

公之勳史書揭公之惠崇祠兀公之遺印市肆得如石
斯介如玉斯潔于嗟乎石有時而泐兮玉有時而缺惟
兹印載公之靈兮不可得而磨滅振振繩繩永貽厥

太湖趙昀岵存古體一首用蘇文忠公石鼓歌韻

崇禎十年歲丁丑賊犯吾鄉殺童叟犯豫犯秦遂犯燕
天子甲申下殿走官吏印篆投之河見談往誰敢捋鬚探
虎口每恨當年少將才不肯身先士卒後但得壯士一
當千何至名城十失九不見唐師下淮蔡鄂岳觀察書
生柳安州刺史屬櫜鞬頭刻威聲震北斗明季督師可

憐蟲徒取金印懸左肘殺賊未盡奏凱歸勦撫並用苗
生莠桓桓金公屹然出黃石為師穰苴友一官初試宰
百里江漢間民呼乳轂顯陵松栢護熊羆御碑藻翰蟠
蝌蚪崇朝萬賊吹唇來公笑登陴厲耆耈邑有強丁尚
可簽功在發蹤惟待嗾男兒身上帶刀瘢纔許淩煙歆
秬卣萬人齊壯常山膽一矢能教子奇瞍當時大將左
與丁仰茲泰華慚嶒嶁功名結主洊南都誓將肝腦酬
高厚江漢羣小怯威名望見旌旗識為某長城萬里行
且寄謝病一身更何有豈學留侯訪赤松豈慮張王帶

金杻養痾忽逝鼎湖龍歸里忍牽上蔡狗龔生命盡義可取李廣數奇功不偶黨碑久已鐫鴻名私印何嫌毁螭首聞公餘技擅書法草檄飛章賊可掊煙雲過眼遺匣空卻疑神物來攫取公之雲孫行過市手澤摩挲出塵垢精神不泯寄威靈二百年來歸世守宜將此印移越闕留與廟祀同不朽轉恐錢家鐵券文不如馬腦千秋壽

涇縣潘紹恩蓮堂近體二首

遺印晶瑩出坎軻篆文依舊未消磨一生畫諾含泥潤

百戰隨行染血多劍起豐城光煥發珠還合浦彩紛羅

莫將卒善銅駝比（海鹽黃錫蕃得古銅印駝紐文曰晉卒善佽伯長見養新錄）名節

原來邁樂何（指後漢樂恢何敞）曾隨西粵鈐吟稿慣待東山

跋緯書獅紐埋塵愁月鈇龍文著紙看霞舒忠名播越

鑾煙裏手澤貽留劫火餘正氣逼人光灼爍每觀神物

一欷歔

錢唐蔣炯蔣村古體一首

春風吹几紅沫香蟠螭小篆騰寒芒馬腦千年凍成髓

忠臣姓氏珍璆琅文孫再拜時拂拭一石之重悲滄桑

嗟公計偕初入都乾兒義子爭披狂生祠當道獨不拜
那懼逆璫熏天張思皇改元委鬼敗一官奉檄來襄陽
孤城百戰日喋血北控豫洛南荆襄承天陵寢奠磐石
盡掃蛾賊成金湯平臺召見國運去會推名尙聞朝堂
手提金印出開府西江刦已遭紅羊六州之鐵誰鑄錯
空留手澤鈐縑緗男兒立身要報國憤死志在明綱常
虹光夜射四壁曉知公披髮來帝鄉願寶此印永無斁
錦囊日供朱砂牀北新關外廟貌在春秋百世綿烝嘗
八排逆猺爾莫煽公有偉績垂巖疆時八排猺初平

江安楊庚星山古體一首

山川有秀氣堅光結寶石君子有正氣身與貞石匹若其身外物區區曷足惜忠悃發幽光大名耀史冊洒知名不朽物亦堪儀式前明金少參東林傳紀實不拜魏璫祠竟爲璫也戹品價重圭璋聲光騰琥珀貽留印一方姓名精篆刻馬腦質嶔奇血暈萇宏碧家無長物存何從覓手澤鬼神訶護靈裔孫忽購獲如還合浦珠如返連城璧佩懸兩肘間焜燿肝膽赤我聞古名臣壽世多雅蹟武侯不可作風韻石琴識卓彼鄂王書芳流墨

莊墨歷落玉帶生寶從文信國忠毅鐵如意錚錚光氣
逼少參於諸賢景行在疇昔郎茲一名章昔遺今復得
豈獨不能磨道路爭先覿欽之莫敢名同心忠義激摩
挱日下來一片丹霞色

新城陳延恩登之古體一首

我嘗過杭州有祠曰清惠德及於民祀勿替恤商匪直
裕關稅公以憂卒時去今二百歲豈知遺印尙人世柬
腦晶瑩磨不緇紫雲爛作白虹霽撫公遺物知公心讀
公遺傳悲公深生平宦蹟半江楚寇氛終始來搯尋厥

初堅守鑪杯堰厥後收復湘江潯或馳露布鈐紙尾或

畫鳳諾輸悃忱書生姓名褫賊魄至今覩印威嚴森公

之偉績不勝紀公之逸事獨堪美禱雨雨立沛滅蝗蝗

立止當時官僅縣令耳天人感應乃如此公初劾罷去

因忤逆璫旨卓然標風骨威望自此始乃知重氣節感

應固常理獨惜艱難以憂死嗚乎公印長留公不死

六安徐啟山鏡溪古體一首

承天門開符寶出璽笠將軍據殿叱海內血戰屠雞狗

賊佩金印大如斗荆門山石高空同大書金侯保障功

功名未成國已破倉黃畢命腰魚墮空餘姓字豔東林
幸逃黨錮幽江左馬腦小印篆如鐵久隨玉骨埋榛穴
一朝誰遣出人間冥冥似有英魂攝先生氣節足千秋
大名豈藉微物留但使寸心堅似石興亡轉轂非人謀
君不見武皇緣綺棄塵世背有崇禎御璽字

儀徵汪全泰大竹近體一首

淸惠祠邊江草春韜鈐遺像對風塵棗陽銅馬軍書久
浦口蒼鷺戰艦新誰向荆門悲故館會經粤嶠弔孤臣
纏絲番印今重見留取芝泥照後人

甘泉徐雲瑞曉村古體一首

金公西番石百載淪巖阿得之市儈手古器重摩挲先賢耀姓氏燦燦如星河蛟螭蟠大刻赤脉相嵯峨印以五芝泥眩目金陂陀所惜歲月久側理傾且訛鈎畫縱髣髴參差蝕微波憶昔值陽九流賊弄天戈豕服歷荆粵煙塵喧玉珂棗陽及浦口戰功公最多秪今清惠祠夜雨鳴江鼉越守數祭掃靈風翻綠莎裔孫佩遺印英氣騰龍梳終爲鳳池客文字隸與蝌南譙有舊宅櫝諸紫雲窩豐山一萬仞磊落同不磨

歸安葉紹本筠潭古體一首

有明末造何披猖中璫竊柄窺乾綱正人羅織一網盡血汙犴狴鋤忠良思皇勃起正大統掃除陰翳開明堂手戮羣奸飭國紀一時上理期羲皇誰知國事久淄蠧欲涉大水無津梁多疑偏聽治絲亂復令宵小干天常紛紛蟻賊遂蠭起羣飛海水危蕭牆猗歟金公奮江表獨矢忠藎扶羸尫牽絲劇邑撫黎庶復殲猰貐除封狼遂登剡章歷顯仕崎嶇百戰何蒼黃軍鋒所指盡披靡餘力已見威蠻荒謂當遂授方鎮節虞淵落日揮魯陽

詎知平臺虛召對投閑邊徼歸柴桑蒼鷲出地金虎讖
鑿坏徒使深巖藏至今鄉社頌志節竹林先後同芬芳
謂少參從子居垣僉都明史有傳此印當年伴几硯名賢姓氏留輝光
何時散佚落人手閱年二百綿星霜嘉哉雲孫喜食舊
楚弓復得珍琳琅傳觀滿座盡驚悚中有虹氣騰天閶
想見戎旃坐籌筆飛書密寫鈐瑤章公身己往迹猶在
足令頑懦嗟跛蹀公侯子孫必復始哲昆况駕長離翔
圭璋國器重彝鼎會見樹立傾朝行願更寶此勿輕視
蟬嫣世澤占其昌

儀徵阮亭梅叔近體一首

古印摩挲二百年文孫述德採詩篇一朝青史雲煙過百戰丹心日月懸寢殿功勳陳迹在黨碑名姓篆文全清芬試誦東林傳繩武家聲有後賢

江都陳逢衡穆堂古體一首

嗚呼此印公所佩乃在明運之末季羽檄紛馳走四方軍書歷歷勞鈐記吾聞公一身前後數十戰其溢襄陽時妖氛撲人面荆襄之際隨州東地距顯陵當其衝狐兔烽煙恣蹂躪蔽天蒙日旌旗紅鑪杯堰鹿頭店當風

橫倚風胡劍大呼直入磨牙羣射殺天狼萬人見鄖陽巡撫據事實表上其功疏乙乙直教羣醜斂鋒芒帝曰汝護陵功推第一輾轉升除隔歲年護軍浦口費周旋杭州榷稅留清惠俎豆新關肅几筵是時猺賊猖狂起公適蒼梧奉宣使一戰能將溪洞平鳳皇山下威名紀明年入朝陳利病監司遂有荆南命鄖襄已陷勢莫支閒關獨赴嚴軍政劉荒堡燕子窩紛紛部落何其多頫經撫畧煩諮畫收復諸城次第過會當合勦猺㟁賊治餉監軍功赫赫愛才特薦沈猶龍將以中丞備驅策惜

哉我公病昏眩雄心不沒思傳箭伏枕哀鳴朽骨餘乃有明年甲申變嗚乎公之年少時讀書破萬卷晚持大節冠軒冕姓氏東林日月懸孤臣涕淚悲忠謇君不見馬腦傳家印篆明百年熱血丹心呈生存款識標芸帙異代芳名照汗青河山已改物不改更億萬載留精誠公之六世孫某某藏諸玉匣光晶瑩神所憑依定訶護夜深疑有風雷鳴

泰興陳潮東之近體二首

未肯沈陵陸神靈實護持孤臣原不死遺印況昭垂我

有冠裳痛家傳刻畫詞家舊藏先少陽公幞頭及四明李猷收葬記石刻建炎賜緡錢銅券明季祠毀於火今存圖式於家乘摩挲金與石敢詒子孫癡

上元劉紹曾書田古體一首

中涓勢焰日益張顯陵寇盜愁披猖區區小邑百里耳善政乃在公棗陽大帥削牘報天子四境訓練皆知方爲民捍禦固應爾肘後斗大非所望生祠浙西比欒社春秋蘋藻生馨香二百年前事已矣私印市賈猶收藏誰云五世澤便斬公孫得寶如夏璜蟠螭雖毁篆刻古朱文照耀生精光有明貂璫濫賜印清流貽禍同漢唐

纍纍若若骨盡朽公乎此石乃與日星河嶽相存亡

錢唐王斯恩時年十一近體一首

徑寸蟠生氣留貽豈偶然吾鄉歌善政入海仰前賢南
楚勳猷展東林姓氏鐫銅駝埋劫火斯印獨流傳

鎮洋陸麟書子愉古體一首

清夜沈沈飫醇酒澆熱胸中血一斗示我蒼涼祖德篇
國步當年遘陽九忤璫不拜道固然膺滂豈敢芳名傳
況此雕蟲一私印于公過眼如雲煙獨怪從來罪鉤黨
千載是非猶懞恍公名未挂點將錄官僅起家百里長

嗚乎樹立何巍峩殺賊五陵賊棄戈軺車算緡戢橫暴
繡衣大斧戡么麽惜哉南渡騎箕逼不與卞袁同馬革
請看香火祠西泠安在書生負人國私印雖微手澤存
青史不得埋精魂東林遺書再披讀酒涼燈燼星河翻

仁和黃至棠芳谷詩餘一首 滿江紅

瑤席光騰摩挲處心驚神物二百載雲仍重覯依然完
璧世界早愁銷劫火姓名豈料傳貞石是先生毅魄在
人間留清白　中涓橫清流激寇氛惡臣心戚歎千秋
論定清芬流溢西浙崇祠欒社酒東林佳傳龍門筆更

天全遺寶付文孫綿餘澤

錢唐陳文述雲伯近體一首

凋敝思艮牧艱危識將才從知經世畧原自讀書來史冊前徽仰滄桑國事哀一方遺印在家乘寶璚瑰

青浦楊基　近體一首

趙璧重歸什襲收孤臣名印裔孫留十年方畧留鴻爪百戰威聲震鹿頭文武韜鈐兵火劫滄桑家國古今愁天留馬腦珍遺蹟倘有虹光貫斗牛

烏程范鍇白舫古體一首

明季巖巖金少參讀書報國眞奇男印章重入裔孫手
旅齋出示開瓊函四字鏤畫勁且古秦漢銅盤周石鼓
馬腦石涷清如冰照見丹心亦良苦公偕計吏公車門
茄花委鬼遮帝閽閣臣撰文勒碑記生祠獻媚何紛紜
轔轔公獨驅車過立身豈爲權奄挫此印長存鉛槧旁
不印私書干八座此借魚軍容以比魏奄及公手板棗陽來帀地
烽塵天欲隤轉餉守障聚壯士誓清陵寢殲渠魁想見
羽書旁午際司農倒用皆經濟此印惟藏記室中時印
兵符召百吏晚達主知銀幣頒已嗟衰病丁時艱性命

鴻毛置度外何知片石留人間挑燈我讀東林傳未竟公才發三歎猶幸大名宇宙垂千年馬腦埋難爛哲孫寶此什襲藏湖海徵詩祖德揚他日印人續搜輯應與端文忠介爭輝光（周亮工印人傳首載文天祥海瑞顧憲成）

金壇馮調鼎玉溪近體二首

七葉清芬片石呈衡湘開府憶南征能書諸葛眞韜畧如見甘陵古姓名心史闡幽留直筆（明史未立公傳）詩孫述德溯宗盟（山谷有詩孫小印）卽今尙友堂前樹疑有珊枝共月撐

歸趙徵詩比兕觥燭天寶氣識豐城摩挲手澤餘銅狄

燦爛心花護赤瑛峴碣留題羊叔子滄桑憂憤魯連生
傳家忠孝鐫金石牙笏盈牀孰重輕
寶應劉寶楠楚楨古體一首
顧命元臣九千歲玉章金紐帝親製不如金公馬腦鋭
二百餘年廉不劌公爲孝廉忤魏璫旣成進士令棗陽
保護顯陵擢爲郎歷官撫軍著威望當時翰墨布楚越
此印標識紀年月軍中書記待此發一紙星馳當斧鉞
留都不守完節終故物淪落入市童豐城劍氣光隆隆
裔孫得之如球鏞五光十色縝而膩上有鋤奸憂國淚

遠配文山玉帶生近儷趙家鐵如意

萍鄉劉壯時年十二古體一首

忠矣哉少參乎貞矣哉少參乎英雄出身戡國亂千秋磊落大丈夫荆襄賊如虎聞公將來縮如鼠越關吏如狼聞公將來藏如羊至今威德在農桑浙東清惠有祠堂祠堂如故遺印失公有裔孫市肆覓一方馬腦姓名留歸趙依然見完璧公之心膽同印赤公之懷抱如玉白我觀佳傳在東林久有高名泐金石嗚乎豈無生前金印高巍巍死便寂寞同塵灰乾兒義子盡泯滅惟有

忠貞手澤生光輝

六合朱穀昌稻生古體一首

珠光劍光冰雪光馬腦徑寸森寒芒云是金公之印章天使異代文孫藏以石鐫名人所有重在公名垂不朽公名未入明史宬此印若有鬼神守君不見廉而不劌象公節風采棱棱骨如鐵炙手之勢不敢熱君不見疏通以明象公才危城保障清氛埃欃槍熒惑不敢災二百年來出廛市傳家更比球琳貴清惠祠堂百草春摩挲片石思前事我家舊住龍津橋涂塘鄉井原通潮奏

蠲榷稅便行旅如公叔姪皆人豪敝鄉龍津浮橋稅公姪爲御史時奏裁

始知物以人重耳付畀得賢尤可喜兒[illegible]歸趙印歸金

明德之後總如此

儀徵王翼鳳勾生古體一首

漢章秦璽那足寶堅白名留子孫保不見前明金少參

私印今藏尙完好禺谷孝廉吾所知棣蕚振振美詞藻

稱述祖德要我觀照眼淸光瑩馬腦昆刀鋩露良工精

鑱鏤朱文篆雲鳥摩挲此物三歎息歎息將才晚方識

纍纍金印繫何人誓礪山河少顏色倉黃殺賊鄖襄間

轉餉監軍身未閒官檄朝馳浦子口羽書夜發鳳皇山封函密識腕力竭刻苦臣心鈐寸丹平臺召對帝嘉乃紫泥命誥猶遲頒從茲玉石盡炎火一代功名青史殘戰壘沙荒埋鐵戟什襲區區詎堪惜楚弓楚得亦偶然要是先人手遺澤二百年餘門祚興付汝經箱等球璧忠孝傳家永不磨佩兆公侯永宜錫

仁和諸棨曾同伯古體一首

瑯琊之山冠淮東中生偉人金樊桐公有學業備文武天文兵法羅心胸下車棗陽值寇熾募集壯士弓矢利

吾鄉榷稅有專祠裕國恤商留清惠朝廷命將推公才
詔書纔自天邊來豫章開府未展布哀哉毅魄歸泉臺
公之忠貞貫金石公之勲名書竹帛精氣長留天地間
何用區區憐手澤要知此印在當時滄海一粟烏足奇
二百餘年古人物惟公後嗣乃得之瑩然古澤陳几桉
篆法蟠屈未汗漫品在藍田燈明閒凍劂桃花字璀燦
君不見趙公如意謝公琴物因人重傳古今嗚乎此石
亦如此此事洵堪附青史石之精神與公通石印與公
長不死

錢唐諸嘉祿琴友近體一首

壽世原經世忠良貫古今留將一片石印出老臣心天地常訶護東南徧詠吟兵符應共寶公七世孫璞生藏有大金統制兵符哲裔幾搜尋

江都周鑚篠雲近體三首

手澤瑰奇出祖庭傳家故物比傳經蝌文光揭孤衷赤鴻寶名垂汗簡青入握璆琳通氣脈照人寒碧蘊精靈高風亮節誰同調卜卦橋邊硯有亭

堅剛風骨挺圭稜冄篆熊熊寶氣騰北轍長驅羞宦寺

東林結契愛眞朋無心希遇懸車老有膽披堅殺賊能

二百年來留寸玉晶瑩常護一條氷

林竹風清本合羣升沈偏遣宦途分蘋蘩到處文公廟

松栢參天武穆墳兩世精忠標日月千秋遺德啟仍雲

堪嗟璫逆承恩寵金紐頻頒出大君

儀徵阮嶨少梅近體一首

清惠祠堂晝掩門摩挲小印託忠魂千秋西粤留泥迹

一傳東林寫淚痕晝堞威名遊騎遁護陵勲業斷碑存

銅駝勝國滄桑後尚有名章寄耳孫

全椒古代典籍叢書

金望欣集（外一種）

2

（清）金望欣　撰

政協全椒縣委員會　編
國家圖書館出版社

(清)金望欣 編

清惠堂遺印詩三卷首一卷末一卷(卷二至三 卷末)

清道光十九年(1839)刻本

清惠堂遺印詩中卷

桑梓詩人題詠

滁州馮震東少渠古體一首

公之名在天壤公之印在草莽公孫得印珠在掌爲公述德溯已往在昔貂璫氣燄熱璫有祠公不謁公不謁公乃蹶公一蹶兮名益烈棗陽蝗公祈禳蝗盡亡棗陽賊公決策賊盡克有公爲令棗陽存棗陽頌公名愈尊公之名在東林東林有光傳至今公之名在浦口斥堠雲連賊望走公之名在餘杭廟祀歷世猶唐皇公之名

在荆楚猺嵩聞名縮如鼠公名在世不在石石上之名奚足惜子孫守之乃遺澤

滁州米倬脽生古體一首

我家有古印遥溯元暉派見諸涪翁詩乃爲虎兒佩不知云何亡曠世發長喟哲人處末流植身堅不敗委鬼坐當朝時局日以壞名雖挂黨籍禍終脱桎梏偶然出從政不計殿與最山陵保護功足以懾大憝當其理榷税亦能除蠹害廟食延千秋於越民感戴晛履行陣間楚粤威名大浩劫閲滄桑手澤刓猶在流傳到喆孫珍

之若珠貝以此誦清芬奕葉守無墜舊譜紛孄媥補入
生光怪惜哉姜堯章去今亦已邈

全椒許頤知白古體一首

建業城荒王氣歇孝陵碑扑龍文齧符璽盡毀私印存
天遣忠臣志不滅樊桐先生鐵石腸能以道義維綱常
鴻名大節曜千古至今俎豆留餘芳在昔有明丁未季
列時修祠奉閹寺茄花委鬼勢薰天公獨驅車無所避
彈章劾公難劾名祿位雖失名愈清一編歸隱援房杜
瑯琊山高揚德聲再傳思陵纘天祀朗日再中公始仕

棗陽縣小當賊衝公軍雖孤若山峙增陴置守濬厥湟
舉旗一麾賊盡靡幕府上功旌異勞謂宜建節持旌旄
留都暫隸大官屬轉眼郎署分仙曹監倉司榷亦小試
威惠並濟恩流膏至今兩浙猶廟食邦伯薦幣羞溪毛
公名自足著宇內雖在異世聲彌高鄖襄已陷中原潰
海水羣飛九河沸蒼梧轉戰愁雲昏天子蒼黃賫銀幣
遂令移節荆南道節制紛紜殊草草間關轉鬥復諸城
直搗猺峝勢如掃天子臨軒訪異材諸軍會奏入銀臺
西南大帥行臺長共說監軍可將才可憐憂國心先悴

斧鉞空煩九重畀仗節辛眦髮已皤歸來獨下憂時淚
須臾天傾九廟荒鼎湖龍去何堂堂攀髯再躍不能及
披髮徒聞叫帝閽憤騎箕尾入雲去臣精與國俱消亡
斯印流傳非偶然神訶鬼護扶持堅輾轉付與裔孫守
已閱春秋二百年漢家金盌出人世昭陵玉篋隨飛煙
屢朝宗器無一在茲獨耿耿如星懸高名自與日爭潔
豈獨貞石難磨鐫願君寶之永無極應與何無忌節段
司農印不隨世運同移遷

全椒汪甲又生古體一首

紅白色雜絲相間迥異醬斑與鬼面規摹小篆朱文精
姓名久見東林傳先生九世篤忠貞璫祠不拜崇直聲
百里棗陽筮仕始楚氛肆惡猶縱橫護陵功大陳丹闕
累以殊勳膺節鉞玉鼎一覆不復支老臣還山遂憂卒
人生萬事皆雲煙寸璣尺璧誰見憐私印尙歸耳孫手
楚弓楚得眞奇緣祖德芬流希世寶述畧徵詩向蜀道
時予客成都坡翁涪翁兩渺茫寓公誰是浣花老殊鄉不樂
當如何桑梓逸事供吟哦細覓楊王姜趙意每於紙上
三摩挲

全椒汪烜東白古體一首

桐孫好古收琳瑯示我馬腦之印章此印猶見祖手澤二百餘載生輝光質冷于冰淨于玉朱文界劃直以方摸弄不敢謹裝匣古潤上結雲黴花勳名直作一家物寶留徑寸貽謀長我觀斯印表公志堅白平生洗塵累不拜璫祠賊焰寒凜烈千秋傳姓氏我觀斯印奇公才護陵監餉軍書催丹砂如雨驚飛檄安用腰懸斗大來更於斯印著公節身隨國滅名難滅文物銷沈兵燹餘一縷忠魂乾碧血斯印誰與同貞心太尉之笏信國琴

忠良精氣久不掩乃見神物垂來今刻詩箔像猶髣髴
得斯倍重雙南金自我城南住老屋尙友高風懷誦讀
授徒風煦阜陵春秖餘零落梅花曲珍重惟公賢子孫
取歸舊額新家塾余住宅本少參讀書之尙友堂三字公所手書嘉慶丁丑公六世孫篠村丈書種梅書屋額見贈易取舊額而去足知公付旹天付璧返趙廷珠入
櫝請看昆仲繩祖武斯印炳然曜簪組史乘鐫名萬萬
古一掃王楊姜趙譜

全椒王城小鶴古體一首

太阿倒柄金甌缺千秋名賸當時傑二百年來玉一方

依舊圭稜剛不折有明鄉袞少參公間右朝端耆風節
平臺論事屢上書至今惠政留西浙官書羽檄日紛馳
署名押尾朱礬醫是時厄運搆陽九豺狼當道狐狸穴
憤世拚借玉斗碎批鱗幾共珠冠裂埋輪一夕解組歸
紛紛玉石誰分別屈原行野誓懷沙宗澤渡河呼嘔血
此印蓋棺未同殉流落人間緜歲月連城之璧終當歸
暗中付畀文孫挈鬼神訶護揚淸風篋櫝摩挲寶先澤
我與公裔忝姻戚再拜陳觀詳刻畫芒寒色正蟠蛟螭
想見鬚眉面如鐵名垂宇宙世已移事登史册人能說

鐵畫森森鬼神護吁嗟明季世運蹇正士名留點將錄
元凶委鬼肆內訌寇氛闖獻紛流毒吾鄉金公入中豪
過祠不拜輕左貂服官累著汗馬績精誠欲使烽煙銷
德功言立自不朽奚羨黃金大如斗死生隱繫國存亡
私印尊於將相綬惟公遺澤啟後賢故家喬木舊德延
金甌久共劫灰碎馬腦獨使鴻名全摩挲手澤洗塵土
斯冰篆法蛟螭盤嗚呼前朝閥閱淩夷甚鐘鼎銷沈隨
厄運微物市價豈知珍喜有裔孫能過問裔孫不辱公
姓名一經遠勝金滿籯榮名爲寶復舊物顯揚勿替傳

家聲我慕公賢生公後枌榆古社瞻山斗遠游憑弔公生祠越關遺愛馨香久清風亮節世寡儔此名此印千秋留秦銅漢玉都泯沒猶見精光爭日月君不見西臺如意信國琴文忠玉帶文貞笏

全椒江臨泰雲樵詩餘一首 水調歌頭

勝國有循吏梓里緬先賢忤璫滅寇護陵勳業建當年我拜西泠祠宇（乾隆戊申偕郭香生過杭謁清惠祠拜公遺像）又讀東林列傳浩氣薄雲煙小印舊時物流落在人間　二百載神訶護尚完全文孫購自廛肆手澤未沈湮體則直方而大

質則縝密以栗姓字日星懸用作子孫寶祖德述鴻篇

全椒汪煦春子和詩餘一首 永遇樂

元禮遺模安民鐫石逼人如許到眼先驚前朝細認盡掃王楊譜貂璫成燼鴻泥留跡方信大名難腐試頻挹稜稜正氣想見昔時眉宇　摩挲遙溯護陵勳高公是中流砥柱三百年來依然完璧天鑒臣心苦東林金石西泠香火一憶一囘起舞縱狐史遺編獨缺已堪萬古

全椒朱藜照漢卿詩餘一首 瑤花

朱瑛寶篆入手晶瑩尚凍痕凝血紅羊幾度喜乍見料

是忠魂難滅流芬淸白問何物貂璫能湼想昔年提挈

行滕歷遍荆襄吳越　平臺召見悤悤乍銀幣才頒先

返瑶闕天留遺恨思往事我欲唾壺敲裂摩挲片石幸

不與金甌齊缺應共他香火西泠長占六橋煙月

全椒郭嘉桂嶺生詩餘一首　高陽臺

過眼雲煙驚心烽火誰家故物常留玉印沈埋經今幾

歷春秋鬼神訶護終難秘得公孫合浦珠投看分明傳

列東林名重淸流　憶公貴胄留滇省值先人校士珊

網全收公元孫名啟南者善詩遠幕流寓雲南乾隆間先大夫督學滇省公來孫寄籍游泮者數人

孔李通家誦芬樂聽勲猷無端片石歸桑梓要後昆光

闡潛幽最馨香陵護隨州祠建杭州

全椒郭士松介園近體一首

二百餘年物天心默護持不教兵燹燬爲待子孫貽壽

世侔金石傳家媲鼎彝鴻章名赫奕星日共昭垂

全椒郭鴻熙小園古體一首

公節堅於金公面冷於鐵公品潔於玉公識亮於雪人

靈物亦靈正氣爲凝結當年鐫姓名歷久不磨滅裔孫

善珍藏述德寸心切繪圖索我詩景仰在前哲

清惠堂遺印詩下卷

後裔子孫題詠

六世孫鎮藩介臣古體一首

達人邁勳德遺矩承來昆肅恭及杯棬況覩名字尊懿兹徑寸石古色潤以温摩挲緬舊烈希世逾瑤琨我聞忠孝侯金章秘重闈亦聞顏平原篆紐今猶存吾祖視前哲異世同藎純物微詎云寳不朽以人論卯君洵厚幸入市逢家珍靈爽殆默相弗屑湮風塵抑或勗無忝聿修將爾諄所以閱時代手澤仍歸根允宜念清白一

一元軌遵直節鑒豸繡康濟思屏藩毋徒謹什襲彝鼎
聊具陳繩武在少俊庶幾光吾門

六世孫望欣鷗谷近體一首

藏笏傳清白懸車示寵榮昔賢留法物後嗣寶家聲况
屬頭銜重依然手澤明鴻章盤鬱律馬腦拭晶瑩武惠
摩挲印靈均肇錫名貽謀神所寄述德淚先傾我祖艱
危日貞臣幹濟情登車罹黨部釋褐守孤城鐵騎唐陵
震珠襦漢寢爭直憑民義勇不畏寇縱橫原廟衣仍舉
橋山七不驚花封看放馬粉署聽遷鶯旋應郎官宿來

安賈暨岷浙潮空浩瀚帑藏少奇羸但設關津險常寬
粟布征平時乾沒禁巿月正供盈澤溥越東惠風留江
上清農商新棟宇伏臘薦粢盛絳節方移鎮蒼梧久用
兵威靈宣豸繡蠢動笑蠻荆李郭勳思建孫盧勢苦成
弋鋋雙鬢老性命一毛輕多壘間關度餘氛次第平襄
樊無夜警雲夢有春耕地縱連城復天難一柱擎軍書
馳旁午皇路失夷庚臺已圍侯景碑才仆蔡京鼎湖龍
忽去華表鶴空鳴病骨支離厭孤懷慷慨并生應羞范
質死足謝程嬰勝國遺編缺明史無公傳 熙朝祀典旌康熙

二十六年入祀鄉賢祠東林徵偉節南粵誌精誠謂兩廣通志公論千

秋在衰宗一髮榮丹青瞻畫像像藏祠堂霜露掃荒塋墓葬天同

院栗主題重寫道光三年大水鄉賢祠漂沒重立公木主蘭堂姓屢更尚友堂售

歷數主今舊額移歸篠村兄家墓田頻水旱廟屋待恢宏公專祠將圮今始修葺

詎料公圖印仍歸我弟兄珍藏輕萬寶歌詠集群英舊

德留完璧宗盟託素瓊涛芬拜手頌奕葉仰忠貞

六世孫葆元淳之近體一首

堂室昔曾司灑掃葆元管理祠堂事數年圖書今更切瞻依誦芬

舊草須重讀先伯祖善有公刻有誦芬草手澤猶存淚滿衣

七世族孫國澍潤生古體一首

先人苦不見所寶在手澤苟非通冥契已失胡由得維我少參公偉績光史冊遺印落人世歷年且三百吾叔雅好古搜奇過市側瞥眼見馬臘公名上鐫刻著手重摩挲狂喜驚創獲乃知祖孫間神理原不隔酬值亟懷歸汲水躬洗滌篆精而質瑩異采何奕奕貯以古楸匣守之期無斁捧觀誌私幸敢云述祖德

七世族孫南金麗生古體一首

叔也出自少參公姪也出自中丞公兩公當日亦叔姪

砥礪名節成雙忠君子之澤五世斬愧我叔姪皆孤窮
叔有英氣可繩武斂才卻守高曾矩肯使先公席上珍
二百年餘辱塵土此印曾經兵燹傷閱歷蠻煙與瘴雨
但使遺弓得楚人何惜連環買鄭賈歸來拭拂宛如新
光彩煥發殊琳珉研朱重印東林傳便似遺碑刻黨人
我公偉烈在泉口國史家乘難具陳癡叔胡爲寶馬腦
溫然手澤今猶存痛我一官羈苜蓿毫無建豎貪微祿
白雲邱墓還無時夢魂空憶孤山麓中丞公葬孤山何如尺璧
清芬遺述德徵詩徧吳蜀摩挲此印雙淚垂噫嘻不癡

兮歎吾叔

七世孫珉璞生近體一首

傳觀手澤勝璠璵名姓當時耀宇區七葉忠魂甘碎璧百年祖德見還珠江山題詠留文藻公善書寺院多公手跡魚豕編讎照典謨盡性齋藏書多公遺澤多少戰場經歷徧家藏堪配舊兵符家有大金統制兵符銅印

七世孫沅芷生近體一首

魁柄中涓竊妖氛大吏逃不因行患難何以賴英豪我祖思康濟前朝正驛騷刊章飛似火流寇起如毛倉護

陪都粟兵防劇邑濠浙祠羞藴藻粵嶠避旌旄此印公
曾佩當時柄獨操軍中鈐檄草箧裏署戎韜華表旋歸
鶴神州遂斷鼇故家多散亂好物不堅牢論自清流定
榮承　聖代褒豆籩肅庠序金石出蓬蒿馬腦名增重
羊脂價並高表揚仁者樂搜討叔兮勞舊澤愁難紹清
芬喜共叨奉盈瞻拜後述德學抽毫

七世孫瑺鞠生近體一首

慶餘君子澤述德仰東林撫此傳家印堅如徇國心銘
勳偕竹帛壽世比璆琳詩史堪弦誦文山有素琴

八世孫醻伯雅古體一首

我祖奕世垂忠貞出展經濟拯蒼生戈鋋閃灼彗日月
偉績允著湖湘濱辭世年深遺器久手澤仍歸後人手
楚弓偶失値陸沈趙璧終完珍世守刻畫鴻名體勢奇
晶瑩馬腦蟠蛟螭開篋摩挲不忍釋軍書回憶蒼黃時
太阿倒持悲勝國盜賊紛紛皆四出蒼梧斥堠陰風嘶
浦口烽煙日無色南都徇國淚浪浪薰天賊焰猶猖狂
宗祧一綫幸不絕何論銀印與金章迄今 聖世承平
久寶器猶存識玉紐溫潤縝密淨無瑕忠悃昭彰傳不

朽二百年來澤未泯傳列東林稱藎臣甘陵黨籍千秋見石相祠堂萬古新遺印雖微幸未毀尚友高風同仰止（尚友堂額公手書）願入印譜廣流傳長與勳名相終始

八世族孫鉎蓮塘近體一首

家珍慎秘藏古質蘊幽光豸繡神靈護螭蟠姓字芳武功傳鐵券文物重金章手澤摩挲處瞻依尚友堂

八世孫醍仲和近體一首

頓使心源濬恭瞻手澤遺勳名垂自昔靈爽寓於斯祖德遙堪述孫謀久尙詒雲仍資佑啟欽慕有餘思

清惠堂遺印詩尾卷

跋

道光庚寅季弟桐孫於市肆獲先少參公馬腦名印述略徵詩承四方大人先生及故鄉耆舊念先公忠藎樂於表揚鉅製鴻篇郵筒遠寄距今八載集爲一編謹案公先世浙江仁和人相傳本劉氏五代時避吳越王諱改金氏與仁山先生同源異派莫能詳其所自出迨元季百一公諱勢安以武勇從明太祖屢立戰功卒浦子口葬全椒是爲全椒金氏始祖世襲雲騎尉凡十傳與明

終始公曾祖東園公諱印灌園隱居潛心六藝公祖對峯公諱惟精與戚黃門賢講陽明之學公父存吾公諱湛然以家學教公故天文兵法皆所素通即講學亦不自東林始也公登萬歷間鄉科其時神宗雖倦勤天下猶全盛不數年熹宗立毀天下書院榜東林黨人以魏忠賢提督東廠建立生祠公當其時激於義忿幾罹刑章使非思陵御極大憝伏誅公將終身以孝廉老安能爲國家建尺寸功哉且前朝資格甲乙兩途軒輊太甚公與兄子中丞公同成崇禎戊辰進士中丞用京秩而公改副

榜授縣令遂不得與甲科比其後中丞巡按河南陳中
州利病直言極諫累官僉都與劉宗周張瑋齊名有臺中
三正之稱復以力救念臺先生犯宸嚴禍且不測適值
雷震殿庭獲免由是直聲滿天下卒以終養去國載在
明史聲名赫然而公風塵俗吏間關羣寇之間雖以護
陵大功膺封疆重臣之薦例遷部屬且屏之陪京不得
隸輦轂聲名遂遠出中丞下及以戰功受主知節鉞虛
須而公已衰朽思歸未能盡其才用甲申之變又以致
仕病亡不與登南都徇國之錄明史既未立傳即東林

傳所記僅據邸抄所奏之軍功而浙關鐲稅遺愛至今
者傳且闕如則事實之淹沒者多矣此皆公之不幸也
然自公之沒全椒祀於鄉賢祠滁州祀於四賢祠兩廣
祀於名宦祠浙江祀於清惠祠墓田二百畝子孫香火
至今貧者且賴其餘以完婚嫁公之詒謀遠而流澤孔
長矣子孫世守公教其尤著者如侶樵公以循吏顯於
國朝諱光昊公子任山西長子縣祀名宦鄉賢祠斗山公以孝子祠於鄉
校諱鋈公孫旌表孝子軒來公以幕府從軍瓜縣六詔諱啟南公四世孫以
記室從征緬甸子孫寄籍雲南國博公以廣陵教授聲流三雍諱兆燕見首卷

卽吾祖早逝祖母撫孤守節應太孺人旌表節孝建坊入祠先考貧無立錐愚兄弟猶得策名庠序不墜家聲者皆公之靈所佑啟而默相者也今吾宗日衰子孫有棄書而農而賈者矣其勢必致數典而忘其祖幸藉遺印之微題詠流傳以詩爲史使不刊刻而弦誦之上無以慰大人先生發潛闡幽教孝教忠之盛意下無以昭示來許啟幼子童孫表揚先德繩其祖武之良心不孝不慈莫此爲甚是以介臣家兄旣輯支譜望欣復取吾弟所集遺印題詞各以類從分爲數卷且歷敘公之所以承先啟後者

以補首卷之缺略更以質諸當代詞宗賡賜詩章續付
梨棗庶使吾宗家有一編不致散佚且免傳寫之訛云
爾道光十有八年歲在戊戌十月既望六世孫望欣敬
跋

維揚打銅巷口
柏華陞刻字店

（清）金望欣 撰

清惠堂集十卷（卷一至八）

清道光二十年（1840）刻本

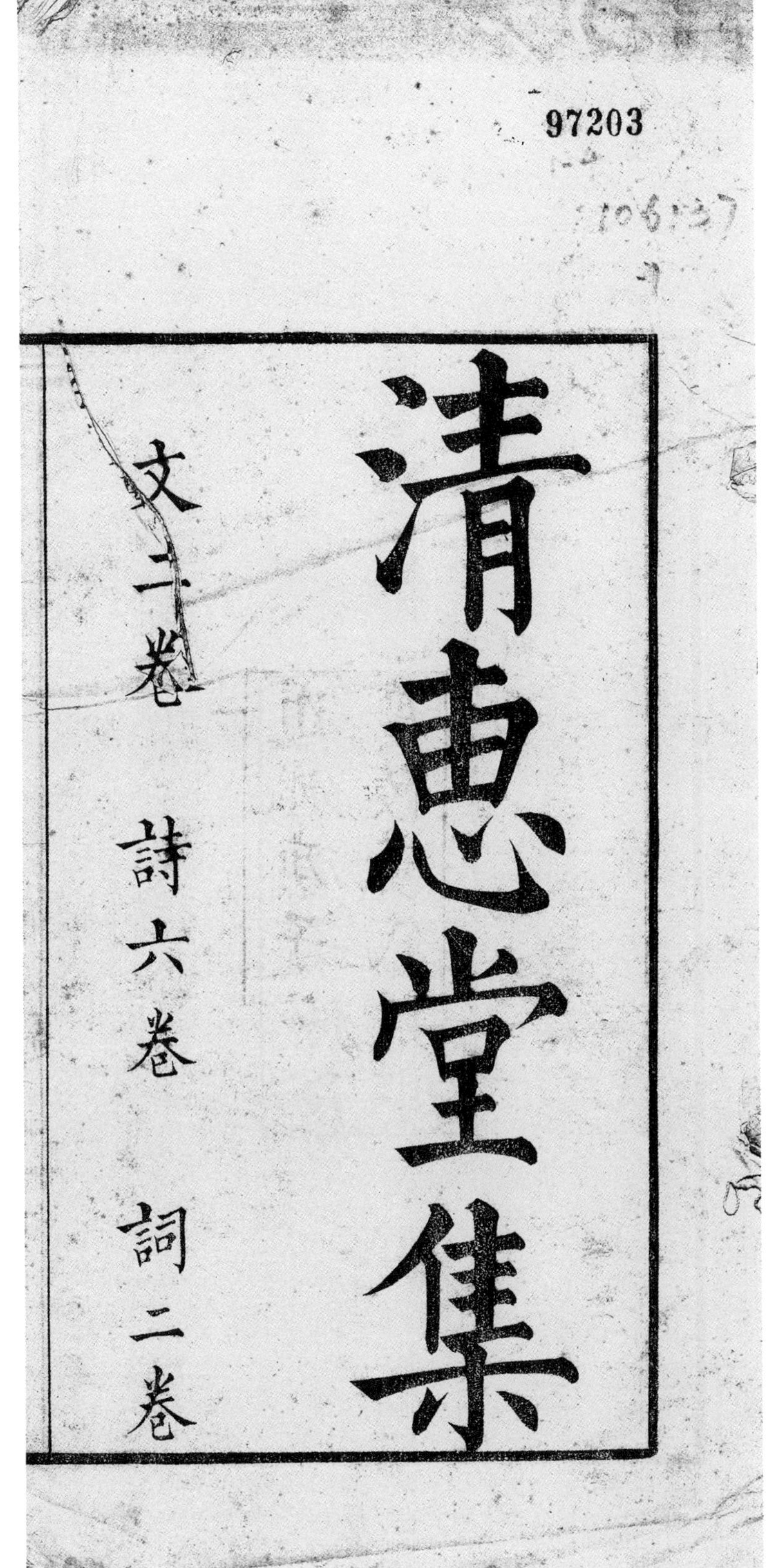

清惠堂集

文二卷　詩六卷　詞二卷

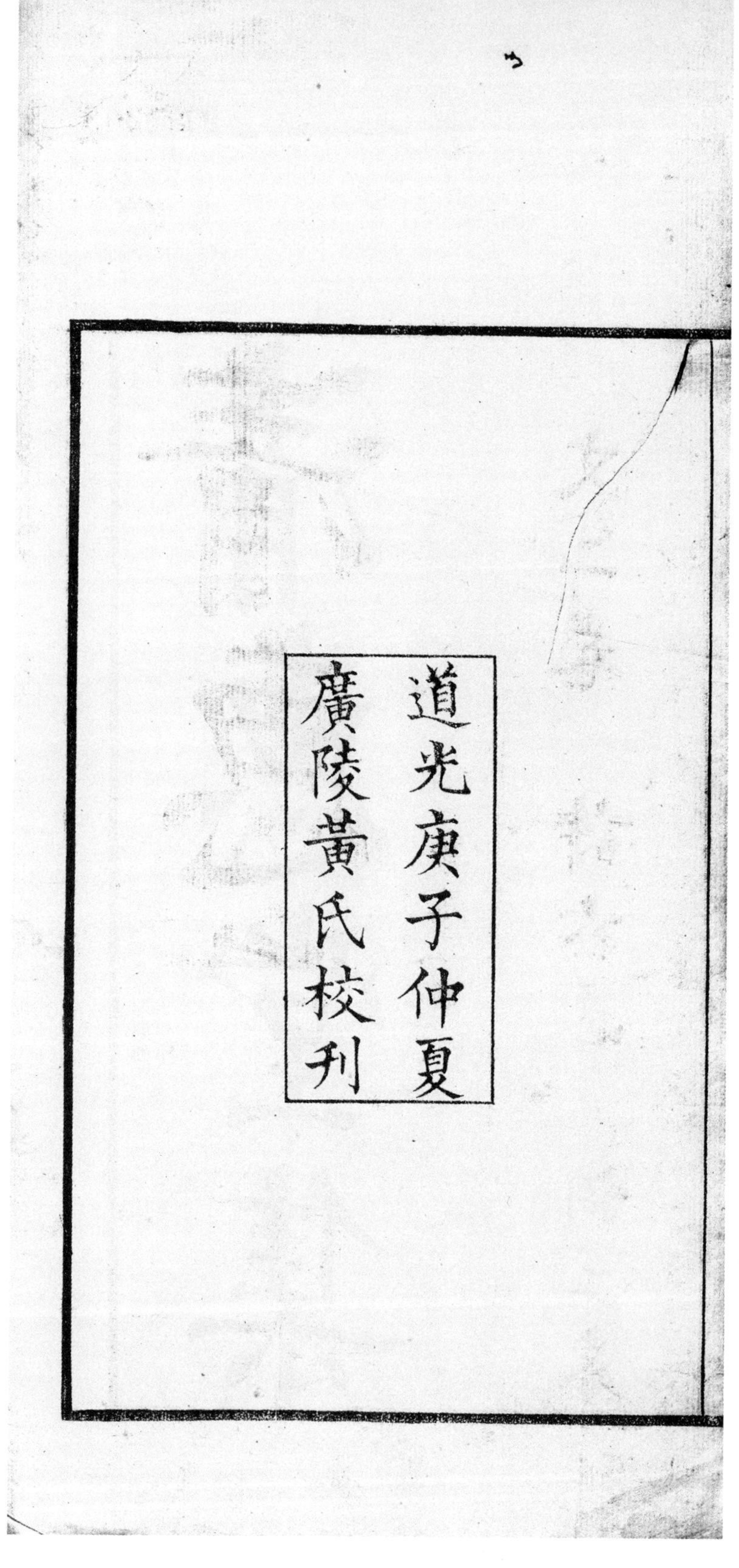

道光庚子仲夏
廣陵黄氏校刊

清惠堂文集敘

道光辛卯方海與禺谷遇於金陵未及深談第見其修幹廣顙奇偉之氣拔出一座心竊異之越八年己亥兩人同客邗上始相過從聽其言亹亹也叩其中淵淵也因得盡讀其詩古文辭洪筆馳騁雲騫風逝光怪怒發不可遏抑大都以才爲主而理又足以輔之其好學深思日不暇給不矜所已能而務追其所未至蓋莫能測其志之所止焉踰年禺谷將返全椒以文二卷屬爲之序余雖不敏然與禺谷別烏得無言禺谷承六世祖少參公九陛名德之後積厚流光嬋嫣未艾少參公當明季時

與兄子中丞公光辰竝勵功業中丞直聲震於朝少參則外宏治迹兩粵浙江皆祠之又歷祠於州邑此與韓文公所謂鄉先生之祭於社者其器量大小殊有不同禺谷偕其宗人每聞社鼓之聲思慕激發當何如也惟少參之子孫代不乏賢或出或處皆卓然有以自立禺谷英髦蔚起亢宗之念尤勤蚤舉於鄉文名衆著功業未來先以能言與天下相見挾持有本矣詩爲最專體近大蘇才力閎肆溢而爲文文稍亞其詩然多不苟作說經每有確解論史必有特識夫棲遲於道藝之域游覽乎得失之林蓄積感觸因不容已於言即起古人而

問之其位置禺谷未知何等而揖讓隨行於其後豈肯以時代之見較工拙於章句哉禺谷歸矣有才如是斷非仰臥龍之山送日月者其益潛精遐鶩孟晉逮羣如其素志巖居非久得時則駕或傳循良如少參或任忠讜如中丞規模宏遠愈足爲文章增重也天下之知禺谷者必以余言爲不妄也夫鄱陽陳方海

清惠堂詩集敘

金嵎谷同年余締交二十五年矣嘉慶丙子秋榜發嵎谷聲名藉甚自江南以至都下人競稱之嵎谷籍全椒其山川清淑而質實故其宅心醇粹藹

然仁義之言而誠至明生於是非可否之機則有確乎其不可拔者嵎谷治經最久初亦未嘗以詩示余癸巳冬余出守鳳陽嵎谷贈七律四章於其間風俗之淳龐民生之疾苦守土者之何去何從悉寓之於詠言之內謂非留心當世者耶迺嵎谷既未雍容揄揚潤色鴻業又未曾讀書爲政出所學以經世宜民殆將老其材而大任之也而其攄懷舊之蓄念與夫情來興往就生平閱歷所及凡山川之游覽友朋之贈答迄乎名物象數摩挲紀載一一託之於詩方其寸衷結撰眞體內充斧藻羣言不露圭角實能胎息庾鮑淩轢杜韓而研精

覃思無一熨貼不平之處少陵之所謂律細香山之所謂功深其兼之歟余昧道懵學夙鮮根柢加以風塵鞅掌文章事業一無所表見而嵎谷拳拳然以敘屬之余於嵎谷之詩循焉習焉欲勉勉由之而不能造其詣而其醰粹之心仁義之言知其本原於詩者要有在也嵎谷館揚州最久滁山去揚三百里茲以養痾旋里其門人黃小園比部爲余之舊友日掃徑以待先生之來余讀禮閉門倘得日近清光相與上下其議論俾早年同譜異日稍有成就是則余之厚幸也夫同年愚弟儀徵卞士雲拜手謹序

清惠堂辭集敘

吾友金嵎谷嶔嵜歷落士也文義碁書一時將去分其才藝足了十人沈休文謂之不廉蕭宣遠以爲具美昔有其匹今罕其儔加以精絶聲詩妙解音律江湖載酒杜樊川落魄之年風月看花何水部賞心之地情緣兹而綺靡思以此而纏綿掩合歡之扇蟬雀無聊寬連理之衣鴛鴦不倚側商清越按小石之遺聲大遍豪嘈翻涼州之舊譜爲客星者終歲沐淮雨者十年因餘事之餘成集外之集竊謂塡辭之道以協律見長倚聲之家於取材爲短霓裳散序本無拍而訛傳瀛府仙音合兩宮

爲一調辨樓頭之梵字詢笛孔於優伶則十五字譜或有齟齬二十八調尚多影響所謂協律之難也自郝素彈箏列和吹笛阿子觀聞之曲悉是豔辭懊儂白紵之歌並皆綺語宋容華之相和王金珠之吳聲莫不縫月裁雲鏤冰斲雪未有竊任昉之句自詡詞人偷江東之詩便稱才子或拘攣於宮羽或蹇劣於鏗鏘顛倒紫鳳之衣未覩碧雞之志唱好詩者雖非本色掉書袋者猶屬可人幻怪於牛鬼蛇神乞靈於猫兒狗子夢中索錦才頓躓於江郎爨下譚詩義粗陳於竈婢惠休制作本委巷之聲謡杜默歌行類三吳之惡少非雲韶之仙

樂乃教坊之俗工所謂取材爲短者此也兹集湔除二弊陶汰諸家権論於花間尊前嗣響於玉田白石晏元獻規橅延巳方千里追和清眞或意度之超元或去留之無跡東坡非曲子所縛美成善融化詩辭凡此諸賢各臻其妙十二峯冷煙寒樹情景俱融三百首玉白花紅風流獨擅遂使有井水吃處能唱柳辭見梅子黄時便思賀句淒迷三影宛轉四愁酒緑燈紅絲哀竹濫隔簾按拍有記曲之小娘入市鬥聲屈琵琶之高手江都鄧立誠拜撰

清惠堂集目録

右集十卷吾師全椒金嵎谷先生所著也先生游學廣陵館慶家時最久作文多不存稿詩有寫笠軒詩鈔王絅齋大司成馮玉溪廣文爲之序者其初集也詞有淮海扁舟集鄧溥泉孝廉爲之序者其鄉人馬仙樵刻於京師道光己亥先生將歸慶寫録其文三十餘篇詩四百餘首庚子春夏之交與江都陳穆堂先生編次讎校附以詩餘釐爲十卷先生舊有文賦試帖詩爲書賈梓行者名清惠堂外集故茲集仍繫之清惠堂云至所著周易漢唐古義若干

卷春秋五紀算術若干卷先生時增刪修
飾未有定本故僅録叙文耳芒種日受業
黃錫慶敬識於小玲瓏山館

清惠堂集

文一 論四篇 敘十六篇

全椒金望欣秋士

爰盎卻慎夫人坐論

予讀漢書至爰盎引卻慎夫人坐文帝與夫人皆怒及盎申其說帝與夫人皆悅而歎盎之直諫能杜漸防微文帝能從諫如流愛人以德而慎夫人亦稍知義命善全其身者也皇后與夫人禁中常同坐故其幸上林也郎署長布席亦如其在禁中長固不知有名分也夫人亦不知有名分也盎一中郎將耳而毅然爲之定尊卑之分嚴主妾之防若不知禁中之常同坐也者直前而引卻之使知

名分不可干寵幸不可恃而外廷之臣惟知有帝與后而已矣所以陰折夫人恃寵而驕之氣豫絕署長阿諛宮禁之緣可不謂之能杜漸防微者乎文帝漢之聖主也然幸臣則寵鄧通宦官則寵趙談姬妾則寵愼夫人中材之主有一於此足以致亂而帝晏然致太平刑措之風者寵之而不自折辱之聽廷臣折辱之也聽廷臣折辱之卽所以保全之使得長爲吾所寵愛也夫以鄧通自媚於上未嘗有大過惡偶戲殿上丞相申屠嘉爲檄召通坐以當斬至免冠徒跣頓首出血而不解帝必度其已困而後召之則折辱通者丞相也而使之能

申執法之心者帝也帝朝東宫趙談驂乘盎伏車進諫談泣下車令又引卻慎夫人坐席帝皆從之夫談常害盎其折辱之猶温太眞之於錢鳳盎之詐也若引卻夫人坐則非有憾於夫人其言曰陛下幸之則厚賜之陛下所以爲慎夫人適所以禍之獨不見人豕乎文帝容盎折辱夫人正所以保全夫人也可不謂能愛人以德者乎其後丞相王嘉封還董賢詔書則下獄歐血而死矣太傅蕭望之忤宏恭石顯則召致廷尉飲鴆自殺矣谷永專攻後宫則恃其黨於王氏矣昭儀擅寵則解光之奏不敢早聞矣然後知嘉與盎得遂其直者文帝

之明也主聖則臣直斯言豈不信哉愼夫人外戚無傳觀張釋之傳知其爲邯鄲人漢時邯鄲多名倡夫人善鼓瑟則其出身微賤可知帝每行必從則其寵不在高祖戚夫人下幸也竇皇后好黃老言其家皆講退讓又同出於微賤故夫人專寵禁中同坐后不以爲嫌使遇高后欲免人彘得乎又竇后子長而賢夫人無子故終其身無禍敗使后子不賢而夫人有子則奪宗者必夫人之子文帝外柔而内剛夫人若恃寵而驕並后匹嫡則鉤弋夫人之事帝先孝武而爲之矣夫人能終其寵愛乎哉然觀夫人始怒不肯坐及帝以盎言入語之

夫人賜盎金五十斤則夫人始亦忽於同坐之常聞盎言然後知有名分耳故曰夫人亦稍知義命善全其身者也

諸葛武侯王景畧合論

在昔元黄龍戰之秋必資碩輔紫色鼃聲之世亦藉長才故王業不偏安諸葛伸大義於蜀漢謀畧不世出王猛耀奇策於苻秦之二子者抱異衆之材負軼羣之氣乘時豹變應運鷹揚使天假之年世服其教則當塗氣盡重看文叔之中興典午祚移不待寄奴之受命豈宣王狐媚足當屯渭之軍謝傅麈談能敗斷流之衆哉方其誅茅被褐枕石

漱流躬耕以待澄清賣畚而安貧賤早已瓌姿出類英氣如神梁甫吟成德星聚於楚分嵩高夢醒山靈喚以王公同應名世而生不爲羣雄而任伏龍未起天下恃以安危捫蝨而談江東無其疇匹是其才品同也及至草廬三顧婆樓一言結魚水之歡候風雲而動一則解帶由於元直一則推轂出自伯龍一則年二十七而拜中郎一則年二十六而除司隸莫不主臣一德上下同心盟以生死之情終託孤兒寡婦恃如左右之手疾禱名山大川是其知遇同也若夫治蜀者責實循名治秦者令行禁止任皆伊呂學並申韓陳壽評爲相漢之

蕭何崔浩歎爲伯齊之管仲漢中發甲表懸日月以齊光渭上誓師言共風雷而爭響出祁山而走仲達破壺關而虜慕容勢比摧枯氣同振落是其功業同也然而武侯心乎漢室者也景畧亦心乎晉室者也使武侯不遇帝冑則終老隆中必不委贄而事曹公斷金而臣孫氏而景畧識桓温之異志同灞上之初心遂乃託命氏雄盡其死力迨至嗚哀易簀論定蓋棺始明正朔之相承思止凶圖之窺伺是猶息嬀生子痛憶故夫豫讓報讐恩慚國士不已晚乎武侯所能爲而景畧不能其異一也武侯起自布衣密參幃幄每自比爲管樂未見

信於關張卒之開誠布公經事綜物馬謖言過其實必有罪而後誅李嚴法所難寬雖加刑而不怨而景畧由疎踰戚殺樊世以立威因敗爲功許鄧羌而濫賞疑鮮卑而間人父子報睚眦以快我恩讐幾同屠儈之居心有愧士夫之雅道是武侯所不爲而景畧爲之其異二也景畧始則思歸江左荀文若之心繼則佐奪苻生厖士元之志學不原於澹泊行不一於公忠足破燕評之奴才難禦魏懿之人傑是以關符雖速恩信易衰墳土未乾子孫謀逆視彼在朝建事聲譽騰於蜀民臨陣危身忠孝聞於敵國武侯貽厥孫謀景畧遑恤我後矣

其異三也要之先主間關羣牧得武侯而虎視之勢成苻堅履蹈危機得景畧而龍驤之夢應大星已墜餘威肅於生前肥水難窺遺言應於身後可謂命世之英不愧識時之士然而翊宗傑者志伸信義雖據偏隅之國統可繼於高光佐氏酋者心切功名即無問鼎之師罪僅減於劉石二子者何待考其異同然後有以分其優劣也哉

瑯琊三葛論

余讀世説品藻篇有云諸葛瑾弟亮及從弟誕並有盛名各在一國於時以爲蜀得其龍吳得其虎魏得其狗嗚乎此司馬家兒汚滅公休之言也非

品藻人材之公論也夫孔明高卧隆中而伏龍之名遠聞天下及其震蕩宇内而龍驤之畧屢耀中原厥後晉武録其子孫陳壽編其書奏雖敵人之口焉能掩其爲龍哉子瑜德性最純風規夙著全師保境公會無私觀其君臣之間推誠相喻一則曰亮之不留猶瑾之不去一則曰子瑜之不負孤猶孤之不負子瑜言貫神明義全終始幾可及南陽之魚水實無愧江東之虎臣若夫公休之仕魏也昧於漢賊之大義負慚武侯多矣然既食魏禄當死魏事子瑜所謂委質定分義無二心者也司馬昭秉政將移魏祚必先去魏之爪牙樹已之心

腹賈充慰勞淮南論説時事首言禪代以窺公休之心公休厲聲曰卿非賈豫州之子乎世受魏恩豈可以社稷輸人洛中有難吾當死之公休之叛叛司馬氏也非叛魏也昭必親奉魏帝及太后以討之亦恐有内應公休者復挾兩宫以爲難耳卒之力絀勢窮亡身赤族而麾下數百人無一降者皆曰爲諸葛公死不恨魏有如此之忠臣而可謂之狗也耶嗚乎新都攝政翟義爲之起兵當塗稱王耿紀爲之授命自大義不明人心非古褚淵事宋乃俯首於道成沈約仕齊竟傾心於蕭衍唐六臣比比皆是宋三臣落落無聞求如王保保之奇

男子何可多得哉使公休不死則賈充終不敢萌抽戈之念司馬氏終不能遂改玉之心鄭昌有言山有猛獸藜藿爲之不采國有忠臣姦邪爲之不起魏之得公休雖不及蜀之得龍無異於吳之得虎也彼事晉之魏臣眞狗之不若也已

賈充潘陸論

予讀南史謝瞻傳見謝晦與靈運論潘陸與賈充優劣晦曰安仁諂於權門士衡邀競無已並不能保身自求多福公閭勳名佐世不得爲並靈運曰安仁士衡才爲一時之冠方之公閭本自遼絕瞻歛容曰若處貴而能遺權則是非不得而生傾危

無因而至君子以明哲保身其在此乎夫謝瞻之言爲裁止謝晦而發別有意旨不關古人若晦與靈運之言非亂臣賊子之言乎嗚呼三綱淪九法斁去人倫無君子而後國命隨之若魏晉及宋何亂臣賊子之多也又何怪視去其君如去傳舍而紛紛爲逆也哉夫陸機以遜抗之家聲值亡吳之厄運不能捐軀報國授命成仁其有愧於蜀之諸葛瞻遠矣乃至弟兄入洛好游權門以賈謐之奸邪而相爲親媚以成都之構亂而與其敗亡即謂機爲陸抗之賊子晉惠之亂臣亦不爲過潘岳輕躁趨利乾沒不休負母亡身死有餘罪而構陷愍

懷太子一事斬絕晉之宗社而有餘夫秦之亡亡於二世晉之亡亡於惠帝隋之亡亡於煬帝使扶蘇不死秦未必亡愍懷不死晉未必亡楊勇不死隋未必亡而殺扶蘇者非胡亥也趙高也殺愍懷者非賈后也潘岳也殺楊勇者非楊廣也楊素也潘岳之罪浮於趙高楊素而卒以赤族誠以天道所難容求苟免而不得晉之亂臣賊子非潘岳而誰至賈充以賈逵之子世受魏恩首發禪代之説南闕之戰親率成倅成濟弒高貴鄉公犯蹕抽戈刃出於背故曰惟腰斬賈充徼以謝天下此天下萬世之公言也賈公閭有大功於社稷此司馬一

家之私言也及其輔晉也忌任愷之正直聽荀勗之邪謀納女東宮希榮固寵以致南風煽亂京洛丘墟其明目張膽顯爲亂臣賊子於魏也既如彼爲鬼爲蜮陰爲亂臣賊子於晉也又如此而晦贊爲勲名佐世豈非亦一亂臣賊子之言乎哉夫潘陸之文藻照耀足以傾動後人靈運爲其所蔽似也若賈充之事史臣爲司馬氏諱史通所謂發仗雲臺取傷成濟陳壽王隱咸杜口而無言干寶虞預各棲毫而靡述者也至習鑿齒漢晉春秋出據事直書當日事情悉爲暴露靈運空疎或未流覽豈以晦之涉獵文義博贍多通者於晉臣史書亦

未嘗學問也耶蓋晦佐宋篡晉其心即賈充之心與徐傅廢少帝弑廬陵毫無顧忌及宋文西討猶不聽何承天之言越境求免而稱兵移檄抗拒朝廷思恃周超爲成濟而已得誅王曇首兄弟如司馬氏之於王經此其心於發論之時謝瞻已窺之久矣靈運晉之世臣降爵事宋與士衡入洛無異以文采自矜故推崇潘陸其後與兵叛逸謬比子房明正典刑爲世僇笑亦與謝晦無異謝瞻明哲保身之言所以鍼砭二人者其見豈不遠哉其見豈不遠哉夫賈充禽獸也潘岳小人無耻之尤者也陸機吴亡與亡上策也終身不仕中策也乘時

入洛見機歸吴下策也奔競求榮自投陷穽文人之無識見者也予恐世之昧於史事者爲潘陸之詞章所蔽故因讀謝瞻傳而備論之

龍樹寺雅集圖敘

龍樹寺居京師西南城隅松筠庵之下院也前對陶然亭後臨龍泉寺城堞迴環陂池出沒蕭然有野趣焉士大夫退食之餘多讌集其中以娛清暇吾鄉王君小鶴三入都門未嘗一至二月六日値小鶴生辰六安徐君鏡溪約同志醵飲寺中於時微雪初霽和風放晴相與聯軫以往開軒而坐蘆根滿地春冰才融梅萼迎人野禽欲語或彈棋曲

室或讀畫長廊或面壁評書或擘牋獻句登樓眺遠西山翠落於衣襟移席向陽東日紅鋪於几榻壺觴屢接襟抱頻舒以永日之話言敘他鄉之契濶賓主歡然雲林暝矣小鶴以爲勝遊出素縑屬寫其大意各系以詩同游者懷遠湯君穎川定遠方君悔軒鎭洋陸君子愉霍山吳君竹愚潁上汪君艮山壽州孫君翰卿吾鄉程君達庵及鏡溪小鶴與余凡十人余既爲之圖畫誌鴻爪之痕復唱以嘯歌著佛頭之糞歌曰

高槐綠兮東風香衆賓集兮春滿堂客中讌客兮忘他鄉爲公子壽兮酒一觴西山潑翠兮圍僧房

蕭然物外兮壺天長主有酒肴兮賓有篇章我有
圖畫兮雜以丹黃千秋萬古兮長無相忘

送馮少渠出宰龍門敘

道光紀元之初　覃恩洽於中外束帛賁於邱
園滁人舉少渠馮先生震東應舉孝廉方正
詔書徵至京師引　見以知縣用先生以需次
有時翩然南返游幕江淮河洛間十二年復至京
師選廣州龍門令以書告其友全椒金望欣時望
欣將偕上計吏詣公車門慮其戴笠乘車南轅北
轍不獲班荊於道周也爰爲文而送之曰遭遇者
時也經濟者學也有定者職也無窮者心也位有

崇卑而効忠之情則一官有內外而致身之術則同使先生以宏通博雅之材備顧問諫諍之選迴翔芸館養望蘭臺東海蕭生畫麒麟之閣關西孔子致蛇鱓之祥庶足以掞藻　天廷宣猷
帝世而乃銓曹謁選巖邑分符署才子之頭銜執下官之手板暫離　北闕遠宦南荒秀材如賈生難長留於宣室賢良如董相致遐棄於江都彭澤風清寄弦歌之嘯傲長沙地小礙舞袖之迴旋似先生之不幸也而不知非也彼夫湛露空承淩雲莫賦比買臣則離騷不熟方揚雄則羽獵無聞甚至弄麞錯寫葩經食蟹未通爾雅徒使歲歲糜廩

粟月費俸錢所任非其所長所學非其所用士之所恥也君屑爲之乎至若一官老矣晨餘郎位之星三絕依然秋冷廣文之雨方朔臣飢欲死次公兄產何存默默寒蟬庸庸仗馬終一籌之莫展且十載而不還與其爲伴食之中書曷若爲親民之長吏與其賓戲客嘲之頻解曷若盤根錯節之無辭且夫縣令之秩雖卑而其任甚鉅稽兩稅思何以興利於農田握伍符思何以寓兵於保甲得人訪澹臺之卓行折獄踐季路之片言不有通儒焉成循吏 天子加惠蒸黎慎選令長或以蓬瀛之彥投筆而領簿書或以甲乙之科聽鼓而試筐

燄然而雨暘愆忒疾疫頻仍都護防秋禦邊塵於
玉塞皇華載道籌河決於金隄米賊蔓滋張魯教
延於河朔樓船鼓震孫恩黨起於海南猺匪甫誅
瘡痍未復豈盡民之無良哉抑亦令長之過也龍
門隸於省會桴鼓之聲不作山海之利惟饒戶擁
萬家地連五嶺得賢令尹治之誠粤人之福也先
生幼秉經畬壯游幕府周諮疾苦歷試艱辛夏穀
春絲忍割小民之心肉蠻參短簿久諳大吏之眉
頭贈言無待於窮交惜別殊深於歧路他日謳歌
遠播治譜傳觀謁茂宰之庭設舊交之位炎洲拾
翠盤桓於楚相城邊香浦看花倡和於越王臺上

盟心息壤踐東南海國之遊鼎足古人聽大小馮君之頌爲蒼生慶望歲爲　朝廷賀得人早於初程預操左劵也已

漢書地理志補注敍

讀史莫難於讀志諸志中惟地理尤難非專門名家者不能得其要領自漢書以地理一志羅列三百郡國瞭如指掌爲自來言地理者所據後漢續志有郡國宋齊書有州郡魏書有地形五代史有職方考皆沿其例而異其名晉隋唐三書宋遼金元明五史並襲其名自正史外　四庫書所收史部地理類之書三千餘卷編簡浩如烟埃非有絕

人之才能讀萬卷書行萬里地罔不開卷茫然者也吳君蓋山甘泉詩人也長於樂府余昔於陳君穆堂處見其詩茲出所著漢書地理志補證三十卷見示以　本朝之版圖證前漢之郡國雖取材羣書而酌古準今皆有特識非如顏氏所譏競爲新異妄有穿鑿者可比其中如漢之陽曲非今之陽曲涇陽高唐非今涇陽高唐之類皆能指其處所潁川之定陵重出於汝南中山之新市誤列於鉅鹿之類不爲本書所迷南陵原注滻誤爲沂雉縣原注郾誤爲鄽之類定爲傳寫之訛不爲顏音所惑可謂孟堅之功臣師古之諍友矣竊謂天象

與地輿皆儒者之絕學然章蔀紀元立法七十餘家皆互相損益授時專本實測立算今法惟以八綫爲宗數雖各異理實相通明其故者一以貫之地理則自漢迄今二千餘載郡縣割裂因革無常其大者如河流之變遷古今迥異南北朝之僑置名實俱違根本難尋謬論相襲其難一也握數寸之規立八尺之表天之高星辰之遠可以坐而推行度驗躔離地理則九州遼濶遊歷難周非紙上空談所能定其得失其難二也自律書淵源出推步之術大明於世南王北薛宣城之梅大興之何其學皆致遠鉤深授受不絕地理則大清一統志

及各省通志檢閲非易師友之閒求如顧亭林萬季野顧景范黃子鴻胡朏明閻百詩諸先輩不可多見而帖括之徒於今之府廳州縣尚不能辨何論前漢之郡國哉其難三也蓋山大家中落轉徙流離年未四十足跡已半天下所交多績學之士足資考訂故他人所難者蓋山皆視爲甚易宜其擇之精而語之詳也余於斯學未窺門戸不能言是書之精聊言其大畧云爾

博物志考證敘

吾友陳子穆堂好古多聞老而彌篤所著竹書紀年集證逸周書補注讀騷樓詩集行世已久書賈

購求幾徧南北復以典午人材首推張茂先郭景純爲淹雅景純著述分列四部而茂先博物志原書就湮即刪汰之本壓埋於小說家者千有餘年慨然思有以疏通而表章之此考證所由作也予讀其書波瀾洋溢枝葉扶疏並不爲搜神志怪之談一一折衷於義理謂山海經諸書自景純以神怪注之使人恍惚而不得其實今所考證網羅羣籍剌取百家事必究其原語必證所出沙石汰盡珠玉畢陳豈非讀書之快事哉予尤愛其說之發前人未發者如釋大小崑崙猶太室少室共形而自爲首尾以在西域者爲大以在酒泉者爲小釋

禹貢雍梁之嶓冢爲一山釋班志洛雒之分名爲二水皆地理之彰明較著者也女媧練石補天鯀盜息壤以堙洪水謬說流傳雷同膠固今釋補天爲道德配天釋息壤爲息土謂決耕桑之畎畝以陻淫潦之洪流昭昭然如揭日月而行何其說之通明乃爾乎他若證馮夷爲古諸侯證湘君爲舜二女費長房之師壺公非孔子弟子施之常斬蛟之子羽非武城之滅明皆人物之彰明較著者也若夫地有四游即太陽高卑之算日出大小即野馬蒙氣之差下問獻愚虛衷採錄其切磋討論之友間有漁獵舊聞補拾遺缺亦必兼收而著其名

字惟恐不精不詳而進益求進南北舟車行數千里五易其稿歷十有三年而後卒業千載之下可以告無憾於茂先矣是書予先後凡三爲讎校知之最詳故弁言於首爲讀者先導且請陳子考證續博物志以繼此書之後焉

堪輿正覺敘

葬法多端一言以蔽之曰乘生氣而已自葬師不知生氣之所在而多設名目以求之言巒頭者侈談形象而葬書幾如繪畫之譜矣言理氣者拘執卦位而葬書又如壬遁之格矣夫以活潑潑地大塊發育萬物之氣而泥死法以求之無怪乎昔人

有山川而能語葬師食無所之譏也豫章林君春園雅士也客游瓦梁爲人卜葬所言輒驗與吾鄉江君雲樵交莫逆雲樵精推步而以天星言選擇與春園同源春園時以札往返商算術予由雲樵知春園名久矣道光丙申予館廣陵黃氏而春園爲史尚書夫人相墓黃氏亦延之相宅與予同居小玲瓏山館山館爲馬秋玉徵君舊園樹木陰翳花藥扶疏兩人消夏其中談至樂也林君以予亦知推步出渾蓋諸圖相示並鈔予藏用表推日食法一卷而去戊戌夏予由京師歸接春園札並寄手輯堪輿正覺四函首列形家之言次集理氣之

説終論選擇之術而以制器測量之法太陽到方之表附焉其取材也富其擇善也精足以發明郭景純葬乘生氣之蘊也明矣予猶有疑者古人擇日用卜筮春秋所書葬期皆用柔日其言各國之禍福惟占分野與歲星漢時算太歲三統法用跳辰四分法不用跳辰至今言太歲者惟主四分以七曜占人命之吉凶始於聿斯經以黃道分太陽之過宮始於歐邏巴古皆無有也今精言選擇者皆主天星所謂天光下臨地德上載是已且謂吉莫吉於太陽凶莫凶於太歲故太歲可坐不可向太陽可向亦可坐此通論也春園首爲予言太歲

君象也太陽亦君象也太歲不可干犯豈太陽獨可干犯乎故用太陽亦以在山爲最吉予深服其言後詢之許君敬山敬山謂太歲陰煞也太陽陽曜也古用跳辰太歲與歲星相應歲爲福德故得歲者不可伐今則太歲獨爲陰煞不惟不可向亦不可坐矣太陽所照如大君之布德行惠萬物作覩既可坐何不可向乎兩說各有至理非愚蒙所能折中故敘其書以歸林君且質所疑俾得作爲妙論以告世之知選擇而不知推步者

代擬滿洲某孝廉家譜敘

禮大傳曰人道親親親親故尊祖尊祖故敬宗敬

宗故收族從古高門華胄奕世載德表揚先烈貽厥孫謀所以辨族姓廣慈孝也司馬子長史記班孟堅漢書沈休文宋書皆有自敘原其受姓之所由始至若揚雄家牒殷敬世傳孫氏譜記陸宗系歷載筆者統謂之家乘亦國史之支流也唐宋以後專尚門蔭唐書有宰相世系表白太傅有家狀顏魯公有家廟碑歐陽文忠有家譜於是世家大族莫不鋪張閥閱傳美書林以其有合於古人敬宗收族之誼故孝子慈孫視爲急務我　國家龍飛遼左朱果發祥比元鳥之生商衍姬宗於百世凡屬麟趾之族姓隆凖之子孫　玉牒天潢既

已昭如星漢而　高宗純皇帝欽定八旗滿洲氏族通譜一書詳載世族源流臚其世系若勳勞節義彪炳千秋者各爲小傳冠於一姓之首以彰世德雖神堯之平章百姓大舜之明於人倫無以過之今滿洲某旗某氏其始祖某官於　國初從龍入關効　天朝之奔走貽奕葉以忠貞其某氏孫孝廉某出余門下慕潘岳之述家風陸機之陳世德作爲家譜用詒後昆以余備員詞臣夙通縞紵忘其淺陋而問序于余余觀其誦清芬揚先德孝也紀　國恩勵世僕忠也支分派别昭穆井然使宗族親疏久而罔紊休戚慶弔不致視若

路人仁也蓋一舉而三善備焉昔後魏孝文帝雅重門第諸功臣舊族自代來者以八姓爲清望選舉必先清望金世宗禁女直人改稱漢姓以示不忘本根　本朝

重熙累洽中外一家

聖主任賢使能不私流品隸斯譜者可不思繼先世之武功爲亢宗之奇士乎抑劉知幾之評家乘也謂箕裘不墜其録猶存薪構云亡斯文亦喪今孝廉名列賢書博通經史異日潤色鴻業致身於承明著作之庭乃邦家之光非宗族之榮也何患斯譜不留傳於勿替也哉

寶應劉氏清芬集敘

道光丙申春始識寶應劉楚楨孝廉於京師之陶然亭楚楨雲陔典簿子端臨學博猶子也（雲陔先生諱履恂端臨先生諱台拱）先世職方公（諱永澄）萬歷時與顧端文劉忠端講學東林其子兼山上舍（諱心學）幾羅璫禍著有四朝大政録雲陔端臨兩先生以名孝廉精經學有聲乾隆間官不足以盡其才士林惜焉楚楨孤貧力學年逾四十始舉於鄉近以授經廣陵與余館舍相鄰獲盡覩其著述既梓行大政録及劉氏遺書復網羅成化以來三百餘年十有二世之詩文成清芬集十卷其族叔子猷上舍（名贊勳）任校刋以傳世嗚乎世家大族郡邑之文獻也所賴有

賢子孫者非欲其守遺金以致富也非欲其躋顯宦以駭流俗也惟是一經不廢有以述祖德而繼家聲斯手澤存而靈爽憑焉矣夫名臣碩士之立言得列於史傳及郡邑志者奏議耳民生利病之言耳若夫講學之書憂時之什爲人師道統所攸關而朝章國故時世盛衰藉可考而知焉者往往藏之私家子孫一爲農賈即不知愛惜棄若弁髦至于老儒之經義才子之遺文生不見重於當時死未流傳於後世塵封蠹蝕於若存若亡之間子孫不輯而刊之較棄華屋良田者其情爲尤慘若劉氏者非先澤孔長焉能得孝子慈孫表揚於數

百年之後也哉吾宗亦自前朝遷全椒先世少參中丞兩公亦著藉東林　本朝二百年來祀鄉賢舉孝義登甲乙榜者未嘗無人而祠墓蕭條文章零落所由讀寶應劉氏之集而爲之泫然流涕也

金畹芳詩集敘

自古有才之士不得志於時湮没不傳者多矣其悲歌慷慨或得詩而傳焉故君子得志則發爲勳業以傳其經濟於史不得志則寄諸歌詠以傳其性情於詩孟子曰誦其詩讀其書不知其人可乎蓋必知其人而後可以讀其詩抑必讀其詩而後有以見其人此吾所以讀畹芳先生遺集慨然想

見其爲人既詳得其生平而益有以知其詩之所由作也先生姓金氏諱蘭字畹芳一字湘谷高郵人其先世未顯達先生幼慧十餘歲經訓外即喜讀漢魏人詩性孝友早孤依寡母值歲薦飢母以糲自食以精食兒先生必涕泣易食而後已母撫之泣曰兒能讀即無憂貧矣由是讀愈力乃甫掇芹而萱謝先生哀毀骨立攜其七歲弟芸煢煢無以爲家而兄弟相依甚友愛已而遊廣陵其時余先世父稷亭公官郡廣文一見奇之妻以錫孫女胡氏館於學齋胡賢而才善撫其弟先生無薪米憂因得肆志於學學使彭公元瑞沈公初先後至

皆奇其才旋以　高宗聖駕南巡迎獻詩賦蒙　優詔賜絹帛才名益起己酉科沈公拔而貢之禮部是時其弟芸衿亦青矣乃甫議入都而胡卒先生悲悼不勝鬱鬱北去於旅中偶見其舊寄詩云願君得意風雲上一路翩翩到鳳池爲之凄絕者久之私爲立小傳不自知詞之哀也而壯遊之志索然矣及入都考取教習未得補于是出遊山左其佳句往往得之羈旅中計其足跡所徧東至吳南至楚北至幽營一切山川風俗鳥獸魚蟲登眺之娛跋涉之苦無不發之於詩故其詩亦沈雄亦淒婉忽爲壯士之聲忽爲女兒之語皆

由所履之險易不同所感之哀樂互異本諸性情形之歌詠固有不解其然者矣迨都中檄至復以歲暮北行補正紅旗教習居官舍患風痺疾後經歲不起乾隆乙卯年三十九竟以疾卒於都初先生失偶不忍娶而苦無子久乃聘無錫俞氏字杏貞今侍御肯堂之妹也亦賢而才及聞訃七日不食以死殉邑吏請於禮部奉 旨旌其門制府並采其杏軒集詩刊行於世亦先生之奇偶也嗟乎先生生於 重熙累洽之世而抱嶔嵜歷落之才又有賢公卿爲之延譽所與唱和者皆一時名流其無憂不得志也審也而天乃早奪其庇

廕之恩與以飢寒之患使之奔走道途半生碌碌甫有一階之可梯而天又奪其伉儷之歡與以膏肓之疾使之潦倒長安淹然旅館長逝者魂魄終抱恨於燕南趙北而不歸抑足悲矣豈天不欲斯人之得志而故困厄終身使吐其奇於歌詠以成爲一代詩人耶然而讀其詩者於嘗藥諸章有以想其孝於憶弟諸什有以想其友於歎逝感舊諸篇有以想其義且信此余所以觀其遇知其詩之所由工讀其詩益歎其篤天倫敦古道足使鄙敦薄寬貪廉懦立以無背聖人之旨而可爲風人之遺者也雖不得志於時其詩傳其人不朽矣其弟

芸字香署一字耐軒與先生友愛最篤憫其兄之窮且死而並無後也既入都護其骸骨歸殯祖墓側復以己一子名長福字士安者爲兄嗣而長福嗜詩書能文章思有以傳先生之詩稍補其平生未了之恨不亦孝哉嘉慶戊寅長福從余讀書於邗上之半畝居盡出先生篋中稿有湖陰草堂集耒江唱和集滄洲紀遊集山左紀遊集碧山堂紫莖閣諸集共若干卷而中多脱落不全及未成之稿爰細加考校其不全未成及失題可疑者皆闕之録其全美者得三百餘首梓而傳之並爲之畧敘先生之平生俾讀其詩者知其人庶不使先生

抑鬱磊落之氣長埋於荒烟野蔓之中而香署父子之所以報其兄與父者亦可以無憾矣

讀騷樓續集敘

昔歐陽子敘梅聖俞詩謂詩必窮而後工吾友之以能詩而窮窮而詩益工者汪君又生而外又得陳君穆堂焉兩君始皆席先産有餘貲又生建列岫樓於南山之麓俯臨飲馬池池上筆峯卓立與樓中人相拱揖吟詠樓中者歲得詩數百首其後以水旱不時食指難舉又生擕一弟一僕訪故人於打箭爐其出也由皖江溯豫章過漢口入夔關越成都而西其反也出劍閣游二華渡盟津入清

流闗而歸登眺所經嘯歌間發歲餘行萬里得詩數千首發篋示予雄奇勝於昔日使又生不窮則不游游不壯則詩不壯天之窮又生未始非福又生也穆堂居廣陵富庶之鄉先業數倍又生藏書甲於江北座上之客常滿書賈筆工剞劂之匠日奔走於其門所著讀騷樓集梓行已久後家漸落乃退處於揚子橋別墅地鄰大江先隴在焉墓田足以自給故人過訪者猶能具雞黍墅旁種桃李數百株花時猶喜招賓客自名其堂曰四可謂有山可眺有水可臨有書可讀有田可耕也是時穆堂尚不窮又其後鹺賈疲困當事者裁浮費改舊

章假人之貲以煮海者事皆敗游民生計亦艱穆堂之貲遂罄而穆堂窮矣於是使大婦守旱田百畝自攜小婦及女載其書北游齊魯獲交於闕里公公及公子皆重之復訪故人施君樸齋於內邸適施君檄調萬全穆堂至無所主又以兒女子之累勞費倍於尋常槖裝盡竭而穆堂更窮矣施君崇明孝廉航海萬里導南漕放佘山洋進東沽口以勞績得官奇士也聞穆堂將至迎而致之驛館公餘商訂其所著求己堂叢書及萬全縣志而穆堂著述有暇不廢謳吟凡聚散之跡羇旅之愁無不寄之於詩此續集之所以富也道光甲午秋來

應京兆試與余晤於廣陵會館時相別四年矣余觀穆堂之貌益老而知穆堂之境益窮也寒暄道故尊酒相留即出示續集且以敘言見屬余讀之其氣清剛其音激楚得於山川之助者居多使穆堂不窮則不游游不壯則詩不壯何其與又生如出一輒也耶嗣穆堂以秋闈報罷復出居庸關敘未脱稿㥯㥯遂別乙未春同年施雲莊入都得穆堂書告我南歸有期深以浪游爲悔余思穆堂當温飽之時既不能干當路以覓舉又不能鑽利孔以取盈且不能閉門謝客與妻孥耕田力作爲守錢之虜惟是日與高談雄辯之士指天畫地考古

論今米薪之價不言錐刀之利不計其日流於窮者勢也及其囊橐既空即使對孺人弄稚子不出雷塘一步亦不能有鑄金之術辟穀之方也而終老揚州與井蛙無異不知宇宙之大不爲邊塞之行將並此數卷之詩亦失之然則穆堂之以詩而窮窮而游游而詩且益工所得固足以償所失也胡爲自悔乎哉余喜穆堂之將至懼無以踐前約因爲敘其顛末俾後之觀讀騷樓續集者知其詩之工於前由於境之窮於前穆堂之窮亦即穆堂之福他日質之又生當以余爲兩君之歐陽子也

五雲書屋詩集敘

安徽居江南上游有江山之勝自古詩人如鮑明遠李太白劉夢得歐陽永叔蘇子瞻黄山谷之徒多樂游其地以詩教其鄉人而其鄉之人最以詩著名者在唐有張文昌在宋有梅聖俞皆卓然成家足爲江山生色者也　國家久道化成詩教昌明太湖趙介山先生以詩人大魁天下昔讀其奉使海外諸詩雄健瑰奇能於古人外自樹一幟道光辛卯於座師心蘭陸方伯署中獲交趙公子耘石岵存昆季知太湖近日能詩者尤衆嗣來京師與岵存時相過從見示孝廉韋蘭襟先生五雲書屋詩集八卷心平氣和情眞語妙有清華之致無

噍殺之音，翫其宗旨以自然爲歸，在古人中於劉文房、歐陽永叔、高季迪爲最近焉。先生半生作客，游覽名山大川，出入都門者二十餘年，觀畿輔之規模，誌關河之險阻，北出塞垣，渡灤河，南浮大江，登金焦諸峯，頻游山左，躡岱宗之巔，以望滄海，泛大明濯纓諸水，攬鵲華之秋色，清辭麗句與烟巒雲樹爭其變幻，謳吟之聲與樵唱漁歌相爲贈答，故其詩清遠幽暢，如野鶴閒雲，去來無跡，得力於江山之助者深歟。乙未春晤先生於都門慶福寺，見其豐頤修髯，眉目疎朗，威儀出塵，表語言謙抑，無才士矜張之氣，始知先生涵養之純，所謂書爲心畫詩爲心聲於兹益信矣使先生捷南宮冠多士迴翔翰墨之林優游圖書之府固足與介山先生相伯仲即使綰縣符治劇邑弦歌不輟亦大異於俗吏之所爲且以詩化其邦人如永叔之治滁子瞻之治潁　國家之循吏以吾鄉之詩人爲之而有餘不更足爲江山生色也哉至岵存公子謂太湖多詩人讀先生論詩諸作可得其概云

種樹山房試帖詩敘

國家全盛文軌大同凡屬通材皆嫻韻語而五言試帖詩一體作者益衆求之益工其難蓋有三焉自四聲倣於沈約六韻試自李唐莫不競病爭長

刁調角巧然而抗喉矯舌嚼徵含商字雖同屬陰陽響自分爲洪細則風神獨擅匪假人功清濁相生攸關天籟聲韻求工其難一也古者聯臂而歌于蒍嗆唇而和柏梁東方割肉之辭京兆畫眉之事皆可上陳君父無礙體裁今則語黜詼諧義歸雅頌　天藻明良之詠道闡圖書皇華衡鑑之司體尊臺閣拾三閭之香草便涉輕佻效八伯之卿雲又嫌勦襲辭條多腐即堯夫擊壤之謠音節偶乖豈丁稜登科之語體製求工其難二也自覲閔受侮肇自葩經貴偶賤奇沿爲詞格故匀分燕雀銖兩顯有重輕雜奏琴箏音響難齊雅俗駢肩

比翼既憂離則兩傷齟齬懸疣又恐多而增醜對偶求工其難三也吾友於君仲舟昔日主講廣陵余亦流寓个園鉛槧爲鄰宇衡相望見所作試帖于有餘篇今擇尤佳者二百首見示播揚勤而粃糠盡去淘汰久而金玉獨存易彼三難實有六善今夫文以言成言以氣盛雷霆相薄響發於須臾風水相遭紋生於頃刻兹集按之沈實揚之高華筆有瀠洄氣無斷續故能宫商普奏金石皆調此聲韻之善也至於鮑詩俊逸阮旨遥深氣不涉於粗豪味别有其雋永此又一善也題多經史語必莊嚴身未列於金華詩可標爲玉律此體裁之善

也若夫九成畢奏一韻尤珍緬考前賢久存佳製高者藉陳諷諫卑者隱寓干求惟生　聖世而樂昇平宜宣　上德而盡忠孝然而明月夜珠之句未須主知曲終江上之吟曾來神助理惟求是格不强同此又一善也腹笥便便頷珠顆顆錦非獨藺璧有雙環合分長劍之龍顛倒短衣之鳳此對偶之善也若夫甲帳丁年天涯日角赤雁白麟之瑞幽都暘谷之名通假借於六書鬥新奇於隻字連錢作勒合藥成丹有雕龍繡虎之工無斷鶴續鳧之病此又一善也仲舟兼茲衆美尚抱虛懷效問日於盲人使竭扣槃之智策追風於跛鼈

敢抒附驥之忱謹述舊聞弁言新什佇見以詩鳴
國家之盛繼聲賡 喜起之休方將增價雞
林豈獨傳鈔馬帳即質之翰林主人子墨客卿金
閨之諸彥蘭臺之羣英當不以余言爲河漢也

敦仁堂詩鈔敘

道光己亥汪子和孝廉緝其祖櫰亭先生遺稿敦
仁堂詩鈔二卷屬予讎校先生江寧府人乾隆辛
巳進士以知縣試用河南補商邱令遷河北司馬
丁内艱歸遂不復出遷居全椒其子烜字東白焜
字玉溪以寄籍同入縣學遂爲全椒人其孫煦春
與父烜先後舉於鄉煦春即子和也予幼與東白

昆弟友而不及見先生聞先君子言乾隆五十年江南北皆旱蝗時先生寓椒爲邑令袁公鯉泉經畫荒政椒人德之其宰商邱之遺愛可推而知也惟身後蕭然囊橐子孫甚貧詩文集遂散失予和于篋簏中尋其斷簡殘編得詩若干首字蹟多行草年久磨滅幾不可辨認予爲譯其體與義而訂之先生腹笥便便兼通釋典詩中隸事如票姚閃榆肺附糟醇聿多毘羅栁心鴉納等字多爲閱者改易讀書之難如此其詩古體陶鎔于韓蘇二家最深槎枒醜怪姿態横生則韓之精蘊也汪洋恣縱妙語解頤則蘇之英華也近體隨筆舒卷不修

邊幅雖無老杜之謹嚴而其合作亦出于劍南遺山之間皆能於亂頭粗服中别饒古豔而東塗西抹脂粉之俗態則一掃而空之非深於此道者不能也放翁有言詩到無人愛處工其先生之詩乎子和以余能知先生之詩屬爲之序因讎校畢書其大旨而歸之

補種梅書屋詩鈔敘

補種梅書屋詩鈔四卷穀陽外史汪君小亭所作也其先橒亭司馬由白門遷全椒居先少參公讀書之尚友堂種有梅花後篠村先兄移去舊額梅亦旋萎小亭補種數株遂易今名並以名其集小

亭少孤贅於吾宗與予同歲入全椒縣學爲諸生同教授童子五峯山中者數年鄉舉後同游京師及廣陵者各有年及選靈壁校官遂終于其任其子煦春子和孝廉緝其遺詩屬予讎校予思小亭幼喜元白温李之詩香奩最工及壯棄去專學東坡遺山兩家嗣又博涉古今上逮漢魏下迄元明意在自成一家今讀其詩大抵出入於白太傅蘇玉局之蹊逕者爲佳以結習既深不求似而自似也惜乎一生潦倒名場無名公卿爲之延譽徒以筆墨酬應尋常庸俗之人中年稍飽儒官之飯而又居荒僻之鄉不獲接通都大邑之人士鬱鬱久

居年逾五十淹没以畢世也哀哉今所録別裁僞體以存小亭之眞凡世故周旋之作芟汰最多庶無負與故人數十年切磋之益耳訂爲四卷歸之子和俾與櫺亭先生敦仁堂詩鈔繼梓行世小亭有賢子千秋不朽矣哀小亭者烏能不爲小亭樂乎哉

周易漢唐古義敘

易之爲書也廣大精微天人道備庖犧畫卦文王繫辭周公闡六爻之奥宣聖發十翼之精舍象數無以見義理之源舍義理無以明象數之藴不有經師豈能知道乎兩漢近古京孟馬鄭荀虞之徒

皆奇其才旋以　高宗聖駕南巡迎獻詩賦
蒙　優詔賜絹帛才名益起己酉科沈公拔
而貢之禮部是時其弟芸衿亦青矣乃甫議入都
而胡卒先生悲悼不勝鬱鬱北去於旅中偶見其
舊寄詩云願君得意風雲上一路翩翩到鳳池爲
之淒絕者久之私爲立小傳不自知詞之哀也而
壯遊之志索然矣及入都考取教習未得補于是
出遊山左其佳句往往得之羈旅中計其足跡所
徧東至吳南至楚北至幽營一切山川風俗鳥獸
魚蟲登眺之娛跋涉之苦無不發之於詩故其詩
亦沈雄亦淒婉忽爲壯士之聲忽爲女兒之語皆

由所履之險易不同所感之哀樂互異本諸性情形之歌詠固有不解其然者矣迨都中檄至復以歲暮北行補正紅旗教習居官舍患風痺疾後經歲不起乾隆乙卯年三十九竟以疾卒於都初先生失偶不忍娶而苦無子久乃聘無錫俞氏字杏貞今侍御肯堂之妹也亦賢而才及聞訃七日不食以死殉邑吏請於禮部奉 旨旌其門制府並采其杏軒集詩刊行於世亦先生之奇偶也嗟乎先生生於 重熙累洽之世而抱嶔嵜歷落之才又有賢公卿爲之延譽所與唱和者皆一時名流其無憂不得志也審也而天乃早奪其庇

道光甲申遵時憲法推勘春秋朔閏成表三冊名曰月日紀以杜氏長秝及顧氏朔閏表皆各年直列不著冬至日辰故置閏可以任意後先今表横列月月相連通二百餘年爲一綫而别爲歲紀以冠其首有時無月有月無日而烝狩城築等政可以考時令之得失者爲時紀龍見火伏歲棄其次等説可以考歲差之疏密者爲星辰紀遵時憲前後兩法用數上攷隱公元年己未躔離交會各應列三十七日食之定朔實交度分及三食既者之食分爲秝數紀通名之曰春秋五紀月日紀録稿甫畢就正江丈雲樵雲樵謂長秝之失陳泗源已

訂正於前以時憲法推春秋杭人范景福近有成書子學雖勤毋乃勞而無功乎嗣聞歸安姚秋農尚書崇明施樸齋大令甘泉羅茗香文學皆有春秋朔閏考此數君子學術聲名著聞遠近余皆未識其人未讀其書固陋之作豈足問世棄置敝簏久矣丙戌入都謁秋農先生先生書已梓行譌誤仍所未免庚寅陳君穆堂以樸齋書見贈其書專宗徐圃臣天元秝理圃臣數學得自王寅旭而遠出其下樸齋守私家之著述偶有合于古實無驗于今與姚書均無足觀甲午就館都門時與徐星伯中翰陳東之孝廉徐鈞卿農部游始聞泗源先

生據殷秝以注長秝止於僖五年五年以後皆仍長秝而加以辨論耳己亥清明始識茗香於廣陵湖上兩月來課讀稍暇即閱茗香書其書遠考七秝與余書近宗一法固分道揚鑣者也（近又有暨陽薛君名約字雯博者取甄鸞五經算術用周秝推爲表四卷特羅書七術中之一術耳）茗香於春秋朔閏專考異同不辨是非而是非自見還就之譏誠余書所未免而意見之合又往往不約而同且得盡讀陳氏考訂朔閏各按語互相印證鄙說益爲不孤夫詞章之學以雷同勦說爲羞而推步之功以造車合轍爲快今雖未見范君景福之書讀詁經精舍文集中所載古人用推步之法說莊

十八年三月日食説春秋閏月在歲終解得其大畧其全書乖合諒不出此因復取十餘年未竟之緒重加讎校就正茗香以定體例俟易稿後歸示雲樵當不復笑余學之固陋而歲時諸紀因得以次第補編也已

春秋經傳月日紀敘

道光甲申夏讀顧氏春秋大事表其書考地理最密考天象最疏朔閏一表自謂可補杜元凱長秝之闕今畧加考訂謬誤已不勝舉即如置閏一事雖古秝之疏多在歲終有乖舉正而南至爲履端之中氣即有差忒上下不出一月之間否則寒暑

易移庸愚亦能覺悟不待疇人矣顧氏但順經傳干支逐月編排遇不可通即行置閏至有南至遲至周四月者豈非大謬乎今取洪範五紀之説以釋春秋歲紀而外合月日爲一紀先推秝數列朔閏之成法以定其經後考經傳編月日之長表以通其變古今推步無過於　本朝時憲法之精而考成前編步實朔之法較後編簡易今依法步列平氣朔閏日食交周于卷端則繩墨陳規矩設而二千年以上之月日不能遁矣至經傳確有可憑者惟日食一事算家推日食三差惟後編用平三角法得三限之日月兩心視相距最爲精妙故推

食分兼用後法據日食爲主則凡前後月日之不合者孰爲當時司秝之疏孰爲歷代傳寫之誤皆可以一見了然而杜注孔疏之得失亦不待辨而明矣若經傳自相牴牾不可强通者杜氏概行舍經從傳武斷極矣今則求之於魯秝周秝之異數别之以夏正周正之異名經自歸經傳自歸傳綱舉目張絲分縷晰不揣固陋竊欲爲顧氏之諍友並不爲杜氏之佞臣也乙酉仲秋草稿粗具俟就正通儒重寫定本世有子雲急望教我

清惠堂集

清惠堂集

全椒金望欣秋士

文二 書三篇傳一篇記一篇說一篇解二篇跋一篇墓志銘二篇祭文二篇

與友人論司馬相如書

前與足下雜談漢事足下疑相如家徒四壁何得入訾爲郎且以相如之才豈屑以訾進身訾算也相如當以算學爲郎非以貲財爲郎耳余謂足下之說非也客至未竟其說請申言之漢制口賦謂之口算家財謂之訾算其口算高帝時人歲六十三錢後增爲百二十錢甘露三年減算三十則爲九十建始二年減算四十則爲八十民年七歲至十四者出口賦錢二十三如淳謂二十錢以食天

子其三錢者武帝所加以備車騎馬者也其爲商賈與奴婢者倍其算女子十五以上至三十不嫁者五倍其算此口算之大較也其訾算家財萬錢爲一算黃金一斤爲一金值錢萬故王莽傳曰黃金二萬金爲錢二萬萬文帝贊曰百金中人十家之產則一家之產十金爲錢十萬即十算矣揚雄家財不過十金故不得比中人而謂之貧士矣元帝以公田及苑振業貧民訾不滿千錢者賦貸種食哀帝即位郡縣災害什四以上民訾不滿十萬無出今年租賦此恤中人以下之貧民也至富民三百萬以上則爲郡縣豪桀徙之以實陵邑其至

富如姓偉訾五千萬羅裒訾至鉅萬則爲萬萬若秦之巴寡婦清家不訾則不可以數計此訾算之大較也至其入官之制商賈有市籍者不得仕宦貧士無訾者亦不得仕宦訾算十以上乃得仕宦景帝愍之詔減訾四算得宦貧士進身之路始寛若訾至五百萬例得爲常侍郎武帝承文景富庶之業好大喜功窮兵黷武勞費至數十百鉅萬而府庫空虛平準告緡賣官鬻爵於是有以入錢補郎入穀補郎入羊補郎入奴婢補郎成帝以關東饑入財三十萬以上民得補郎而郎選衰矣張釋之以訾爲騎郎在文帝時蘇林謂爲雇錢出穀然

文帝時無此制故師古從如淳訾五百萬得爲常侍郎之説此常制也卜式數求入財以助縣官天子乃超拜式爲中郎黄霸入錢補郎坐免復入穀爲卒史馮翊以霸入財爲官不署右職此則武帝時之訾郎非常制也相如以訾爲郎事景帝爲武騎常侍師古謂家財多得拜爲郎則相如之爲郎與釋之同而與卜式黄霸異要其以財進身則一也漢之名臣亦有家財多而不由財仕者矣平當祖父以訾百萬自下邑徙平陵而當由明經爲博士鄭崇祖父亦以訾徙平陵而崇以文學史由傅喜薦擢爲尚書相如詞賦屈平後一人與司馬子

長之史在當時皆爲創格數千年來才人學士之文無能出兩司馬範圍外者而方其時景帝既不好詞賦又無貴戚公卿爲之推轂使蜀無狗監則淩雲之氣且終無由表見於孝武之時相如之不能與平當鄭崇同以文學進身而與張釋之卜式黃霸同以訾財進身此相如之不幸也然終漢之世訾郎不知凡幾而著名者寥寥卜式不足道以斷獄顯者釋之一人以循吏顯者霸一人以詞賦顯者相如一人而已由是觀之訾郎又何害於相如也乎然而必不可緣飾其説謂相如以算學進者何也漢之以善算著者如洛陽賈人子桑宏羊

以心計不用籌算年十三侍中大司農中丞耿壽昌以善爲算能商功利得幸於上武帝置上林苑使大中大夫吾邱壽王與待詔能用算者二人舉籍隄封頃畝及其賈直成帝初河決館陶博士許商善爲算能度功用河隄使者王延世長於計策功費省約是也使相如善算則當武帝時使之徵商車矣使之計緡錢矣使之筦大農矣使之視瓠子決河矣豈特喻巴蜀通西南夷而已哉至相如以百萬之訾一旦家徒四壁者何也自古文人之驚采絕豔相如爲最而不矜細行亦自相如發端意其人必倜儻不羈豪俠好義博奕飲酒車服麗

都計其自成都而宦長安自長安而游梁園自梁園而復至臨邛靡費之用非止一端揮霍任情萬金立盡豈能挾守錢虜之心一一爲蓋世才人算米鹽帳簿也耶本傳謂相如以貲爲郎病免游梁孝王卒乃歸家貧無以自業則相如之由富而貧史有明證又何足疑乎鄙陋之見如此願足下進而教之幸甚

答陳穆堂書

昨接手書承示大著逸周書武儆解命將武王十二祀四月丙辰日以時憲法重加推步憶前次所推與施君樸齋用徐圃臣天元秝理法所推月朔

干支不同者有三得毋以此爲疑不敢定其孰是耶今復以竹書紀年定積年遵秝象考成法推步一紙又依天元秝理法推步一紙兩相校勘庶足破足下之疑正施君之失耳按是年辛卯丑月朔兩法皆得乙未施誤推作丙申卯月朔兩法皆得甲午施誤推作乙未想施君以珠盤步算於千分位上錯加一珠遂至丑月小餘九千分進爲一萬分乙未日遂進而爲丙申矣丑月小餘上既多一千分則以後各月皆多一千分他月小餘多千分尚未滿萬故自不覺卯月小餘已九千分再多一千分又進爲一萬甲午日遂進而爲乙未矣此兩

朔之不同乃施君之誤推也至巳月朔依憲法大餘二十九日小餘八千餘分得癸巳日戌正依徐法大餘三十日小餘三百餘分得甲午日子正此朔干支之不同則生於兩法朔策不同數之故憲法朔策二十九日五千三百零五分九十三秒徐法朔策二十九日五千三百零五分八十八秒五十二微少憲法四秒四十八微二法皆從康熙甲子元定朔應故推康熙以後之平朔徐法必至先天推康熙以前之平朔徐法必至後天今積年二千七百三十三則武王辛卯首朔距康熙甲子元首朔已積三萬三千八百零三月以每月少四秒

四十八微計之共差一千五百一十四分三十七秒四十四微其平朔當遲憲法約二十刻若將徐法所推四月甲午朔三十日三百餘分減去差數一千五百餘分存二十九日八千餘分即與憲法合矣所以每月平朔徐法皆遲憲法兩時而已月朔在癸巳日戌正再遲兩時即交甲午日子正矣此巳月朔兩法干支不同之源也考憲法平朔策與元授時法同皆以實測得之徐書作於康熙數理諸書未修成之時故尚不解月本無光及闇虛即地影之說而所定朔策敢於減授時之數者並非有驗於天不過即經史中干支上下通計均分

而得之耳使本其術以驗今日之交食必不能合天即本其術以推春秋朔日必有後至兩日之處何可據徐書以爲定論乎尊注於此處當曰丙辰日也按紀年武王十七年命王世子於東宮即此事據徐圃臣天元麻理考古法武王十二祀辛卯巳月甲午朔若以時憲法用紀年積年推之巳月癸巳朔丙辰丙辰係二十四日武王十七祀巳月朔甲子無丙辰丙辰係辰月二十二日月日必有誤用杜氏注左傳法似較簡要望足下酌而定之

答陳雪漁書

雪漁足下昨得嶺南見寄書情詞委曲書翰精工

數千里外如對鬚眉六七年來忽親謦欬臨風展誦至再至三僕昔年曾謂文章如爲人必不可變今來示猶述之謂僕非貶損平日所爲不足以應科舉足下愛我忘醜其實僕文並未嘗工二十年之潦倒科名非盡有司之過也若貶損之說竊謂不然夫鳳皇所以異於凡鳥者以有文采也神龍所以異於常鱗者以能變化也使鳳皇盡拔其羽毛秉質亦異於燕雀神龍盡藏其鱗角嘘氣亦異於蛟蛇可以貶損者非龍鳳之眞也其眞固非人之所能貶損並非己之所能貶損也僕聞良賈深藏若虛良工不示人以璞君子藏器於身待時而

動夫熊蹯天下之美味也然胹之不熟則人主咄嗟荔支天下之佳果也然采之不時則兒童吐棄及其苾芬達於鼎俎雖猫犬亦爲之垂涎香色綻於園林雖猨鳥亦爲之擷實猫犬猨鳥至愚至陋非比易牙之知味也其至味不可掩也士子應試之文未能使有司爲之首肯即平日以文章自負不過一不熟之熊蹯一不時之荔支而已矣昔先族兄篠村先生荅友人問士子應舉之道有曰文既工而科名應之者分也文未工而科名去之者亦分也文既工而頻失科名者命也文未工而偶得科名者倖也吾所安者命也吾所盡者分也吾

所羞者倖也問者曰吾見文工而不得科名者多矣然則文終無如命何也應之曰命不可知者也文可知者也文之得失士所主者也人材之得失有司所主者也士方自審其得失之不暇何暇不安於命而與有司較得失哉若夫有司本不知文而士子遷就其文以取悅於一夫之目是違心背理苟且取容以文章行妾婦之媚道也使有司如王鳳吾知專攻後宮以黨外戚者必此人也使有司如新莽吾知劇秦美新以獻符命者必此人也使有司如曹操吾知模範典誥以褒魏德者必此人也有司如司馬昭吾知帝魏寇蜀作史曲筆者

必此人也有司如李林甫蔡京秦檜嚴嵩之徒吾知爲之傾陷善類彈劾忠良進一網打盡之謀者必此人也此則亂世之文妖非治世所宜有士不安命而存僥倖之心其害尚可言哉其害尚可言哉足下嶺南能文之人也肆志儒官不復入都應試豈肯貶損其文之人乎而以貶損之説勸僕實欲試僕識見之堅與不堅以卜僕文精進與不精進耳故仍守文章如爲人必不可變之説而並衍述先兄之言以就正有道焉南風有便佇望德音伏冀愼節眠食爲斯文珍重

廣文王先生傳

廣文王先生肇奎字文叔一字鶴嶼全椒人督學使者德公風取補弟子員朱公筠試優等補廩膳生乾隆己酉科徐公立綱拔而貢之京師應 廷試名第一有客請以千金謁當事必得京秩先生曰我窶人子安辦此即多金豈以賄進耶卒謝之嘉慶元年選青陽教諭先生中形偉軀少髯耳垂與頰齊發聲如鐘幼倜儻有遠志不屑爲章句儒賦性敏速讀書目十行下善書法工詩詞及古今體文朱公筠招入 四庫館書局暇則考析辨論學益精粹客遊四方所至必交其賢豪及任廣文以篤學敦行爲士子率諸生有骫禮法者巽言曲

喻必俊而後已從講學者歲數十人他邑不遠數百里以文就質者踵相接豪於飲又好客官雖貧座上客日恒滿雄豪伉爽其天性也兄弟極友愛兄卒遺孤宗礽猶未授室家本中人產喪葬後遭水旱薄田不足供饘粥老屋湫隘先生自賃廡以居以祖產讓宗礽日減食米儲諸甕以爲納婦資時年凶婚禮可從殺也里有故家子貸百金於富室議不能決先生往爲署券期至故家子窘欲死時積雪寒甚單衣至骭先生解衣衣之促亟去歸自典衣鬻穀以償其慷慨急人之急往往如此青陽旱檄同城官勘災予賑先生所勘杜冒濫必嚴

定戶口必寬吏胥毋得上下其手間有丁多家貧而例不能偏及者輒解橐自賙之讙聲滿道路他所有羣噪而逐其官吏者飢民聚議惜公之僅得爲廣文也郡守荆公道乾欲聞大吏以優敘薦諸
朝辭曰肇奎筋力漸衰不堪任繁劇教士或幸無曠職且九華山水心竊樂之願有以曲成其志後以軟脚疾亟引歸諸生攀留不聽去督學使者汪公廷珍亦寓書止之曰廣文無奔走之勞學校事可臥治之毋遽賦遂初重負諸生意會牘上大吏亦不許嘉慶十一年疾益劇堅辭得歸逾年卒子城優貢生充鑲藍旗教習亦能詩善書以孝聞

論曰吾鄉老輩流風照耀翰墨者惟郭賦梅先生與鶴嶼先生爲最嘉慶紀元賦梅先生不就孝廉方正之舉高情雅致惟以山水文史自娛鶴嶼先生則貧而好施急人患難吾師山尊學士屢稱道之而以冷官終惜哉今世之知兩先生者知其書畫而已予不及見兩先生而與兩先生之子交莫逆伯寅侍賦梅先生游姑孰最久小鶴則事先生青陽官舍病亟嘗刲股以活先生終身孺慕不衰老客廣陵與予共晨夕者數載故得聞軼事著于篇嗚乎以兩先生之明德而伯寅小鶴皆無子天道眞不可知哉

中山王畫像記

江南方伯行省明中山武寧王故第也使者避正殿不居朔望祀王於樓上畫像在焉道光十年冬吾師心蘭陸公旬宣茲土予居幕府得瞻仰而記之竊聞甘露思股肱之美麟閣宏開永平追心腹之良雲臺聿啟貞觀淩烟之寵趙國在前元豐皇武之圖韓王冠首自昔昭揚勳德藻繪形容要皆於鑄金負斧之時寫羽箭賢冠之飾未有功高一代靈著千秋園林長識爲奉誠丹青不落於遺廟如中山王者也當其眞人崛起名世篤生沛公合從於項梁蕭王稱臣於更始惟王英年翊運大策

開基比公瑾之遇孫郎如子龍之投先主由是吞吳覆楚滅趙并秦長掃元都肇宏明業豐功偉烈可得而言王被堅執銳批亢擣虛望麾蓋以斬顔良取僕姑而擒長萬率江東子弟虜塞上侯王取省會者三秉東西之節鉞平大都者二混南北之車書此王之勇也洪武名將首數徐常然開平剽疾有餘寬和不足致陳平之陰禍由李廣之殺降而王軍若撼山兵不血刃衛青不斬蘇建明人臣之無將潘美受制曹彬見神武之不殺匈奴出塞罷棘門灞上之軍盆子倒戈降青犢赤眉之衆此又王之仁也勳高百辟寵冠一時國士無雙諸將

誰如韓信位次第一羣臣皆讓蕭何功業似伏波
加以椒房之戚勳名似安石賜以賭墅之碁而王
羽扇揮軍幅巾歸第刺賀弼之舌惟戒驕矜推葛
亮之心常明澹泊帝敦布衣之舊王釋杯酒之權
廣舊邸以賜票姚坐御牀而呼王導而始終執節
寤寐不渝應赤符列宿之星恭如高密稽異姓諸
王之表順止長沙此王之忠也且夫隆準龍顏恨
寡恩於功狗長頸烏喙致高蹈於鴟夷王於坐論
之餘怡情花木歸朝之暇延禮師儒今瞻園之林
石巋然莫愁之烟波無恙蓋留侯城邊覓石寓辟
穀之微幾蘄王湖上騎驢懲班師之冤獄一門妃

启鑒梁冀爲前車四世公卿遺楊彪以清德此又王之智也迨至殷社既亡周綱已墜烏號白項馬躍黃巾南朝之少帝奈何青門之故侯已矣包胥効秦庭之哭無救昭王晉武録輔蜀之勳猶思葛相我 國家削平海内軫念前賢俎豆常新樓臺如故蕭琛聽事奉項羽之神靈歐陽判官拜彥章之畫象英姿颯爽褒鄂弓刀相度雍容蕭曹劍履龍眉豹頸永昌之狀貌非常燕頷虎頭定遠之精神宛在望欣金陵作客油幕從師下榻故宮焚香享殿高陵畫壁覩壯繆而心驚廣德圖形望臨淮而氣肅才非曹植難書温室之功學愧揚雄敢作

營平之讚用彰景仰備誌哀榮云爾

揚州田下下說

禹貢九州之田獨揚州爲下下考揚州之域通典謂北距淮東南距海在今日輿圖浙江江西福建全省皆在其內江南河南湖廣則自淮以南者皆屬焉而南海極於廣東之潮州幅員最廣洪水初平蛟龍魚鼈之鄉地荒而農少其第爲下下者一也民氣輕揚由于水土之淺薄不如西北土厚水深地力有餘其第爲下下者二也古尚黍稷田雜五種旱潦各有所收塗泥之土穀僅宜稻不利他種其第爲下下者三也荆州雖同一塗泥而地勢

稍高人功亦修故田加於揚州一等而賦則加重
四等矣自唐以來江淮之田號爲天下最漕餉皆
仰給於東南宋時壩田圍田之利與論墾田者謂
人功之修浙西最盛元明都燕歲漕江南米四百
餘萬担以實京師蘇松增墾田九萬餘頃加以阡
陌既開溝洫日廢黃河南徙西北之水利不修東
南吳越之區遂爲沃壤田猶是塗泥之土也而財
賦之衰旺古今懸殊是何異古之英賢多產於西
北而今之文學獨盛于東南地力之修與人功之
盡固有轉移造化之權也已

大麓解

舜典大麓之說有二馬鄭皆云麓山足也即史記所謂堯使舜入山林川澤暴風雷雨舜行不迷者也其說明顯了無疑義王肅訓麓爲録謂堯納舜于尊顯之官使大録天下萬機之政僞孔因之並謂陰陽和風雨時各以其節不有迷錯愆伏是以不迷爲風雨時若之休徵矣王充論衡謂大録三公之位居一公之位總録二公之事衆多並告若疾風大雨是又以風雨爲罕譬而喻矣何其說之愈曲而愈晦也攷大傳堯推尊舜而尚之屬諸侯焉内之大麓之野鄭注謂山足曰麓又謂麓者録也古者天子命大事命諸侯則爲壇國之外堯聚

諸侯命舜陟位居攝致天下之事使大録之是則王肅之說亦啟自康成不幾自相矛盾也耶昔周公居東忠感風雷二公亦懼論語記迅烈必變聖人敬天之怒無敢戲豫未嘗謂天變不足畏也而鎮定之精神不爲迷亂所以異於庸人莊子始有眞人入火不爇入水不濡疾雷破山風振海不爲驚恐之說郭林宗識茅容由於避雨樹下其貌益恭漢昭烈故以聞雷失箸自晦其英雄之畧皆由氣量過人不失常度況乎洪水之時天地草昧人神雜居山林之魑魅未焚川澤之龍蛇未放神姦逃形於禹鼎支祁肆虐於淮渦非神聖如大舜不

能歷試諸艱豈案牘之勞形遂足驗其天武神威聰明睿知也哉且自大録説行而曹魏篡漢公卿上尊號奏曰鈇唐典之明憲遵大麓之遺訓攝位録事遂爲魏晉六朝篡弑之階訓詁不明致與王莽之大誥金滕同一流禍經正則庶民興斯無邪慝故詁尚書當以史遷之親見古文者爲斷云

改歲解

爾雅夏曰歲殷曰祀周曰年唐虞曰載據此則稱歲當以夏時爲正周禮馮相氏掌十有二歲保章氏以十有二歲之相觀天下之妖祥疏謂此太歲在地與天上歲星相應而行歲星右行於天太歲

左行於地歲星爲陽太歲爲陰冬至日月五星俱起于牽牛之初是歲星與日同次之月據此則稱歲當以周月爲正然古者三正迭用其來最遠通於民俗聽其互稱故啟數有扈之罪謂其怠棄三正非專爲不遵夏之正朔也春秋魯史專用周正若左氏所書宋用殷正晉用夏正較然可辨然猶曰詩亡然後春秋作其時周之正朔已不行於諸侯也若豳風七月之詩作自周公陳后稷公劉以來千餘年王業所基其曰無衣無褐何以卒歲繫之二之日栗烈之下則所卒者夏正之歲終建丑也其曰曰爲改歲入此室處繫之十月蟋蟀入我

牀下之下其所改者周正之歲始建子也可知三正迭用而歲可通稱矣是猶月令作於秦人秦正建亥而民時猶用夏正季秋爲來歲受朔日此秦正之來歲也季冬論時令以待來歲之宜此夏正之來歲也明乎三正迭用歲可通稱不惟豳風改歲毫無疑義而凡三代之書有關時月者又豈待煩言而解哉

清惠堂遺印詩跋

道光庚寅季弟桐孫於市肆獲先少參公馬腦名印述畧徵詩承四方大人先生及故鄉耆舊念先公忠藎樂於表揚鉅製鴻篇郵筒遠寄距今八載

集爲一編謹案公先世浙江仁和人相傳本劉氏五代時避吳越王諱改金氏與仁山先生同源異派莫能詳其所自出迨元季百一公(諱勢安)以武勇從明太祖屢立戰功卒浦子口葬全椒是爲全椒金氏始祖世襲雲騎尉凡十傳與明終始公曾祖東園公(諱印)灌園隱居潛心六藝公祖對峯公(諱惟精)與戚黃門賢講陽明之學公父存吾公(諱湛然)以家學教公故天文兵法皆所素通即講學亦不自東林始也公登萬歷閒鄉科其時神宗雖倦勤天下猶全盛不數年熹宗立毁天下書院榜東林黨人以魏忠賢提督東廠建立生祠公當其時激於義

念幾罹刑章使非思陵御極大憝伏誅公將終身以孝廉老安能爲國家建尺寸功哉且前朝資格甲乙兩途軒輊太甚公與兄子中丞公同成崇禎戊辰進士中丞用京秩而公改副榜授縣令遂不得與甲科比其後中丞巡按河南陳中州利病直言極諫累官僉都與劉宗周張瑋齊名有臺中三正之稱復以力救念臺先生犯宸嚴禍且不測適值雷震殿庭獲免由是直聲滿天下卒以終養去國載在明史聲名赫然而公風塵俗吏間關羣寇之間雖以護陵大功膺封疆重臣之薦例遷部屬且屏之陪京不得隸輦轂聲名遂逶遠出中丞下及以

戰功受主知節鉞虛頒而公已衰朽思歸未能盡其才用甲申之變又以致仕病亡不與登南都徇國之録明史既未立傳即東林傳所記僅據邸抄所奏之軍功而浙關鎘稅遺愛至今者傳且闕如則事實之淹沒者多矣此皆公之不幸也然自公之没全椒祀於鄉賢祠滁州祀於四賢祠兩廣祀於名宦祠浙江祀於清惠祠墓田二百畝子孫香火至今貧者且賴其餘以完婚嫁公之詒謀遠而流澤孔長矣子孫世守公教其尤著者如侶樵公以循吏顯於 國朝（諱光昊公子任山西長子縣祀名宦鄉賢祠）斗山公以孝子祠於鄉校（諱鎣公孫旌表孝子）軒來公以幕府從

軍瓜縣六詔諱啟南公四世孫以記室從征緬甸子孫寄籍雲南國博公以廣陵教授聲流三雍諱兆燕公五世孫吾祖早逝祖母撫孤守節應太孺人旌表節孝建坊入祠先考貧無立錐愚兄弟猶得策名庠序不墜家聲者皆公之靈所佑啟而默相者也今吾宗日衰子孫有棄書而農而賈者矣其勢必致數典而忘其祖幸藉遺印之微題詠流傳以詩爲史使不刊刻而弦誦之上無以慰大人先生發潛闡幽教孝教忠之盛意下無以昭示來許啟幼子童孫表揚先德繩其祖武之良心不孝不慈莫此爲甚是以介臣家兄既輯支譜望欣復取吾弟所集遺印題詞各以類從分爲數卷且歷

欽公之所以承先啟後者以補首卷之鈌畧更以質諸當代詞宗廣賜詩章續付棃棗庶使吾宗家有一編不致散佚且免傳寫之訛云爾

大清誥授朝議大夫翰林院侍讀學士湘圃戴先生墓志銘

先生諱蘭芬字畹香一字湘圃姓戴氏江南天長縣人也昔曲臺傳自后蒼魯論受之張禹侍中奪席於建武習易成家隱君鼓琴於元嘉述莊有旨世傳經術代擅儒宗祖諱朝棟貢生風調年少無倫杜氏門楣秀才濟美父封君諱景和廩膳生事兄盡禮訓士陳規盧陽烏之庭幃何展禽之鄉里

經師心醉陰德耳鳴娶潘太恭人生先生先生奎
壁稟靈珪璋挺秀袁史公之才識足慰先基王曇
首之聲名又爲國器年十四補博士弟子員屢試
輒冠軍食廩餼居竹林之別室饌具銅盤樹槐市
之孤標品高冰鑑文章之美可謂含沈吐任陵顏
轢謝者矣五見黜於鄉場始以嘉慶十三年戊辰
仁宗萬壽恩科舉孝廉於本省六上春官
試皆不第蓋騏驥伏櫪待伯樂而後鳴斗牛韜光
遇司空而始見實天老其才非文不勝命也
今上道光建元開　恩榜以網羅天下士二年
壬午春闈先生獲雋　廷試一甲一名　賜進

士及第授翰林修撰官國士無雙久推韓信公車第一終屬戴封鼂家令之萬言治該王伯董江都之三策學究天人是年秋　召見乾清宫
上問家世甚悉　賞假省親先生歸請封君移家長安就養焉陸機世德潘岳家風辨仕隱於
九重審存亡於二老時封君年六十有五太恭人歿已十霜張興世撤衛還鄉祇遵庭訓王僧孺引騶清道痛憶慈顔耿況垂紳因耿弇而富貴曾參列鼎奉曾晳以旨甘孝莫大於揚名顯親
恩莫重於推榮錫類　國家之慶也閭里之光也
四年秋　上大考翰詹官先生列二等五名

賜緞二疋是年冬封君卽世先生於京第治喪
烏翅下巢佛光降樹崔子豹風吹欲倒辛紹先髮
禿無餘五年扶櫬南歸卜其宅兆葬以大夫必敬
必誠弔者大悦七年服闋還　朝供職如故八年
戊子鄉試　欽點福建正考官以人事君取士
必得古所稱頌實無愧焉十年奉　命提督陜
甘全省學政陜甘都經秦漢代有通材地接伊涼
人工樂府關西夫子經學則馬鄭並驅塞上良家
騎射則趙辛繼起先生破除資格甄拔賢豪棄土
羹塵飯之文取蘇海韓潮之作進右失左弓之士
講六韜九法之經流寓録而一鶚名成試牘出而

三都紙貴　上嘉其能十二年　授侍講十
三年　御門授侍讀旋晉右春坊右庶子轉補
侍讀學士奉　上諭來京供職　召見宮中
嚴助東歸承明未厭長沙西返前席重諮　知
遇之隆古罕其匹先生凡充　國史館協修功臣
館纂修　殿試內收掌武科　殿試受卷官各一
次　欽派文淵閣校理教習癸巳科庶吉士以
賦形孱弱奉職勤能減食工愁積勞成疾道光十
有三年冬十二月丙寅晦卒於京第春秋五十有
二相如著作千載師之思曼風流一朝盡矣先生
英聲夙擅藻思天成授簡沖年一國知有顏子請

纓弱冠四方目以終童及其受知　聖君大魁
天下傳宣視草則易簡留迹于玉堂校理祕文則
子長觀書於金匱用之柱下則史擅三長置之宮
端則脊高八舍豈直文星照乘張珊網於七閩藻
鑑知人高冰銜於二華而已哉　主眷方隆天
年不享嗚乎哀哉長公子金榜次公子金城以十
四年某月某日奉先生柩反葬於天長縣之某原
禮也瘞才子於高陽仍歸舊里種大夫之宰樹並
立豐碑乃爲銘曰

海陽望族石梁華宗蓉岡秀毓泗水靈鍾篤生偉
人特擢高第建元開科釋褐謁　帝惟第一人

居第一官侍橐簪筆視草金鑾移孝作忠安親爲上仕非爲貧榮以禄養以禮去官生事祭葬慈烏夜號薤露曉唱服闋還　朝閩粵乘軺興廉舉孝連茹拔茅皇皇者華周原膴膴秦塞九邊漢家三輔選雋甘涼延豪鄠杜奬借孤寒收羅文武音留正始力挽頽風流傳謬種一掃而空　帝命嘉之詞臣晉秩望重承華猷宣不律言旋使傳載視花塼登瀛妙選是曰神仙詎料承塵來棲鵩鳥天降玉棺人辭瓊島曉風送旐春水盈河歸魂晝舸埋骨山阿悲哀公子涕泗滂沱渺渺川途茫茫邱隴歐陽舊阡孔璋新冢邈矣令德穆如清風書之

貞石永被無窮

大清敕授文林郎山西長子縣知縣丁君墓志銘

夫官莫要於親民 國家所以重令長科莫榮於進士君子貴其有事功是以彭澤風清蕭統爲之立傳太邱道廣蔡邕爲之作銘以古方今其人斯在君諱文釗字麗生姓丁氏其先籍隸浙江山陰縣在昔將軍說易學冠關中都護論兵威馳江表當塗文采儀廙則兄弟連枝譙國勳名穆紹則後先接軫惟晉光禄大夫永安伯丁簡公世居會稽山陰君其苗裔也曾祖諱浚三祖諱允滋遡奚華胄能守素風僑寓潞河遂成土著始爲直隸通州

人父諱篔以子肅州知州文鈵軍功　貤封中
憲大夫母氏鍾　貤封太恭人生子四人君其
季也幼而穎異長益瓌奇年十六於長兄文鈕聊
城丞署丁父憂孺子之泣哀過成人予季之嗟愛
深慈母服闋入州庠嘉慶丁卯鄉試挑取　國史
館謄録戊寅中式舉人庚辰成進士奉　仁
宗諭旨以知縣即用籤掣山西與京兆鹿鳴之讌
樂奏三終題慈恩雁塔之名榮沾一命驟登仕版
出宰名區三晉雲山爭迎馬首九邊關塞親歷羊
腸明試以功慎乃在位於　今上道光元年五
月補授長子縣知縣長子風淳俗儉訟簡刑清波

障衛漳別無濁水鳥除精衛絕少寃禽君偃室停琴思蘐草樹之堂背潘輿扶杖喜荆花移共夕陽教孝即以教忠化成倫紀愛民有如愛子獄問平反循吏之功也醇儒之行也七年十二月以母憂去官九年二月扶鍾太恭人匶回籍與封公合葬於西便門外君風木悲深水漿飲絕毀幾滅性痛不欲生惟以馬鬣未封雞斯遄反卜其宅兆廬於墓塲孝子之事親終矣先王之制禮不敢過也於十年三月除喪謁選吏部五月選山西和順縣引
見仍調補長子縣槐里故令　天子識其
風儀桐鄉生祠小民歌其功德重來何暮比河内

之留寇恂臥治無妨如淮陽之需汲黯君莅臨舊治接見稠人竹馬笨車去思未艾蒲鞭葦杖遺愛猶存廉頗思用趙人阮籍樂其風土里立欒公之社家封召伯之棠古所稱忠信之長慈惠之師君其兼之矣十三年以保舉卓異上計京師氣疾驟攖藥餌罔效於十四年三月戊子溘逝春秋四十有七嗚乎哀哉君聰明夙擅藻繪天成躡理窟於程朱溯詞源於揚馬四始六義穿穴葩經三都兩京搴華蕭選所著小蒼筤館及存拙齋古今體詩文集刻羽引商淩顏轢謝故其試廉山書院士也厚其資給嚴其課程其同考山西秋闈也淘汰獨

精瑕瑜能辨惟其有之是以似之君之謂也君配陸孺人生一子元潤候選府經歷孫二人嘉琛嘉珽以十五年三月丙子葬君於先塋禮也君從弟雲浦孝廉以所爲狀請余爲銘而納諸君墓余與君無楊惲半面之交有姚崇千秋之託以雲浦與余雅善言信有徵故樂從其請嗚乎日月有時定文子蓋棺之論城郭猶是留令威華表之詞銘曰

虎觀談經馬亭襲爵昔擅儒宗今聯華蕚君登甲第上掩諸兄千室之邑三里之城前後作宰民頌神明老老與孝孜孜化成按部中丞方書上考廉吏可爲二豎忽擾武城弦罷單父琴亡淒淒丹旐

蕭蕭白楊孤雲朝飛西瞻先壙永蟄尊靈載書善
狀貞珉不朽保艾子孫魂兮歸來昌大君門

祭李和齋先生文

嗚乎山頽岱嶽星隕文昌空瞻氣象孰仰光芒百
年易盡千古同傷哲人溘逝後進何望於維我公
東南崛起齡媲貞松根蟠仙李接武燕山齊蹤甪
里志潔行芳美不勝紀公之行誼曰孝與慈一經
世澤萬石家規蘭陔夕膳蘐幄春暉玉衡夜禱誠
感幽微啟後承先教家報　國蠟鳳占祥木雞養
德品藻五常騰驤三葛鸞掖聲名鯉庭心力公之
經濟不仕而遊棘闈屢屏油幕爭收江東畫策曾

助錢鏐常何作奏誰識馬周三晉雲山九江烟水獻邸琴尊夷門車軌文讌餘歡棲遲舊址歸去來兮風流已矣嗚乎人非金石奚耐消磨勞薪不息隙影幾何我公陰德濟物良多慈祥排難忠信涉波誼薄雲霄心盟天日神護婁公鬼欽范質寛厚和平睦婣任卹俾壽而康子孫逢吉一門盛事同賦鹿鳴郊祁競爽軾轍分榮江花入夢燕桂含英南能北秀同氣齊名公客關中離家千里子舍音佳賓筵酒旨帽不戀頭屐將折齒賀者在門云胡不喜而公雅量受福若忘天之報施數亦非常文孫繩武猶子聯芳一林竹碧千朶槐黃　天子

紀元
恩開蕊榜玉宇風清金臺月朗並入珠囊同登珊網繼起多才始爲拊掌天懷曠達
聖世優游紛華不樂顛沛無愁幼安浮海内省何憂恬吟謝傅擊檝中流噫嘻暮年西河抱痛臺値棲鸞坡驚落鳳方荷
絲綸忽摧梁棟追溯殷憂猶增餘慟
先皇癸酉小醜跳梁
紫宮篝犯
青瑣弧張鯨鯢未戮豺虎方狂銀魚下鑰朱雀開航哲嗣鑒亭鳳池視草散直將歸迴輪赴討兩觀戟交千門箭繞刃雪羣飛車雷驚擾牢關門牡甘誓鬼雄見危授命移孝作忠朝飢夕餓壘守輸攻歷三晝夜克奏膚功青[illegible]市伏鑕

輦路清塵　鑾輿入蹕　史管雲山九樞廷珥筆訓秉義方世無其匹詎期中翰盡瘁成勞承明未厭不聿難操飢腸雷轉老眼花交方膺星使未出詞曹蓉城遽返椿蔭長拋嗚乎從此我公時多傷悼拄杖蒼涼臨觴潦倒倦啟書楹慵開丹竈何以解憂家有大孝公之家嗣爲我廣文博聞强識大雅不羣虞山攝篆志養嚴君佳哉山水富矣典墳嗣官吳趨名都大邑帶水常通扁舟競入山勢穹窿湖波溔漾玉局詩懷雲林畫筆我公拄笏嘯傲其間杯寬易醉署冷多閒　龍章錫寵鶴俸承歡孝資祿養欣爲加餐下邑偏隅慚無風景楊

尹祠荒丁[illegible]溪冷幸遇廣文得瞻彪炳志乘增輝
弦歌滿境夙聞碩德慳接清標識韓路隔慕藺神
超思邀黃綺願祝松喬假年百歲作瑞　熙朝
豈料秋風遽催隕籜夢噩龍蛇馭騰猨鶴兆下玉
棺聲停木鐸遠近傳聞涕洟錯落嗚乎哀哉公享
上壽比德姬文恩周里黨惠洽榆枌典型在望樂
善惟殷老成凋謝誰解紛紜嗚乎哀哉公被
殊恩疊膺　封誥稽古眞榮象賢福報矯矯孫
枝髫齡英妙竚見飛騰早居清要一朝解脫全受
全歸生無餘憾歿有先幾公歸不復舉室靡依靈
光殿圮良用歔欷嗚乎哀哉某[illegible]家蕭朱

世誼獻紵長君書紳善事痛接音雲山九襲次聞廢蓼莪潛焉出涕露寒蒿里月黑楓林戴星將返磨鏡爭臨虞陳絮酒同竭葵忱神靈降鑒來格來歆嗚乎哀哉尚享

祭郭伯寅孝廉文

嗚乎自君永訣於今三年既卜宅穸葬君新阡靈輀將發執紼相先隻雞斗酒載陳几筵平生感念回首淒然君生高門少承庭訓學術鴻通威儀淑慎放達攀嵇雄豪慕藺醉比次公嘯同成瑨形嗤短李賦擅長楊詩才李杜書法鍾王畫情董巨詞格姜張宗工哲匠傳寫篇章芹香早碧桂子旋黃

詎料長安頻年不第驢瘦昌圖馬遲得意濡滯京城消磨豪氣鑿齒有名揚眉無地翩翩書記我來自東建牙開府有陳孟公齊郊柳緑庾幕蓮紅金聲地擲彩筆天通藐此濮陽風氣輕慓欲化蠢愚端資學校主講得君谿如夢覺祝阿蔣令强項知名獨重翁伯思御晏嬰得君一字酬以兼金倏來偃室空谷足音方朔書成仲宣游倦重上公車軟塵留戀珠任頻遺玉蕃自衒有弟登雲喜形於面君家此日貧已難支林竹既謝階蘭未滋有薪東濕無米空炊木天之選何補其飢已而改官出宰將樂萬里辭家蕭條囊橐塵釜無[illegible]有雀君

方慷慨爲仲子言弟請報 國[illegible]古人所
重貴而能貧我安家食廉吏子孫數量鹽米笑傲
琴尊南山屏居每當花月折柬招賓風流未歇若
掘江河詞源不竭放筆畫梅禁體詠雪豈期天意
最忌多才庸庸多福磽磽易摧三尸肆虐二豎爲
災象撓榱棟夢泣瓊瑰加以剛直動履危機杯蛇
構影市虎遭讒爲鬼爲蜮相謗相誹落井下石不
知其非更傷季弟玉樹先凋長枕大被寒徹中宵
有妹有妹遠隔江潮所天忽失黃鵠哀號君篤天
倫何堪一痛方寸銜悲沈痾益重舉世悠悠視天
夢夢玉骨灰眞瑤琴罷弄嗚乎天道無親長與善

人信斯言也宜福伯寅使紆金紫而乘朱輪或司諫諍或掌絲綸發其華藻盡其朴誠得名得壽宜子宜孫况君先世積德累仁長留治簿祖吏而循屢辭薦牘考儒而醇應食美報鍾於君身奈何四旬即遭疾厄未御長風先傷逸翮熒熒小星伴此月魄曙後明珠形單影隻賴有阿咸繼承阮籍嗚乎春秋代謝日月其除素車白馬載送靈輿朱顏永隔將弔邱墟撫棺涓涕君知之與曠達如君死生朝暮樂侍重泉先人有墓猶子比兒依依哀慕不朽芳名千秋如故姑孰之浦君所習游有李供奉招君酒樓魂棲泰華嘯傲滄州[illegible]視形往

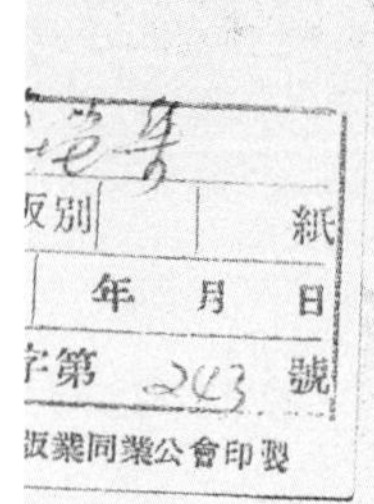

神留惟我枌榆失此才士凡我[illegible]悲只道
重先生文喪後死感念疇昔涙烏能[illegible]上敬獻一觴
君其饗此

清惠堂集

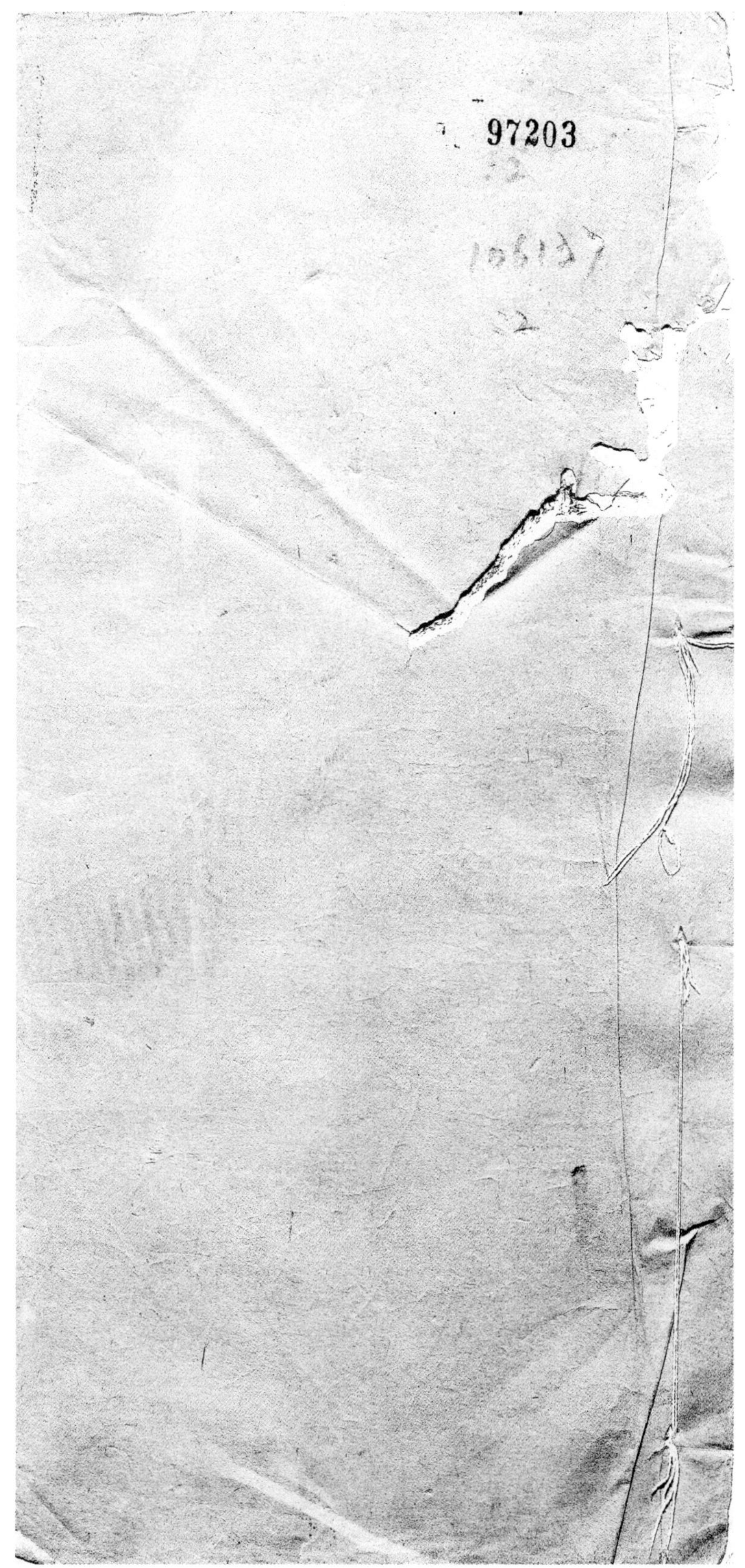
97203

清惠堂集

全椒金望欣秋士

詩一 己巳至丙子古體一百九首

立春日登南山見梅

春意集林表枯樹澹微煙幽谷沍寒釋涓涓流凍泉山梅得氣早一枝何清妍不與衆芳伍古香全其天

題秋山圖

林表立高峰蒼茫開遠曙木落溪水秋小橋低可渡溪上野人家蕭蕭烏桕樹幽棲緬前哲曳杖林深處一笑山頭雲無心自來去

柳枝辭

駿馬驕行識畫橋不關芳草碧迢迢隔溪一帶垂楊影春水無風自動揺

出塞行

朔風捲地起撲面驚黃沙兩陣方鏖戰殺人亂如麻鐵衣慘欲裂劍血寒生花壞雲壓落日飢馬嘯哀笳中宵敵騎遁翠幕飛羣鴉將軍百戰威沙漠秪取葡萄入漢家

道上口號

出飲前村帶醉回陰雲薄暮鎖林隈拂衣陡覺春衫濕山雨如烟撲馬來

夜坐

久病不成寐夢魂中夜清雨深雙戶合風靜一燈
明暑退蚋猶集秋來蛩正鳴棃牀危坐處零落數
殘更

望雪

徹夜朔風響侵晨寒到門孤烟生極浦密雪失前
村地遠牛羊小天低竹樹昏茫茫江上路不見故
鄉園

春寒

春氣遲江國東風竟日寒濕烟多戀樹細雨欲沈
山酒盡愁仍在詩枯興易闌高樓何處笛一曲早
梅殘

　月夜遊五峯山寺二首

夜色明如晝空天列畫屏月爭人面白山擁佛頭青薄靄遮樓殿清風語鐸鈴珠林知不遠樹密路冥冥

古寺暮鐘響深山秋草肥野花窺竹笑溪鳥掠沙飛明月挂孤塔白雲穿破扉訪禪逢老衲話久坐忘歸

　夜起立月

虛室忽生白翻疑曙色微無端夜啟戶乍見月當扉天淨星光小春深花影肥籬邊閒立久凝露暗沾衣

舟中夜坐

今夜酒醒處孤舟人寂寥岸遥天壓樹江漲水吞橋帆影三秋月灘聲半夜潮風清寒到枕夢穩愧鷦鷯

偕李閒雲布春石嘯雲如恒兩布衣重遊五峯山寺

西風吹飽稻花村秋草青迷古寺門濃翠四圍山似甕清輝初滿月如盆歌翻水調人應醉偈訪林僧語正温欲向壁閒重覓句舊題猶見墨留痕

秋夜旅思四首

薄暮商飆起蕭蕭響未休燈光明野寺樹影亂溪

身抑鬱不得開心顏

七夕微雨

別離何事到仙家清淚盈盈一水遮灑出紅牆三五點西風吹上斷腸花

中元夜復偕聞雲嘯雲遊五峯山寺各成集唐人句詩六首

江山留勝蹟孟浩然 夜度識雲岑皇甫冉 簷下千峯轉張謂 階前衆壑深孟浩然 近鐘聞遠寺岑參 寒磬滿空林劉長卿 日夕涼風至孟浩然 芳蓀我獨尋劉長卿 白雲依靜渚劉長卿 犬吠水聲中李白 古路無行客劉長卿 深山何處鐘王維 烟花宜落日李白 山谷遠含風杜甫

世界微塵裏李商隱丹青野殿空杜甫
共許尋雞足張謂無心待馬蹄杜甫微雲澹河漢孟浩然
殘雨隔虹霓邱爲戶外一峯秀孟浩然天圍萬嶺低岑參
上方重閣晚杜甫回復意猶迷杜甫
故關衰草遍盧綸天氣晚來秋王維綠竹入幽境李白蒼
山夾亂流馬戴無風雲出塞杜甫殘夜水明樓杜甫出處
安能問劉長卿歸遲怪久游薛能
香閣東山下孫逖都無人世喧李白深林藏古寺王維芳
草閉閒門劉長卿花下一壺酒李白苔生雙屐痕劉長卿
浩歌待明月岑參渡口欲黃昏岑參
古寺來人少劉長卿捫蘿石道行李白高風下木葉杜甫

虛閣自松聲杜甫 捲幔天河入杜審言 聞鐘永夜清劉長卿 僧窗留半榻鄭谷 惟有學無生王維

瓶梅

疎林翦得幾枝芳貯向玻瓈一座涼水凍自憐寒徹骨燈昏翻覺影生香春應有脚機長活禪到無根色總忘雪不見欺風不受月痕依舊夜窺妝

村梅

此身曾逐月黃昏踏遍前村與後村一帶溪流花繞屋幾家籬落樹當門酒香野店風應醉屐過山橋雪有痕我欲移家村裏住春來何處不銷魂

桃花行答汪小亭炟茂才

暮雲捲我入山去春風吹我出山來去時正值梅
花落來時乍見桃花開桃花開春滿塢攜樽從此
尋花去城南老屋訪詩人楊柳遮門不知處童子
啟柴扉先生尚未歸聞說尋花河水畔新結詩朋
與酒伴知君日日花爲家曲水觴飛酒無算特爲
看花返故園誰憐佳會我無緣妒殺山公接䍦倒
河亭酒幔春風顛春風顛先生醉萬樹晴絲綠霧
斜一條落日紅霞碎碎霞斜霧送歸來拂案見書
聊自開開書知報故人到醉眼模糊口微笑狂吟
走筆作長歌款門向我殷勤道道是人生到處家
半生聚散總如花昨日别君山之側今日逢君天

之涯相逢下馬長相揖花時休負春消息夕陽重訪桃花源壓橋飛雨臙支濕歸時小院亂蕪青三徑花深春滿庭花可供詩筆人應倒酒瓶長教酒泛濫莫使花飄零明朝騎馬入山去笑別桃花與小亭

題瑯琊山圖贈李閒雲

滁山百疊控江淮羣龍夭矯天馬來宿雨乍晴翠帽脫朝暾初上石笏排其中往往多逸士情耽泉石棲深崖李君世外人久存世外意身負西母圖心了南華義夢中時作天姥遊興來愛讀瑯嬛記我生貧且病終歲無時閒蒼翠日在眼登眺緣何

慳喜赴李君約並騎訪名山馬蹄夜宿蓮峯寺雞鳴曉度清流關但見萬壑千崖相絡繹繞城一帶浮嵐碧雨後泉噴野渡潮雲生峯斷菱溪石危巒突起是瑯琊豐嶺龍盤羣拱揖烟林風竹護禪居紅塵隔絕稀人跡歇足發長歎美哉林與泉人生何必到五嶽洞天福地生眼前雪鴻一痕爪留處安知故我非智仙歸來夢寄青山巔圖之尺素心茫然焉得囊中飽金錢到此築室四五間與君潛身學道一遊三千年

新秋之白下

玉簫聲壓木蘭舟新送西風到石頭一水接天通

畫舫六朝無地不高樓人尋古渡迷桃葉潮落平湖老莫愁風景不殊前度日半城涼雨秣陵秋

鍾山懷古

鍾山山勢望嵯峨故殿無人古碣多南渡衣冠餘石馬西風荆棘臥銅駝干戈已盡金陵氣絲管猶留玉樹歌幸際泰平生聚後萬家烟火一江波

秋日道上

衰草亂摇朝嶺露敗荷輕響暮溪風行來一百八十里多在秋山圖畫中

南朝宮辭三十六首

蕭蕭西殿響秋風陰室涼生寶帳空腸斷石牀虎

魄枕壁間猶挂葛燈籠

華林園啟俟宸遊銀漏遲遲報曉籌月落渡頭雙

起唱昨宵天子宿龍舟

誰惜齊嫣玉貌妍外家貧薄劇堪憐雙蛾羞對承

恩者淚盡官家十萬錢

淑妃傾國更多才妝罷褰帷日幾回多少黃金爭

買賦羊車偏爲汝徘徊

五月涼風入殿遲羅衣新試浴蘭時富陽俗吏偏

饒舌割斷宮人續命絲

樂遊園裏繡襦迴真武湖邊玉漏催欲識元嘉風

景麗美人齊望鳳凰臺

慶雲不散繞雕梁華雪初飛六出香同賜琴堂連
理橘阿誰今夜近君王
傍晚妝成月影昏清歌侑酒博新恩殿開玉燭須
長夜賭把金卮勸至尊
濃春雨露濕桑條翟服躬蠶出內朝向曉六宮梳
裹偏息息輿從滿西郊
帷中執手苦難親南掖西風草不春魂斷謝莊才
子筆哀蟬空憶李夫人
狎遊夜夜竹林堂鼓吹喧闐羅綺香可惜廬江何
令婉娥眉薄命弔徽光
右營兒女足嬌姿小袴持錢作酒貲七夕穿鍼空

乞巧更無妃子敢顰眉

寶明釵股繡苔花首飾何須鬪麗華聞說先皇崇
節儉宮中帷帳只黃紗

對居羊范各西東鼓漏端門隔幾重春睡未醒嬾
梳洗景陽樓上早聞鐘

西廂宴罷夜吹笙駕幸琅邪出禁城寶馬才過湖
北埭一時回首聽雞鳴

博士才高入禁中學書人盡喚韓公玉顏老去方
承寵猶有文辭教六宮

深宮鬪腕詎生香外戚居然臥御牀明鏡含羞猶
墮地阿奴無面泣楊郎

錦幔珠簾別殿懸繡窗四面畫神仙麝香滿壁薰
風暖吹放潘妃步步蓮
輿光起自武皇時結構嵬峩淑景移卻笑青樓工
未巧一時齊換碧琉璃
玉壽初成廠畫欞飛仙帳裏夢難醒丁東花外非
宮漏半夜風搖九子鈴
輿馬如流列肆開濃陰芳樂樹新栽至尊解菜親
屠肉綠屩宮人上市來
兒女師巫共運籌殿前騎馬自無愁深宮日夜工
祈禱金帽紅袍拜蔣侯
樂游芳苑集青鸞鸚鵡能歌卻放還妒殺漢濱游

湃女定情先賜水晶環

是耶非耶入夢無月華沈後御牀孤夜深露井白龍出暗置金瓶銀鹿盧

衣裳紋錦斷仙靈珍麗何須入内廷無礙殿成甘露降貴嬪解誦淨名經

才比東阿贊六通帝前攬筆賦偏工美人謾試彈棊譜宫體詩成播禁中

修容孅娜十三餘月墮香懷夢豈虚褰幔欲前紅障面春風何事解回裾

醉中風態更輕盈半面殘妝畫不成一種新詩白角枕徐娘雖老尚多情

鳳卜歸來善掌書楚辭吟罷上鸞車後宮縱有傾
城色手爪輕紅定不如

宵衣未解慮朝盈富貴猶深戒旦情絳幘雞人傳
漏遠倉然階上擲籤聲

璧月瓊枝夜夜妍後庭花裏撥湘弦殿前狎客推
江孔夾坐宮人擘采牋

殿閉承香深復深徵歌未罷月西沈只餘沈后渾
無事獨坐離宮學梵音

花藥風來十里香珠簾寶帳映檀牀麗華膝上春
難醒一朵芙蓉壓隱囊

明眸一盼水痕鮮鬒髮如雲寶鏡懸閣上靚妝欺

曙色萬人回首望神仙
窗開結綺勢嵬峩樂度臨春宛轉歌妙解新聲女
學士笑他江令費才多
水横衣帶自溶溶桃葉桃根唱阿儂一曲清辭一
尊酒隔江書到不開封

石嘯雲以集唐詩約九日五峯登高八日大
雨集唐詩補滿城風雨近重陽句寄之

秋來鳧雁下方塘許渾猶自音書滯一鄉柳宗元萬疊
雲山供遠恨劉兼滿城風雨近重陽潘大臨唯將終夜
常開眼元稹縱使登高秖斷腸高適爲報東州故人道
李益菊花還借後時黃黃滔

浦口道中

車馬厭長道臨江望暮城碓聲水底出帆影霧中行落木知秋氣閒花笑晚晴應憐苦行役逐逐爲浮名

浦城晚眺

落日孤城迥西風上戍樓水郵昏欲雨烟樹澹成秋山盡青駝嶺江趨白鷺洲明朝喧渡處一埫亘中流

舟中夜起

舟小睡不沈夢中聞打槳半夜葛衣凉起看江月朗風定水不波遠火影滉瀁露下沾襟裾伊人結

遥想菰蒲靜無聲一枝柔櫓響

雨中望江岸諸山

江雨欲來雲氣惡西風蕭颯響林獰散絲萬縷界天垂亂山眼底參差没飄來霎霎復凄凄江草江花釀作泥瑟縮客衣驢背重遠帆初濕壓船低須臾雨歇雲亦散秋光野色陰晴半夕照猶明黃葉村諸峯漸出江南岸一髮青蒼認渺茫雙眉畫入遠天長澄江如鏡山如黛爭向南朝學晚妝

白門秋柳用漁洋集韻四首

落木頻驚旅客魂秣陵流水咽關門依微瘦影愁無那披拂征衫淚有痕幾處青山多繞郭一林黃

葉自成村勞勞亭下西風急今古離情孰與論
節過白露欲飛霜菡萏先摧十畝塘玉樹歌殘餘
畫閣霓裳舞罷疊空箱殿前風度憐思曼笛裏秋
聲怨野王更有古槐疎冷處夕陽猶照大功坊
迷離衰草没烏衣惆悵南朝昔日非閲武風花空
寂寞輕烟樓榭尚依稀絮疑滿地江蘆長影入遥
天塞雁飛莫向板橋回首望畫眉舊約易相違
丰姿憔悴更誰憐賸粉零脂化作烟一别玉人春
杳杳千條金縷恨綿綿根移江左元嘉後花撲淮
南大業年六代繁華何處問棲鴉蕭瑟暮雲邊

金陵懷古

虎踞龍盤開帝宅埋金王氣幾曾銷北來山勢横
今古東下江聲自汐潮芒碭藏時雲早蔭阿房炬
後土空焦項王不屑烏江渡賸水殘山尚六朝

建康宫址懷古

依然天塹限滄波誰唱當年玉樹歌千古風濤飛
石燕六朝宫闕卧銅駝野花自笑春無賴山鳥空
呼帝奈何莫問景陽樓上事鐘聲賸有上方多

客中題王春卿晉槐同年襄水環清圖

我家襄水旁風景最難忘野澗融春雪幽花曬夕
陽橋高雙鏡合波急片帆忙别夢歸圖畫依依認
故鄉

登石頭城有感四首

依舊青山繞白門吴宮花草足銷魂秦時王氣三分應晉代侯封一座存更有何人尋折戟不堪此地舉降旛千秋險阻空陳蹟誰識功名濬與渾

逝者如斯莫問津昔年宮殿盡荊榛琅邪南渡曾浮馬建業東流不待人楊柳倚風斜日外葦花如雪暮江濱清談終誤偏安局猶有齊梁作後塵

浩渺寒江上暮潮蒹葭無際響蕭蕭漁燈貼水多明滅佛鐸隨風自動摇入井燕支魂早斷沿流木柹恨難消可憐一曲青溪水嗚咽聲隨碧玉簫

獨立城樓最上層俯看江練碧波澄秋風潮信歸

元武暮雨蕪田望孝陵桃葉山前人寂寞金川門外燕飛騰無情逝水流如故老佛當時恨不勝

同泰寺　刺佞佛也

同泰有浮圖浮圖之高高於建康城磴道七層亘霄漢金碧照眼鈴鐸鳴下瞯南朝四百八十寺檀烟接天金蔽地至尊捨身親講經大品淨名與三慧宮裏初營救苦齋殿前屢作無遮會胡爲乎一億萬錢去不回甘露莫救浮圖災金仙不至魔鬼來仰天荷荷誠可哀誌公說偈曾自猜因果之說何在哉落花如雨空徘徊行人淚墮臺城臺

沈觀音　憫賢妃之失位也

碩人巧笑顏如玉阿嬌曾貯黃金屋一自黃奴擁麗華蛾眉獨向空房宿宿空房誦梵經錦繡無緣入內廷九閽哀叩飛靈雨孤魄猶明讓小星月落星稀夜淒澟西風瑟瑟來華寢漏滴長門分外長淚痕暗濕珊瑚枕夢回鐘起景陽樓暮暮朝朝唱未休花倚隱囊猶壓膝鏡開結綺正梳頭繁華易盡旋消歇臙支入井鵑啼血長隨青蓋洛中行痛哭魚軒江上別別江南望江北才看瓊樹伐青溪又見瓊花開大業茫茫恨水自東流哀辭千古猶酸切垂楊花落李成陰重渡毘陵歲月深消盡紅顏餘白髮人間誰識沈觀音

後庭花　戒色荒也

承香殿外斜陽落笛聲遥起臨春閣美人妝罷豔燭映横波横波一曲人皆醉忘卻春窗曙色多有限歡娛可奈何

大功坊　哀世族之式微也

桓桓大將徐與常福澤獨數中山王死而賜葬孝陵側生而賜第大功坊房杜辛勤立門戶金張甲第聞鐘鼓從來世族易驕淫黄金但買歌與舞江淮一旦起塵氛萬春園破散如雲白項老烏啄大屋王孫痛哭江之濱武子德澤不在人吁嗟誰惜

徐青君吁嗟誰惜徐青君

擬曹堯賓小遊仙詩十首

縹緲蓬萊一水遮笑將歸路指烟霞待君共喫胡麻飯春雨親鋤巨勝花

種樹千年護緑陰遶溪流水白雲深武陵别有閒風景笑殺秦皇海上尋

沈醉流霞枕石眠醒來風雨霽諸天空山小過神仙劫一局碁闌一萬年

海水茫茫似鏡中日高晴射蕊珠宫朱顔不逐東風老千朵桃花壓鬢紅

温柔鄉接白雲鄉路入天台夢亦香忽憶人間緣

底事花前應悔嫁劉郎

王母蟠桃千歲實餐來三度記吾曾醉餘回首長安路秋雨秋風冷茂陵

莫教雪上鬢鬖鬖珍重丹臺火候諳分得半丸金案藥一家雞犬逐淮南

爛嚼瑶花駐舊容休教塵土汙行踪世間甲子何須問滿榻青雲學睡龍

盈盈甘露濕金莖味勝醍醐玉椀傾醉倒麻姑山下路天風吹我墮蓬瀛

閑來偶作御風遊天際飄蕭兩袖秋入眼烟雲何處起彈丸遥指是齊州

遊桃花源詩有序

李子閒雲劉子秋亭招遊袁氏河津園舍其地左右原田前臨沙洲溪水瀠帶後枕亂山山北有泉破石流出沿流而南其洄湍處有園數畝悉種桃花間以梨杏望之如赤城霞光接天無際穿花而入有草屋數間袁氏家焉犬吠雞鳴都如世外種園賣果生理有餘雖武陵源奚過乎是時天氣晴和風恬樹靜流水無波山禽自語相與脫帽登山臨溪浣手遊足既疲息憩片石主人出佳釀肅客花下席地環坐落英滿衣蜂喧人鬢人與物忘未知賓主誰是因擬陶令

體成詩一首言不求工聊紀其實云爾

吾生愛幽棲獨遊亦愜意欲問桃花源迷津不可至幸有避俗緣而來忘機地知己攜手時歡然得所契沿流水一泓漸覺川原異芳草鬱青蔥林深自幽邃依依楊柳烟靄靄花露氣茅屋三五間柴門臨水閉犬馴不吠人山鶯成鼓吹攀花發微吟溯流生遠思主人喜客來破甕留客醉落霞入酒杯紅雨時一墜賓主形跡忘舉觴滌俗累始知神仙樂何必外人世

送枕霞移居深山

我心清淨常自喜快把南華讀秋水大笑世上黄

冠流鼈守丹爐而已矣惟有枕霞迴出塵一生行止長淬真神仙至樂在襟抱燒鉛鍊汞愚俗人天地我蘧廬山林我枕席早把芙蓉朝玉京暮挂薜蘿歸石壁十年城市厭喧囂人間何處留行跡金銀宮闕縹緲間蓬萊欲到風引還不如醉掃黃葉徑一瓢高臥全椒山君不見天台司馬四明監白雲千里隨書劍但饒勝地話長生紅塵無戀兼無厭至人放眼小齊州洞天五嶽爲少留富貴脫身猶傲屣太空仰視浮雲浮上蔡東門牽黃狗何如藍田關外騎青牛況君宿世曾修慧五千字久飫真味夢入烟霞靜者思空山秋草門長閉與君酬

唱詩久賡與君談笑酒久傾黃鶴翩翩忽飛去河干之水空澄清頭上有巾燒未得風塵碌碌勞我情何時時遊從赤松子與君同訪安期生

山中夜行

客路何修阻秋聲倍激哀四更殘月曉一徑亂山開樹遠疑人立峯危壓馬來關心高士臥望斷白雲隈（時聞雲臥病往問之）

題畫

右丞詩裏畫平遠認秋山峯淡没晨雨木疎添暮寒小橋通野寺一水赴前灘曳杖者誰子舉頭原上看

劉秋亭庭芳茂才生日招飲長歌壽之

秋亭先生誰與儔襟懷落落不挂愁謫向人間五十載醉中迴首攀玉樓玉樓縹緲不可到一杯空悵秋亭秋我識先生五寒暑眼見先生長黑頭猶記前春同買醉桃花源上撐扁舟春水侵鬢面如赭歸來紅雨迷雙眸其時先生四十五尊前跋扈談不休我少先生二十四一見便作忘年遊深山花竹足幽秀日日攜酒招老劉天公妒人促離别倏作溝水東西流芳草接天愁無際西風蕭颯川路修今年淝水復把袂故人思僕如僕不君家籬落好山水聽秋野屋蘿烟稠須臾明月上屋角一

丸墮我手中甌先生指月向我笑今夕老夫謫降
婁我舉酒爲先生壽長歌不惜消殷憂流光蹉跎
不久待速如孔道騁驊騮身外塵夢奚足戀至人
方識生如浮有酒何爲不快飲虛祓月中桂樹留
先生百年我近耄再向先生爭酒籌

寄郭伯寅孚占孝廉

送君山陰棹得君山左書在家長鬱鬱客況定何
如

暮歸山館

蕭條竹樹鎖孤村匹馬歸來日已昏一月西風三
日雨滿山黄葉自關門

曉行

旅宿不成寐登程風正寒路平驢走健天曠雁飛聞曉色郭邊樹殘雲江上山遥憐此時節閨夢未曾闌

渡江

殘月弄孤影娟娟照江干西風發清響蕭瑟蘆荻間牽衣招舟子棹歌來前灘布帆挂無恙江路何迷漫積水起寒色客心愁衣單須臾東嶺白曙影生林巒波浪蹙如錦迴飆生清瀾石頭見古戍青蒼南岸山風利不得泊一去如飛翰臥遊信足樂焉知行路難

過白下哭李閒雲

知我惟夫子傷心憶舊游長江如昨日宿草已經秋田舍行將盡邱山願未酬依依白門柳生死繫人愁

渡牛渚遇風

我來九月秋潮平澄江如練波盈盈歷陽烟樹霜落盡布帆高挂扁舟輕快意半渡風忽起波浪拍空疾如駛老蛟戲舞驪龍醒赤衣將軍策騄駬黑雲低壓天冥冥山飛水立迴風腥舟艤磯頭不得泊崢嶸山色橫江青須臾風緩船尾掉一帆入港舟人笑彈壓百怪無雄文怒中我欲然犀照

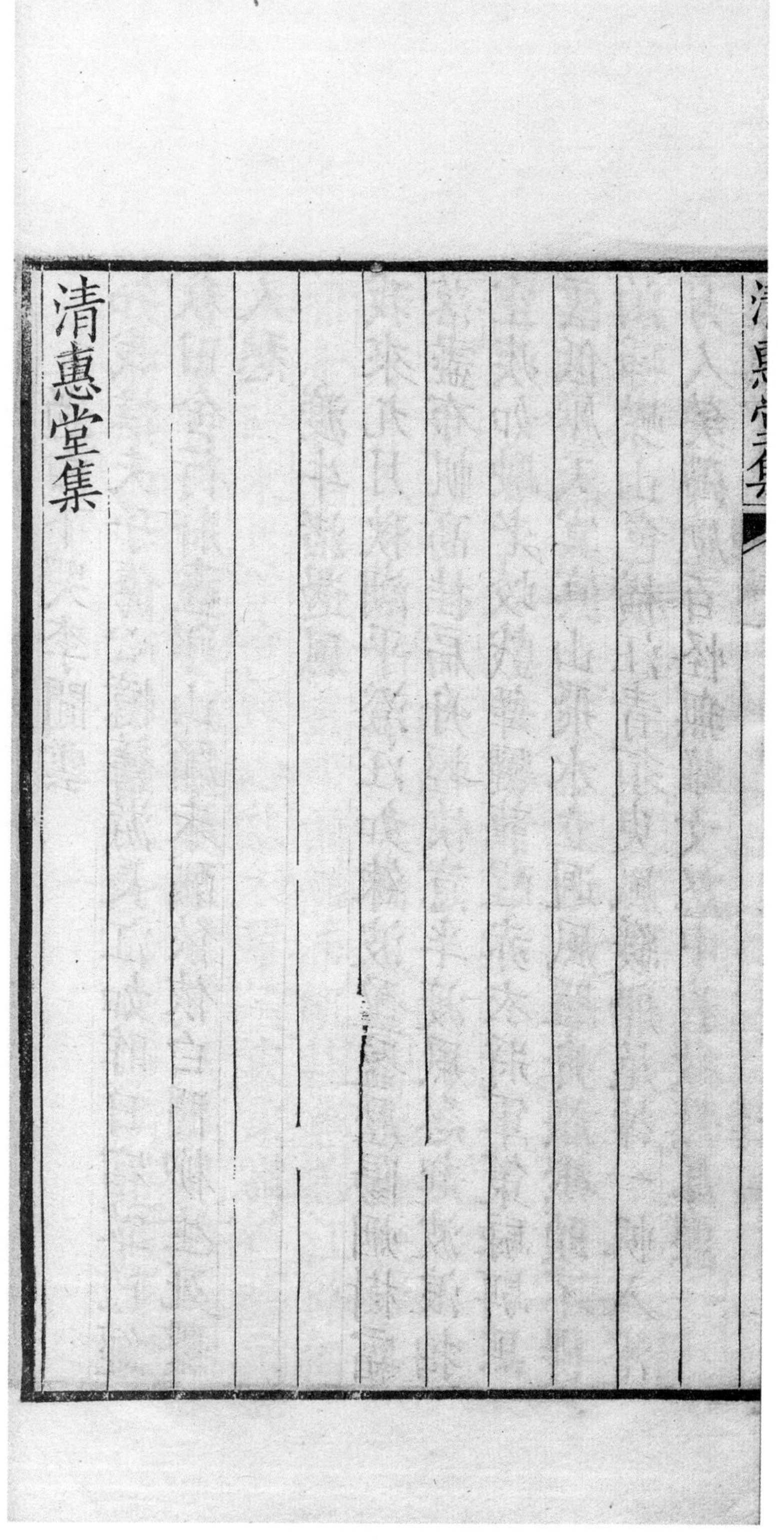
清惠堂集

清惠堂集

全椒金望欣秋士

詩二 丁丑至壬午古今體五十七首

和吴山尊先生醉蟹歌卽效其體

我欲借君消一醉我未醉時君早醉我醉多應有別腸君醉無腸焉識味我醉能偕屈子醒君醉竟作劉伶死笑君睅目戟戟眉慣以橫行逞絕技擂薑撥醋壓醴漿醽醲英雄賴有此君令骨醉肉如泥悔何可及將噬臍葬君有地休相猜腹中久築糟邱臺遺筐更棄陶家側化作酒壺君亦得

小橋道上

清晨就長道風景靜中看霧重不成雨雲開時見

山雞喧催曉發人健耐春寒殘夢何由續多應在馬鞍

六合道上

曙影初分瘴未消靈巖山色望迢迢淮南雨後多春水一夜潮生冶浦橋

過露筋祠

隔隄烟柳碧垂絲淮海潮聲欲上時客裏不知春易老野花開徧女郎祠

過淮陰

落日淮陰路東風起暮埃帆檣城上過車馬地中來霸業隨流水英雄有釣臺天空高鳥盡弔古且

銜杯

大風渡黃河

淮陰二月狂風號黃河一浪十丈高沙飛石走行人恐少年喜事乘輕舠舟小客多兼載馬竹纜未解先驛騷須臾挂帆徑北渡青山俯仰地揺動神駿垂頭不敢顧我立馬尾伏其尻遥望兩岸過眼疾大樹東走奔波濤浪未肯降風更怒中流突擁蛟龍跳黃埃漠漠日蕭蕭料無完卵全覆巢得睹絕險亦快事人生性命輕如毛逆流西上舵尾轉勢若鷹隼淩風翱驚客色定岸已到始知順水無遲篙撫掌大笑上馬去回頭爭渡猶喧囂

郯城流民歌

岱陽多佳樹離離種白榆春烟徧齊魯落葉浮淮徐水旱何不時屢奪田膏腴斯民一失所相率剥我膚剥膚豈足恨民口終難餬父老形如鳩扶杖空嘻吁朝死道路旁夕過無衣繻血肉早狼藉烏鳶食其餘少壯散四方擔釜被飢驅婦人懷嬰兒丐食滿道途腹餒乳欲絕兒啼尚呱呱母命長已矣兒命良無辜小女賣作婢百錢上輕車大兒隨客走困苦乞爲奴遺此襁褓物何忍捐微軀仰首呼皇天俯首淚漣如皇天實慈仁膏澤遍海隅只愁雲霧蔽致使豐凶殊幸有鄭司農爲寫流民圖

時松制軍筠入告賑濟

岱嶽

磅礴氣無極穹窿出大荒空中辨雲日海外接青蒼

扶桑石

海日欲上扶桑紅祖龍未死游海東鞭山填海石流血一卷飛墮明堂宮稜角峭料畫不到痕消斧鑿疑鬼工空隙隱隱見兩字丞相斯筆無其雄火精水銀鑄冶就森然陰氣留洪濛摩挲七十有二代遺傳萬古長無窮

元封老柏

武帝元封之元年東巡立碣泰山巔手植柏樹當拱把至今歷劫年經千我來仰視高不極濛濛古氣長孤騫根盤十畝脉斷地枝森百丈青撐天雷公縱火燒不死蒼空偃蹇拏雲烟絕壁僵立骨盡露垂癭欲墮筋連卷灌壇神過風雨疾化龍蜿去仍回旋爪甲已變捫未敢一幹屈鐵無其堅吁嗟平長安陵谷幾變遷松摧爲薪墳爲田茂陵玉椀出人世蓬萊東望空雲煙人生不百樹千古木魅山鬼欺神仙文園令老不解事身死猶誇封禪篇

平原道上墜馬

少年騎馬快如龍垂頭羞逐車隆隆陸跋水涉險

不顧馳驅燕趙何從容黄河作勢且競渡豈愁平
地波生風據鞍回首望泰岱巉巖石道横危峰漠
漠淺沙更何有揚鞭疾走追烟鴻須臾狂飇起東
北塵埃直捲天冥濛揩眸相對不相見前途咫尺
難爲通人驚馬逸未能止高陵忽上疑飛空一蹄
踏虚四蹄失下落丈許如崩墉翻身上馬幸無恙
捫心良久猶憧憧不躓於山躓於垤以命試險真
愚蒙嗚乎以命試險真愚蒙

樓桑村

森森如蓋碧凝烟一木難支大厦顛豐沛未聞還
赤帝許昌終恨立黄天奸雄羣鼠窺周鼎臣主雙

龍復漢錢更有成都桑八百功成曾望賦歸田

題家耐軒芸茂才湖陰草堂讀書圖

去年行役經秦郵清淮春水挐孤舟三十六陂看不足吐吞甓社波悠悠華老太虛不可作明珠在鑿誰能求安得水田二百畝到此卜宅營書樓湖光山色臥長見魯望烏用浮家浮臨水攤書讀不厭十城坐擁輕王侯有願太奢償無日寄巢聊復來邗溝一見先生道此樂先生大笑君歸休故鄉風景未肯讓求田問舍吾先謀我有敝廬湖水曲數間草屋羅清幽袖中粉本出見示推窗特爲揩雙眸烟波浩浩蘆颼颼陽春几榻生清秋風帆沙

烏歷門戶魚莊蠏舍聯吟謳手執一卷幾寒暑高歌興到誰相酬胸中雲夢吞八九神仙何必登瀛洲勝地羨君疾足據買山空冀淮南遊我家背枕襄河流鄴湖當面晨煙稠山中故人應招我歸來久愧韋蘇州

和張老薑鏐山人題畫詩四首

短垣

亂石自相亞繞簷一道斜人窺抽筍竹春鬧過墻花苔長緑能上山横青不遮濁醪常可接留醉喚鄰家

疎籬

茅屋小園前周遭竹幾編缺常延月補濶不礙雲穿孤影梅同瘦餘花菊帶姸此中招隱意應被薜蘿牽

曲徑

出没路條條迂迴不覺遥野花攔洞壑落葉誤漁樵繞嶺始通寺到門猶隔橋探幽迷望處猨鳥遠相招

深林

衆木扶疎處山深欲到難宿煙棲葉暗返照護苔寒影密蟬吟遠陰多鶴夢安桃源如許問中有洞天寛

春泥

碾土成酥濕徑中尋來踪跡有誰同暈漸羅襪添深碧香涴綈袍憶軟紅燕子社前剛小雨楊花身後莫東風試聽滑滑留郎住更惜障泥有玉驄

秋草偕陳穆堂逢衡茂才作 三十首存十首

生意曾教上綺窗夕萎空自弔蘭茳青迷南浦螢于个黃襯西園蝶一雙豈爲蔓滋圖鄭野不隨楓落冷吳江疾風過後方知勁莖葉離披未肯降

蕭森落寞一林飛荏苒平蕪萬里非金井舊愁餘露迹玉關寒信送霜威紅連野燒山麋走黃入邊城塞馬肥榮落經心憐少婦殷勤七月寄征衣

連天肅氣薄寒初帀地陳痕落照餘老我關河重
賦別傍人門戶合遭鋤更無黛色能粘屐賸有芸
香尚護書莫問庭前隨意綠千秋佳句總成虛
西風蕭瑟動菰蒲衆卉飄零傍朽株采采懷人三
歲艾棲棲弔古一城蕪難邀流水縈春夢得覆涼
雲勝夏枯醉眼相逢須仔細莫教看碧又成朱
無知豈畏與時乖底事清商亦愴懷勁節好依三
徑菊清暉長護半扉柴禪關僧定月橫砌樵路人
歸霜滿鞋點綴秋山搖落後嫩黃深處野花埋
孤蓬自振聽紛紛幾處菅茅鎖白雲銅狄荒涼前
代苑石麟埋沒貴人墳傷心斷梗隨樵斧回首歌

塲簇舞裙風景六朝重入畫糢糊一片總斜曛
火見清風早戒寒陽暉寸寸駐應難簾垂態共幽
花瘦車過聲隨落葉乾古戍踏殘雙客屐清溪遮
斷一漁竿相思只在蒹葭外水遠山長路幾盤
丹楓翠篠映籬間任爾侵階莫謾删世態定須看
末路天憐端合爲衰顔臺游麋鹿餘空苑笛送牛
羊下暮山犖犖豈由枯與菀不妨高臥閉柴關
風迴萋緑尚層層弔古傷離感不勝圄圄空虚周
舊國寢園寥落漢諸陵黄龍府外殊寒燠朱雀橋
邊閲廢興况是古墖人跡少曉來霜氣更稜稜
渺渺伊人道阻修蓬蒿陰裏訪羊求年華又到霜

和篠村家兄臺駿七十老翁何所求自壽詩

七十老翁何所求知者不惑仁不憂半生作客未知苦晚年無事得自由此身適意即少壯神仙豈解霜盈頭飢時飽食困時卧至樂所在輕王侯有酒但作月下飲有錢但作花間游米鹽淩雜且不問興酣一字窮冥搜山靈許君卜百歲入山步健雲爲留潛鱗自喜舊池沼倦羽豈戀新林邱蓬廬可託且歸休圖書四壁供卧遊盆花自溉生意稠七十老翁何所求

庚辰春闈報罷王小鶴城明經出詩集索題

臨行賦成即以誌別四首

一卷詩堪見性情躭吟豈必爲才名秋蟬春鳥渾
無賴海水天風偶不平但以酒杯尋杜老莫將劍
術惜荆卿此生幸有窮愁福天許慇勤唱渭城
得失無常委夙緣惜春感遇悵年年尊前蛇足何
人畫鏡裏蛾眉自己憐千古名終留玉管半生恨
秖託金荃情多解作傷心語一讀教人一惘然
東西羈旅各離羣每説清才便憶君三十年來如
逝水二千里外忽停雲賦思狗監悲司馬書換鵞
籠羨右軍初次論心投洽處長安市上酒微醺
一種春明門外柳年來也解綰羈愁宴開瑁鐰櫻
桃笑話到將離芍藥羞愧我一身成贅士讓君千

首薄封侯天涯淪落原同調何日家山快唱酬

午日題鍾馗溪山策蹇圖

南風暴作吹榛蕪幽崖大澤招神巫夏至陽極一陰伏羣鬼蠢動山之隅終南老子惡作劇從來役鬼如役奴杜伯見賣羊立變我疑唾鬼成黔驢官肥驢瘦載不得何堪鞭撻行崎嶇泉聲歷歷風徐徐老子與發掀髭鬢髮指忽睅華元目貌醜自笑張飛胡歸妹已了婚嫁願偏思山水爲清娛蒲酒百觴解宿渴深林蒼翠看成朱驅之驅之去復去何愁七聖多迷途後隨一鬼瘦如驢枯肩負重聲吁吁彳亍亂石不敢怒汗流溼徧青肌膚琴書累

人更累鬼喃喃語或罵腐儒驢蹄已到水窮處尚欲前進胡爲乎水底百怪不可問離憂應弔荊三閭

爲朱湘舟爧太學作瀟湘夜月圖題詩贈之

濛濛江樹冥煙稠西風洗出瀟湘秋君山瘦極不可見踈篁到眼聲颼颼有美人兮何處弄短棹兮夷猶望水天兮同碧乘落葉兮中流明月欲上不肯上空江一掃浮雲浮此境日在人間人不到乃讓神仙狂歌爛醉於岳陽之高樓今我不樂思臥遊雲煙腕底生無休洞庭始波木微脫放筆尺幅醒雙眸恐董巨之相笑效風騷以相酬懷所思兮

天末聊持贈於湘舟

邗江送子春七弟望華之武昌迎眷歸里即次留别原韻四首

分襟西去慘離魂惆悵他鄉甚里門大别江聲冬涸勢小孤山色晚妝痕文章蘇轍遲金籍孝友王琳愧玉昆雁影暫飛歸及早高堂從此數晨昏

昔年送爾赴前川風景邗江尚宛然鳥過一帆揚子水鶴銜千里漢陽煙詩成極浦秋天外人倚高樓落日邊回首那堪陳迹遠月輪重缺缺重圓

故家喬木歎衰門入世真如蝨處褌窺井有天謀未遠立錐無地志空存一生王粲成流寓九死臯

魚泣逝恩贅壻遠游非了計紛紛落葉早歸根
大好家山返照侵昔非今是倦投林征鴻暫許尋
遺迹乾鵲先應報遠音雲隔楚西需泛宅月留邪
上待題襟武昌魚美君休戀知我相思歲暮心

次子春偕吴柏崖玉軺遊武昌月湖隄詩韻

寄懷柏崖

去年梅似雪相送竹西亭又見寒花發能無清淚
零楚山懷小别淮水望圓靈何日逢歸棹尊前眼
共青

自揚州歸里阻雨不行作詩祈晴

我行風雨隨弄人太狡獪百行不失一仰天殊自

怪盛夏雷餞程殘冬雪阻旆春秋陰陽和大雨更
霶霈每出不擇時恰與箕畢會不招而自來卻之
益無賴憶當甲戌秋江南被旱害青苗死成灰水
田飛埃壒我從淝水歸雨具喜不帶行未一百里
雲生雨沛沛衣衫既沾濡村荒無飯賣縮瑟飢且
寒懷中生蔕芥一民徒怨咨萬民不蒙愛只有野
老喜空田方種菜丙子下姑孰夕陽半帆挂青山
望在眼長江忽澎湃風起牛渚磯陰霾白晝晦菰
蒲一片聲急點打蓬背嗣過金陵城更入廣陵界
往返四閱月雨阻一而再同行王春卿中夜發慷
慨酒醒夢境惡雨聲不少懈舟小上下漏枕席濕

成塊伸腳既無時開眼即障礙一笑呼我言未死
入棺内丁丑渡黄河二月東風大雨行十六日油
衣硬似鎧掀公入淖中馬蹄陷溝澮庚辰出燕京
瀕行起霎霴未渡盧溝橋疾雷動硠礚暴雨不終
朝遥天散爽籟大道成江河泥塗没車軑我時騎
青羸揚鞭免逐隊煙翠活高槐西山如潑黛不覺
雨行苦但喜新晴快疾走過燕齊舉頭望泰岱白
雲起封中墳刻徧沾溉空囊慣盛水破笠倚風戴
高歌行路難浪游真可戒近歲客揚州幾載醉行
邁來時春光明依依楊柳態歸時歲云暮雨雪霏
霏屆去年曾阻雪村店留壁畫今年復遇雨羇滯

真無奈石尤喜留行我方歸自外甘霖喜隨車我未策高蓋天心不可測相逼無乃太作詩奏玉皇一晴或可丐上言蟣蝨臣降生在下界賤我又貧我處處觸機械食無二頃田十口嗷嗷在晏子宅近市囂塵更湫隘驅我出門去避家如避債雨復挫辱我使我不能耐初春阻山寺寢濕生瘡疥至今右足瘦舉動甚矣憊遭遇本偶然私心怨覆載願天無助虐速敕雨師退哀我真孤窮憐我實狼狽彳亍入家門焚香向天拜

賀汪子和煦春成婚詩一百二十韻有序

汪小亭長嗣煦春子和臘月成婚乞言爲賀子

和爲余外孫輩余與小亭少同硯席同歲舉茂才同歲入上舍先後計偕道途必共生平交契與小亭最深昕夕過從倡酬甚夥子和髫齔時即聰慧異常記其十齡生日小亭招飲曾與家兄介臣乘一夜之興各成千言詩贈之近因餬口四方彼此契濶詩酒之會無復從前矣茲藉賀子和新什聊敘舊懷成詩一百二十韻以昌黎奇長吉之言寓樂天懷微之之意云爾

采耀郎君筆梅描九九圖祥飆生宇内喜氣到城隅百兩歸朱第三星暎白榆芳徽傳綺閣寶焰照金鋪丫角燈擎婢平頭履進奴和鳴卜琴瑟雅吹

閶笙竽響撤錢盈帳芬流醴滿壺象牀陳翡翠鸞
鏡架珊瑚卻扇堪呈藻同車好刈蔞鯉登招宋女
凰引下秦姝之子花爲貌仙人雪作膚輕嗁濕素
面微盼轉青矑霧鬟盤雙髻雲衣曳五銖鈿燒香
甲煎鉤縈帳流蘇影颭釵邊玉光垂耳後珠階除
紛羽葆宗黨醉醍醐雜佩蘭和茝華筵筍及蒲通
家來孔李交誼走蕭朱妙舞翻鸜鵒清歌唱鷓鴣
鳳毛方競詠鴉字豈嫌塗劇飲聯今夕躭吟想故
吾而翁原國士卯友少凡夫梓澤開文宴高陽聚
酒徒譜曾共芹茆戚更重葭莩白屋甘貧病朱門
恥囁嚅故居遷已數先德誦非諛雁墖才名著牛

刀雅化敷小亭父櫺亭先生以名進士宰商邱有德政解組後始遷全椒所居即先少參讀書之尚友堂去官陶靖節有後岡於菟流寓來王粲窮
交結阮孚棲棲梁上燕泛泛水中鳧茅舍招來往
綈袍借曳婁冬烘村館近春夢野梅癯贈與小亭同館合肥地又有種梅書屋唱和詩得句工投報緣情善範模眠應愁落
井輿詎阻催租松嶺寒皆賞荷灣暑不辜春臨賦
桃李秋至詠茱萸筆陣橫矛戟詞源轉轆轤奇觀
周八索廣譽動三吳小飲精神活雄談膽氣粗但
逢鉛槧在忘卻米鹽無鎖院爭同試騷壇許並驅
祖時誰左呂品處亦前盧諸葛推公瑾歐陽服聖
俞古書看佶屈險韻鬪崎嶇修養三年翮長儲七

尺軀糧棲鴻宛集蒿遠鹿相呼接軫游燕趙揚鑣過魯邾倡酬因勝蹟跋涉徧名區嶽色青駝寺湖聲白馬湖風餐兼露宿水驛更山郛就陸援車乘辭洲舍舳艫黃茅多蓋屋紅粉總當壚時見招鸞鶴常聞嘯虎貔妖姬擊齊筑雛伎學吳歈屢共程途苦頻看歲月徂盤桓登泰岱研鍊賦京都 宮瓦明如畫街塵軟不汙 禁垣鐘隱隱戍堞角嗚嗚好夢縈辭館癡心佩縣符一籌從莫展三策只增吁維翰徒磨硯終軍枉弃繻有心攖世網無分步天衢險阻嘗之矣功名命也夫狂供人刻劃窮任鬼揶揄楊柳悽官道櫻桃羨 御廚棄真類芻

狗歸已想蓴鱸老僕思鄉米飢驢厭野菰黠爲柳下季羞訪酒家胡歧路襟旋判他邦口各餬山川隔肺腑彼此見髭鬢殘漏傷棲止浮雲懶覲覦遭逢仍偃蹇少壯忽須臾憶汝垂髫日知操問字觚詞能歌白也碑解做潮乎曉雪陪梁苑春風挈舞雩經藏秦簡策史讀漢葫蘆才子聰明備嚴君教育劬劬論拜張禹周易受商瞿咄咄神原駿超超質豈駑元言揚子賞妙悟鄴侯逾幼學期初屆元正日始盱紙工看試竹燈節慶懸弧壬申正月廿三日十歲生日招飲西極求龍馬南州覓鳳雛魏舒占吉宅樂廣卜前途月旦饒朋侶冰言仗友于介臣家兄爲蹇修慧方

誇稚齒腐已笑諸儒鏗爾聲音異嶄然頭角殊一
斑窺采豹千里識名駒瑞草生溪藻良材茁井梧
魁昂非李短温雅若回愚賞鑑尊先輩周旋迨小
巫拓牋增點綴潑瀋費躊躇夜搆東風句天横北
斗樞報來章絡繹握得管凋枯酒戶賓皆大詩場
我欲逋厭頻生嫗媪怨或到妻孥世事如泡影光
陰閱旦晡杯盤久狼藉庭院漸荒蕪濠水魚書杳
邗溝兔魄孤摩顛猶黑髮去手悉青蚨樂以離羣
減愁緣獨處俱儘餘新别恨無復舊歡娛兒輩都
成立吾生尚拙迂衣乾憐蛺蝶絲斷愧蜘蛛燕喜
今堪賀鷗盟昔未渝效顰心易痒戒飲首難濡韻

復爲君次名應對敵輸丹黃權自詡青紫冀同紆
高駕推何遜明箴獻摯虞道從倫紀始禮豈性情
拘著代添煇燿加冠倍悅愉瓊雕連理枕璧鏤合
歡襦幣納羊偕雁橋填鵲繼烏火迎飛蓋至花壓
暗窗扶書仿籠鵞帖香熏睡鴨鑪新妝侵曉靚佳
釀近年沽共食調中饋嘗羹足小姑宜家鴻案舉
肯構鯉庭趨織綺人雙豔交柯樹兩株明年試英
物繡褓聽呱呱

歸途小雪

骨碌車聲碾陌塵自沽村酒暖回春朔風作意吹
寒雪點綴梅花媚遠人

爲王鈍庵葵抃茂才畫瀟湘夜雨圖題贈

不知沙岸濶遠見洞庭船一雨楚山失諸天湘水連疎林生曉色瘦竹曳秋煙愧少衡山筆西風畫裏傳

詠雪次歐陽禁體詩韻偕郭伯寅王小鶴作

料峭寒風勒凍萼歲暮美人翠袖薄爐灰有焰煙不飛枯樹無枝響更作夜深布被乏温暖天曉紙窗忽遼廓松枝咽壑碧偃蹇竹實垂簾紅的皪堆階沒徑絕人行如掌紛紛猶亂落茅屋土壚燒榾柮廣厦細氊禦狐貉怒鷹側翅寒且呼臥虎埋頭飢不攫成羣跳躍斷垣犬孤拳瑟縮空倉雀水次

籬落插漁竿石徑人家印樵屩芸籤照耀古懷清麥隴滋腴民氣樂青嶂連雲齊險夷黃河敲冰失疏瀹君山高卧任沈淪子雲草元甘落漠頹州詩境曾出奇禁字森嚴如避槊空拳冒刃我欲走舉鼎折脛君莫噱

次曾南豐禁體詩韻示伯寅小鶴

去年夏旱涸沛澤農夫耕田如耕石今年臘日兆屢豐連朝大雪盈一尺全教河漢瀉明光剩有江淮流暗迹梁園數武迷樓臺周索一家失阡陌開門千樹復萬樹奇花可望不可摘王維李成畫難到惟許擱筆浮大白地爐爇薪酒氣醇時聞火香

發松柏我生幸作太平民百載烽煙靖邊磧茅茨高臥樂亦足何俟南溟息鵬翮醉後乘輿欲訪戴足僵不肯著雙屐豈知欵門乞食人負苙溯風尚絺綌感此尋君喜室邇山路稜稜冰未釋殘臘將盡春將來沍寒庶可免疾疫但願有秋萬民肥何惜先生一人瘠伯寅病後瘦甚

汪又生甲茂才招飲列岫樓和伯寅即席韻

園林臘氣殘衆木尚寒瘦積陰長閉門疎慵任俗詬招我登君樓青山來座右嶺松帶雪明池柳積煙厚庭階茁蘭芽土膏春意透新晴宴朋儔簷牙滴殘溜歡呼三徑開芳潤六藝漱喜君釀最佳香

列易入巔須飲三百杯古人說非謬況示新詩篇盛名實能副夕陽人影歸一卷攜入袖讀詩憐伯寅欲覓神方授（伯寅久病）何日重聯吟花下芳尊侑

新年五首次東坡韻和小鶴作

歲朝欣得雪瑞氣慶黎元爆竹喧深巷炊煙起近村冰堅花骨傲火沸酒鱗翻一醉欲終日奎婁照始昏

地僻絕車馬窮如韓退之竹遲隔歲筍梅冷臥墻枝甲第傷今昔辛盤感節時喃喃誰解意慧女勝癡兒

微暖滴簷凍曉來風日清春燈閂村市蠟屐響山

城時聽一鳩語不知諸草生歸來啜豆粥野菜可
和羹

我年正三十浪迹到淮東四載槖如故一身尊不
空閒情寄毛穎始願學髯翁今春留鬚異地花應笑年
年春色同

垂楊風漸起農事自今繁煙外牧横笛雨中人種
園有心戀茅舍無人閉柴門不及東鄰叟耕田長
子孫

爲黄芳谷至棠太學倣文五峰松壑高賢雪
景畫卷次曾南豐雪詩韻題尾

龍公天上沛大澤仙人山中煑白石頃刻開成六

出花塡海襄陵深數尺陰巖冷斷狐兔羣空江淨伏蛟螭迹十丈元冰堆黄河萬斛素塵埋紫陌亂石無皴皓不分枯樹有花鮮可摘將晴微放遠天青未曉全生虚室白開窗百卉感憔悴後彫始見真松柏虬枝偃蹇翠鬣張森如戈矛列戰磧玉龍夜鬥落敗鱗皓鶴暮歸留逸翮山空路絶失人蹤誰肯衝寒試蠟屐開窗捲幙風颼飀坐使狐裘變絺綌何人松壑結茅茨我知非仙亦非釋讀書飲酒全性真導氣引形卻疾疫應爲詩才徹骨清畫裏翻嫌貌瘦瘠

郭伯寅以其先徵君賦梅先生璟燕珍藏王

廉州山水長卷借觀年餘忽夢徵君檢此卷不獲而怒醒而見索賦長歌歸之

我生不見鄉先哲盲修大道丹無訣言詩不見博士公棕亭碑版祝融竊棕亭先伯集板燬於揚州步算不見吳舍人宣城江夏師傳絕吳舍人烺字杉亭歷算之學受之江夏劉允恭劉受之宣城梅徵君年來學書兼學畫腕弱筆癡苦淺劣不見徵君郭河陽遺蹟追摹心久折徵君行誼吾黨師獨立豈求流俗悅　仁廟龍飛招賢良州郡無能奪高節書似鍾繇畫馬遠寸楮尺縑皆芳潔同時獨少門牆緣僅得交游軾與轍許窺半舫搜珍藏半舫齋名卷帙汗牛任披閱　本朝畫手接南宗

吳下三王派不别廉州古雅氣更清好山千古難磨滅臥軸數丈許借觀靜中細讀醫頑拙豈料靈爽終憑依生死未忘習所結伯寅孝子不欺友夢境我知非妄說還君此卷心自嗟拜謝焚香敢輕褻他日相思江上山太息雲煙過眼瞥

夢人以吳興水邨圖索題醒後僅記雲連墟落二句因續成之

畫到鷗波丹九還水村風景寫來閒雲連墟落成孤市帆送河流入斷山故里料應戀吳越前身端合是荆關就中不少歸耕地招隱何人十畝間

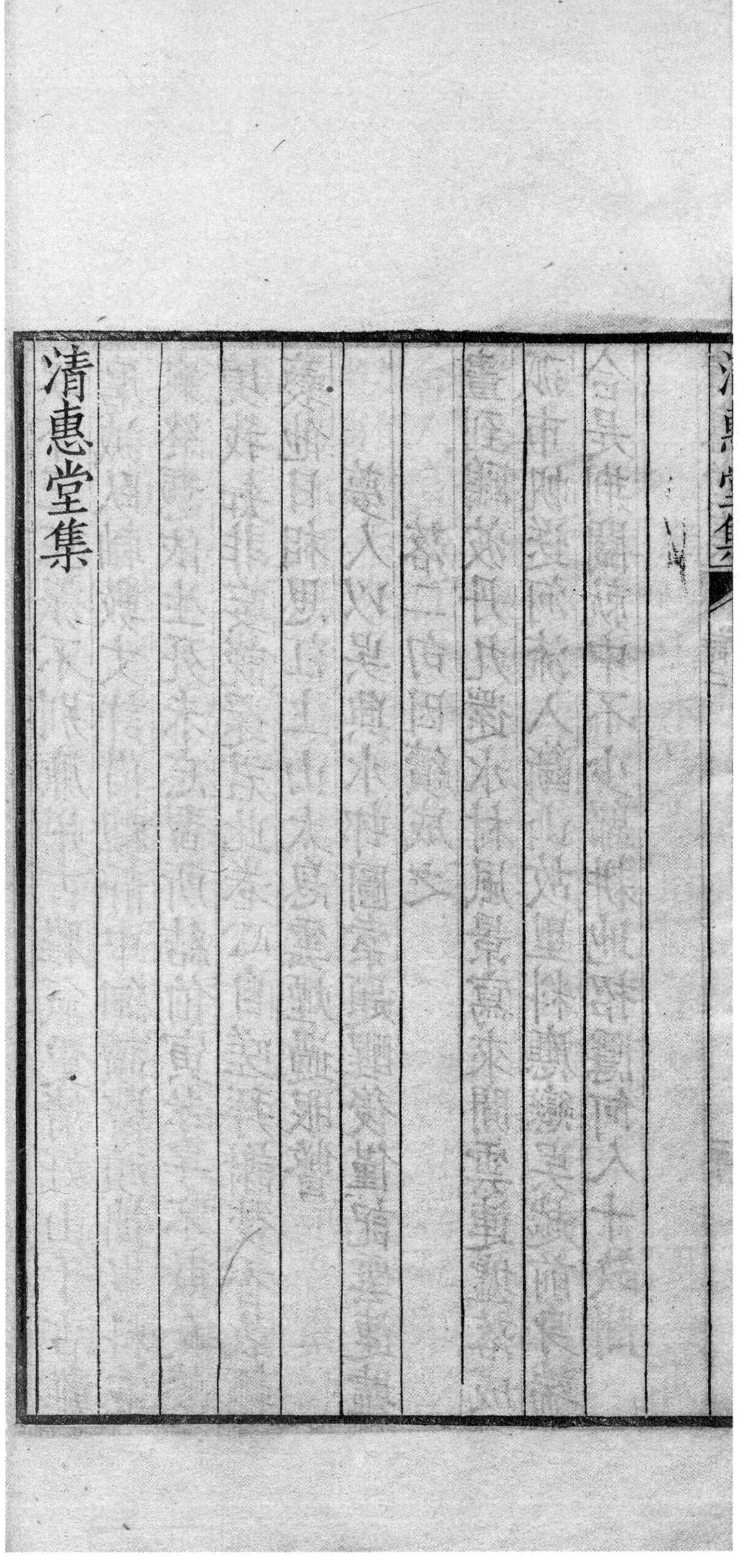
清惠堂集

清惠堂集　　全椒金望欣秋士

詩三癸未至乙酉古今體四十四首

花非花詩八首和朱飯石實發明經作

霜花

數聲曉角起城端一片秋光結露盤月落影容籬菊傲風高香綴瓦松寒征人愁鬢應添白老樹衰顏忽轉丹長板橋頭春去遠落英踏遍路漫漫

雪花

窮陰氣轉蓂洪鈞一片飛來忽見春瓊樹絮妝殘臘柳玉階衣繡早朝人絕無香味方全潔不受陽和任化塵轉眼屢豐齊報瑞衆芳何以補生民

浪花

大波淪接小波漣膩影溶溶媚遠天濺月夜開龍女鏡乘潮春上蛋人船雨來忽散千重錦風起如生十丈蓮記得舊游桃葉渡南朝烟水照嬋娟

筆花

麗藻乘春發管城難除綺語爲多情雲烟氣擁奇葩出枝葉辭刪老幹成古錦囊中藏有跡御屏風上落無聲願君早侍通明殿視草天門待馬卿

燈花

金鉦薰香爛錦衾玉蟲留焰解羅襟紅垂粉蕊蠅頭颭碧裊烟痕蝶夢沈熇煿數聲憐解語朦朧雙

影結同心繡帷不捲扶殘醉誌喜重教緑酒斟

鏡花

懸上瑶臺燭曉昏照來幻影手難捫暈生菱角秋無跡妝冷梅心夢有痕拂拭微塵諸佛果團欒明月美人魂因緣空色誰能悟猶向虛無著眼根

眼花

疑無疑有苦難真眼纈初生顧盼頻井底路迷騎馬客霧中春亂坐船人神方駐景憑雙鏡色界參禪隔一塵世念漸空明轉礙欲除此障日逡巡

心花

一點靈犀趣自饒放開懷抱賦逍遥綺情時逐新

詩發生意春須濁酒澆仙佛證成眞種子兒孫耕出舊根苗充腸錦繡猶支蔓惟有丹誠久不凋

送劉怡川歸山右二首

落魄揚州遇合窮可堪貧病老英雄愛才自錯投黃祖負氣人讒效白公三載垂頭雞鶩食一朝揮手馬牛風計程應向清流過引我家山入夢中

人生聚散尋常事不忘髯公意氣豪作客尚餘枚叟筆論交空脫呂虔刀雲山此後愁三晉風雨他年感二毛畫裏郵亭壯行色思君如見太行高時畫太行山圖贈之

題楊次雲錕山人山水卷子用東坡題王晉

卿畫烟江疊嶂圖韻

蒼蒼莽莽秋天山秋山清極生寒烟在眼洞天不可到披圖一覽心茫然君不見金松紅桂碧百合衛公草木圖平泉又不見竹里漆園木蘭柴右丞山水圖輞川米顛畫史收不盡誰能突過前人前我亦東西學塗抹筆所未至行以天匡廬眞面苦變幻難摹毫末俱鮮妍君今示我此卷眞奇絕朗如初日生藍田川平巖深村落見荒茅古木皆忘年風擁頑雲白靄靄雨洗瘦竹青娟娟林開隱約出破寺寒棲誰伴高僧眠漁樵有逕絕人迹何由直作飛來仙欲早歸山煮白石所慚凡骨終無緣

空持風雨一瓢酒爲君高誦韋公篇

題嚴灘垂釣圖

二十八宿降輔佐一顆客星近帝座河洛千里封功臣嚴灘七里讓故人雲臺崔巍古已壞釣臺幽深今尚在當時只解畫從龍後世偏喜圖漁翁漁翁形貌原無定一著羊裘便可認子陵逃姓難逃名悔不但著蓑衣行

題畫

入山不覺深曳杖留行跡初秋雪忽飄飛泉下激石濕烟戀樹青微霜變葉赤下有短竹籬茅茨五畝宅西窗坐看山機忘趣自適峯遠斜陽明林空

雲氣白此中神仙人曾蠟幾兩屐笑我坐樊籠讀
晝度朝夕

舟中

蘆荻蕭蕭晴亦雨臥聽秋水打船聲隔江山色青
蒼斷惟見風帆天際行

答王第華兆杏茂才楚江看月見懷詩即次

原韻

扁舟入楚天明月伴君眠彭澤曉潮水漢陽春樹
烟躭吟耐風露把酒傲神仙多謝故人意寄詩芳
草邊

篠村家兄以退若璡姪十齡時鄉先達汪存

南中翰所贈詩扇見示命次原韻時距退
若之亡已三十餘載矣傷其才奇而天賦
此寄慨云

月虧盈滿日昃中石火逐電雲隨風世間堅牢豈好物聰明非福千秋同吾宗忠孝十六代武功世胄來江東伯父雄才作博士詩摩石鼓聲逢逢子孫讀書貴實學從無頭腦成冬烘退若垂髫露英氣軍掃童子如發蒙年未弱冠食既稟宿儒訪問皆虛衷音韻字畫得神解聞者唯唯慚夏蟲談雅豹鼠注辨別牋詩草木名昭融盈朒旁要九數識春秋易象羣經通豈料嚴霜萎春草狂飆吹去如

秋蓬二豎嫉才生狡獪岑岑外阻復內訌鄰公此
痛胡可解傷心兩耳爲新聾白楊葉落先梧桐江
蘺苗萎餘營藭金環藏傷李氏樹元亭草憶揚家
童弄時詩扇慘觸目人亡物在悲何窮玉樓詔書
蹙年少彼蒼瞶瞶亶不聽我讀此詩惜其命悽然
掩扇篇難終中翰愛才人倫鑑辭章千古光熊熊
贈句佶屈列祭獺法書妙逸驚飛鴻寶貴長康通
神物蠹蝕脉望成仙蟲巾箱寂寞四十載襃爲立
軸猶精工品題字字發光焰恍如玉石經磨礱我
彈長鋏方歌馮竹林小阮同幽叢（時與若同客揚州）望君
不及浮雲宮芙蓉城闕生虛空雷車風馬天垂虹

君靈應降華胥東君家高堂年德皆隆崇君兒戲學俎豆陳列籩顧恤我後甚我躬毋使螟蛉成倥侗（與若以子疇嗣退若）和詩好作招魂曲招君東岱西華南衡北霍中岳之高嵩

更生紀事詩（有序）

揚州人與君於詩嘉慶癸酉秋父子皆客曹縣幕中遇匪變被刃首傷十二處去其半面死四日俱甦改名更生甲戌南歸熊介兹（方受）先生爲徵詩事詳吳山尊先生紀事文

妖星照野垂光芒山東小醜羣跳梁入曹殺令兼殺客與公父子當其殃孤城斗大天地黑賊至如

風刃如雪客起救令刃中額子起救父首並裂一
腔義憤貫雲霄四日重甦死不得鬼燐閃閃聲啾
啾尸骸枕藉成山邱夢醒捫傷十二處子扶父立
庭槐秋改命更生不自信冥中定有神爲謀悠悠
蒼天高莫測無門禍福誰招求君不見昔時羣賊
今懸頭與公半面歸揚州

喜晤李介石穀徵君

一尊暫作天涯別雙槳翻爲海外游介石由吳淞渡海至通州
方向暮雲思李白忽隨明月過揚州江山對客青
長滿鬢髮催人白漸稠定有新詩容快讀將離開
後不勝愁

題汪又生甲汪朮齋乙吳西來本源三茂才

列岫樓夜雨聯句詩集

才人筆挾風雨氣筆所欲至風雨生何況風雨促人與空齋酒罷聞雷鳴汪君好古富經笥干時恥以辭章名未能免俗結文社開園會友求鶯聲阿仲肩隨最秀出社中吳子尤錚錚三人論文各據席屋角蟲語時三更雄談未竟狂飆作黑雲含雨東南行電火穿簷霹靂過高樓萬瓦聽璁琤披襟當風煩暑退槎枒肝肺詩腸撐眼前什物足光怪製題六十勞經營集中聯句詩六十首皆以什物爲題傳牋聯詠學韓孟五言鼎足爭長城詩成雨止興未盡飢蟲作

陣天將明手鈔別本示我讀五侯合鯖遺君卿我聞古人銘几杖立言字字經權衡後人博古嗜鐘鼎周秦款識編摹精服食器用不能詠懷藏贋物何其傖諸君才大九能備以詩爲戲詞縱橫便可勒物垂不朽讀者讚歎皆公評我與郭公有同好斂手無間惟棋枰伯寅謂棋枰詩最佳信然同思半夜吟與作入樓風雨非無情

哭郭伯寅詩八十韻 有序

伯寅與余雅故病已年餘雖形神日衰賦詩往復和險韻雄談戲謔不異疇昔惟戒酒不飲耳今春余將之維揚猶作竟日會比有人自里門

來道伯寅已於四月二十九日死矣聞之流涕比鄰失此良友感念輾轉佛鬱交積中夜忽夢與伯寅晤對笑語甚歡余袖中出輓詩示之伯寅曰我自二月即之漢陽未嘗死也驚喜而寤夢中詩其首數句朗然可誦餘則不復記憶因補成八十韻以抒衷悼伯寅有知悲無窮矣

一死何其速傷哉郭伯寅天涯少知己鄉曲老斯人才自堪千古年方出四旬夢中句竟成永離別空憶舊精神仰視清揚目低行短小身眉濃微礙額鬚少不遮脣翁伯形雖陋林宗氣自信髫年稱國寶至性重天倫生本名家子長隨盛德親鳴聲清

老鳳器宇藹祥麟梅柳過江客芙蓉入幕賓龍山晴爽節牛渚豔陽晨伯寅幼隨尊君賦梅先生讀客太平守陳公雲幕中畫臨煙閣聯吟坐澗濱青螺看隱現白紵伴嶙峋鶚薦逢文舉鴻裁拔郤詵桂宮音易捷杏苑運偏迍屢上祠官策空馳要路津隨珠拋彈鵲趙璧韞懸鶉歷下賓方集高唐路可遵華不浮削崿趵突漾漣淪布韤堆塵土柴車踐莽榛風沙飛漠漠原隰望畇畇開府虛危野通家大小陳陳公預巡撫山東陳公雲之兄也招伯寅入幕遠猷密參贊碩畫下咨詢邑宰勞忻慕人材藉選掄伯寅善齊河蔣令曾主講濮州書院魯王宮起敬郯子國沾仁時修曲阜縣孔廟賑郯城饑暮雪愁攀柳秋風苦憶蒓

忽忽歸里黨草草出城闉長劍雖稱俠空囊莫救
貧林難支老竹蔭久失靈椿（伯寅既失蔭兩叔父繼亡貧困日甚）仲
弟登三甲前年宰七閩木天謝磨琢火地荷陶甄
（仲弟名應辰己卯庶常庚辰散館授福建將樂令）風雅儒非俗廉平吏甚
循鄉原多寶玉氣不識金銀徒賦桓山鳥誰甦涸
轍鱗竈黔憐墨翟裘敝惜蘇秦況值讒言起爭求
壯志申狐悲殊泛泛犬吠卻狺狺學縱參安忍（伯寅
性急署其室日安受忍齋）魔猶起怒嗔虎須非可捋龍性詎能
馴忿欲交成損經綸始際屯雁行看又斷（伯寅六弟茂才
新亡）熊夢卜難眞星小窺參昴花嬌助藻蘋維摩偏
善病絡秀謾含嚬稱帥家多債祈男妾有娠占之

惟瓦楊何以繼香禋伯寅前春納妾生一女骨肉思方切功名事未竣鶴應戀華表鵬竟上承塵憶僕居窮巷同君作比鄰戶羅峯奕奕樓枕水粼粼白社禪時說蘇齋道未泯伯寅詩宗蘇文忠公藏蘇齋遺像每公生日必約予賦詩爲壽唱酬常戒懶過訪弗嫌頻快論如翻水豪情似飲醇懷人思渺渺誨我語諄諄交誼推平仲吟儔重李紳萬言探靡盡六合賦無垠險韻詩堪贈奇形字足珍舌開花頃刻心醉酒逡巡書借攜瓻例圖觀折帶皴伯寅藏書及古畫時借讀談經尋杜預評史問裴駰誦有三千牘藏無百萬緡出門愁道阻擊轂厭車轔驛柳風絲細山桃露粉勻歲芳驚沈約夕霽盼王

笑東風前一雙皓腕潔似雪幾絲緑鬢輕于烟欲折花枝情不忍倚欄立瘦纖腰影橫斜香拂鴛鴦釵朦朧粉墮蝤蠐領前年記得花開時妾髮覆額牆東嬉揉碎桃花靧嬌面朝朝臨鏡看蛾眉但見花開復花落華年如水身誰託何時愁逐青春消不憂命是紅顏薄君不聞連昌宮中千葉桃玉環妃子容爭嬌一旦霓裳罷歌舞落紅蔌蔌魂難招又不聞武陵源中避秦客萬樹桃花作城郭東鄰女兒嫁西家到老不知怨離別我讀此畫三咨嗟美人愛身甚愛花但願隨風落裀褥莫教斷梗歸塵沙年年繡戶春如故金縷衣邊淚痕汙成仙未

必遇劉晨憐才及早尋崔護

春雪

和風送遠雁細雨開遲梅方欣景物麗園林恣徘徊羊裘敝早脫候管無寒灰豈料物極反朔吹生城隈夜嫌布衾冷曉訝棠梨開霏微數點雪斑駁堆春臺殘滴竹枝響新萌蘭芽摧禦此非時寒清曉傾金罍我聞父老語春雪多旱災物理固可測天心終難猜去年東南水廬舍隨波頹至今未安集中渚聞鴻哀老農日望歲耕耨時將催彼蒼極仁愛斯雪胡爲來所喜見睍消薄不留塵埃聊以警衆庶天意或深哉農書未可信冗食亦當裁綱

繆在未雨知道一言該豐年謀貯積庶望經綸才

送汪自庵申太學

握手揚州酒易闌相思只在翠微間送君又向江南去滿目青青北固山

家雪舫以長紙索畫賦詩還之

學藝有巧拙巧拙當自知兼營無絶技絶技歸專司鍾繇善作隸行草讓羲之羲之書品上畫品何其卑道子畫佛像聖賢待伯時右丞畫山水禽魚歸徐熙黃荃畫花草仕女無臙支畫牛與畫馬韓戴途分歧畫水與畫火孫張意各馳推之大小分難以勉强施我於讀書暇學畫聊自怡遣興與賢博

奕得意開心脾尺幅自舒卷邱壑足主持時於衆山麓信手寫茅茨恍如入山去身臥槿竹籬藉此息妄念此外非所期今子遺我紙滑如新繅絲一幅輒數尺展几四邊垂伸腰欲把筆流汗先交頤一水復一石十日五日遲廢時更失事無論精神疲何苦竭智力留爲世人訾譬如初學童春蚓字堪嗤强授椽大筆僵走夫何疑與其索我畫何如索我詩我詩雖不麗少小曾從師臨鏡照顔色能辨妍與媸毁譽隨衆口黑白難相欺我畫如盲瞽門牆猶未窺有時人譽我我知皆諛詞子有嗜痂癖此癖無乃癡與詩不與畫我意誠無私知子展

詩讀一笑舒雙眉

題王第華獨立圖時第華客漢陽

王郎王郎君何不登金馬上玉堂胡爲乎獨立於楚山之側漢水之旁漢水流湯湯東歸君故鄉水自東流兮人自西行人生能幾何歡樂苦未央功名不早立白首徒傍偟拔劍斫地爲君舞問君獨立誰與伍舉杯向天天不語君不見正平擊碎漁陽鼓留得鸚鵡洲前一抔土蒼茫宇宙間何地容黃祖公孫子陽井底蛙上蔡丞相倉中鼠或歌或泣可憐蟲孰得孰失塞上翁昭王買死馬葉公棄眞龍廣柳車中載季布賃舂廡下埋梁鴻國士無

雙依亭長恥居胯下非英雄天壤會當有知己伯樂一顧羣能空方今　聖人坐明堂英材濟濟歸巖廊市上辟馬周獄中出鄒陽翰林有李白郎署無馮唐平津君侯開東閣廣川夫子舉賢良到處彈冠皆貢禹何愁在位無王陽君何不登金馬上玉堂胡爲乎獨立於楚山之側漢水之旁

爲錢鐵史寅直茂才題畫

久居城市如樊籠夢魂時與青山通野鶴性成喜遼廓恨無健翮摩蒼空揚州卑濕不可以久處況值四月多雨天冥濛讀書欲睡酒無力思家西憶琅邪峯鐵史過訪示我畫精神一快揩雙瞳畫中

蹊逕曲復曲筆墨古澹師南宗左有數間屋右有三株松中有穿雲破石潺湲瀑布水上有層巒疊嶂撐天矗立青芙蓉百年古樹出姿態支離肩背如老翁磴道千盤接霄漢神工鬼斧開鴻濛寒煙幕幕絕人蹤翠微深處仙之宮南陽躬耕宜葛相嵩嶽賁畚來王公一朝富貴出山去空山何地尋遺蹤男兒可憐蟲百憂聚心胸婚嫁未能畢兩鬢成霜蓬清泉明月讓猨鶴深山大澤愁蛇龍服藥求仙既虛語買山有願家長窮對此發幻想更欲倩畫工畫我腳著一雙屐畫君手扶七尺筇千秋復萬古長在青山中何為團團磨牛踏陳跡營營

䗲蟻隨凡庸還君此畫三歎息爽然兩腋生清風

題小鶴時還讀書室

去年七月遭洪流故鄉廬舍多漂浮先生讀書一間屋隨波上下如浮漚先生正自壽春返撑船入屋妻孥愁洪流既退十餘日我歸一舸從揚州秋江瀧瀚兩岸失收帆入港河無洲沿河居民半魚鼈牛羊雞狗棲城頭傳聞怪物出我邑非常之變來何由稽首天公待我厚一家安堵親無憂過訪先生見敗屋空階落葉西風秋長鬚奴子向我語光景歷歷猶在眸是時夜半風雨疾黑雲低壓譙南樓石破山崩瘦蛟出湮城夷竈沈馬牛男婦童

叟盡升屋哭聲更較波聲稠我家公子迂且弱屋爲水敗何能修先生仰屋發長歎屋不足惜書難求牙籤錦軸送河伯詩囊畫篋歸陽侯山田數畝雖磽薄往年苦旱今年收賣穀自足易磚石舉家食粥誠良謀經營三月屋完固更蒔花竹羅庭幽好書一時不易聚先徵佳句呼朋儔人皆贊屋我紀水我有深意人知不先生性不治生産黄金入手難淹留風雅豈能救飢凍俗情惟笑蘇秦裘硯田可耕詎足恃災來無妄誰爲籌但願先生對牖戸長於未雨思綢繆

題藁仙鍾馗嫁妹圖

美人騎黑衛壯士騎黃牛鬼婢提鬼火鬼奴蓬鬼頭名曰鍾馗嫁小妹我見此畫笑不休我聞張果娶韋娘又聞小姑嫁彭郎泰山送女過東海河伯取婦臨清漳惟有蔣侯第三妹青溪獨處應傍徨神鬼人天道雖隔各有眷屬原無妨所以畫史出新意九幽深處描紅妝昔有陳老蓮今有羅兩峯舍人而畫鬼萬鬼攢心胸蕖仙後出筆更幻畫人畫鬼皆能工此畫無稽亦有本玩之鬼趣偏無窮

題蕖仙江心鑄鏡圖

揚子江心毒龍死飛入老人鑪韛裏神物變化不可窮爐火純青龍血紫鑄成明月升當空鱗甲隱

起精神通只許龍顏照天子揚州歲獻飛塵紅君不見咸陽宮中懸照膽不照入關兵火慘又不見仁壽殿前陳寫形五馬東渡看無靈況復唐宮重歌舞脂粉叢中媚兒女此鏡何能照今古請讀香山新樂府

題藁仙謝太傅東山攜妓圖

蛾眉絲竹快平生恬退何曾少宦情世上但留王景畧斯人無處倖功名

題郭嶺生嘉桂茂才斜倚熏籠坐到明圖

蠟燭替垂淚衣香空自熏美人何薄命永夜獨思君翠被愁時捲朱顏畫裏分夢中能一顧願化楚

山雲

雨後

雨後溪聲欲變秋夕陽一棹放扁舟故人家在秋林裏黄葉蕭蕭亂打頭

讀陳穆堂竹書紀年集證

秦阮灰冷伏生出魯宫虛壁聞絲竹漢與高閣開天禄中秘才人富書讀馬遷史學秦漢熟三代紀傳非實録左氏晩出劉歆篚不見晉乘楚檮杌下逌典午平吴蜀蝌蚪古書地下緑以儒發冢論未篤口中明珠異魚目無賴摸金難免俗竹簡燃向人魚燭幸被官收入卷軸寫以今文荀與束璞語

師春外篇續更有逸編傳周穆終魏安釐始殤叔元凱取之棄公穀陳子雅有讀書福嗜此十年日三復注成集證萬筆禿五十餘卷堆案牘堯元丙子繼軒頊迄周隱王九鼎覆證以百家文郁郁奇談妙論出心腹　本朝考據千載獨古史李錯與馬驌李倣志傳愼比屬馬紀本末富邊幅編年一體待老宿今得君書堪鼎足踵門求書車擊轂吾家吉甫抱書哭謂仁山先生通鑑前編

題魯文秋江山人泛月圖

魯叟示我泛月圖清光滿紙江平鋪幾竿竹韻戛金玉一枝楓葉搖珊瑚青天無雲月一顆江神獻

出驪龍珠西風蕭瑟露氣白寒流日夜東南趨扁舟如葉順流下此時光景真難摹我讀斯圖識雅意君今七十黃綺徒少年曾詡富遊釣南歷百粤東三吳半生足跡半天下歸來霜雪盈頭顱種花自得和靖趣作畫不減雲林迂閉戶卧遊六合外仍於山水尋清娛松下孤亭近水郭江南古驛連山郛就中一舸載一叟翁之樂也仙仙乎我亦頻年四方走風微睡穩舭江湖廣陵濤聲正召客二分明月隨人呼

題雪舫珠湖漁父圖

三十六陂秋水濶去年曾駭洪湖決巨浪聲狂散

作花扁舟人穩輕於葉如君豈合老垂綸高足須臨要路津思爲蒼生救飢溺故鄉水利問漁人

題雪舫青燈讀史圖

梧桐葉大芭蕉肥木犀香裏闢柴扉青燈一盞人獨坐西風蕭瑟吹秋衣披圖喜見讀書樂牙籤錦軸擁四圍三千年來治忽迹二十二史通者稀浩如烟海不易涉小儒雙目生陰霏子方年少才力富東生紅日爭光輝到眼十行俱可下速如孔道馳征騑我聞霍光傳未讀萊公不學良朋譏挂角小兒學項羽一誤再誤焉知非所貴讀書正心術由博返約窮精微熟習典章馬貴與通達體例劉

知幾不及温公識理亂取舍考異無依違願君讀此廣學識勿徒飣餖求輕肥亡書三篋知可補中秘一車思借歸承明著作待時至他年名譽應騰飛新詩題罷掩卷卧纖纖好月窺書帷

題諸琴友嘉禄茂才西湖惜別圖

風塵我亦苦奔波展卷知君憶薜蘿爭說故鄉山水好其如人世別離何鶴飛漢口仙蹤遠花看揚州俗豔多但祝早償歸隱志錢唐江上買漁蓑

題汪引泉潮生明經冬巢圖

休園之側考槃阿中有大隱留行窩我隨楊子（次雲）相經過迢遥深巷聞吟哦到門門外可張羅先生

揖客頭長科好風習習吹庭柯夕陽一抹烘簾波出圖示我躭烟蘿數間茅屋山之坡名曰冬巢意云何先生雅尚豈有它世人逐熱如飛蛾冰山相倚何其多渠渠夏屋張笙歌珠簾繡箔藏嬌娥一朝利盡淚滂沱可憐骨肉成干戈萬物生殺天則那嚴冬颸颸春陽和以退爲進眞婆娑閒時自在無蹉跎有脚不著虎皮鞾有肩但被漁翁蓑一枝願寄鷦鷯窠三命豈羨羔羊紽冬巢之內禮不苛素心人至相觀摩題詩作畫凍筆呵薄薄酒醉朱顏酡冬巢之外石盤陀青山萬疊攢翠螺長松雪裏蒼差峩神仙服食髮不皤我愧乞食依鹽鹾書

生閉置如籠鶖桑公鐵硯空自磨難教世路無偏頗偶款君戶愁譏訶仰君清節江與河

題黃二梧承錫太學春耕圖

我少居田間性本喜稼穡風俗古唐虞男女自食力每當春風生桃李弄顏色好山青當門田水流其側蓑笠雨中耕來往烟如織新秧插萬鍼一一鋒芒直老農顧之喜豐歲樂何極方今全盛時萬物皆繁植墾田億萬頃四海醉飽德耕者猶苦飢閭民多坐食揚州俗浮華珠玉誇充塞上下兩河民擔釜誰收恤自高堰漫口民流亡者甚衆君子恥素餐老氏寶儉嗇讀君春耕圖使我長歎息

二梧能書發願寫九經作詩贈之次東坡先
生石鼓歌韻

蘭亭大會歲癸丑裙屐少年扶杖叟稧帖一出妙
天下傳寫臨摹不脛走欲換凡骨無金丹世人朝
學暮誇口唐宋名家日輩出山陰接武誰先後我
謂晉人書雖工考文古義十失九波磔任意雜僞
體空將筋骨傳顏柳獨指羲之是俗書昌黎識見
高山斗文以載道重經術豈許抄胥矜臂肘竹簡
易帛帛易紙粟中有粃苗有莠三豕渡河帝變虎
難尋識字人爲友況以方言亂經訓齊人得登楚
乳榖憶昔東都立石經始用隸體換蝌蚪開成石

經易眞書楷模自昔垂黃耇雕板日盛黑白淆俗
儒考訂羣吠嘷　國朝寫經有蔣衡碑列辟雍如
鼎卣安得登登搨萬本爲我直開雙目瞍二梧年
少筆陣雄思視董趙如部婁俎豆魯公一瓣香藏
盡鋒稜氣深厚殘碑斷碣眞贋分到眼即能辨某
某鄴侯之架米家船錦軸牙籤靡不有常嗤學究
未知書舉手生硬如帶杻魯文有時譌作魚犬字
居然畫成狗亦有聰明解八法點畫錯亂昧奇偶
發願寫書惠儒林載籍極博經爲首磨穿鐵研筆
成山滎雪精神智所掊今人舍經事帖括衆方棄
擲君能取見示眞蹟大如錢晴窗展讀除塵垢我

愧胸無字九千兔園冊子空相守童時誦習今茫然傳世讓君三不朽好將定本散人間刻之金石千秋壽

第華芳谷子春以黃鶴樓延秋唱和詩見寄次韻答之二首

三楚江山氣勢蒼高樓百尺點秋光好延庾亮尊中月同掃潘郎鬢上霜出水魚蝦新上市滿枝橘柚正垂牆德星聚處詩天爽憂思能忘有杜康

重陽節近見君書遠告晴川攬勝居山色一簾供把酒江田萬頃待攜鋤塵心厭苦思閒後書味回甘在睡餘我欲耦耕來漢上共乘下澤少游車

馮少渠震東賢良過訪攜青山圖見示題詩送之

馮公示我青山圖，烟霞坐使生廊廡。指我山中嘯傲人，偃蹇無心到官府。埋頭把卷琅邪峯，那許塵埃上眉宇。忽逢聖世弓旌招，欲變巢由作臯禹。一朝獻策公車門，多恐山靈心不取。我謂先生濟世材，豈容木石留公輔。白雲出山莫歸山，早爲蒼生作霖雨。

清惠堂集

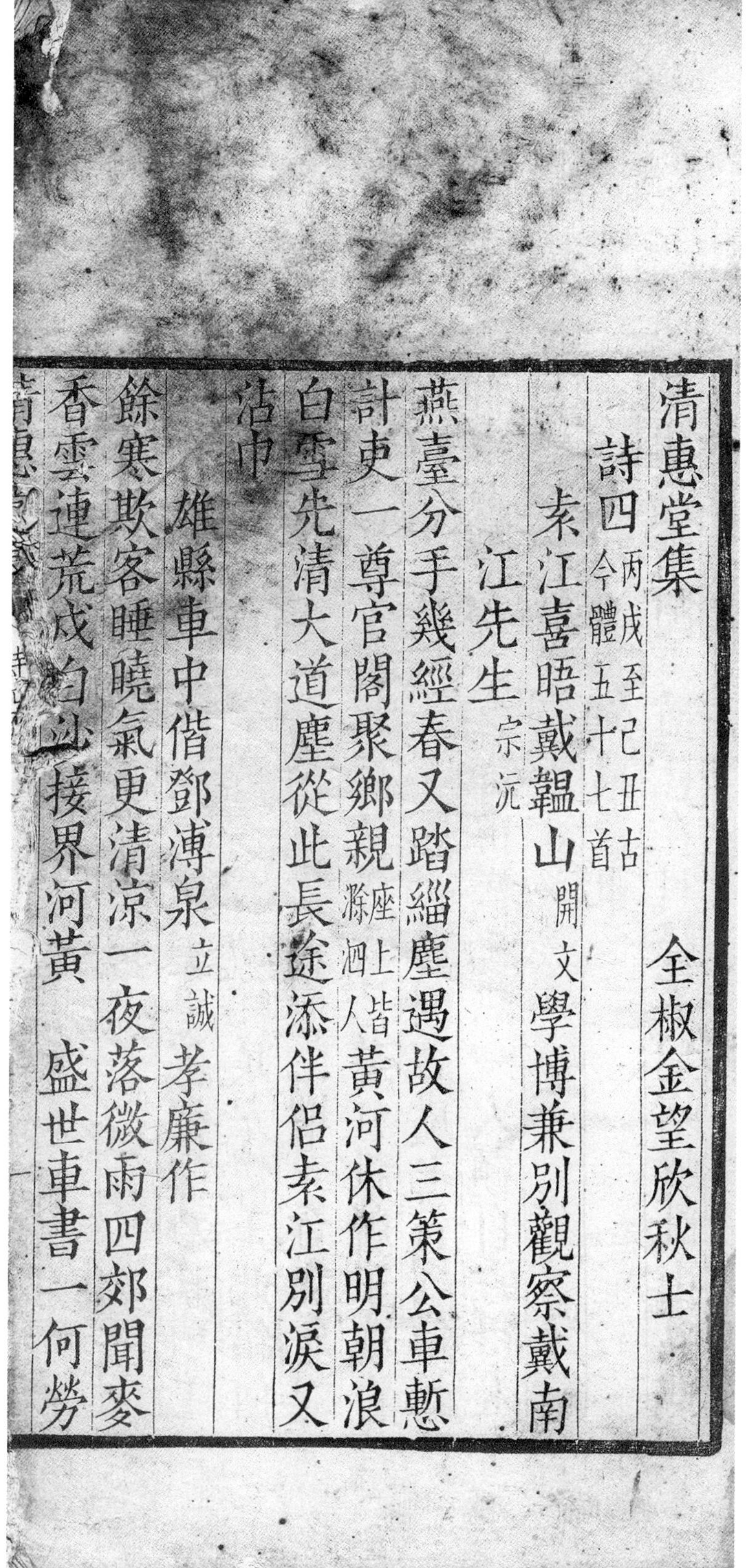

清惠堂集　　　　全椒金望欣秋士

詩四丙戌至己丑古今體五十七首

𦒓江喜晤戴韞山開文學博兼別觀察戴南江先生宗沅

燕臺分手幾經春又踏緇塵遇故人三策公車慙計吏一尊官閣聚鄉親座上皆滁泗人黃河休作明朝浪白雪先清大道塵從此長途添伴侶𦒓江別淚又沾巾

雄縣車中偕鄧溥泉立誠孝廉作

餘寒欺客睡曉氣更清凉一夜落微雨四郊聞麥香雲連荒戍白沙接界河黃　盛世車書一何勞

筦鑰忙

項王墓

道出古穀城風沙塞行路下車望豐碑乃見項王墓王才足亡秦不待空名助蛇足立懷王此錯何可鑄徒成放弒名勁敵先自樹范增多奇謀所謀無乃誤不解薦淮陰武涉説已暮枉殺韓王成自送留侯去致把千金頭仍葬封魯處七首剄鍾離柳車匿季布二客從田橫王無一人顧自古得人昌養賢貴有素

東阿道上溥泉覆車

驅車過東阿夾道已在目怪石何峆岈亂山互起

伏車輪觸石行輾轉入山腹瘦馬仰天鳴客心愁折軸去車未出險來車已入谷峰迴纔鳴鞭路轉又擊轂雨過山溜奔奪路下飛瀑石剛泥自柔左陷右即覆悔將千金軀丐此升斗禄得僅救飢寒況乃遭放黜所幸完肢體未足恕僮僕前村望非遥且買尊中緑

題王第華瀟湘歸棹圖即送之漢陽

我從京師歸故鄉五月六日過維揚君自臨安向大別邪水停舟猶未發水萍風絮忽相逢痛飲都忘身是客酒酣示我歸棹圖瀟湘有景誰能摹摩詰樹石何草草姿態橫生筆勢老第一幅王子久椒畦畫

烟雲變態多水墨無跡心手和溪橋村落相出沒
蒲帆十幅衝江波第二幅黃穀原畫披圖細認漢江路夕
陽飛鳥知何處空有歸心不得歸佳山佳水愁中
度君又攜雛作楚游我思兄弟增離憂舟邊長揖
送君去夢魂一夜過黃州

壽許風航培元明經於平山堂

介壽稱華觴平山圖雅集衣冠昧爽興歡笑逢君
揖扁舟曉出游清露秋衫浥高柳陰依依晚荷香
裛裛風亭散餘暑波鏡開平隰舟行境已窮曲折
銜烟入松林轉眼到共拾雲梯級山僧喜客來煮
茗泉新汲登陟竟日懽暮雨歸篷急玉壺競買春

觥船酒易給敬獻君一觴請作長鯨吸爾我髫齡交生小性情習神仙羨鄴侯便腹爲經笈風航十餘歲能默寫十三經有神童之名文戰涂陽時君年方過廿相期意氣豪青紫芥同拾豈料被飢驅各自辭鄉邑君出居庸關我戴吳天笠我上公車門君摯越江檝道途每相左音書不相及登樓王粲吟懷寶卞和泣去歲廣陵秋邂逅空嗚唈一別十四年今年君四十富貴本浮雲修名懼不立願君長壽考晚年券可執有酒且怡顏莫患囊羞澁人生如夢幻隙影駒難縶行樂及良時勝服金丹粒君喜飲不辭索我新篇什衆賓亦譁然弦管歌聲翕不覺歸途遥已

及城闉北（北[illegible]太曾通叶蘇）雲開河漢清烟際流螢濕高高北斗星猶勸酒漿把

偕王小鶴登揚州鎮海樓遠眺和小鶴韻

連朝小雨風光秋新晴同上南城樓登高望遠勢不及全憑甃甓清雙眸東西城郭盡在眼億萬屋瓦人烟稠北望蜀岡螺數點雷陂水涸開通溝憑欄南望獨遼濶龍鱗原隰多田疇金焦北固勢絡繹漕河遠接長江流千帆萬舵順流下夕陽明滅浮圖浮兹樓昔時住吾友（同年卞光河嘗讀書其上）曾如蔣徑來羊求讀書人已到臺閣空餘庭竹風颼颼嗟我與君獨不達閉門又苦無林邱終年作客豪氣盡

何時天外容昂頭黃金臺上遭罷斥竹西亭畔愁淹留君謂此言殊不爾巢許豈與臯夔儔立功立言同不朽神仙何必居瀛洲我愛此邦足嘯傲今年有集名東游（小鶴丙戌年詩名東游集）

題浣花草堂圖

蜀山青枕蜀江隈僑寓千秋大雅才天寶兵戈詩史在杜陵花木畫圖開新蒲細柳驚心久惡竹高松刺眼來廣厦萬間何日構草堂今亦付蒿萊

偶作小畫似癸未渡江時風景因題一律

秋江初漲望無邊曾泛歸家一葉船渾水有時翻赭浪輕帆送我上青天西津木落如飛雨北固山

浮欲化煙風景依然留畫裏回頭羈滯又三年

和黃二梧約同人泛舟訪桂晚飲桃花庵用東坡自金山泛舟至焦山韻

四時逸樂俗所耽笙歌日日來花南叢桂開時更奇絕香風十里聞秋三老僧護花甚護法仰之衣食如桑蠶扁舟訪勝興不淺苦無佳句溪山慙落葉蕭蕭下衆木西風裊裊生澄潭黃金成團繞白塔千樹萬樹香尤酣東船西舫次第集良辰美景供清談日暮佛堂拜先哲三賢異代長同龕（三賢祠祀歐蘇兩文忠及王文簡公）階前一尊會知己說士無肉如其甘穆生在座酒設醴（介石不飲酒）盧仝煮茗泉非貪（家耐軒並

不飲茶歸來大聲發水上主人雖醉歌猶堪兩三星火見城郭回頭已失桃花庵

嶺南陳雪漁在謙學博出都過揚州見訪於个園喜成二首

十載苦風塵長安幾度春東蒙兩征騎南海一詩人傾蓋忻同道班荆喜浹旬青山如昔日貽我畫圖新雪漁工詩丁丑春予識之於東蒙驢背上遂並騎入都今又作畫予齋中

空齋思正苦相見日初曛名詡陳驚座才看鄭廣文勝遊邦上月歸夢嶺頭雲黃葉紛紛下明朝又別君

作畫送雪漁歸

十年三度見京師不忘蒙陰馬上詩明月揚州留不住滿林黃葉送君時

題淩曉樓曙明經草堂圖

萬疊雲山半畝塘畫圖中有鄭公鄉秋風落葉開吟社古嶺寒梅憶講堂青眼嗣宗耽酒樂白頭元晏著書忙半年不見貧兼病環堵蕭然味自長

爲小鶴畫望雲圖

小鶴愛雲如愛書書旁宜置望雲圖勸我畫雲不畫鶴性情能肖忘形軀我苦筆墨素惡劣胸中俗氣何時除猶記讀書五峰下青山壁立西南隅每當風雨山氣合勢如大海潮頭鋪千岩萬壑盡一

白峰巒出没如鷗鳬風收雨止雲不散穿林渡水橫村墟别來十年若在目畫此持贈君何如

題楊節愍公畫像有序

公諱時熙字知白明季署揚州轉運使城破與其子諸生廷棟俱殉節事詳明史史公可法傳及揚州府志臨海縣志　本朝　賜謚節愍轉運司署景賢樓有公畫像景賢樓舊因仰董江都相而名後遂譌公像爲董子像道光三年都轉錢公恬齋遷去張公雲巢受代登樓瞻拜疑衣冠皆明制非漢威儀檢核史乘知爲公像屬吳江郭麐祥伯爲文以祭之六年余訪江

都淩曙曉樓寶山毛嶽生生甫於董子祠得瞻
公像並讀祥伯景賢樓畫像記生甫像讚與曉
樓同爲詩書其後

聖朝表大公作史無曲筆舍生重韓通欠死薄范
質堂堂史督師危邦作輔弼孤城抗　天兵殺身
臣事畢古嶺葬衣冠遺像留祠室　高廟親
褒忠　宸章煥雲日惟公同日死　賜
謚同一律名因董相掩象設幾遺失俎豆久傳譌
丹青誰致詰通儒富經濟仕優勤著述神靈默感
通幽光忽洋溢冠服各有時攷史得其實孤忠宜
表揚祀典斯咸秩春秋大義彰功足江都匹香比

墓門梅清風更如一三賢共鼎峙傳記始詳悉千載景賢樓威儀仰恂慄

將歸遇雪用東坡書北臺壁韻二首

冰痕已失水紋纖風力尤催夜氣嚴布被生寒驚子美玉容掩娉愧無鹽不愁大道填車轍多恐來朝舞帽簷一幅營邱枯木畫家山應露筆峰尖

日暮蕪城起陣鴉已防集霰阻行車絮飛二九河邊柳香散三千世上花今我來思憐戍卒時王師西征迴有年相慶喜農家綺窗更識寒梅放宴客錢堪數畫乂

題江魯洲宗泗太學觀稼圖

江君手持觀稼圖告我觀稼意所儲平生游歷北燕都西及秦隴長城隅南近五嶺東三吳奔走四方爲飢驅自愧老農猶不如何況子孫多紈襦坐食舊德工咿唔否則商賈爲轉輸艱難稼穡焉知乎我歎君語紳可書把圖觀玩頻卷舒千章夏木何扶疏良苗懷新平疇鋪黃童白叟耘且鋤父菑子穫風唐虞松間坐視知勤劬與君新結西鄰居東園近水多膏腴君如躬稼吾爲徒何嫌世俗相軒渠

李介石屬題其友槵樹軒圖

芘蔭思先澤敷榮二百年秋風易摇落大樹忽傾

顛寒家祠堂階東有檅樹一株崇禎年間植去秋爲大風所覆不及華軒種猶
撐落照前披圖增永歎頗爾寶雲烟
送汪介安承祉茂才歸里
揚州四月花成圍櫻桃上市鰣魚肥十里笙歌載
畫舫衣香人影湖雲霏君曰繁華不足戀異鄉雖
好何如歸送君茱萸灣上水蒲帆高挂東風微金
焦瞬息來舵尾寒烟瓜步看依稀樹色濛濛過棠
邑扁舟直上應如飛入戶高堂人健飯候門有弟
知牽衣骨肉團欒開笑口無憂季女歌朝飢君家
大阮正嘯傲樓開列岫山崔巍吾家季方亦遊倦
時予春自漢陽歸里銜杯同趁春芳菲所惜君歸我新出無

由重返花間扉好書借君壯囊槖鄉音代我呈庭
幃問我何時始歸讀年年風雪馳征騑旅食依人
豈久計客中送客空依依

題小鶴詩態圖

臨水兩隻鶴依山五株松孤吟一詩客抱膝何從
容其人骨相瘦清氣橫心胸兩眼曲河漢雙顴高
山峰眉疎面自澤鬢變頭將童與我同鄉黨姓王
字介農別署曰小鶴思繼名父風少年孝義篤早
歲文章工聲名異馬冀書翰同鵉籠半生困矮屋
咄咄長書空行年四十五偕我游淮東作圖貌詩
態千秋寄雕蟲詩名非本願況乃因詩窮世俗厭

此態嘲笑爲冬烘豈知淩雲筆扛鼎同英雄詩家有麟閣請以圖其中

寄子春四首

兒長弟九齡幼小課誦讀父母最愛憐聰明冀福禄貧賤居田間教授農家塾枕上講六經共汝五寒燠窮冬負米歸僅足供饘粥我偕計吏行汝始離山谷青青賦子衿高堂笑可掬荏苒十餘年光陰如轉軸

家貧汝出贅茫茫楚江濱相依句漏令丹砂回陽春新婦亦解事不厭夫家貧扁舟二千里歸來同苦辛所傷蓼莪廢何怙嗟鮮民慈親喜健飯歡承

昏與晨門戶仗仲氏室家和如賓將毋庶有託久客聊逡巡

弟食武昌魚兄跨揚州鶴他鄉足離愁不及故鄉樂有時歲暮歸百計籌囊槖松楸望墳墓雨雪迷城郭閉戶苦無貲衣食計非錯經營肯堂構思免燕巢幕何當連理枝相聚發華萼

今年弟三十夫婦同歲年翻因疾病厄得遂骨肉緣老屋新落成置酒宜流連生時六七月長日方綿綿親戚間故舊賀者盈門前玲瓏鄰侯骨况復來神仙（子春因病而歸臥不能起有過客如丐自謂能醫登床撫其骨節數炙不藥而愈贈以錢不受人疑爲仙云）鬱鬱徂徠松峩峩太華蓮精氣極磅

礴萬古全其天事業基少壯功名恥華顛努力崇明德斯言望勉旃

寄懷介臣四兄兼祝四十壽六十韻

六世爲同祖三年更共師氣原昆季合心以友朋知猶記垂髫日相逢放學期説書聽野館盗酒醉茅茨懷橘來深巷攀菱墮小池紙鳶風裏墜竹馬月中騎方朔千言誦虞初萬卷披腹能成夙構氣豈懾朝飢廣譽邀青眼英姿擅白眉上庠先後入下筆短長宜浦口停舟待滁陽挾策嬉晴波桃葉渡幽草左司祠百里求由米羣峰接董帷荒郊村酒熟孤店蹇驢嘶洗盞花臨水開門槿織籬閒雲

借采藥李布春顛米並摘辭石如恒醉有汪倫勸汪小亭
狂惟李白隨李芝亭薦慚遲狗監交喜擇牛醫弱冠
雷霆鋭華齡日月馳干霄空拔劍立地孰餘錐骨
肉傷凋喪關河間別離皖公山絡繹兄借潤生姪游皖城揚
子浪漣漪欣游廣陵昔在壬申歲君方廿五時阿咸憐
叔困邱嫂念親慈雞肋難抛爾豬肝遽累伊鱸魚
蒓菜味鴻雁稻粱思畫鷁橫江勇妖蟆蝕月遲兄夜
渡江值月食既幾不得濟蕘砧秋後至虀臼夢中炊死喪猶無
已佔危不可支莫綿萱草愛更廢蓼莪詩遯跡居
窮谷長齋絕飲卮安豐幾滅性伯道尚無兒五載
懸鰥目三旬續兔絲穉雛方在抱瘧鬼又相欺垂

絕書函慘重蘇氣息嬴琴拋青玉案花謝紫荊枝氣運天爲主文章命孰司未教蠅附尾空歎豹留皮後進皆投芥先生屢問著屠龍原自誤失馬不須悲短變辭椒阜輕橈泛芍陂兄近客壽春淮南新客邸硯北舊生涯我亦誇騎鶴時難望逝騅河渠紅藕落城郭綠楊垂雪裏車聲碎江干笠影欹身惟愁痺濕地枉處膏脂飯喜高堂健家貧仲氏治婦憐淮雨隔弟憶楚雲羇碌碌鼻頭火盈盈口角髭冬烘仍歷鹿夏屋與委蛇去臘經遷徙爲鄰近洽比青山住宏景明月共微之小室唐花發深杯魯酒持采呼盧雉博劫度野狐碁燈正良宵設駒誰

永夕維寸心言不盡分手路常歧遠告方强歲將
徵善頌詞望鄉秋水潤流火壽星移聊話平生舊
難忘少小癡相思百二二語即以祝期頤

紀病二首

秋氣鬱餘熱疾疫方爲殃全家苦藥餌兒痢多創
瘍音書中夜至狼狽歸故鄉入門聞鵲噪兒起能
扶牀高堂漸健飯婦面亦減黄中秋月皎皎歡聚
傾罍觴豈知六淫賊瘧鬼來倉皇
間日疾一作相期如有素微覺毛骨寒四體冰雪
沍寒極熱復生火烈片時舉昏昏不知人奄然朝
至暮老母拄杖嘘兩弟倚門語前門迎醫來後門

送巫去鍼砭夜安眠齋鼓聞清曙久禱愧未能敢怪妻孥誤

讀霍光傳

宮門通籍夜諠譁勳業巍然内政邪故劍長埋方赤族文書空在卒亡家四夷縱可明心腹諸壻何堪託爪牙誰識將軍身後禍魏蕭淪落已萌芽（謂魏相蕭望之）

寒鴉四首和二梧韻

歲暮寒生老樹村羽毛黷澹向誰溫清聲空入琴中調瘦影長留畫裏痕萬翅摶風遮碧落一羣和雪下黃昏丈人屋上思香飯猶有空巢未報恩

年年踪跡滯江鄉難共飛鴻覓稻粱白首無聲啼
靜夜黃金有色借斜陽不妨獨處依牛背何肯成
羣啄馬瘡莽莽蕪城風雨急莫教終古戀垂楊
空江作陣啟重圍點入遥天影漸微亞子孤軍驚
北至阿瞞杯酒怨南飛日邊難託心先冷雪裏初
歸項更肥休動鄰機秦女恨玉關千里夢征衣
棲遲無定問誰憐況值冰霜迫歲年城上畢逋瞻
大屋竿頭獨立下空船荒村落月神祠社衰草寒
烟古墓田終有上林枝可借春回依舊羽翩翩

王彥章鐵槍歌

沙陀風勁碭雲死河上飛來李亞子將軍料敵更

如神力拔南城三日耳萬人辟易勢莫當當時爭
號王鐵槍一槍之勇何足貴此槍能共梁興亡笏
畫山川策不用鄆州死比邛山重叔寶威名没世
傳哥舒肉眼平生痛吁嗟乎五代干戈幾戰場沙
沈苔臥尋茫茫秖今十丈桑乾鐵誤把留名屬彦
章琉璃河橋旁倚鐵長數丈俗呼爲彦章篙

詠史二首

南人重王謝北人重崔盧四姓盡華轂八族咸羅
纙親戚炙手熱盤據連根株老牛夜舐犢飛燕春
將雛爲犧詎所料焚幕焉知虞何如孤寒士散髮
游江湖

丈夫死知己何況君臣間相遇如衆人亦可挂冠還何爲戀榮禄不恤天步艱彥同佐禪代障面心何安休文勸篡弑斷舌神應寒況復英雄主心薄前朝官斬丁而封布慷慨厲頹頑名節豈不貴殺身良獨難

偕許叔由頤明經汪小亭家雪舫夜泛舟

靜夜泛孤篷秋生野水中荷香濕山雨螢火動溪風罷酒笙歌寂披襟笑語同兩三人共載清趣自無窮

舟次灣頭

落日東風和輕舟泊淺渚燈火遠揚州村市聞人

語炊烟起舵樓春鮮帶鱗煮尊酒忘鄉懷高歌慰羈旅船頭暝色來蒼然見平楚春星照遠洲灼爍光如炬展衾喚童僕聯牀多伴侶夢逐岸柝醒燈檠上飢鼠

舟過淮關

渺渺清淮流餘霞燒晚色千檣復萬舵爭向關頭息欲棄終軍繻屢折垂天翼數數往更來關吏應相識文書勘一紙放行喜頃刻乘便御順風那畏前途黑篙師坐船頭箕踞頗自得蓬腳逐岸轉搖盪苦偪仄釣臺不可見王孫飢未食千載愛才心長懷蕭相國

碭山懷古

梁沛驅車動陌塵青山豁眼勢嶙峋風雲漢代歸英主宗社唐家付亂民閏位龍蛇空戰野新豐雞犬孰爲鄰五經不第尋常事卻有兒孫解笑人

謁孟廟

戰國文將喪眞儒道始昌微言師孔子殺運戒秦皇尚友千年聖聞知百世王低徊松栢下未許得門牆時門未啓

春風狂

春風狂猛如虎夜半蔽天起塵土倦客驅車出店門雙耳惟聞樹作雨烔烔燈燭暗不紅前車後車

聲隆隆人語馬嘶不可辨此身如墮烟雲中須臾雞唱東方白黯澹金丸日無色避風暫入任邱城屈指燕南與趙北燕趙美人顏如花繡襠蟬鬢來酒家嘈嘈切切作繁響留人私語聞琵琶琵琶聲停風欲止遊子壯心逐塵起連橋十二柳迎人似到江南望烟水烟水茫茫接暮曛高城車馬集如雲時清管籥寄萬里懷古猶說天雄軍

題費峴來西園感舊圖四首 峴來蜀人山尊先生寓西園時記室也

江湖落魄酒盈卮又觸西園故舊思自愧傭書仍故我無從問字似當時朝官誰重羅昭諫節度猶

親杜拾遺今日披圖倍惆悵廿年前有感恩詩
四海皆知鑿齒名千軍掃處筆縱橫雄文舊價高
鸞掖豪飲長安薄鯫生神武挂冠慈母意廣寒看
月寓公情著書司馬隨人取遺稿飄零孰品評
談藝偕君末座陪燈紅酒緑綺筵開一生文字慚
知己千古英雄總愛才如此江山無老輩至今花
木有餘哀可堪風義兼師友重向西州路上來
竹間亭榭水邊扉圖畫依然碧四圍華表何年仙
鶴返垂楊終古暮鴉飛故鄉田舍行將盡隔世琴
尊夢不歸懷舊有情君獨厚座中賓客幾沾衣

讀魏志武帝紀

曹公橫槊掃千軍敵手英雄更出羣犬子降時元德走猘兒死後仲謀聞眞人虛應黃星見天下中從赤壁分諸葛未亡司馬出淒涼銅雀暮天雲

次韻答叔由見懷

泛舸韓江濱十年夢未覺破裘解戀人春分尚飛雹近喜旬日晴柳枝青可擢畫舫多游女微睇送綿邈夭桃笑野渡赤瑕露駁犖梯登樓尺五雲去天一握羇人寡懽悰爲君略揚搉旅邸近東關鄉園眄南嶽千金享敝帚三獻泣完璞繞指曲如鉤射聲鳴失骲適越笑章甫仕魯效獵較空張李陵拳難奪尉遲矟惟有覓醉鄉壺中天日晫亦或逃

畫禪水石狀礐硞吟興日以减倦如聽古樂得君錦一囊兩眼忽洗濯造句奇且險山徑踏犖埆又如控駿馬五花眩皇駁班揚駭光怪韓孟鬥堅確告我淮陰遊暫息滄浪櫂侏儒飽欲死飢獨讓臣朔喜有鹽鐵論幸無酒酤榷紅羅裹明珠朱絲繫雙珏能事入牢籠苛禮厭握齱金重郭隗價木小齊匠斲層冰黃河堅一飛塵北風濁廨舍何荒穢土地本磽埆身雖烏在籔心實蟬脫殼虛白生斗室神智豈備晉籌燈讀雲笈夜起雞喔喔氣健春忘寒風雪任紛颸官駭原寄宇所畏易傾撲坐隱何逍遙行吟偶跉踔浮雲視富貴風影誰捕捉笑彼

緇與黃見道未必卓念我別離久春秋去逴逴牛
阜囷騏驥雞棲倦鸑鷟何時脫塵網同放籠中鶴

次韻答叔由問小鶴近狀

鶴飛仍向故山行方寸長懸未捲旌兒女累多先
老大墓田荒盡又清明難除酒癖兼詩癖未解治
生况養生知有故人能料事尺書三月到蕪城

爲惠秋韶潤茂才寫雲居曉色圖雲居山在杭州錢塘門外

幽人性愛山登眺趁清曉窗開秋氣高雲居屹天
表楓林列蕭森松壑望窈窕宿雨雲將收晨炊煙
忽裊山浮烟雲間一覽青未了神龍勢蜿蜒出没

認鱗爪摹寫乏健筆仙境失縹緲不如借天風烟雲氣全掃坐看東海濱初日上杲杲

偕朱稻生轂昌明經郭嶺生个園晚步

園林夏扶疎苔蘚接行路穿籬繞鶴欄藥田一散步微雨過城頭斜陽在高樹手撫新竹竿徘徊不知暮

江雲樵先生臨泰寄贈簡平儀及手繪渾蓋通憲各圖賦長歌答謝

吾鄉算學推吳許謂吳舍人杉亭先生及許大令芳谷先生淵源皆本梅徵君先生後出更精絕妙悟神解超前人手製漏鐘轉河漢中星應度司晨昏先生能用通憲法製恒星平儀嵌入

自鳴鐘面旋轉合天泰西割圜伏八綫秘鑰獨啓乾坤門以平御渾繼秒合利氏創製今能因水部演説世傳寫焉烏亥豕譌其眞舍人舊槧子孫失有程夫子藏爲珍程邵亭先生所藏渾蓋通憲圖説係杉亭先生本先生借録廣奇器繪圖毫末旋規輪先天河洛出陳李世無康節傳何人我曾空山卧六載自嘉慶己巳至甲戌讀書五峯山中窮鄉坐井觀三辰南箕北斗識形狀旁要盈朒迷涯津先生不惜枕中秘每歸里黨談兼旬遠書惠我圖與器開卷精妙誇無倫六十老翁竭目力秋毫鋭附牛毛皺鍼芒一一剖黃赤重規疊矩模洪鈞梅劉今日如復作杉亭先生算學受之江夏劉允恭先生允恭受之宣城梅徵君心

源一脉徵傳薪我將什襲比衣鉢視此途轍相依循周髀渾天理合一何愁辨難來揚雲

上方寺訪東坡石刻兼懷漁洋先生

我來廣陵十二年江山勝跡終茫然閉門日日鑽故紙心香私淑峨嵋仙寓賓蘇齋有東坡墨蹟上方僧寺古禪智聞有石刻留佳篇當時詩贈日南使龍蛇飛動神翩翩人事代謝變今古惟餘斷碣棲荒烟漁洋司李繼蘇起詩名政蹟追前賢拂拭遺墨出蔓草波磔毫末皆完全漁洋不作又百載東廊風雨空鳴蟬招提清淨遠塵俗森森夏木撐青天摩挲碑石讀萬遍前生香火非無緣吳公臺圮迷樓燬

大業宮殿犂爲田世間萬事雲過眼獨有文字千秋傳粗砂大石不能禍風流照耀林與泉眉山新城雖異派詩家各豎天龍禪後遊憑弔更有我無由把臂隋城巔高山景仰日易暮一聲清磬空堂前

緑陰

簾垂清晝靜無譁繞屋扶疎夕照斜就蔭遠聞聲有鶴護巢低見影翻鵶簷前濃翠添新竹風外餘紅賸晚花猶記去年塵土夢高槐多處暫停車

讀梅村詩集書後

雨深空館酒盈杯慷慨歌行上口來七字詞人長

慶體一朝詩史杜陵才蓬萊宮闕身曾到烽火乾坤首重回仙籍惜無雞犬分江關蕭瑟有餘哀

叔由以閏生日索詩賦長歌答之

君年長我惟一年戊申己酉君月早我亦一月生日先我兩日耳四月初七五月初九呼君爲兄從束髮君遊淮之北我遊淮之南中隔一淮水神交以筆談銜書忙赤鯉魚尾開緘十韻百韻險語長諵諵君才如潑水苦君方未已剛逢閏生日索我賦詩之書又一紙我聞東坡言長生未暇學請學長不死凡鉛家火君慣燒大耳豐頤神氣紫瓊宮玉女來翩翩蛾眉一笑東風前左挹浮邱袖右拍洪厓肩通明殿

上看鵠立文人慧業皆成仙胡不遍索吉祥語使
君富貴延君年君謂此言殊不然瀛洲蓬萊方丈
無眞傳仙人今已謫塵世惟吾與爾共游戲爾如
洛下閎吾似漆園吏漆園文字奇非狂尤非癡長
生久視在性命鼎爐龍虎吾誰欺洛下會計當古
今共一帳烏飛兎走相循環浩劫茫茫天蕩蕩爾
今布算吾生時至今日月幾推移萬象盤旋如磨
蟻乾坤欲息終無期我謂君生至今閏生日萬有
五千三百二旬奇又七其間閏月十五圓四度生
日重開筵四度君年四十三百年十度君應堪人
生三萬六千場歷徧到此不死寧非貪倘使百年

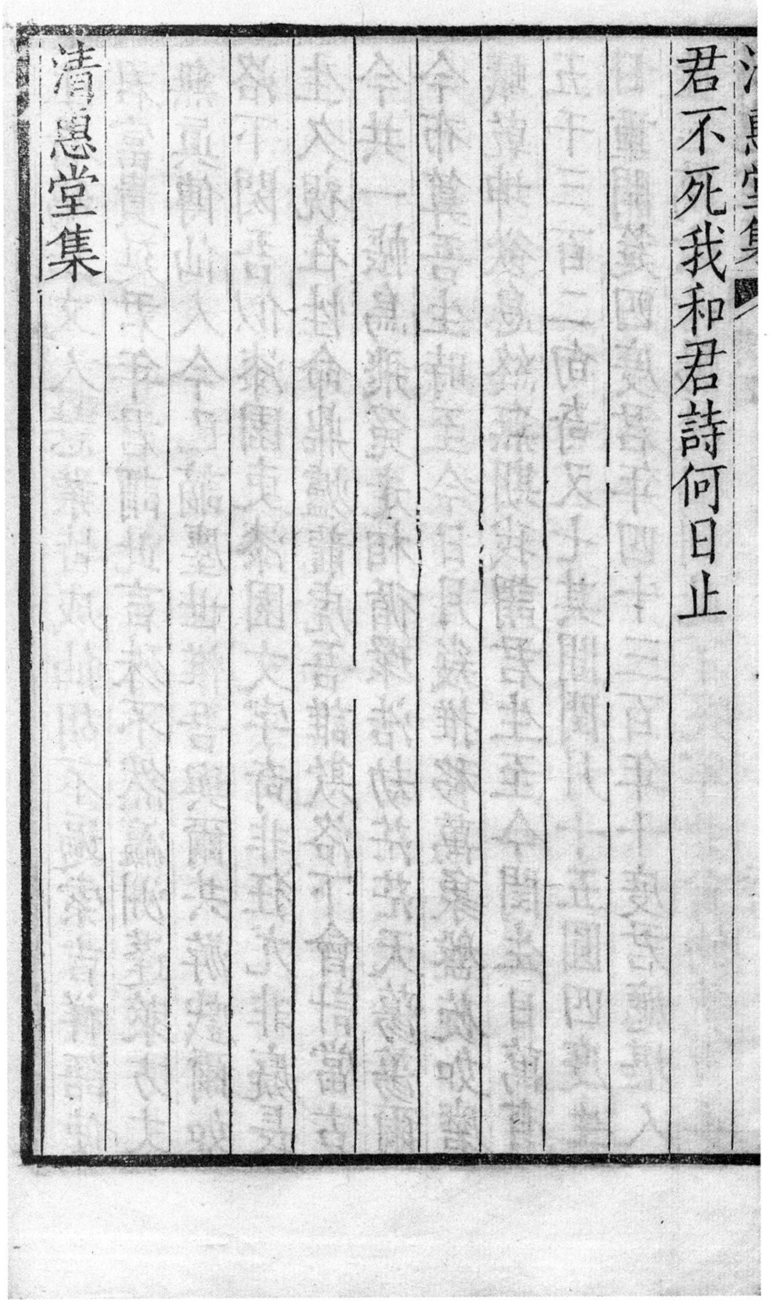

清悳堂集

君不死我和君詩何日止

清惠堂集　　全椒金望欣秋士

詩五（庚寅至甲午古今體六十八首）

由丁溪泛舟陟萬松嶺登平遠樓望南徐諸山用謝康樂從斤竹澗越嶺溪行詩韻

新晴棹輕舟煙波變晦顯風枝暮蟬噪濕葉斜陽泫清香發早荷遥峯憶幽峴微雲界遠天雨脚落遐緬林深路若窮鏡開溪忽轉羣巒聚松聲蒼翠疊深淺臺榭煙外明風濤靜中卷陟嶺一登眺青山豁雙眼孤墖浮雲中清空畫圖展江氣白茫茫歸帆不可辨願攜京口酒命儔與共遣

浮山禹廟

片石書峋嶁靈宮鎖寂寥江淮千古靖風雨百靈朝端冕威儀肅升香肸蠁昭荒庭喬木老徙倚聽鳴蜩

讀劉盆子列傳

赤眉西走何倉皇彌天風雪軍無糧溺社汙井掘陵墓淫辱妃后尤猖狂我謂此言非實錄范史蕪穢宜天殃飢寒發塚爲貨寶何心地下窺嬪嬙呂雉就木歲已耄髮齒墮落腋下傷縱使如生藉玉匣老媼貌已殊姬姜何況羣盜日剽劫長安子女遭其創豈乏蛾眉恣强暴卻從腐朽求紅妝不汙生人汙死鬼事外情理皆荒唐惡居下流衆毀集

生前誰使侯辟陽身已葢棺復受侮奇冤欲雪慙無方我詩足洗萬古恥讀史有識誇微長

吴公臺懷古

廣陵有高臺昔峙雷陂上雷陂今已涸高臺何處望思古空徘徊平遠自遼曠父老相傳言遺踪半已忘傷哉竟陵王專城肆無狀白首沈慶之偏師氣何壯憑高教弓弩兹臺實始創繼起吴明徹力與高齊抗江淮盡戰場增修列兵仗六代烽煙銷大業清遊暢春草滿雞臺後庭鬧鬼唱滕上失麗華頭顱惜隋煬竟把平陳業換此歸魂壙愛子生相捐蕭娘死同葬茫茫千載後憑弔成悽愴信史

既無徵孤墳尚餘謗吴公事陳書本傳不載隋煬帝墳今尚存止有江上山青青舊時樣

寓齋苦熱百事皆廢偶讀蘇公三適詩次韻遣興

旦起理髮

盛夏客淮海苦憶環堵宫環堵近曠野蔭有南山松淮海好樓閣庭小常無風晨起頭目重散髮勤疏通連朝沐且櫛剔垢休息息尚喜未仕宦不患冠衣重鳳皇富毛羽騏驥多尾鬉有時還自累髮密將無同科頭閉戶坐褦襶免相逢鬢稀首易沐所羡惟衰翁

午窗坐睡

窗明欲肄書蒼蠅時掣肘薨薨花脚蚊晝夜靡不有飯罷就几榻抛卷默坐久不覺入睡鄉飄然扇落手神遊夢覺間此味如酣酒性静情自逸聊以裕吾壽踵學至人息木任宰予朽冥心閉塵關憂樂忘拒受譬如璞中玉不洗亦不垢尻輪御風馬物化問莊叟

夜卧濯足

客居快獨宿盡卻衾與裯身免冠履累洗濯除煩憂燈明空館静嘉樹無鵋鶹爗湯濯我足纖垢難相留箕踞事爪翦十指清風颼笑彼逐熱客捷足

紅塵投鞾聲夜槖槖童僕皆青韝外華中腐朽汗氣蒸浮浮縱使兩女洗癬疥無時瘳何如赤脚士放浪如猿猴

歎溥泉瘦甚和小鶴韻

沿門羞學打包僧枯坐何人識秀能涉世一身飢似鶴讀書雙眼亮於燈才高始覺科名賤時蹇應添口舌憎牛皁休嗤騏驥瘦金臺有道直如繩

戴小蘿（丙林）茂才寄南屏僧了義所繪玉厨山館圖屬題時小蘿客漢皋山館其杭州讀書處也

小蘿生長湖山曲更有神仙讀書福山僧居山山

貌熟畫出山中讀書屋我向晴窗展畫讀百尺峯巒勢盤鬱坡陀逶迤接山麓松矯如龍鱗鬣綠左右繞廬盡修竹圍以短垣隔麋鹿風動牙籤千萬軸蕭齋中有人如玉記識斯人兩寒燠面目清癯胸不俗誅茅龍山宅久卜玉厨峯連青簇簇日吸湖光飲山渌史聖經神貯滿腹頻年足音出空谷西向楚天逐黃鵠心恐山靈笑僕僕回首西湖猶躑躅畫師有神地可縮直捲雲山入書簏南屏上人頭雖秃墨名儒行世所獨畫與巨然相追逐此是南宗眞眷屬對畫懷人忽感觸在山泉清出山濁讀書萬卷不食肉四十未沾升斗禄輕弃家山

爲金粟倦客秋風同一哭願代小蘿約松菊三徑有資歸自速

中秋陰雨讀溥泉秋分陰雨感懷用昌黎符讀書城南詩韻之作和贈

貧病苦羇旅出門無車輿秋陰日閉戶故人遺我書書中何所言展視臨窗虛人生殊貴賤性善共厥初忠信如宣聖十室同里閭敏求無專嗜此後難相如變鼠亦有虎爲龍非無魚讀書得至樂此樂與世疎高歌忘飢凍豈慮塡溝渠南山自澤豹東海猶牧豬一朝託日月依光烏與蜍笑彼握齱士熙攘如蛙蛆咿唔兎園冊干祿求食居古今盡

茫昧何以爲人歟昌黎貴經訓文章固所儲龍門
重當世千秋榮有餘鄧公獨行士安貧樂只且旨
哉治心法荒穢勤耘鉏所傷長安市屨躓昌圖驢
進無一升祿退無三歲畬蕪城對暮雨秋草盈階
除願扶大雅輪恥曳侯門裾今之古君子豈受庸
流譽我愧學識陋俗士拘于墟新詩長跪讀當窗
卷復舒明月不可掇涕零持方諸泥塗隔尊酒擲
筆空躊躇

二月下旬過六合老人岡觀壁上詩館人云
馮少渠賢良過此作今知少渠病足大梁
方伯署中題者非少渠也少渠歸滁寄詩

爲笑次原韻答之

野店桃花春又殘郵亭詩格孰高寒孟公枉自誇驚座子夏何曾著小冠笑躄平原移病榻倦游梁苑整歸鞍他時倘過棠君邑壞壁重題仔細看

予有欲從赤松子遊印章汪自庵嫌刻者未佳許爲重鐫攜至淮陰時許叔由亦客淮陰素有辟穀之志慮其見奪屬刻成勿使見之今得書知已奪去矣戲用東坡仇池石詩韻柬叔由

留侯神仙姿不願組綬綠（漢制綠綬最貴惟相國得佩之）欲從赤松子游仙興已足讀史慕高風斯言常在腹刻石

非斯冰摩掌頞頻蹙視此六字印貴若九州牧改刓得汪子不厭再三瀆豈知黃石公化作連城玉心清趣自同機先事已伏我智勝留侯料君捷于卜得牛君莫喜喪馬我勿逐晉卿比叔由子瞻比禺谷仇池不復返公然奪我欲君無韓幹馬須答郢人曲楚歌唱未工趙璧歸宜速

叔由和詩許以郭香生吉桂明經畫易石自庵亦許爲重刻他石各有和篇復次前韻答之三首

旌陽有家風朱顏鬢長緑蒙莊萬事遺桂下一編足知白守其黑叔由別字知白虛心實其腹放眼凌九州

蓬瀛路蹙蹙思儕鸞鳳羣恥作牛羊牧非藉眞形圖始足遊嶽瀆貪心胡未除頑石寶如玉久欲持贈君詎有機心伏得喪意中事龜筴何勞卜楚弓失不追隨珠彈豈逐石苟得知已大勝老巖谷新詩我日吟彼此各滿欲秦趙迹兩忘休較直與曲他時倘歸來待如客不速

右答叔由

景純詩中仙下筆紛朱緑汪倫與許渾未足稱鼎足語言妙天下笑捧五經腹轉我石心堅解我眉頭蹙十載客揚州落魄如杜牧游仙寓言耳清聽詎堪瀆刻石贈解人贈石如贈玉況得河陽山峯

巒互起伏此諾知必踐未敢私心卜遥思淮陰幕詩酒日徵逐當其磅礴時下筆寫谿谷即使東坡見亦云快大欲臥遊冀先覩更藉話心曲何時歸去來可以速則速

右答香生

我有青田珍嫩黄瀠淺緑六字篆龍蛇老眼觀不足瑕疵剖示我偏傍指畫腹自詡改刻佳一笑舒眉蹙再拜登奚囊典守如司牧知當什襲懷無使棄溝瀆竟忘謾藏戒玉人自炫玉攫取逢許行先事戎已伏反壁盼徒勞斷金利可卜自庵存金戲以爲質作劇聊戲君何爲苦追逐金猶揮手盡有如塡壑谷

況此石一拳奚足厭我欲所吝在手蹟此理君終曲爲君善補過請益償宜速

右答自庵

送汪又生兄弟入蜀兼懷吴肖生秀良太守

一尊纔慰别離愁又送金昆賦遠遊芳草春風過漢口高城落日望夔州杜陵詩思千言壯葛相威名萬古留寄訊西川賢太守循聲應徧錦江頭

静坐

廿年奔走漸知非三徑無資未敢歸但有明窗容竹榻直將朱戶當柴扉消除眉角英雄氣培養心田活潑機門外雪深知幾寸閒愁仍爲客無衣

先少參公馬腦遺印四十韻有序

明故朝議大夫湖南兵巡道布政使司參議會推贛南巡撫金公諱九陛字允納號樊桐官績載東林列傳及兩廣通志道光庚寅春六世孫望華自漢上歸里門於市肆得公馬腦名印六世孫望欣敬賦五言四十韻紀其事公爲孝廉時以忤魏璫著節令棗陽時以護顯陵立功擢郎官榷北新關稅有德農估越人廟祀至今監軍楚粵勦賊破猺威望尤著甲申之變臥病留都殷憂而卒述祖德示子孫用先其大者著於篇云

藏笏傳清白懸車示寵榮昔賢留法物後嗣寶家聲況屬頭銜重依然手澤明鴻章盤鬱律馬腦拭晶瑩武惠摩挲印靈均肇錫名貽謀神所寄述德淚先傾我祖艱危日貞臣幹濟情登車羅黨部釋褐守孤城鐵騎唐陵震珠襦漢寢爭直憑民義勇不畏寇縱橫原廟衣仍舉橋山七不驚花封看放馬粉署聽遷鶯旋應郎官宿來安賈豎氓浙潮空浩瀚帑藏少奇贏但設關津險常寬粟布征平時乾沒禁匝月正供盈澤溥越東惠風留江上清農商新棟宇伏臘薦粢盛（北新關有清惠祠祀公）絳節方移鎮蒼梧久用兵威靈宣豸繡蠢動笑蠻荊李郭勳思

建孫盧勢苦成戈鋋雙鬢老性命一毛輕多壘間

關度餘氛次第平襄樊無夜警雲夢有春耕地縱

連城復天難一柱擎軍書馳旁午皇路失夷庚臺

已圍侯景碑才仆蔡京鼎湖龍忽去華表鶴空鳴

病骨支離厭孤懷慷慨并生應羞范質死足謝程

嬰勝國遺編缺公與姪中丞公諱光辰齊名明史中丞公有傳公無傳

熙朝祀典旌康熙二十六年入祀鄉賢祠東林徵偉節南粵誌

精誠公論千秋在衰宗一髮縈丹青瞻畫像霜露

掃荒塋公像藏祠堂墓在天同院山陽栗主題重寫道光三年水災鄉賢祠木

主漂没望欣重製主送入蘭堂姓屢更公讀書之尚友堂更歷數姓今舊額移歸篠村

兄家墓田憂旱潦廟屋喜恢宏公專祠將圮今始修葺詎料公

圖印仍歸我弟兄珍藏輕萬寶歌詠集羣英舊德
留完璧宗盟託素瓊清芬拜手誦奕葉仰忠貞

題黃韶亭至仲太學虹橋春泛圖

春水溶溶促縠紋一船歌吹過行雲何如漁艇衝
烟雨臥看桃花酒半醺

題汪谷林壬孝廉蜀道游草

弟兄萬里壯游同驢背船脣詠最工才調久傳江
左右詩名新播蜀西東行厨竹裏逢嚴武團扇花
前畫放翁一卷歸裝爭快覩玉鉤寫遍薛牋紅

次韻黃芳谷漢上見懷詩四首

萍踪十載隔江波應憶鄉園舊薜蘿反棹何時浮

月舫歸田同願荷煙蓑鯉魚潮信秋來少鴻雁飢聲到處多安得勝遊重把袂幾回搔首鬢先皤

難忘名園几硯親每逢花發便延賓小紅簫咽三更月太白觴飛一座春交有輕肥惟好雅家無擔石不知貧竹西歌歇樊川老慚愧青雲未致身

無心鐘鼓似爰居閉戶常甘布與蔬娛母夫妻同漉酒課兒兄弟互鈔書還山彭澤非充隱寄食昌亭始學漁猶有故人情誼重尺書千里問潘輿

款款清談臭若蘭開緘兩地各言歡西湖花悔尋春晚南浦雲偕憶弟看秋渚行人孤棹遠夕陽飛鳥大江寒題詩我欲登黃鶴不上春官策治安

題子春筆山吟館圖穀原黄均作圖

吾鄉山勢起西北絡繹馳驟如奔驂平岡斷續繞城郭一峯突兀撐離南我家聚族五百載近山累世窮幽探少年釣弋共嬉戲雲林風日娱清酣開門抱書對不律四時畫境歸晴嵐山靈福我富文藻弟兄賣賦游江潭飢驅便欲別山去林巒雖好何由貪親舍白雲重回首蒼茫烟樹攢青藍今年倦游暫息影弦歌徑少陶公三長枕大被共偃臥此峯仍舊秋光涵明窗出示畫一紙大癡筆墨非愚憨谿壑遠近隔煙水風霜高潔標松楠有田可耕書可讀眞境幻境誰能參我欲高吟震山谷與

君同坐團茅庵

汪又生約同人筆峯登高

衆壑鬱秋氣，一峯矗雲表。夕陽相明滅，容妝何窈窕。木葉下林皋，涼風生娟娟。同爲落帽遊，山高人影小。尊酒讌層樓，窗開列岫繞。矯首望青天，浮雲逐飛鳥。

題侯青甫廣文畫菊贈唐桂峯軍校二首

南山佳色點秋光，座上侯生筆勢狂。三徑抽身詩客健，一枝插鬢酒人涼。重陽風雨黃茅屋，晚節功名綠野堂。移向戟門栽更好，舊餘池館號凝香（署旁凝香館秦斗菴游戎所構）

粘天詞筆推淮海（謂秦斗庵）斫地歌聲動杜陵（謂王澄齋）前輩風流多俶儻將軍意氣更飛騰西風短草盤驕馬落日平原放怒鷹所喜太平無一事看花莫惜酒如澠

朱琴溪（焜）茂才出示名宦江盱巖（天泰）舊尹贈其大父句容學博霖蒼先生（沛）楹帖

琴溪好古常閉門紫陽家學承淵源大父舊物不敢褻篋衍什襲圖書存高齋蕭灑絕塵俗褚虞墨寶垂楹軒我讀題名識舊尹盱巖手蹟清且敦青天傳呼徧萬口（至今全椒人呼爲江青天）後無繼者前劉樊（漢劉公平明樊公玉衡）簿書豈足絆驥足毅然初服歸邱園弦

歌遺愛在鄉校河汾教授生徒緐霖蒼先生亦莊
士兩心相契殊難言毫素投贈重尺壁裝池模楷
遺文孫右軍人品魯公節即無翰墨千秋尊何況
筆力扛九鼎龍蛇滿壁疑飛騫中藏棱角發光怪
觀者袖手誰敢捫願識數言附卷尾他年雪爪同
留痕

題黃芳谷黃鶴延秋圖

一樓突兀臨江立對面青山相拱揖風流江夏有
黃公樓上延秋開雅集長江終古幾經秋黃鶴仙
人去不留赫赫詞場豔崔李蕭蕭戰壘說孫劉烟
蓑雨笠和雲樹都是詩人著筆處江流莫作楚騷

聲鼓吹休明託豪素漢上題襟盡寓公當年我亦擅雕蟲山郵水驛音書速多少新篇寄鯉鴻只有高樓未登眺畫圖眞面看應肖輕帆摇曳飽西風遠岫蒼茫開夕照倩我留題東絹端廣陵惜别淚汍瀾何時鸚鵡洲邊過玉笛聲中共倚欄

題汪蓉洲 埰 太學倣米畫卷子

米氏父子潑墨出一洗畫家鉤勒筆黑白濃淡濕兼乾墨彩淋漓能事畢君師家法竹坪翁丹青妙悟窮天工臨摹古人百千軸獨出新意驚愚蒙酒酣示我米家格蒼翠空濛泯痕迹老顛狂笑虎兒愁未許房山爭氣魄年來我亦逃畫禪筆力苦弱

墨不妍見君此圖長歎息何時腕底生雲烟

輓朱野雲山人 鶴年

滯跡京華四十春蕭然海鶴見精神娛情縑素倪元鎮篤志綈緗郭景純名士無官徵逸品畫師成佛悟前身門前老樹婆娑在每憶書聲淚滿巾前過山人寓齋猶示船山題畫老樹低頭聽讀書之句

讀王夢樓先生詩集二首

先生抱奇骨夙世修行僧生天謝康樂成佛王右丞游行歷滄海朝日扶桑昇陰風扇古米絕島懸神燈謳吟發光怪風骨宜飛騰短檠霜夜永一讀一服膺

俗士不可醫東坡留妙語詩人無他長胸中絕塵土風騷久不作李杜亦已古驢鳴與犬吠繁聲競吞吐鳳皇千仞飛德音中律呂世無師曠聰雅俗誰辨取先生得天厚此道識甘苦說詩如說禪滄浪有法乳

讀夢樓先生赤壁懷古詩次韻二首

嘉魚江上夕陽紅南郡旌旗想像中鼎足勢成無漢土碁枰劫定有天公綸巾指顧三軍壯檣艣倉皇一炬空到底曹瞞差解事甘將荆益讓英雄

使君若竟殲長坂王氣居然在許昌年少風流能縱火老奸鬢髮欲成霜空思捷足馳吳會羞逐焦

頭渡沔陽收拾景升豚犬易誰知天下有孫郎

爲許鐵夫瀛令尹畫楚游山水

青山卓立如門户萬里長江忽鎖住煙村雲樹畫圖開茫茫滿紙滄洲趣爲君寫出舊郵程好共沙鷗話宦情布帆回憶江陵路九十九洲秋水聲

過虎坊橋僧舍訪孫竹耘岷源吏部得讀家書留飲竟日出絹索畫題詩而去

偶跨東華道上驢衝泥來訪寓公居一杯澹泊僧厨酒兩字平安故里書下澤柴車吾老矣名園松逕近何如醉餘寫幅青山看中有襄河舊草廬

王蓉波藩吏部以扇索畫上有陳冀子書重

游理安寺詩次韻題之

顛米迂倪未易學學畫子久山數重橫峯側嶺隱復現長江一綫流當中溪泉汩汩出山腳聲如珠玉相琤琮村落雨餘水氣濕化爲烟靄橫空濛屏風九疊夌北斗布帆一葉乘西風飽看江山不出戶人間惟有桑麻翁我愧半生苦奔走風雲帶憤羞塵容何時一瓢許高臥痛洗俗狀還清空吸君湖光飲山淥同游畫境非悤悤重訪孟公題壁處幾聲山寺霜天鐘

白衣庵聽李心泉復慶明府彈醉翁操和孫竹耘韻明府由選貢宰吾邑循吏也更調他邑以事去官惜哉

重逅鳧舄更何時山水清音繫去思燕市黄塵愁
裏聚蜀僧緑綺抱來宜（心泉與寺僧皆四川人）爬沙蟹跡初
聽細遵渚鴻聲欲下遲雅奏新詩相倡和獨憐潘
鬢漸成絲

題畫二首

一山如笏到窗來長夏松窗四面開窗裏書生窗
外樹出山都是棟梁材

古樹經霜似著花湛然水木氣清華老夫曳杖渾
無事獨倚西風數亂鴉

與鴻臚葉筠潭先生（紹本）論詩賦呈五百字
即題白鶴山房全集

南豳雅頌聲四詩訂會叟離騷楚嗣音樂府漢冠
首建安風骨騰正始清言剖典午迨蕭楊綺靡習
漸有李杜張唐軍蘇陸掃宋莠遺山跨中州青田
益浙右勝國追漢唐七子相前後　本朝詩教昌
賡颺盡耆耇　列聖天藻張薄海弦歌久漁
洋貴神韻歸愚謹法守陶汰經百家一一脫窠臼
先生起吳興奇字探岣嶁說詩羅古今別派指山
斗近日風雅衰精神孰抖擻笑彼目論士偏見互
攻掊文章本天成春風發花柳生香與活色鮮妍
出塵垢翦采無氣機芳華易腐朽胡爲事雕琢贅
疣而駢拇黃鍾有正聲鏗鏘應擊扣簫韶與咸英

德讓感羣后鄭衛靡靡音淫洼聖不取胡爲陳細
響布鼓而瓦缶理義悦我心芻豢悦我口酸鹹有
同嗜味外味最厚一覽若無餘咀含能耐否胡爲
味嚼蠟塵羹而絜酒嘯歌驚鬼神行吟泣山藪或
羇客放臣或勞人思婦惟恃眞性情流傳貴鼎卣
胡爲無病呻芻靈而木偶先生棄珷玞被褐出瓊
玖鯉庭接家傳雁行作益友蓬瀛射科名山海抒
抱負從軍曾荷戈握算屢綰綬雄藩歷邊三典客
列卿九一官成一集下筆卓不苟我愧窶人子挾
策出畎畝敢以寒蟲號來對長鯨吼請益大匠門
循循師善誘（謂白小迂師）皇甫與昌黎龍門廣納受不

吝高軒過敢辭長吉歐黙石許成金畫虎恐類狗乍睹萬丈芒頓開雙目瞍如登泰華顛衆山盡培塿如溯江河源衆流失清瀏　皇都人海中太史牛馬走吟壇賢聖闢先生握樞紐金華殿中才光輝照戶牖自笑擊壤謡請以覆醬瓿

喜徐鏡溪啓山水部移居外城

與君生小同鄉國中間遥隔青山色君窺嶽井道心清我對神山凡慮息少年意氣重交游欲往從之無羽翼崔烈何曾識服虔孔融久已知元德自君通籍别江村我亦摇鞭入薊門郎署虞衡塵牘簡公車孝秀布衣尊長安市上初相見舊如相識

新交面懷中有刺不需投便索題詩寫東絹誰知人事有蹉跎倦客歸心涕淚多重踏冰霜到京邑徐公城北訪來訛我居城外君城裏魚鑰朝朝候曉啓偶思秉燭踐清游雙闕觚稜門閉矣忽報詩人卜宅忙兩家元白共垂楊鏡溪新宅與同鄉吳竹廬比部同居買鄰千萬求吟侶沽酒尋常近醉鄉滿地斜暉樹影長門前榜認水曹郎好騎禿尾驢頻訪宣武城南西草場

追懷故友詩九首各有序

李閬雲布春含山布衣也幼習武勇中年折節講二氏之學涉獵書畫詩文醫卜而醫尤精

清修直似老頭陀胸有英雄氣不磨排難夜談游俠傳晤言春寫碩人歌山中相業陶宏景世外神幾陸法和大藥有靈容後死每懷宿草淚滂沱

春渠族子湏年十五而通羣經善詩賦嘉慶己卯舉於鄉客京師屢不第疾篤始歸尋卒

我年十七君三五同擅文場早慧名一第豈堪酬壯志九原況復謝英聲季鷹鄉味思成疾司馬遺書草未成有子報君皆長大謝莊風月喜雙清

石嘯雲如恒讀書不應試隱居邑西五峯山嗜酒及博悼亡詩最工

亂書叢裏著吟身醉後疎狂見性眞倚馬萬言能

述古呼盧一擲不知貧援琴哀怨傷荀倩荷鍤風
流想伯倫惆悵五峯山下路一堆春草葬詩人
郭伯寅孝廉孚占短小精悍吾鄉奇才也詩文神
速而多選體書亦奇拔無子伯寅亡風流絕矣
文章典麗似揚雄若比枚皋速又工詩入西崑無
俗體書參北海有家風侏儒囊粟生難飽祖父楹
書死便空十載怕經詞客墓秋墳微雨夜燐紅
朱飯石實發六合拔萃科明經也與余同客揚州
五載手鈔書盈數尺詩文以奇巧爲宗尤工尺
牘得令子稻生明經書知尺雲軒全集刊成矣
語言妙絕發軒渠載酒江湖慰索居萬卷許窺方

朔牘百函難答道民書酸心科第愁中落辣手文章病後疎地下有靈應失笑千秋梨棗告成初

余與江都鄧溥泉立誠同車應禮部試者再其人博雅窮而豪自謂前世爲僧長子先亡妻亦繼逝遺稿存其同年徐雅堂處雅堂今亦亡矣

黃金臺畔共停驂華屋誰容抵掌談豪氣未除窮措大微塵難住病瞿曇西河子壯恩先割柳下妻賢諡豈慙同歲生如逢岱嶽飄零遺集問何堪

淩曉樓明經曙棄估而儒江都人治公羊春秋著書最富晚病風痺卒於董子祠一嫗撫遺孤隨之親友爲之殯葬嗚呼

少年貧賤溷屠沽憤志春秋老作儒生許執經何諫議死堪配食董江都窮交爭奠三升酒老嫗親扶六尺孤白蠟明經誰解敬尚餘流俗説麻胡人揚多呼爲淩麻子

盱眙戴韞山開文原名璟余同年生也與友人論文敢直言無世故卒於金壇學博任所子鐵夫孝廉亦與余善

文字能言孔孟言儒冠終老典刑存秋燈乍冷思官廨春草初生哭寢門舊德傳經知有後他鄉翦紙爲招魂從今便少人規過往日音書手自翻

吾鄉郭香生喆桂名家貴公子也長身玉立頭面

尤長精詩畫善音律出入幕府傾動一時客死廣陵夫婦厝平山堂側年過六十以明經終惜哉

縱橫才氣貫千秋潦倒科名鑄六州善謔慣書諸葛面治經空秃賈逵頭丹青伴侶添新鬼謂朱野雲清白家聲失故侯回首雷塘無賴月哀絲豪竹一時休

爲程鎮北葆水部題汪太夫人秋燈課讀圖

高廟曾題畫南樓一老人美談傳　盛世至教出慈親是母亦賢哲有兒同苦辛披圖秋滿眼燈影勵名臣

題畫

商聲動疎林蒼然弄秋色明媚山容生澄鮮水波息解誦王維詩許著董源墨

嘲小鶴染鬢

五十年來舊酒徒雪髯書翰滿江湖忽驚謝客逢燕市先被緇塵汙白鬢入世難容名士傲歸家猶稱細君扶思量一事須牢記不許新詩說老夫

集孫竹耘齋中與王小鶴汪梅川廷夔孝廉即什物聯句得詩六首

茶船

偶悟舟航意小鶴浮槑客夢長鼎聲翻蟹眼禺谷

乳色上鵝舫運送帆非酒梅川交輸漕巽糧時光
近槐火小鶴活水鬥旗槍禺谷

筆牀

莫笑中書禿禺谷誰分上下牀藉茲方寸木小鶴
容得十分狂夢奪江淹錦梅川眠宜李賀囊珊瑚
眞作架禺谷那羨郭汾陽梅川

燭翦

重掃光明藏梅川新開暗室燈西窗人共話小鶴
東閣月同升剔比釵横玉禺谷傳疑筯夾冰憑伊
除翳障梅川刻寸尚吾能小鶴

片夾

未肯輕投刺 小鶴 逃名夾袋中頭銜分冷熱 禺谷 手版判窮通字滅踪誰繼 梅川 經傳梵亦同他年注朝籍 小鶴 題上御屏風 禺谷

風簾

風到薊門尖 禺谷 回春恃一簾鑪香留畫閣 小鶴 花影暎茅檐啟待春前燕 梅川 穿辯月底蟾謾誇銀蒜押 禺谷 亦有酒家帘 小鶴

火坑

寒夜眠難穩 小鶴 支牀石火温客來趺坐慣 禺谷 坏鑿積灰屯地近春先到 梅川 家貧竈亦存不須愁炙手 小鶴 臥雪獨推袁 禺谷

小鶴宿余齋中復聯句得詩四首

帽架

散髻逍遥處 禺谷 儒冠偶擲時自宜高位置 小鶴 一例費撑持懸壁分雙影 禺谷 爲筒掩半規隱囊紗帽外 小鶴 别有漢威儀 禺谷

衣囊

寒暖天難定 禺谷 都歸囊括中青氊留故物 小鶴 白紵獻明公包打僧偏慣 禺谷 香薰妓最工笑他紆紫客 小鶴 僕背日匆匆 禺谷

扇絡

庾公塵不起 禺谷 雙袖罷提攜如襲囊中寶 小鶴

常陪佩左觿五紋金壓綫禺谷六角竹分批懷卷原無意小鶴包容物可齊禺谷

墨盒

文境寬如海禺谷平生醞釀深但教能著筆小鶴都許早爲霖池積松煙潤禺谷波涵柳絮沈此中容六合小鶴磨我爲蒼黔禺谷

謝年辰園順行孝廉送新茶次徐鏡溪韻二首

絮影萍踪偶合并長安市上話時晴茶經尚味求眞味筠籠翻勞寄遠情煎處煖思新火乞焙來香憶故山行飲多詩思能清否恐負鷗朋白水盟

久別琅琊六一泉征途載渴賦年年喜逢團月來天上恰值春風報雨前便摘旗槍先貯囊任烹甌椀不論錢蕭窗仍待閒時品好對瓶笙説畫禪䦨

善畫

清惠堂集　　　　　　　全椒金望欣秋士

詩六乙未至己亥古今體七十八首

出齊化門

又別燕都去緇塵滿素衣二年淹旅館四月策征騑雨少炎風酷霾高夕照微河邊望青草春盡見芳菲

潞河開船

通州城外雞亂鳴舟人候曉開船行船頭敲鉦破客夢夢中聞喚呀啞聲估船客愁開船樂起占風色看旗脚是時紅日漸東升天氣晴明風不作豈知水淺多浮沙河身曲折如修蛇千篙萬篙人力

盡十步九計空諠譁須臾打頭風忽起飛雨射窗疾如矢東船西舫互擊撞奪路爭灘聲滿耳長繩百丈轉轆轤挽舟艤岸息喘吁坐看來帆如走馬去何愁苦來歡娛來去豈須較得失去船亦有順風日

舟中即事四首

水碧沙黃曲曲隄長安回首玉泉西前村時見青青柳三五人家屋枕谿

曉啟篷窗架筆牀新詩欲寫幾回腸關心穀賤妻孥飽隔岸微風送麥香

瓦餅上市沽村酒茅店停橈購野蔬絕勝燕南衢

曉起漫天塵土走羸車

隨意抛書枕手眠醒來斜日水生煙蛙聲閣閣櫻桃熟便是江南四月天

和小鶴送别詩卻寄

去年君來時冬寒朔風作今年我去時夏旱南風惡君居我復行各自無歡樂頻年别墳墓到處愁矰繳進如風捲潮退似雲歸壑穿鼻愧因人進退茫無著君才老未遇與世久落落杜康固良友醉人亦狂藥所願加餐飯休止食餺飥教習乃儒官清俸足飼鶴南陽多宗親東京學羽籥中有將相才指顧登臺閣考績三載中夫子爲木鐸得此禄

代耕硯田秋有穫中年更事多見道今勝昨好將
恩愛刀割此妻孥縛春回我又來酒共長安酌

天津舟中憶子春襄陽

浮橋如帶臥波橫燈火黃昏禁客行析木星臨天
上動直沽潮接海東生幽并我已多濡滯江漢君
應有送迎何日襄陽理歸鞅新秋月共故鄉明

楊柳青

河身近海通潮水風借半帆舟去駛灣灣沙岸東
復西忽見千家煙水裏榜人遥指楊柳青道去天
津三十里楊柳年年青復青送行歲歲短長亭縴
夫挽縴河邊老眼見官船不暫停官人來往催漕

急廩祿公私皆仰食京東水利幾時興萬頃稻田
開冀北著書空憶道園翁誰爲東南緩民力
靜海二首
送晚風微涼挂空月半破幾點竿頭燈光競明星
大酒闌聞擊柝獨枕舊書卧
五更解纜行百丈穿煙霧不見靜海城但見參差
樹海日樹邊生鵲聲噪清曙
五月九日舟中作
三點五點麥苗雨一番兩番船趠風天氣放晴熟
梅子老農憂旱祈社公舊侶日傷薊門遠長河漸
與滄州通我生不辰痛罔極清齋竟日扁舟中晱

爲先慈忌日

風暴

舟過滄州三十里舟子傳呼風暴起紛紛童僕下船窗我亦捲書臥篷底收帆繫纜羣讙囂河心白浪隨風高飛塵障天日無色空中甲馬千軍鏖有如楚漢戰睢水重圍三帀壓壁壘倏忽風從東北來逢迎楚軍盡披靡又如尋邑攻昆陽壞雲墮地走虎狼眞人一呼風立至驅使砂石擒諸王山雨欲來風更大黑雲漠漠如張蓋但祈沛澤慰疲農不惜中途受驚怪雨聲蕭瑟風聲微心期麥熟飢民肥重啟船窗賞煙雨依然前渡明斜暉高槐疎

柳垂沙渚一帶漣漪洗塵土眼前變幻來須臾天
遣詩人出奇語

東光道上聞布穀又名姑惡

畿輔久不雨小鳥猶不知聲聲催布穀請君看東
菑東菑乾欲拆麥短穗不滋問姑胡爲惡姑惡因
年飢但教四海熟一室無勃谿布穀不需勸姑惡
不需嗁我願羣鳥盡喚雨化作商羊上下舞龍公
睡醒雷公鳴倒海翻瀾潤九土山東歡刈麥江南
歌插秧千帆萬舵東南糧流行自在河中央我亦
扁舟浮一葉飄然不日過淮陽鳥乎鳥乎速喚雨
禽言何暇爲推詳

船頭見明月

船頭見明月團團玉盤盂船行月不去隨人如可呼臨流弄孤影婉孌傾城姝肯喚清風來與我征人俱我今苦寂寞炎夏行長途寸心如穀種無雨苗常枯賴此夜氣清頓使詩腸腴青天無一語示我光明珠俛念參同契仰悟羲皇圖方知月與我宛轉相歡娛夜深不肯睡良時惜須臾清虛得妙理何地何時無

雨後順風由武城抵臨清

雨餘人氣靜清睡到天明帆腹風能飽船頭水自鳴篙師添笑語病僕減愁聲竟日翻書倦開窗坐

晚晴

臨清候閘喜晤陳穆堂

連日舟纔遇順風閉關今又住征篷河分漳汶流初東水控淮湖漕未通兩載窮交三度見孤舟愁緒一家同（穆堂攜有眷屬）平生勞苦良堪慰思倒鴟夷醉孟公

雨霽

時雨過夜半積熱一掃除如去秦法密忽值漢網疎薄棉睡夢穩四體漸已舒曉起望清漳長水量漕渠（時有吏人以尺量水）放牐雖無時舟中可讀書雨意尚未足濕雲滿太虛

與穆堂茶亭清談

飯罷散步行沙岸有餘潤鄰船訪故人日日通芳訊陳子諸侯客老矣霜生鬢歸耕謀硯田壯游仗筆陣同滯清源舟閒鬥舌端及茶亭話今古學識益精進解我羈旅愁高談得英儁

五月二十六日與穆堂河亭小飲是夜得雨二十七日夏至天氣如深秋時雨時止二十八日水長近尺而糧艘未至舟中獨坐成詩四首

食魚必河鯉漳水多嘉魚呼童烹鯉魚芼以園中蔬堆盤餉故人將意聊勝無故人招我飲乃在臨

河居野禽鮮可食不數鴨與豬俗流紛擾擾傾觴
意氣舒卻笑魯兩生迂濶談詩書
詩書我所躭此味耐咀嚼歸舟索燈火不覺吟聲
作一編雨中吟一琖雨中酌天公憐客苦梅雨淋
漓落雨足人心安客睡亦易著不知河水生但訝
孤衾薄
薄衾夢易闌百憂不可剖鄰舟聞哭聲悽惻為搔
首前日非時暑東船斃一叟昨夜非時寒西舫逝
一婦婦貴停官艘叟賤葬野阜貴賤雖有殊既死
邈何有何苦富貴人不早守畎畝彭澤令最賢歸
來種五柳

我歸亦云樂長路何蒼茫官閘七十二啟閉因糧綱河身日淤澱汶水非湯湯南漕飛畫鷁萬斛皆龍驤剥運了目前此策何可長悔不泛海歸濯纓觀滄浪

晦日與陳穆堂步至二閘

連朝梅雨葛衣凉衆綠如雲入望長散步不嫌沙岸遠野風時送棗花香

六月四日五鼓舟過臨清閘

薄暮糧艘集高桅望若林五更河放牐三日雨爲霖六月朔後連番得雨水長三尺夢裏扁舟渡醒時濁酒斟喜看波浪濶從此慰歸心

日入

日入耀餘采，天色如瓜瓤太空碧湛湛酣紅間深黃新月磨銀鉤尖挂微雲旁風靜野水定相映鮮生光舟行明鏡中鬢眉皆蒼涼鄰舫有桓伊晚笛聲飄揚片時耳目清孤征忘他鄉

南陽湖

舟過南陽湖一片茭蒲綠悠悠魴鯉遊拍拍鳧鷗浴湖上多青山高下盤陵谷斜陽影在水空翠皺羅縠山水如美人娟秀賴妝束所惜境不幽水野山童禿倘栽半嶺松更蒔千竿竹楊柳春雲低菡萏秋風馥沿湖開稻田枕山結茅屋邱壑改舊觀

煙雨賜新沐便似苧蘿人歌舞辭塵俗到處治西湖今無蘇玉局

沛縣泗亭

舟經泗上水滔滔萬乘還鄉憶漢高亭長氣吞秦帝業大風聲繼楚離騷吕公弱息餘村女蕭相人材豈吏曹從古英雄多愛酒流連過沛爲醇醪

韓莊放舟下閘

韓莊滙湖流沿湖築石堰放水開斗門水激直如綫河狹地勢陡入口不暇嚥矯矯拏蛟蛇轟轟走雷霆疊閘東急流飛湍起回漩兩山牙相錯萬石齒互見千艘帆檣集百丈轆轤轉相守輒數日欲

下利乘便丁夫膽氣豪江湖性命賤黃昏索燈火
破月受雲罥輕舟避溜頭長繩擇地面篙師戟手
立相視已周徧忽然放船行一去急於箭

道中初伏

細雨忘初伏長河近故鄉水花疎野蓼風葉響高
粱魚賤充庖厭蠅多傍枕狂抛書尋午睡歸夢去
來忙

過宿遷弔項王二首

下相城邊霸跡陳地連豐沛實比鄰南公三戶亡
秦讖劉項生來盡楚人
大王久棄家鄉去四海爲家葢世英卻要還鄉誇

衣錦闗中不戀戀彭城

桃源

桃源何處是一抹夕陽痕緑樹圍漁舍黄河遶縣門雨晴沙鳥聚風急野蟬喧問渡尋津吏收帆烟水昏

由楊莊陸行渡河至清江浦下船

舟至楊莊不可前糧綱絡繹如雲烟黄河水高運隄薄湖流溢入沿河田倒塘灌運大吏集禦黄築壩平且堅舍舟遵陸亂流濟順風一葉飛如鳶過河冠蓋正相望河南尚有湖南船輿人指點船集處今春大火東風顛焦頭爛額爲上客仿佛赤壁

鏖兵年　九重宵旰念民隱行河轉漕多英賢
水宜潤下火炎上胡爲軍衛羅顛連好勇鬥狠屢
犯法孽由自作災由天輿人豈足知此意但道命
運遭迍邅須臾杯渡庵已到下輿又叩漁歌舷人
生貧賤憂患少支牀且對船窗眠
清江浦開船天氣甚佳偶憶蘇公過淮風氣
清之句成詩二首
過淮風氣清初伏暑尚微閒雲如車蓋好風吹葛
衣羲皇北窗夢直送淵明歸暮蟬呼我醒高枕遮
斜暉
過淮風氣清大道無塵土青苗漾水田白鷺下前

渚風帆參差行樹影高低舞地近鄉音多愛共鄰舟語

寶應湖

菰蒲風靜鱅聲柔寶應湖邊夜泊舟滿榻飛蟲息燈火篋中新理舊蚊裯

露筋祠

廿年頻過露筋祠題壁籠紗未有期今日白蓮香外立野風誰唱阮亭詩

途中寄内

離别中年百感哀出門惘惘鶴書催逢時羞學新花樣度日仍憑舊酒杯白髮漸從愁裏長朱顏頻

望夢中來可憐春草生兒墓莫遣啼鵑擾夜臺時璣兒以痘殤

滕縣道上作

攬轡滕郊玩物華停車山店酒旗斜一犁夜雨蘇牟麥幾樹春寒瘦杏花征馬漸知筋力憊哀鴻愁聽語音譁漫將升斗求微祿思荅昇平願已奢

江亭展禊詩

道光丙申四月四日葉筠潭紹本黃樹齋爵滋兩鴻臚汪孟慈喜孫陳頌南慶鏞兩戶部徐廉峯寶善黃榘卿琮兩編修倣蘭亭故事讌集知名之士四十二人於陶然亭爲展禊之飲溫翰初肇江戶部繪

江亭展禊圖各書敘記詩賦於左孟慈出宋搨禊帖以冠首藏之古棗花寺中爲後來佳話幸與斯會成詩一章

城隅勝地饒烟蘿筵開櫻筍時清和枚馬委蛇足暇日江亭嘯詠停鞭韡眼前餘春弄嫵媚縟川藻野游人多繞郭麥苗畫棋罫當窗藥影翻簾波洛飲禮成憶上巳韻事曾説山陰鵝斯亭展禊亦佳話陶然不惜朱顏酡登高作賦九能備六君子者工吟哦金閨羣彥軫蓋集公車髦俊冠峩峩下走策蹇冒塵土分無愈湜高軒過折簡見招繼觴詠冬烘面目愁譏訶發篋匽許窺定武墨行厨設向堯

夫窩况有伯時記雅集西山畫出青盤陀太平無
事上麟閣圖入主客泯偏頗諸公衮衮來游歌華
林曲水思風珂佳句誰敵陰與何詩壘我欲偏師
摩吟成痛飲金叵羅良時勝會休蹉跎

夜過趙北口

趙北轉征蓬三更漏未終夜涼塵土淨天濶水雲
空麥隴鳩呼雨蘆汀蛤吠風春明回首戀殘夢續
車中

題朱漢卿黎照孝廉意園圖

東坡一窮官思買樊口二頃田杜陵老布衣欲搆
廣厦千萬間書生命薄志願大力所難到心長懸

朱君少孤眞可憐奉母惟足粥與饘壯游絕愛好
山水買山終苦無金錢空中結撰有意匠園林模
範隨方圓經營慘澹藉健筆圖之尺素生雲烟世
間萬事如夢幻豪家樓閣曾幾傳貴人多金足憂
患山邱華屋相因緣通神妙畫獨不朽至今猶見
唐輞川願君臥游游以天寸田尺宅春盎然歸來
養志獻堂上一家歡笑如神仙卻怪俗人不解意
問君此意償何年君不見杜陵畢生無廣廈東坡
垂老無良田

贈馮玉溪調鼎孝廉

大戴寒氈守一經論才書久寸心銘識君我已頭

顱白淚灑都梁宿草青戴韞山廣文每致書必稱玉溪才品無雙今識玉溪而韞山久逝矣

和劉楚楨寶楠孝廉義雁行有雁塚在寶應柘溪西延壽寺

我聞義雁塚復讀義雁行寺僧故好事詩人實有情江鄉足稻粱世路密羅網雙雁昔驚飛風波柘溪廣雄雁鳴嗷嗷將膏俎與刀慈悲賜解脫恩義焉能逃雌雁飛肅肅尋徧渚與陸伉儷失頡頏飲啄誰相逐一旦復南翔溪寺秋風涼徘徊不敢下哀叫音彌長其雄識雌聲戛然寺中應謂汝猶孤征何如同併命其雌見雄影翩然寺中來頸交腸已斷泉路那復回老僧死灰心感此佛性動合葬

微禽軀藉警衆生夢我欲向僧言雙碣立墓門雄
題仲卿壙雎署虞兮墩

歲晚三詩次東坡先生原韻

饋歲

交際重古人盤飧以璧佐我愧遠鄉歸囊無珍異
貨親戚賀歲時將意不在大貧家少富交半已素
安臥戔戔薦酒材藉暖消寒座日月迅飛丸天道
如轉磨婚嫁事益多節敘倍難過流俗侈豪舉不
敢起而和

別歲

小時喜歲除日御行偏遲長知惜寸陰良時杳難

追頻年苦羇旅飄蓬淮海涯我歸歲又去相別無已時所慶今歲稔米賤雞豚肥兒女坐團欒歡會胡爲悲迎歲歲不拒餞歲歲不辤須髮任爾白興趣長毋衰

守歲

釋家守戒律終夜卻睡蛇道家守庚申三彭被留遮畏死反常道身外已亡何我今作常語四座聽無譁人生駒過隙但勿加鞭撾壺觴且盡醉參斗終橫斜一歲猶蹣跚一夕休蹉跎新春早逼人彩勝群相誇今歲除夕立春

煙火貢道光十六年永行停止與停止荔枝貢皆出 上意也

銀花火爆徽州良兩淮進獻由徽商點綴太平成故事摧算經費歸鹽綱專司設局致巧匠水運陸負來天閶正供既入花爆庫貢餘餽送公卿行離宮山高復水長外藩　賜讌東西廂大秦善眩偃師幻各逞狡獪威殊方金錢鉅萬一火盡事雖快意非典常我　皇節儉邁舜禹豈效夸誕如漢唐調和四時有玉燭明見萬里歸珠囊通商惠工緩民力肯因宴樂勤輸將嶺南久息荔枝歎（東坡有荔枝歎）淮東又見卿雲光（天官書若烟非烟謂之卿雲）日月既出爝火熄　詔下感泣黔與蒼小儒願獻新樂府毫端作作生光芒

讀留侯世家

六國盡滅誰亡秦子房東見倉海君博浪一椎秦膽落天下紛紛徒大索雲氣鬱蔥芒碭中子房夜謁黃石公下邳之游豈無意斬蛇知有眞英雄道遇於留大事定借漢三尺弋秦命故主猶堪復故封肯使此身臣二姓韓成無罪遭誅鋤六國有後韓獨無從此韓仇又在楚不出佐漢胡爲乎秦亡楚滅韓恥洗子房欲從赤松子除報君親萬事捐富貴功名如敝屣千古子房一人耳

汪益林招飲雪阻寄謝兼示程達庵德麟水部

艱行鄉里即天涯辜負相邀剥啄譁三雅朋尊虛竹葉兼旬春雪惱梅花病多寒戀嵇康鍛客滿豪思劇孟家山鳥頻呼泥滑滑敝車羸馬憶京華家鄉無車輿之便

歸時楊屏山金墀茂才惠盆梅二種臨行送歸寄園詩以謝之

一載栽培一月花勞君分豔到寒家聯吟座上添詩料買醉尊前數畫叉羈客難留春有主美人易別恨無涯歸來預定名園約仍借寒香度歲華

題畫爲吴初園金鎰茂才

彩雲近水月當空翦翡取秋光入卷中別恨半沈紈

扇底詩情多在桂堂東香留苔印蹤能覓紙捲蕉心語未通應有閒愁難畫出羅襟新染淚珠紅

江行即事偕汪硯薌槐茂才作

顛風徹夜打船頭風定天明水似油西上潮聲生荻港東行帆影指瓜洲山梅幾樹猶縈夢江柳千條不繫愁兩岸春光醒客眼起來先備酒盈甌

和劉楚楨腰足行時楚楨病腰余病足

人身多便心多求脅肩諂笑體面柔惟我與君身不便此心沖澹如巢由腰腹十圍兩足捷蹶張自足封通侯疲癃殘疾不出戶高臥亦可充隱流天公厄人以貧復以病使我俯仰進退皆招尤陶然

亭上識君面我足已怯登高樓其時君固腰腳健盤辟雅拜非所憂狼狽同歸相視笑蛩蹷仍作淮南遊今春我足善藏拙不行以車行以舟君如此後不求五斗米但遇園林花月常逗遛君腰聞之必速起願與我足萬斛舟中相拍浮

丁酉清明偶成

春寒未解已清明呼侶聊爲郭外行一雨連綿如疾病百花遲滯似科名安心仍是青氊好搔首無如白髮生聞說長官憂患死浮雲輸我宦情輕

小玲瓏山館雙孔雀行和陸子愉蹸書孝廉

南方火德文明始造物英華偶產此倘教夫子見

家禽繫辭不道離爲雉我昔三年客　帝京貴人走馬滿春城翎眼參差耀雲日天風滄沱揚影纓爾時不識炎州鳥但道天生羽毛好陋他夏翟貢有虞直比鳳儀朝少昊歸來看月過揚州名園花木爲句留忽見籬邊雙飲啄錦衣花勝倍風流鱗鱗金翠圍珠紺畫工動色多遺憾雄飛麗質最瑰琦雌伏文章稍黯澹聞説珍禽似尹邢美人相妒便開屏難尋西子無雙豔來鬥東風第一亭慷慨陸生憐羽翼倚裝南粤曾相識網羅知己困飛騰筆墨猶能加藻飾我謂陸生君莫嗟斯人斯物難留遮會見羽儀觀　上國爲君頭上生光華

賀洪晉和世承游泮水兼呈春衢先生人驊

人生仕宦恐不早一領青衿何足道最難出手便得盧贏得笑顔開二老我識尊公十載前年長以倍交忘年仕宦雖早不稱意久抛冠服棲林泉衆口盡笑陽城拙天心自契商瞿賢生君齒已過六十玉樹雙雙看卓立詒穀詩書澤自長移家江漢流何急轉瞬年華又幾秋翩翩琴劍來揚州鶯花故土高堂夢芹茆春風弱冠游思親不待桂枝馥事師依舊歸家塾代我椿萱問起居更煩棣蕚通寒燠晉和不赴秋闈而歸時從介臣家兄游瀕行相送别無言養志何如養以禄生子賢才不厭遲致身富貴終宜速

願君佛籍旋題名款段安車入　帝京他年烏
帽扶鳩杖重見衰翁宴鹿鳴

題張仲虞學韶分司凌山策騎圖

昔讀西域傳今見西域圖黃雲白草玉關外紅旗
翠幕金城隅西北冰山接蔥嶺插天峯崿何崎嶇
昔時鑿空有博望葡萄苜蓿來漢都今時亭障拓
萬里烏孫温宿皆通途月蝟界甌脫星驛聯穹廬
裨王馳義久款塞駒駼廐馬皇華驅花門雜種敢
煽亂藁街偶爾稽天誅君豈博望之苗裔膽氣能
向軍前粗陟岵不遠都護戍屯田曾與營平俱雪
海凌山當孔道出入嚮導隨羌胡初行喜律萃漸

入愁盤紆氷柱數仞戴砂石寒泉百派鳴笙竽試上天橋重回首水銀瀉地琉璃鋪千巖萬壑洞見底一綫蟺路穿明珠默思銜尾相接褢氊度不覺魂悸魄動寒粟生肌膚歸來説與南人娛好景一失愁難摹作圖紀事驚腐儒請以記補班生書

和街南書屋十詠 有序

廣陵街南書屋馬徵君嶰谷半查弟兄别業也嗣歸汪君雪礓椶亭先伯父以國博告歸後流寓其中今歸黃君个園余亦寄跡徵君舊有十詠游覽之暇倣而作焉

小玲瓏山館

繁花香入簾古樹陰成蓋戸牖相交通空明無障
礙

石屋

洞門秋陰陰苔痕緑不掃石磴横素琴風簷落飛
鳥

看山樓

隱約江南山可想不可見幽人靜裏看烟雲日千
變

澆藥井

階前紅藥翻井底清泉冷灌溉寄閒情自轉轆轤
綆

梅寮

風雪閉門久不知春滿廊門開雪新霽樹樹餉寒香

覓句廊

禪忌落聲聞詩愁著色相朝雨過空廊匈匈渭城唱

透風透月軒

好月美人降清風故人臨憐我塵勞人透軒不透心

籐花館

滿架紫雲垂一院清香滿午夢游仙回夕陽照孤

館

七峯草堂

峩峩七丈人徙倚草堂側愧學竹林游我心固匪石

叢書樓

皇甫昔著書中秘借善本樓存書已空落葉秋風晚

遊香阜寺

琳宫突兀臨水涯紅牆碧瓦相周遮入門鳥雀鳴簷牙老樹半死猶槎枒陰森闕殿佛趺跏頂珠照耀光如霞山僧肅客整袈裟坐我禪室飲我茶告

我　南巡駐翠華香阜寺名　先皇加示我　宸翰飛龍蛇至今鏤刻籠以紗指我畫壁有渥洼天馬神駿支遁誇達官題詠紛如麻一一請我談瑜瑕我厭僧語徒諠譁長揖相別日欲斜出門南風吹黃沙風力雖順舟難拏繫纜待客客戀家船頭官鼓無時撾日對山寺聽啼鵶春寒何處尋梅花

任邱題壁

任邱曉色見孤城猶滯征車半日程鴻爪泥痕商去住馬頭雲影轉陰晴燕臺虛有留賢意秦館惟聞逐客聲莫怨勞人行李汙麥畦新喜浪紋生

八月三日偕沅姪廣陵開船

咿啞柔櫓枕邊鳴，又向茱萸灣上行。八月新涼生絮被，五更殘夢過蕪城。主賓情憶生交厚（時个園都轉新逝），兒女婚催老態成（時五女將出室）。差喜阿咸能嗜學，船窗把卷日初明。

初四日江行

朝雲如走馬，靄靄覆汀洲。帆借東風上，山看北府秋。六朝餘廢壘，雙槳翦迴流。弔古經瓜步，荒祠太武留。

鶴鳴老人遺硯歌 有序

黃君芳谷由楚北寄古硯一方，背刻鶴鳴老人

下有小印篆刻用章二字匣上陶季識爲金莊靜先生李俊民遺物按俊民字用章澤州人唐韓王元嘉之後通程子之學金章宗承安五年庚申以經義舉進士第者三十三人而用章爲之冠應奉翰林文字未久即棄官教授金南遷後隱於嵩山自號鶴鳴老人詩曰鶴鳴于九臯聲聞於野毛公以爲身隱而名著也易曰鶴鳴在陰其子和之王弼以爲立誠篤志雖在闇昧物亦應焉老人憫世之將亂逃名而名輒隨之以此自命殆有身隱焉文之慽乎迄宋理宗淳祐二年壬寅元太宗立十四年金亡已十年矣

其同年高平趙楠一人尚在挈家燕京老人題庚申登科記以寄之其詩淒婉慨然有故國之感又十八年而元世祖立中統元年庚申距老人登科之年已六十年矣世祖在藩邸時劉秉忠盛稱之以安車召見延訪無虛日遽乞還山卒後賜謚莊靖先生（本集作莊靖陶季識作莊靜誤謚法無靜字）世祖嘗曰朕求賢三十年惟得竇漢卿李俊民二人澤守段正卿刻其遺集十卷當時推重其詩比之昌黎東坡片言隻字皆有依據元遺山中州集顧俠君元百家詩皆録之欣因宋詩無善本擬選數百篇以教童子但選宋詩不與金詩

合選則無以考南北之治亂與夫風氣之殊金詩最多者惟元遺山而老人詩亦七百餘首兩人皆金源遺老未嘗臣元其詩當爲金人之後勁不當爲元人之前茅矣兹硯傳諸六百年之久來自二千里之外足見故人情重磨老人之硯以寫老人之詩更是騷壇佳話不可無韻語以謝故人因作長歌寄芳谷並索芳谷與漢上諸君子同和焉

我有傳家一破硯五十年來磨不倦謾道千秋萬歲名石田活計全家戀故人爲我置畚秋水迢迢漢上書鼓篋珠塵生蓺海探囊玉印貴精廬龍

賓十二非爲瑞更有金源老成器池翻溟海鯉魚鱗眼暈端溪鸜鵒淚池刻鯉魚面有淚眼背鐫小印尚分明莊靖先生號鶴鳴殿前起草陳經義海內逃名學耦耕蒼茫嵩少西風勁鳳闕龍樓忽易姓名録猶傷故友存安車曾應眞人聘當時此硯逐吟身終日摩挱氣味親七百餘篇詩史在離騷哀怨楚遺民至今我讀中州集秪有遺山堪並立南北車書混宋金元人纖靡何能及老人硯寫老人詩神物會合若有時故交多謝千金意遥寄新詞慰別離別離既慰詩須和更乞同人爲我賀永作兒孫無税田從此傳家硯不破

贈范今雨霽明府 有序

龍川范今雨自號鐵笠生吾師山尊先生門下士也以名進士出宰高邑有惠政爲民力爭罷差馬一事侮上官戍邊道光六年 特恩賜環著述自娛性情抗直當官有强項之名在野亦多義舉爲房師杭公喻義撫孤孫尤可風薄俗己亥夏五寶應朱文定公之喪至自京師君會試房師也聞赴自紹與會葬寶應過邗江於市肆相晤殷殷訪山尊先生遺集篤於師門如此山尊先生昔寓西園文讌無虛日今歸道山十有九年西園已成邱墟不料有白首門生流

連道故於荒烟蔓草間也鐵笠生著有短檠録待焚草屬余與穆堂删訂校畢賦七律一章而歸之

清標昔仰范萊蕪佳句今逢范石湖失意但持如意鐵（鐵笠生赴邊時得趙忠毅公鐵如意賦有長歌絶佳）受恩能吐報恩珠碑邊涕淚餘黔首塞上功名誤白鬢零落西園相見晚後堂絲竹憶糢糊

送程笏庵（紳）大令赴蜀二首

聖世邊隅若户庭書生治劇在通經不辭潘鬢三分白遠踏巴山萬點青杜老妻孥窮眷屬武侯祠墓舊生靈由來地險兵宜講莫飾昇平問字亭

午門猶記對觚棱鎩羽風塵復上騰廿載交遊成遠宦一方福惠望良朋告天須作名賢想得地休爭俗吏能丹穴錦城多寶藏願君仍守玉壺冰

題周篠雲鑛明經感秋圖

披圖有客慨離羣一幅秋林積翠分流水亂鴉揚子驛平蕪牧馬葉公墳黃花爛漫遲今雨白髮蕭疏感暮雲我亦江湖頻載酒重陽時節願逢君

清惠堂集

全椒古代典籍叢書

金望欣集（外一種）

3

（清）金望欣 撰

政協全椒縣委員會 編

國家圖書館出版社

（清）金望欣 撰

清惠堂集十卷（卷九至十）

清道光二十年（1840）刻本

97203

清惠堂集　全椒金望欣秋士

詞一 小令中調七十八首

漁歌子

蟹籪風微火照灘。蓼花紅伴老漁閒。香餌細。野潭寬。三尺銀鱸不上竿。

江南好 入都過廣陵登鎮海樓眺望四調

登樓望。東望水盈盈。風柳自摇揚子驛。烟花新滿廣陵城。到處慰羇情。

又

登樓望。南望霧沈沈。半壁潮聲通鐵甕。一痕山色畫金陵。匹練界江澄。

又

登樓望。西望樹濛濛。棠邑估帆開夕照。眞州酒旆颺春風。一抹落霞紅。

又

登樓望。北望路漫漫。河畔冰消排濁浪。淮陰雨重勒餘寒。何日到長安。

又 題桐陰待月圖三調

桐陰好。待爾月如鈎。一掐蛾眉天與樣。任郎看煞不知愁。月上始梳頭。

又

桐陰好。待爾月如弦。卜得金錢期後約。抱來錦瑟怨華年。一半要團圓。

又

桐陰好。待爾月如輪。秖恐清輝終夜減。細描花影惜餘春。憐取卷中人。

桂殿秋

風片緊。雨絲稠。芭蕉聲裏釀殘秋。憐伊自在天涯宿。一樣孤衾兩樣愁。

拋毬樂 秦淮泛舟

秋霽秦淮泛短篷。夕陽水榭敞簾櫳。瓜皮艇子三篙水。桃葉歌兒一笛風。十二年前事。裊裊仙音在耳中。

丙子秋賦飲山尊先生水榭時秋雨初晴月明人靜香生明經倚闌高歌一曲未終兩岸

樓中管絃四起當時以爲佳話

江南春

桃葉渡莫愁湖黃金教舞妾碧玉換歌姝青溪别有無雙豔獨處無郎蔣小姑

一葉落 立秋

一葉落涼初覺伏天暑氣尚餘虐西風萬里來當空秋雲薄秋雲薄河漢橫樓角

遐方怨 得家書

護草綠棣華紅玉樹階前新有書聲隨曉風蕙心人卻報炊窮金錢花滿地手空空

又 寄家書

金久盡。少貂裘。只有新詞。權壓空囊南阮羞。悔教夫壻覓封侯。債從天上欠。累牽牛。

相見歡 和南唐後主韻

天河新絡妝樓下簾鉤自覺香肌瘦夏怎禁秋藕易斷絲常亂比閒愁恰是洗頭天氣懶梳頭

長相思 螢火和寄生

夜融融。月朦朦。幾點疏星墮井桐。坐人襟袖中。出花叢。過簾櫳。微明曾照玉顏紅。窈娘紈扇風。

又

燈乍昏。被正溫。蓮漏難留短夜春。晨光生妬人。語輕輕淚盈盈。汀上春潮落處明。鴛鴦雙睡痕。

樓中管絃四起當時以爲佳話

江南春

桃葉渡莫愁湖黃金教舞妾碧玉換歌姝青溪别有無雙豔獨處無郎蔣小姑

一葉落 立秋

一葉落涼初覺伏天暑氣尚餘虐西風萬里來當空秋雲薄秋雲薄河漢横樓角

遐方怨 得家書

蘐草綠棣華紅玉樹階前新有書聲隨曉風蕙心人卻報炊窮金錢花滿地手空空

又 寄家書

金久盡。少貂裘。只有新詞。權壓空囊南阮羞。悔教夫壻覓封侯。債從天上欠。累牽牛。

相見歡 和南唐後主韻

天河新絡妝樓下簾鉤自覺香肌瘦夏怎禁秋藕易斷絲常亂比閒愁恰是洗頭天氣懶梳頭

長相思 螢火和寄生

夜融融。月朦朦。幾點疏星墮井桐。坐人襟袖中。出花叢。過簾櫳。微明曾照玉顏紅。窈娘紈扇風。

又

燈乍昏。被正温。蓮漏難留短夜春。晨光生妬人。語輕輕。淚盈盈。汀上春潮落處明。鴛鴦雙睡痕。

點絳脣 閨夏

新減腰圍樓臺深靜猶嫌暑汗香多處紅拭桃花雨 午倦難舒梅子青堪取眉愁咀圜欒如許那得酸如許

浣溪紗 題汾陽王遇織女圖

富貴何能畀俗人。英雄福分本天成。肯教豪氣短風塵。 作柱未支唐社稷浮槎先識漢星辰君王妃子共長生。

又

記得相逢斂笑輕。雲鬟霧鬢不分明。別來何處覓流鶯。 兩地相思空有淚。一生快活是無情。從今誓莫喚聲卿。

又 賀春卿納姬二調

杜牧尋春計，未疏。遠山眉黛正當壚。東門眞有女如茶。碧玉好探瓜信息。黃金難買雪肌膚。低頭曾識曝衣初。

又

出浴蟬宜阿母梳。夜深花影倩誰扶。風流能似大喬無。羅襪淩波隨畫鷁。錦衾爲雨趁飛鳧。網將西子到西湖。

又 平山堂下四時泛舟看花詞十首

微暖平山看早梅。當時永叔手親栽。浪游曾見此花開。平山堂下有歐梅一株花開甚繁今已萎矣江上青山猶帶雪。籬邊斑筍未驚雷。酒香村店撥新醅。

又

文杏枝頭淡著紅。水關小艇出城東。清明寒食酒旗風。上市刀魚新入饌。照人弓月漸開篷。歸來臉暈醉初融。

又

雨後茶香小苧蘿。城外有小苧蘿村海棠時節任經過。湔裙春水染吳羅。一帶露桃紅暈酒。幾絲煙柳綠堆螺。扁舟來往疾如梭。

又

錦繡成圍暖日遲。一年最好牡丹時。如雲士女鬥春嬉。繞砌旛垂珠絡索。滿船釵顫玉葳蕤。楊花相逐作團飛。

又

十里花開勺藥田。並頭稱瑞訃年年。篠園倚虹園邗上農桑等處皆曾開並頭勺藥園丁標爲花瑞以致遊人 一杯婪尾酹三賢。三賢祠祀歐蘇兩文忠公及王文簡公舊在篠園今移入桃花庵 客裏有花眞富貴。花前得酒更神仙。亂飛榆莢買花錢。

又

君子亭前盪畫橈。亭在桃花庵 香清茉莉暑全消。謝娘頭上晚風嬌。千柄蓋欹搖菡萏。一聲簫起破櫻桃衣香燈影亂紅橋。

又

秋水芙蓉漲五塘。放舟都喜趁斜陽。雲山樓角氣清涼。幾點冷螢流火碧。一林落葉染烟黄。蘋花香接藕花香。

又

新著單衣愜素心。木犀香否憶禪林。一篙蓮性寺邊行。掃徑雛僧長守樹。買花遊女不勝簪。歸舟人載碎黄金。

又

菊訪荒村一逕斜。葉公墳外野人家。此花開後便

無花。夕照城闉歸畫鴿。秋風木末數棲鴉。西園載酒有侯芭。山尊先生居西園時曾從之問字

又

雪後園林泛棹行。蜀岡點綴玉無塵。玻璃窗子隔風明。 蝅柳絮黏花頃刻。蠟梅香撲酒逡巡。清游寥落兩三人。

減字木蘭花 夏夜不寐

簟紋如水。羅帳烟輕吹不起。無那蟲飛。遣夢歸家未肯歸。 香生茉莉。枕上新添秋意思。今夕銀屏。知有離人一樣醒。

又 蓮篷

紅衣初卸萬柄玲瓏風露下結子貪多粒粒明珠裹碧羅　擘瓤親取嘗出儂心無限苦莫棄空房留與檀郎洗墨香

巫山一段雲 雨後道上

柳弱搖春水花嬌倚暮烟軟風吹老嫩晴天一帶夕陽鮮　紫陌初調馬紅樓半捲簾山如出浴女見妍螺黛溼眉尖

菩薩蠻 題白秋海棠紅鳳仙折枝花畫幅調芳谷

東風信遠西風緊階前楚楚秋花影粉淚莫輕彈紅生指甲間　見卿腸易斷好女情誰管花底結同心有人同小名

阮郎歸 閨夜

斜風細雨又黃昏春深長閉門挑燈獨坐悄無言宵寒欲斷魂 宮篆裊鏡花明羅衣分外輕小衾孤枕冷清清教人待怎生

喜遷鶯 題小鶴扇頭小像

新月展好風吹扇底見光儀幾竿修竹倚闌時鶴瘦骨纔奇 書畫眼蘅鹽臉此是才人眞面身邊添箇小蠻宜紅豆譜相思 小鶴有紅豆相思圖

賀聖朝 晚涼和小鶴韻

藕花墜粉浮萍紫正小池波起輕羅堪著疎簾齊下香燒沈水 斜陽樹杪紅無幾射斷霞魚尾秋

光佳處在垂陽外暮蟬聲裏

應天長 紈扇

齊紈織就班姬怨纖手摇來風翦翦笑能遮羞難掩時露歌脣紅一點　任懷人詩寫徧秖怕涼飈恩斷多少徘徊金殿淚盈明月面

西江月

堆恨山眉似畫鈎愁月色如鉤花容泣雨倚高樓都與離人消受　有福生憐蛺蝶無情私咒斑鳩要儂一世不生愁南國休生紅豆

小闌干 雨花臺晚眺

秋風吹我上高臺落日照秦淮山插雲屏江鋪雪

練千里眼中來　當年梁武非庸主魔鬼自疑猜
破爾金甌一場花雨天醉禍方胎

偷聲木蘭花 拭簟

焚香掃地消清晝簟紋驗得肖身瘦汗漬勤揩側
翅青蠅不敢來　故人蘄笛情難報轉爲戀伊秋
怕早今夜高眠便不遊仙夢也甜

醉紅妝 新柳

東風一夜度溪橋。併春光。上柳條。依依無力不禁
摇。年三五。女兒腰。畫樓驀見妒妖嬌。好眉黛。學

醉花陰 茉莉借小鶴作

伊描。笑問鏡中眞箇似。便不似。也魂銷。

玉骨冰肌纖手摘香色都清絕宜趁晚妝成編貝排珠點出雙鴉黑 紗幮碧掩秦淮月記秋風時節何處最銷魂好夢初醒枕上開如雪

南柯子 出都

李廣彎弓誤明妃抱鏡羞春明柳未解相留影共一鞭殘照渡盧溝 塵土傷心色江湖落魄愁五更落月照行輈依舊二分無賴夢揚州

浪淘沙 落花

山杏滿枝紅香霧濛濛誰憐飄泊斷垣中惱殺東君春不管竟日狂風 辜負綺羅叢客恨何窮一春花事又成空花落明年猶自好年少難逢

鷓鴣天

芳草堆愁客路遥。天涯何處不魂銷。幾株楊柳藏蘇小。千樹桃花葬薛濤。風瑟瑟。雨瀟瀟。沈陰天氣釀無聊。春心猶似鑪香爇。一半成灰一半燒。

南鄉子 秋閨

瘦比楚宮腰。殘暑冰肌凝欲消。才喜西風容睡穩。迢迢。雁到無書夢又勞。 木葉下亭皋。涼上征人舊絮袍。一片五更砧杵月。滔滔。秋水潮時淚也潮。

踏莎行 送蓉洲歸新安

黄海雲歸。邗江秋暮。送君夢到天都去。好山一路畫圖看。滄波紅樹無風雨。 鳩杖歡顔。蛾眉別緒

鄉音更聽兒童語重來屈指杏花時嬉春再作天涯聚

臨江仙 題次雲爲璞生畫扇

西風一夜催霜葉空餘古木槎枒遠山沈後暮雲遮故園何處囘首即天涯　有日幅巾歸去也東籬分付黃花畫中獨樹老夫家夕陽流水隨意數歸鴉

又 過胥浦橋

子胥仗劍奔吳地空餘浦上長橋真州潮信夜滔滔西風嗚咽疑是浙江潮　十載征塵頻過此芒鞵冷踏霜皋自憐窮士學吹簫荒祠下馬長揖薦

溪毛

又 過露筋祠

緩著吟鞭春水畔東風帽影吹攲長隄一帶夕陽西杏花開似雪楊柳撚成絲　翠羽明璫神貌肅湖雲低護靈旗檻書絕妙古人詩江淮君子水山木女郎祠

又 題老人岡店壁六合老人岡旅店舊有樓亭先伯晚年題壁詩云少年攬轡慣尋芳曾向蝸廬寄短牀今日扶笻重過此衰顏慚對老人岡數十年中往來過客和作如林先伯年過四十始成進士今犬馬齒已三十八矣落第後過此讀壁上之詩慨焉有遲暮之感因成此解

楊柳垂絲催上路歸來梅又開花風香村店酒旗

斜停車留過客畫壁有詩家　落魄揚州慚小杜難希好句籠紗輭塵頻踏愧烟霞但求人不老敢怨走天涯

一翦梅 秋聲效蔣竹山聲聲慢體

送到新秋是雨聲。催著潮聲。雜著風聲。芭蕉漸靜數更聲。遠和笳聲。近和蟲聲。　腸斷城頭曉角聲。喚起蹄聲。曳起鈴聲。驚寒爭答雁來聲。燈下機聲。月下砧聲。

蝶戀花 白蝶

粉態輕翻雙翅擁花底今生只作梨花夢陌上尋春風緩送一天雪壓迷香洞　深院簾垂鉤影動

偷入妝臺殊色偏嬌弄未解玉人猜妒重翩翩飛上釵頭鳳

蘇幕遮 玉簪花

素娥遊秋殿冷寶髻雲鬆簪墮梧桐影化作空階花一本雪魄無塵輕抹南朝粉　晚梳頭斜插鬢銀掾纖纖別有天然韻夜半髮香清夢醒壓匾瓊葩嬌共釵橫枕

醉春風 新蟬

出蛻腰圍嫩翳葉冠緌整形容文弱氣清虛認認認齊女香魂潘郎華髮謝娘雲鬢　露咽千林靜風攪千重恨不須秋到已淒涼聽聽聽野岸孤舟

荒園孤館幽閨孤枕

侍香金童 欄杆

簾捲蝦鬚卍字玲瓏隔好延取虛廊明月白柳影横斜花影直人倚東風沈香亭北 半身憑翠袖腰肢無氣力時逗露羅裙深淺色擊節清歌敲又拍粉指摩挲暗留香迹

行香子 題臨水居

半畝山房四面池塘。樹陰陰。雲水爲鄉。夕陽晚照。秋雨新涼。恰蓼花紅藕花白荳花黃。 無數青山。排闥當窗。逼人衣滿座嵐光。好消殘暑。臥我中央。借一蘆簾。一蒲扇。一藤牀。

又 言懷 稻生作

三萬牙籤。四十華年。笑浮生仰屋徒然。何如省事。

離別無愁。有天倫眞樂。優優荳棚小雨。茅舍先秋。

看毋含飴。兒學語。婦梳頭。

天仙子 輓竹坡翁

醉紅妝 竹影

東風幾度影飄搖。既參差。亦难描。情人一見也魂銷。弄明月。太無聊。

春光不漏影寥寥。風瑟瑟。任爾飄。[illegible]窗前。檻無一窈窕。日將沒。一半湖。

記得去年湖水碧。同對荷花鋪綺席。酒涼歌罷與酣時。如雪帛。如烟墨。腕底龍蛇飛上壁。 又是今年湖水碧。依舊荷花紅暎日。眼前不見老仙翁。關塞黑。頭顱白。夢斷吳江秋瑟瑟。翁卒於吳江

江城子 題穿鍼乞巧圖

黄姑織女隔天河。弄金梭。別離多。難得今宵歡會補蹉跎。試向曝衣樓上望。陳瓜果。有秦娥。 秋風掠鬢動衣羅。對金波。蹙雙蛾。一縷柔情輕上指尖搓。鍼孔有靈應得透。渾淺笑。暈腮渦。

離亭燕 過明孝陵

古木空江秋冷黄屋紫金山近雲起更無天子氣

又 言懷偕稻生作

三萬牙籤四十華年。笑浮生仰屋徒然。何如省事。飽食高眠。對一屏山。一尊月。一鑪煙。 未脫羈纏。雅羡林泉。問空囊何日多錢。買田百畝。蓋屋三間。也不求官。不佞佛。不修仙。

又 思歸

貧也黔婁遠矣。丹邱赤松子何處從游。不如歸去。桑梓陰稠。正月當窗。花滿架。酒盈篘。 衣食雖憂。離別無愁。有天倫眞樂優優。荳棚小雨。茅舍先秋。看母含飴。兒學語。婦梳頭。

天仙子 輓竹坡翁

記得去年湖水碧。同對荷花鋪綺席。酒涼歌罷與酣時。如雪帛。如烟墨。腕底龍蛇飛上壁。　又是今年湖水碧。依舊荷花紅暎日。眼前不見老仙翁。闌塞黑。頭顱白。夢斷吳江秋瑟瑟。（翁卒於吳江）

江城子（題穿鍼乞巧圖）

黃姑織女隔天河。弄金梭。別離多。難得今宵歡會補蹉跎。試向曝衣樓上望。陳瓜果。有秦娥。　秋風掠鬢動衣羅。對金波。蹙雙蛾。一縷柔情輕上指尖搓。鍼孔有靈應得透。渾淺笑。暈腮渦。

離亭燕（過明孝陵）

古木空江秋冷。黃屋紫金山近。雲起更無天子氣

草滿漢陵唐寢享殿碧苔生守塚白頭監盡　春夢六朝誰醒留共福王同證開國鼎湖弓劍地付與荒寒愁問十廟雨雲來應有忠魂朝覲

祝英臺近 蛛網

繡簾垂芳樹暮網近畫簷布似織迴文宛轉絡烟縷最憐顆顆明珠何時穿就倩梅子黃時疎雨問愁緒卻似將老春蠶相思正難數閒坐斜陽盡日惹飛絮有情留住風花仍無情處並蝶使蜂媒留住

又 惜別用東坡先生韻

柳垂金花似霧催上竹西路別夢依依驚醒一聲

檣幾番檢點琴書商量薪米難忘是夜燈紅處去難阻願將雙淚盈盈啼爲滿城雨天本多情此願豈無據無情卻是春雲才陰又斂眞辜負間關鶯語

金人捧露盤 蘋花

月波清風波靜臉波明暗香滿南澗之濱樓東賦罷箇人曾否稱芳名繁華洗盡賸朝天素面盈盈詩中潔畫中澹禪中定色中貞合衆妙化此花身山流碧玉木蘭舟上憶秋心採宜皓腕莫輕蹙羅襪微塵

洞仙歌 敗荷用劉後谿韻

一池秋爽正漣漪風靜並宿鴛鴦夢纔醒驀驚飛摇動千柄紅衣零落了多少愁香倦影　臉波猶記取出水燕支初日嫣然照湖鏡暫别幾何時結子貪多渾半面教人難省問嫁與西風更誰憐似臨水斜陽流紅俄頃

滿江紅　个園雙鶴

萬个陰濃猗猗處一池新渌有雙鶴晚晴天氣縞衣出浴引領未忘雲海思梳翎但養山林福似美人聯袂竦輕軀依修竹　三徑外朱欄曲片石上蒼苔簇乍蕭蕭風雨影摇衆綠躭静本無軒蓋想就陰豈受樊籠束願招涼雙唳振青霄秋聲續

又 題樸園翁倣蕭尺木離騷圖

萬古奇文須付與千秋畫筆圖不盡雲君山鬼湘妃河伯岸芷汀蘭秋氣味風裳水佩仙標格最牢騷天問發奇觀驚魂魄　姑孰壁留遺墨思尺木寒江碧喜替人長在見君顏色夙世同修摩詰慧孤懷聊託靈均迹溯沅湘難寫有愁心頭應白

又 往歲曾夢游浙之西湖至鄂王廟中王笑語近人予上詩有句云南渡河山泥馬壯西湖風月鐵人寒醒而異之思補續成篇因循未果今夏塡詞消暑欲取入詞中懼其褻未敢也茲讀白石道人平韻滿江紅序言泛舟巢湖禱諸湖神頃刻而成其後土人祠神歌以迎送因倣白石體成此詞王舊有滿江紅詞傳誦至今想亦神所樂聞也或他日游浙躬拜祠墓遇有善音律者商訂音節歌以侑神雖未足表王忠義聊以識嚮往之誠云

東浙潮來共毅魄空際往還靈旗下忿深胥種霜髮衝冠白雁飛來成故國黃龍酣飲付空談把昔年心事寄瑤琴垂涕彈（怒髮衝冠及欲將心事寄瑤琴皆王詞也）披青史心尚酸判忠佞筆難寬正蓋棺論定俎豆神歡南渡河山泥馬壯西湖風月鐵人寒更繞墳奇樹對冬青枝向南

瀟湘夜雨（簷馬）

枕岫秋生屏山夜冷打窗忽動微風淒涼聲到耳根中疑金井絲牽玉虎和水漏壺滴銅龍銷魂處錚錚片鐵逼近簾櫳　羈人聽慣黙思旅夢清響誰同記殘芻瘦馬夜齧從容燈未爐霜蹄踏曉車

乍碾風鐸搖空琵琶歇明妃月下環珮走丁東

又 蘷簾

樓角秋光廊腰暮色玲瓏雅稱簾垂瞿塘船到故人貽鉤乍上影篩月魄窗盡啟波皺風漪看花處巫山細雨隱隔蛾眉　蕭齋危坐青山白水頻動相思正懷人吟後掃地眠時烟不散留香篆久風不起放燕歸遲圍棋罷清清枕簟一幅杜陵詩

滿庭芳 河漢

弓月彎弧衣雲褪絮西風吹亮銀潢碧天如洗輕練界中央零落疎星幾點占涼信欲動寒芒聽嘹唳霜鴻乍度空影訝涵江　堪傷年少事披圖指

象甘石能詳笑黃姑織女從古荒唐一自羇棲旅館辜負了無限秋光閒中老微雲疎雨吟瘦孟襄陽

水調歌頭 月夜泛舟平山堂下

落日放船好雨後更清幽浮雲深處圓輝擁出水晶毯一幅紅橋白塔幾筆露荷風柳人在畫圖遊山色有無際勝蹟訪蘇歐 松關閉明月落挂枝頭五更烟碧蟬聲攙入一分秋扇底湖光山淥襟上酒痕燭淚狼藉未曾收杜牧十年老猶自戀揚州

又 放舟看觀音山寺佛生日香燈

碧漢歇微雨覺路早清塵蜀岡頂上長明齊點佛前燈二十四橋風月五十三參香火照徧綠楊城佈施金錢滿一路結茶亭　看紅粉隨白髮入禪林衣香人影蒲團低拜祝無聲獨有秋風倦客撐起淩雲傲骨不乞梵王靈放棹雷塘近幾點故宮螢

又　偕同人谷林堂納涼兼謝智光和尚

一雨洗炎暑秋到谷林堂堂上今雨舊雨應接智仙忙攬勝樓開平遠無數南徐山色雲際閂青蒼極目遠天盡孤墖動斜陽　雷聲隱烟景溼野風涼江山憑弔幾度歌舞罷歡場昔日文章太守今

日飄零詞客依舊擅清狂蔬筍一尊醉此味久難
忘

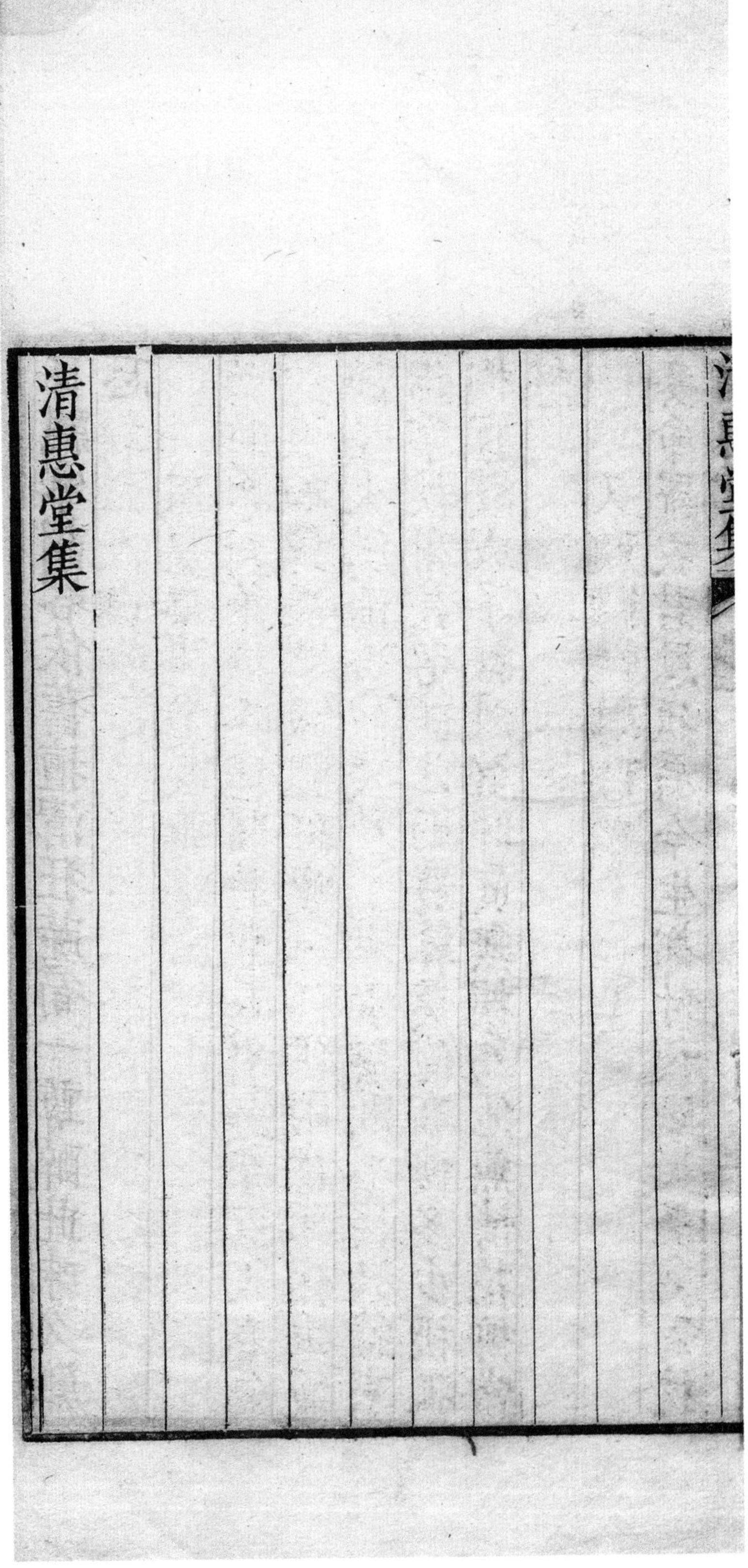
清惠堂集

清惠堂集　　全椒金望欣秋士

詞二長調四十七首

鳳皇臺上憶吹簫和漱玉詞

藥鼎塵封，薰鑪香燼，閒時懶蹙眉頭。奈惱人春氣，釣恨如鉤。悵望綠肥紅瘦，一任伊、兩意休休。垂簾靜，怪來風雨，冷似殘秋。　堪羞驪歌唱後，只緘來錦字，枕角長留。記江南春暮，莫倚高樓。多少桃孤柳寡，釀成了、紅淚盈眸。眞無賴，爲他無情花柳，當愁。

又題嶺生畫斜倚熏籠坐到明圖

妾命羅衣，君恩紈扇，今生都付秋風。笑孤衾獨枕夢也欺儂整頓衫兒愁坐望天上青鳥難通傷情似籠香未冷燭淚長紅　朦朧雙雙倦眼更偌箇多情圖畫偏工歎朱顔未老綠鬢先鬆拋盡周郎心力休寫出憔悴形容還思向才人買賦金屋重逢

步月（七月既望東園步月）

水碧秋生天青雨過挂空明鏡剛磨玉樓高迥清景得來多跨橋背瓊欄疊雪傍石腳翠草堆螺看多少風亭月榭簾卷近秋河　婆娑行步緩破苔上柳影尋到藤蘿白蘋香裏零落幾枝荷雜吟嘯金篩竹韻展畫圖釵插松柯廊深處添聲短笛妙

如何

倦尋芳 爲春卿題香山蠻素圖時春卿宦越新納姬人

江山文藻，臺閣勳名，此老雙絕。更有餘情，消受人間花月。楊柳綠翻衣影動，櫻桃紅破簫聲發。向西湖，問白家故事，蒼生能説。　公去後，湖中判牘，花底題詩，餘韻消歇。賴有坡仙，攜箇朝雲入越。菱角利能周六井，楊枝笑始開雙靨。東坡贈朝雲詩以樂天楊枝爲比 怕使君，止留情錦衾羅襪。

揚州慢 和白石詞

廿四橋頭，三千殿腳，錦帆十里郵程。看山光禪智，鬥眉黛青青。任此地、溫柔鄉老，清游夜夜，酒陣詩兵怎頭顱鏡裏斜陽轉眼空城　吳公臺下問蕭孃春夢誰驚金粉樓空玉鉤斜遠芳草無情詞客年來憑弔秋風苑衰柳蟬聲笑當壚兒女臂盟仍證他生

長亭怨慢 和小鶴秋柳

乍聽得笛聲清越一聲聲是曉風殘月弱態難勝樹猶如此忍攀折冷螢飛去渾不記隋宮闕問鏡裏雙眉應臢有愁恨千疊　羞說憶輕黃嫩綠舞罥女兒輕捷東風薄倖暗催取飛花如雪又轉眼冷落關河卻先做飄零黃葉教秋士秋孃爭不同生華髮

念奴嬌 送春

問春春老又怱怱付與落花飛絮捲起湘簾添悵望欲駡東風無語織錦鶯忙抱香蜂鬧忍放羣芳去一尊相送記江南舊時路顛倒旅思羈魂如癡似醉夢斷尋何處撇卻懷人重病酒慣把烟花閒度龜甲圍屏蠅頭密字題徧傷春句尚憐窗外海棠留得盈樹

又 書稻生小鶴贈答詞後即次原韻

清詞酬唱似晴空長唳聲聲鸞鶴亂石崩雲堪嗣響隻字何容輕削禿到中書狂如昭諫爽爾惟需腳對邯鄲步教儂盤辟難學 自數謬算狂謀六

州聚鐵是鑄皆成錯獨有羇棲師友富李郭仙舟同泊長笛銜風清尊墮月何羡平津閤但愁凡骨筆花開盡才薄

又　璞生和稻生小鶴韻甚佳疊韻書其後

詩爭崔李誰一拳搥碎高樓黃鶴二華崢嶸仙掌擘添得三峯如削玉局清才銅琶絕唱響遏行雲腳此中三昧知非傖父能學　正拍好付紅牙周郎善顧道字何嫌錯留著青雲豪氣在豈患窮途飄泊同有千秋竹林圖畫抵得淩煙閣又催吟輿暮蟬聲噪林薄

又　晚晴疊前韻

夕陽樓畔有翩然曬羽一雙仙鶴點破蔚藍天色嫩潑黛山痕如削雲陣排空虹梁跨水斷雨猶垂腳晚妝眉樣一鉤新月初學　好趁空館微涼簟紋如水早睡原非錯對語簾前雙燕子似笑孤鸞棲泊網濕蠨蛸粉乾蛺蝶夢到凝妝閣此時歸去箇人猶怨情薄

又　贈瑞翁疊前韻

飛來江上似無心而至閒雲孤鶴笑拍肚皮惟健飯城府全經剗削皖水清泠揚州佳麗偶拽蒲帆腳奕碁隨意不勞塵劫勤學　老矣行樂因時名山佳水過處休教錯到眼金焦宜買棹有約僧寮

同泊鐵甕風潮金陵燈火一覽江天闊體原如佛下看身世雲薄

又喜次雲病愈疊前韻

沈郎消瘦似山中一隻倦飛孤鶴病後腰圍應更減贏得衣聲戍削燥口餐加枯腸藥轉漸健腰和腳青山仍在好烟雲任儂學　手筆君似倪迂緣慳清秘位置天原錯況累孟光同賃廡誰惜鳳鸞飄泊才子窮愁君家故事識字曾投閣相憐同病幾年脂粉輕薄時其細君亦病

又曉陰疊前韻

乍醒歸夢尚流連怨我家山猨鶴滿座凝雲簾不

捲恨少雲斤揮削紅綻梅梢青垂桐子綠上苔墻腳燕雛飛未雨中來往相學　窗外荷葉田田一池錦水羅縠光交錯出水紅衣風尚怯莫遣飄零萍泊花氣留人蘿烟帀地清到雲林閣午前書畫趁他炎暑微薄

又 詠懷兼寄漢上諸友疊前韻

九天頻謫笑平生無福乘鸞騎鶴慷慨一杯燕市酒萬古牢愁平削馬瘦幽并舟輕淮海又轉風旗腳百金方在越江洴澼空學　細數漢上題襟美人縹緲贈我刀金錯十載朱顏都漸老何日萍蹤重泊見月懷人看雲憶弟望斷晴川閣武昌魚大

腹書遥寄休薄

又 懷荔紳疊前韻

長安聚首是雲間日下陸龍荀鶴花㨾但隨人世改那變良工斤削弱不勝衣病常減飯能立中流脚少年淹雅讀書然後爲學 别淚灑向東華盧龍塞上溷我風塵錯密約三年重握手易水蕭蕭曾泊君望螭頭我思驥尾終恐登臺閣晚成何害挽回文體浮薄

又 寄介臣兄楚中疊前韻

遠游乘興作當年赤壁横江孤鶴要吸楚江春酒緑手把君山全削嬰武洲翻長沙地小醉後休伸

腳子瞻無恙買田樊口難學 記得客歲涼風秦淮秋霽水榭珍珠錯白眼睨他窮學究何物孝廉船泊山瞰龍盤關超虎踞長嘯飛霞閣舊歡如夢楚天西望雲薄

又 寄子春弟疊前韻

阿兄老矣似頻年不舞羊公之鶴路過聖居思望會遮眼龜山難削有骨如仙無靈是佛枉抱忙時腳著書非晚燭明猶可勤學 問數李廣雖奇封侯李蔡機會君休錯方丈蓬萊風引退福至公然輕泊行路多難登樓非計筆恐窮來閣家貧親老宦情何敢言薄

又輓餘圖疊前韻

成童初試望機雲兄弟華亭雙鶴餘圖與兄介園皆爲汪文端公所賞識玉笥班中君更少敵手曾猶愁削謂曾獻卿福種三生爽推二惠忽折飛鴻腳先生休矣後來誰擅文學　哀問傳到京華怕驚小阮謂依宸但道音書錯細數平生文字友幾箇無憂飄泊幸免長貧又羅短命無福惟閨閣餘圖婦寒族女也目猶堪瞑有孤田尚非薄

又詶智光和尚疊前韻

藕花風裏倩扁舟問訊空山猨鶴松柏陰陰鈴語靜曲徑苔平如削煙欵柴關雲留畫像一葦西來

腳氣除蔬筍秀能難判宗學　示我齊己詩篇辟支證果語笑滄浪錯清淨耳根蕉葉雨秋漲芙蓉湖泊和尚見和平山堂聽雨水調歌頭有句云雷起芙蓉塘外雨滴芭蕉窗下釀做一天秋水碧淮東峯青江上吟興閑經閣平分風月唱訓憐我才薄

又　詠茉莉戲杏南疊前韻

斜陽緩步訪美人香國縞衣如鶴弱蔓嬌枝扶上架都把閒花刪削銀豔欺冰珠蓓蘸露開徧籬笆腳晚妝堪助玉奴歌舞新學　多少消夏平山籔錢堂下賭采休看錯羸得妖香籠滿袖舟向荷灣移泊留贈殷殷醉歸緩緩星小明妝閣親簪雲鬢

嫩涼擕入帷薄

瑞鶴仙 高郵鹹鴨蛋

臉波輸漾美況色染微青珠湖春水鹽泥迹初洗較魚蝦江國一般滋味停舟入市自檢得勻圓一例剖開時瑪瑙堆盤玉碧裏來珊紫　曾記端陽佳節恰到秦郵扣舷同醉求他別趣酸鹹外淡濃際配燒春村酒經冬醃菜一盞飯抄魚子憶金陵秋賦風簷飽嘗幾次

又 菊枕

青紗兜碎影把三徑西風招來同寢縫成放翁枕觸紉蘭纖手一堆香冷牀藜簟筍者雅況寒家最

稱問泉明高臥羲皇此味可曾親領　安穩東籬遊倦攤飯瞢騰澆書酩酊蕭然夢境除塵俗入清淨漸頭輕風去眼明花褪傲得霜消兩鬢近重陽送酒人來甕邊喚醒

齊天樂 曉過繹山

五更轣轆醒塵夢輕寒尚欺行客淺水濺輪高林舞蓋紅露東方天色山痕黝黑看膚寸雲生雨晴難測顛米迂倪曉嵐橫潑一池墨　凌空幾盤磴道弔秦皇虎視東巡遺跡寂寞寒烟淒涼野火剥盡斯冰刻石文章赫奕讓鄒國豐碑巖巖千尺老我輪蹄有燒餘典籍

綺羅香 春氣

病柳纔蘇憨梅轉困春上草根紅淺瑞靄氤氳陣陣暖風輕扇剛靜院蟲語和融早遠樹鳥聲鬆倩問阿誰清曉黃昏朦朧侵入枕函畔　美人幾日沈困漸覺雪胸酥膩雲鬟香暖夢斷偷尋白晝眠多嬌軟衫子薄慵縮纖腰帳兒低倦開愁眼記前宵酒醒郎扶羞紅生半面

拜星月慢 牽牛花

小院餘芳破籬幽致幾朵牆根秋晚冷豔開時正銀河清淺看花擷卻似黃姑昨夜相別墮下離筵杯琖碧暈誰描比天青色淡　伴空閨不倩焉支

染涼螢照誤認雙星閃暗把薄粉輕螺畫吳娘妝面覺依微香隔疎烟遠怎淒楚影觸西風顫只共那獨處匏瓜繫垂垂弱蔓

惜黃花慢 僧鞵菊

秋光明媚有奇草異花清新名字楚楚階前派分騷客疎英畫出梵王遺製褒帶烟含雨半開時正朵朵凝香堆翠纈成未散偏世間天女游戲　多應隻履西歸便留此一隻忘將攜去化作幽芳借他三徑高風寫我一番禪意移根須忌到秋闈者不是櫻鞵遊地看花屐訪偏夕陽蕭寺

又 荷葉

田田曾記正嫩葉點溪青錢魚戲漸長肥圓幾枝華蓋遮紅一色羅裙裁翠銷魂半欲放開時問誰把緑雲捲起碧筩裏吸得冷香腸滿花氣　而今菡萏飄零似遠嫁美人蓮房多子露顆盈盈換他十斛明珠併作一秋清淚枯荷留聽雨來聲斷腸客無聊詩思耐嘗是裏飯遺人滋味

一萼紅 題伊人翁繞屋梅花圖

探韶光正溪橋臘盡烟水暗生香春腳猶慵冬心好護枝枝搖動斜陽向此地蓋間茅屋倩雲扶清夢到花鄉老我青山傲人朱戶泥爾紅妝　誰似先生高尚擔茶經藥譜移入梅莊雪裏攜鋤香中

曳杖任他雨鬢成霜更著意留春不放寫疎籬瘦影付倪黃好和灞橋詩思收入奚囊

又荷包牡丹

衆香中有魚兒新㨾撿就可憐紅口纈輕緘腮渦濃染最宜晴日微烘問誰買朱絲繡出應教人奇巧妒天工幾點愁痕一團酒暈繫上芳叢　賜與春官作佩比金魚一品富貴名同結展丁香帶圍勺藥染衣香霧空濛綴曉露眞珠貯滿倩東皇早試翦刀風收得賣花錢去不怕囊空

又蝸牛

雨初晴見橫斜粉壁有篆爍如銀太極圈兒微軀

負著螺紋尖頂分明上窗紙遊行自在忽逢人頭腦總無形避濕伸腰畏鹽縮角計巧藏身　卻怪呼牛不應怎纖纖雙繭也冒虛名隘到吾廬能容爾屈何勞戴屋而行笑觳觫無涎自潤悶寢訛粘壁已忘情好把名心澹盡共息蠻爭

沁園春 感事

載酒看花揚州好夢待醒十年憶紫釵偷贈伊其相謔黃河解唱我見猶憐寶鏡生菱金刀斷藕苦被情絲一縷牽春光去看小紅橋外逝水如烟人生膏火相煎總錯把心和玉比堅歎青袍未澣仍然塵土青娥易老說甚神仙幾載顏容半生緣

分。無那明珠不肯圓。空相訃。恐情天可補。恨海難填。

又 代贈疊前韻

春與秋期。秋與春期。幾多少年。念鵶頭齒弱。誰將我誤。蛾眉命薄。偏得君憐。輭語溫存。羞顏熨貼。一摻相思兩字牽。忍今日。聽明珠去。掌紫玉成烟。

連宵藥餌。親煎。怕身似琉璃漸不堅。恨驚風颭水。鴛鴦易散。彩雲墮地。雞犬難仙。明鏡欺春。孤衾伎酒。燈燼無花夢不圓。還癡望。望秋河清淺。靈鵲能填。

又 代答疊前韻

錦瑟曾歌金縷曾歌奈爾華年記雞窗私語淒淒切切鴛衾共倚惜惜憐憐穠豔姿神溫柔情性因愛生魔恨始牽花初放願金鈴牢繫自護風烟茗香玉手親煎早盟臂盟心幾字堅喜寫卿小像孤時作伴書卿小字夢裏呼仙故示生踈翻成決絕明月虛他四度圓更誰恨恨黃金無屋缺陷難填

又 自嘲疊前韻

絮絮叨叨綺語全除卻待何年便焚蘭歎蕙甚干卿事僵桃代李空替人憐客少黃衫伎無紅拂野葛閒藤爲底牽間消遣借辭章游戲幻化雲烟

寒膏半夜猶煎。寫瑣事文心比孟堅。似如來說法現身作女。癡人說夢。立地成仙。斑管摛辭紅牙按拍。譜出珠喉一串圓。眞堪笑。笑天餘離恨。煉石誰塡。

又 題紅袖江樓圖 佺九

夢裏羈心。秋來江水。晝夜同流。記野店懷人。燈支牀脚。孤蓬聽雨。笛壓船頭。千里行縢。三年旅食。贏得絲絲兩鬢愁。難回首。是雲寒風緊。去馬來牛。故園料似荒邱。囑松竹殷勤爲我留。早嬰武靈心。遙傳雁信。兜央錦字。密寄鸞儔。何處青樓。誰家紅袖。欲滯還遲。鄉定遠侯。聊留戀。比珠簾十里。畫出揚州。

又 題補凡畫琴友西湖惜別圖

竹蔭侵簾。茶聲到枕。展君畫圖。見和靖先生。山中放鶴。清涼居士。湖上騎驢。柳往依依。花歸緩緩。一半句留爲此湖。難描寫。有穿雲畧彴。渡水浮屠。笑君討太糊塗。怎拋卻林泉近市居。把禪智山光。行家飽看。餘杭酒味。離席輕沽。舊雨琴尊。東風城郭。回首能乾別淚無。尤堪惜。是鄉親蘇小。油壁香車。

又 題薬仙畫紅豆相思圖

畫出愁心。楊柳欄干。和影凭時。便把酒東風幾行清淚懷人南國。一樹相思。入手團欒。支頤寂寞。脈脈春情不自持。沈吟處。怕不禁離别。清減腰圍。拈來寫底淒迷。卻紅到堪憐轉妒伊。憶宛轉屏風。聞歌能記。玲瓏骰子。入骨誰知。擣作靈砂。撚成丸藥。醫得癡腸分外癡。爭能彀。和丹誠一點。拋向天涯。

又　贈杏南兼祝生日

生長湖山。得來清氣。成箇才人。有一枝斑管。指揮羲獻。一枝鐵筆。刻畫周秦。兎掃驊騮。輕描魚鳥。寫幅青山也絕塵。擕長笛。唱曉風殘月。眞足銷魂。萍蹤同到蕪城。似落魄江湖載酒行。笑鬑鬑須髮。

我愁有雪囱囱腰腳。爾詡如雲。婦解臨書。姬能記曲。博得高堂笑語溫。尤堪妒。是佳兒進酒。犀角分明。

摸魚子 湖上觀打魚

又涼秋畫船疎冷漁汀爭舉絲網嗚榔撐入斜陽遠攬動波心紅漾天水晃正霜斷烟竿亂作菰蒲響鱸羹漫想看頳尾跳波銀腮唼沫多少可憐狀

雷塘路極目荒溪斷港難容魴鯉游蕩人思染指江湖味怎得江湖相忘灘嘴望漸月出人歸滿載飛雙槳秋林莽莽賸沙際叉痕鷗邊燈影煙外一聲唱

又 歸燕

盼雕梁又傷離别翩翩歸去輕燕天涯何處烏衣國千里家鄉猶戀秋信遠正昨夜天邊書到逢來雁愁懷淚眼有塞上征人樓頭思婦妒爾羽毛便紅襟舞欵欵呼雛作伴飄然花底雙剪將飛又掠疎簾入軟語主人腸斷腸莫斷君不見銜泥無分昭陽殿春風易轉借鶯舌調簧蝶衣曬粉仍到舊庭院

又 題盼蝶樓圖 山尊先生以羅浮仙蝶贈又園久之飛去今先生歸道山九年矣又園屬香生明經作盼蝶樓圖盼蝶所以懷先生也余與香生皆承先生青眼爲座上賓今覽斯圖不禁山陽之感因成此解以誌慨云

凭欄干柳浪松風重重簾幙低護多情只有黃郎甚不放莊生夢去腸斷處憶學士風流舊贈羅浮句翩翩一顧任天上司香人間學舞文采那留住司香本是神仙吏學舞新從富貴家先生舊句山陽笛吹徹西園烟樹孤飛獨鶴難駐西園有雙鶴先生屬纊時一鶴飛去座中賸有龍鍾客寫出相思尺素春早暮盼粉跡香痕空把歸來賦閒愁無數想楊柳清尊芙蓉短棹寂寞淚如雨

賀新涼伯寅落第過揚州同泛舟紅橋白璿因繪圖贈之並題此解

話別經年意喜揚州珠簾十里欄干同倚青舫綠波紅袖亂人影衣香水膩好沈醉竹西歌吹爲問軟紅塵土夢較尊前何處饒風味須記取江山麗

一水亭無暑鄰荷芰更泥他烘晴微雨碧天如洗
隱隱雷聲雲外起催送一船花氣又催起一船詩
思酒後留君重小駐奈金鞍愁壓思歸騎且攔入
畫圖裏

又 東園尋秋

新得西風信出城闉高樓掩映綠陰朝靜步盡迴
廊橋乍現一片溪光如鏡浸曉日波翻紅嫩花木
清無塵土氣踏蒼苔晨露猶餘潤秋在否向誰問
初涼好散羇孤悶喜尋幽登山臨水滿身花影
招我蟬吟蛩語切知在蕭蕭竹徑又移入松風橫
嶺高柳烟嬌黃最早悄無言落葉飄衣領籬菊放

再來省

又 春草

綠徧閒池沼趁萋萋春到江南數聲啼鳥萬紫千
紅開滿處晴展裙腰一道又描出東風舊稿寄語
家僮花縱落襯芳茵休把焉支掃香逕輭𡱁痕小
秋心曾記藤蘿嬝短長亭關河淒緊暮天斜照
轉眼雨蘇烟早活夢醒郊原宿燒剛寒食清明時
到搯破窗兒窺嫩綠見修眉一帶山如笑青踏徧
醉眠好

又 題九日行庵文讌圖 行庵者祁門馬日琯嶰谷日璐半查兄弟別業也在揚州北郭乾隆癸亥重九日馬氏讌集武陵胡期恒復齋天門唐建中南軒鄞全祖望謝山臨潼

張四科漁川錢唐厲鶚樊榭陳章竹汀吳江王藻梅沜江都閔華玉井程夢星香溪陸鍾輝南圻歙方士庶環山士虞西疇汪玉樞恬齋洪振珂曲溪於行庵祀陶靖節以杜牧之人世難逢開口笑菊花須插滿頭歸句分韻賦詩吳中葉震初爲賓主十六人寫生環山補圖樊榭爲之記謝山爲之敘海鹽陳邦彥匏庵書首誠太平韻事韓江佳話閱今八十餘年馬氏中落玲瓏山館數易主藏書星散園林非復舊觀矣文讌圖爲小園所得余獲於圖中識諸老宿眞面亦厚倖也環山畫名夙著今遺墨人多寶貴此圖安知不與西園雅集圖並傳千古哉因作此解以誌之

展卷林泉好想當年富貴才人文章遺老九日行庵文讌設羣把淵明徑掃況更有樊川詩稿千首新詞千琖酒對西風肯受黃花笑風雅事共傾倒主賓寫出天然貌向湖山鼓琴開卷坐吟行嘯

葛屨荷衫時解帶同學龍山落帽總不是塵凡頭
腦八十餘年臺樹盡賴畫圖留得須眉肖烟墨蹟
萬年寶

多麗（京口渡江）

曉天晴一江匹練初澄正微飈船移岸觜蕭蕭響
聽蘆聲宿烟開南徐樹緑秋空淨北固山青雲影
裁羅波紋散錦日華攪動萬條金有摇目樓臺丹
碧浮玉望分明思從此三山風利直上金陵　十
年前蒲帆偶挂曾過玉帶山門舵樓眠遥天月暗
舟人語涼夜潮生海嶽庵秋江天闊曉濛濛微雨
潤州城愧今日江山如故華髮漸星星空迴首六

朝佳境讓與詩僧

鶯嗁序謁史忠正公祠墓

江湖十年載酒慣與懷往哲每遊覽行出城闉似聽流水嗚咽有多少寒林古樹青山碧葬忠臣血想當年身徇危邦卓然人傑　畫守長淮大事去矣又興亡一刼手扶起孤注孱王鞠躬丞相諸葛痛南朝春燈燕子早昏旦心肝如割肯貽羞墩上梅花草間求活　天兵雨降抗札賢王尚生氣勃勃怎奈爾衆心離散四鎮蝸爭半壁難支一城烏合軍書有淚家書成血文山正氣歌重讀舍成仁取義無他說衣冠冢在能完徑寸丹心任他碎粉

七

身骨　千秋弔古廟貌堂堂盡仰公大節拜畫像
緋袍象笏舊日威儀雪色霜華亂來鬢髮宣揚史
傳流連家乘光懸星日文章大只全他忠正無虧
缺東風吹滿淮南點點寒香落花似雪

清惠堂集

揚打銅巷
柏華紳刻

金桐孫詩鈔一卷

（清）金望華 撰

清道光十六年（1836）清美堂刊《蔗根集》本

蔗根集卷十一

全椒金望華桐孫

讀先世父棕亭詩鈔書後

古今幾人學蘇李我欲呼之呼不起作者論詩貴氣力力薄氣麤詩必死吾家伯父棕亭公腹笥便便眞博士縱橫落筆千萬言上將登壇執牛耳風雲變態驅蛟龍馳騁中原走虎兕陸離光怪眯雙睞力探奇奥掃糠粃詞鋒迅發不可當大戟長鎗堅壁壘同時袁蔣各揚鑣孱卒見之望風靡一官小住古揚州宦槖蕭蕭淸似水紅橋白塔足淸遊大設壺觴傾綠蟻十萬蠻箋擘不

休江左名流盡倒屣邇來我亦客邗溝槐市攜尊訪遺址新詩石刻尚流傳枯樹婆娑亭已矣先世父官揚州廣文時於署中構棕亭作長歌一首王夢樓先生書之刻石今石刻流傳亭已圮矣惜哉小子生已遲未得追隨侍杖几卅首吟春步後塵華初學詩時曾作草堂春詠三十首用集中韻皮膚雖似多瘡痏手披遺集苦冥搜譬彼廣筵列籩簋澣薇讀罷北風寒一樓殘雪明窗紙

抵家

遠哉游子歸望望日將夕信步入家門庭樹晚烟冪升堂拜慈母乍見猶悽惻坐定歡顔生謂兒無饑色迴環拂兒衣殷勤問兒食兒心忍自安對此不敢泣回憶江

漢閒山川渺無極

嬌女已六齡短髮不覆額欣聞阿爺至偷覷傍簾隙有妹年方週其母頗珍惜生時我未歸相見不相識忽匿母懷中迴顧輟啼泣依依數日來嬉笑亦良得征人他日歸庶幾候門立

南山何崔巍惻然感風木稽首墓門前秋草淒以綠念子游遠方千里動遐矚夫豈不懷歸歸迺越寒燠生既未能養祭復不以祿緬彼生我恩荒原空躑躅所喜新松枝欣欣滿巖谷

伯兄客揚州彈指八年矣非無倦游、心嗷嗷將焉恃仲

兒亦多才鬱鬱困閭里門戶仗支持日計鹽與米時或
三徑開松菊蔚然美何日賦歸來攜手侍甘旨築室南
山隅吟聲出戶裏

望月

明月不相識江天如此清茫茫烟水裏渺渺別離情遠
樹澹無影春潮時有聲蓬窗一尊酒悵望旅愁生

憶揚州

東風吹到綠波春繫纜江皋別思新好夢不離湖上舫
嬌歌難忘酒邊人二分明月宜臨水十里垂楊願卜鄰
怪底匆匆挂帆去頓教修禊負芳辰

秦淮水榭

容在江南秋可憐小樓偏占板橋前醉呼仙子月窺影

香過美人花滿肩劃破波光摇畫舫割分山色對芳筵

南朝畢竟繁華地莫賦蘭成白下篇

絃絃彈破七條冰聲在瓊樓最上層檻曲凉生施翠幔

簾波影漾界紅燈歌翻桃葉人何處笑索梅花我亦曾

十二闌干齊傍水不嫌風露夜深凭

九江阻風喜晤朱紫賓若曾喬梓

路入潯陽九派濤布颿終日滯江臯聚萍誰料隨羊角

把袂先欣識鳳毛共許論文惟欠酒祗緣排悶偶拈毫

雲陰不散天將雪珍重春寒戀敝袍

枕上口占

十載天涯汗漫游試燈時節泛歸舟塵中人已難開口

江上風偏慣打頭祇覺夜寒添料峭偶尋春夢欠温柔

朝朝賴有朱雲共蓬底拈毫互唱酬

望九華

一片江光曉霧遮茫茫烟樹失津涯揚帆才出銅陵峽

雙眼模糊認九華

過彭澤

山圍城郭水圍廬半業耕樵半業漁千載高風陶靖節

小姑修得對門居

壬午冬將由揚之楚迎眷歸里賦呈嵎谷伯兄

頻年寄託總銷魂風雨蕭蕭過白門黃雀重尋江上夢
青衫猶漬酒邊痕關河遠涉連吳楚鴻鴈分飛感弟昆
已是羈懷惆悵甚亂鴉何事噪朝昏

離情渺渺憶晴川料理貂裘倍黯然甥館三年淹歲月
客途千里悵風烟尺書寄到懷天末芳草吟成入夢邊
嬌女喃喃應學語明珠冀向掌中圓

征鞭暫息款柴門（中秋前返里門小住七日）一角斜陽曬阮褌老屋
秋風蘿未補疎籬小雨菊猶存依人莫遂妻孥願入世

雖酬骨肉恩祇爲買山無力甚遲君招隱到桑根全茱山名堂上慈親白髮侵倦飛無計覓棲林孫山得失慚知己子舍晨昏仗好音太白樓應雲似幕小紅橋向月如襟漢江一棹歸來日報得春暉寸草心

諸琴友將攜眷之楚賦此送行

畫裏秋山儘費摹楚江煙草認模糊一灣綠抱彭郎水雙立窗前看小姑

題黄又園憶潮圖用仲則翁後觀潮韻

萬帆江上紛如葉龕赭兩山屹然立中間詰屈勢轉遒約束蛟龍不得入但見吳兒舟盡停飛閶鱗次爭相迎

訇然海門忽開闢有如人馬之行聲之江形勢由來折
當年弩控三千鐵豈徒造物逞奇觀似此靈胥恨乃雪
錢唐東下聲漸遥嚴灘七里秋山高此時迴顧一設想
令人坐臥心揺揺有客思鄉感秋草朝潮夕汐知何處
望遠空吟葛塢梅思歸怕見隋堤樹況復牙絃動舊愁
圖爲琴塢先生所繪
眷懷仙蝶同羅浮海水天風罷瑶曲紅蘅碧
杜凄芳洲我讀斯圖亦太息夢想潮聲聽未得何時鼓
枻伴君還領畧西湖好顔色

和又園盼蝶樓韻

昔吴山尊學士以羅浮仙蝶贈又園後失所在

辛巳秋學士歸道山又園囑郭香生明經作盼

蝶樓圖亦山陽聞笛意云

芳草碧如許相思客倚樓好春隨逝水飛夢過眞州楊柳難留月芙蓉那豔秋伊人不可見江上露華愁

一夕翩然去飄零只落花羅浮極天末明月又誰家秋老西風瘦更深北斗斜美人隔秋水愁與讀南華

曲水池臺古學士舊寓西園曲水摩挲壁上書招魂空待隺託意類觀魚風雨胡爲爾烟波獨渺予郭熙勞寫照消息近何如

感子纏綿意翩翩胡不歸神仙原杳邈樓閣可憑依燕

寢香猶在虹橋路漸非年年春訊好花裏待雙飛

後湖曲

後湖二月湖草青春烟漠漠飛不停十里五里沙路軟弓鞵窄步嬌娉婷後湖五月湖水緑鷺絲拍拍鴛鴦浴就中只少蒼梧山瀟湘水雲歌一曲一名瀟湘湖

漢口鎮

粉垣高下對層巒似此囂塵著腳難撲地人烟浮水上過江樓檻出雲端渾無叢木禽聲少祇有平湖月色寬地足膏腴憐我拙慣從蘭渚羨漁竿

題寄濤圖爲程寄濤其蔭作寄濤安徽歙縣人圖爲黄山僧澹庵所作

烟濛濛雲溶溶黃山白嶽摩蒼穹拔地直上四千仞珠
簾遙挂蓮花峯澹師弄筆發清興宛然靈境羅心胸縱
横落紙恣奇妙神化要與青天通兩厓中斷一谿出銀
河倒瀉鮫人宫初時界道皎如練須臾礀底游白龍飛
流迸石絶凡響仿佛鸞吟鳳嘯盤虚空程夫子眞豪雄
倩寫此圖圖何工得毋有悟超莊蒙昂頭仰視極寥闊
陰崖日薄森青松寒氣凜凜動毛髮濤聲鼎沸鳴琤琮
悄然肅然不可以久立只有空山猨鶴能追從披圖飲
我酒長波舌卷傾郫筒披圖歌我詩水琴相答流淙淙
何年攜筇就君石上聽泉處足踏三十六峯同訪浮邱

公

一雨

一雨苔痕碧新涼上畫欄螢黏修竹冷人怯薄羅單簾影波微動梧枝子欲攢相思悵秋客清露滴珊珊

偶成

游蹤渺渺大江濱此地重來總夙因客久漸知川路險交多轉覺異鄉親易成誑語因排悶難得高人作比鄰謂常芝仙到眼韶華忍辜負杜鵑又送一年春

七夕詞

纖雲四散姮輕羅蛾眉逗影生微波晚涼吹動彩袖薄

星光燦爛明銀河銀河淸淺橫天末星妃不負蘭期約
橋頭雲駕渡遲遲多情自有雕陵鵲烏鵲飛飛庭樹空
靈川瀲灩吹長風釵鈿誓作千秋會那許人間好夢同
誰家紅袖望瑤闕宵深瓜果庭中列私心乞巧巧奈何
但乞年年少離別

王第花將自楚之揚再返武林賦此送行兼送諸
琴友嘉祿歸邗上

臨歧執手大江橫祖帳匆匆別意成春雨杏花歸客路
東風楊柳霸王城人辭黃鶴剛三月夢過紅橋又一程
況是同舟逢李郭短篷杯酒坐深更

旅館終年似比鄰翦鐙談笑總天眞重來異地同爲客已卜歸期轉送人到處好山迎畫舫有情香草戀芳塵此行知向邪江過引我西堂入夢頻

將返金陵應試留別黃芳谷 至棠

落日津亭意黯然驪歌唱到藕花前倦遊心似投林鳥惜別人如上水船十日離尊迴夜月一聲柔櫓破朝烟祖生此去多豪氣肯讓劉琨早著鞭

帆影沿流去路遙湘蘭沅芷總魂銷風霜客倦催雙鬢烟雨秋深賦六朝極目江城誰弄笛關心吟侶又停橈

許嵩隅約同行 白門柳色應依舊珍重爲君訪翠翹 謂飛仙校書

黃鶴樓懷崔司勳限四豪韻

吾生未三十性喜窮遊遨烟波浩渺不辭遠七年十泛湘江舠片帆所過多勝境要使奇奥無遁逃有時臨眺倦雙足輿酣往往揮纖毫自謂靑蓮玉局去已遠尙有何人對我生恢嘲今日登樓若有得時復短髮風前搔仰視江雲俯江水如何落筆心徒勞中有一道士語我耳嘈嘈云從仙人騎鶴去崔郞一曲良足豪後來非無作者起到此把酒相推敲浮烟漲墨掃不盡毋乃令人讀之如哺糟君今胡爲不自量叉手悵望江天高何不左招江上鶴右持杯中醪醉後高歌司勳句拍手一笑

驚鼉鼇

登黃鶴樓

我昨停船在京口洪濤拍岸江聲吼金山突兀横中流
水腥疑有蛟龍走移櫂又過彭澤濱微波細浪皺魚鱗
小孤高插青冥上飛丹傑閣空瓏玲今日登樓招黃鶴
山靈變幻難如昨樓外白雲千載留仙人遂裏梅花落
狂歌長嘯開軒楹大别蜿蜒烟霧生俯視小舟紛若蟻
中流跌宕蒲帆輕我欲乘風凌絶頂手招黃鶴度江影
蕭蕭落木秋山秋東峯月出鐘聲静

大别山望積雪

我從大別山巔來拂衣一笑青冥開天公使我不敢以
仰視瑶宫玉闕皆蓬萊此山秀落城之東蜿蜒上與霄
漢通目所窮處魄俱蕩有如天地開鴻濛凍雲萬里動
風色初陽氣薄森青松迴厓杳嶂路不定只有猨鳥希
來蹤樓上有仙山上我屹然相對凌蒼穹中有大江不
得渡我欲鞭雪爲白龍駕白龍騎黄鶴我與仙兮遊寥
廓仙吹簫兮我弄筆俯瞰塵寰粟一粒上窮岳陽之洞
庭下極黄州之赤壁安得江水化酒泉縞衣歌舞紛當
筵瓊漿玉液拜天賜相與一醉三千年

讀頤道堂集用齊梅麓太守奉題元韻賦呈陳雲

伯先生

冰雪襟期錦繡篇紅蘅碧杜各芬妍曲裁華月清虛府

人坐微雲靉靆天花亦替愁空有淚琴能生悟妙無絃

全家都有神仙骨不用丹砂覓稚川

自是前身住紫京栽花小謫綠楊城問心靜拭青銅鏡

退食閒調白玉笙別構彩虹通水利先生宰江都日有惠政開伊婁河建彩虹橋以便民士商多頌之偶貪明月入詩情當時我亦淮南客曾

聽謳歌說老成

桃花江上又迴舟鄉夢依依過石頭官似陶潛遲作賦

悲勝宋玉不因秋謂小雲吟窩新署青鸞閣先生於寓廬之小閣傍日

鸞仙境重尋黃鶴樓剩有元龍湖海氣朝朝搖筆傲滄洲

雪在梅枝月在松卷中香味色兼濃漫憐蹤跡同王粲

郎論文章過蔡邕下里人多誰識曲南屏秋遠不聞鐘

一編攜向西樓讀定使銀濤起蟄龍

題王小鶴詩態圖

東風二月吹我歸江南江北楊花飛到家兩日訪君去

相逢一慰長相思君迺坐我以東閣揖我以西塀飲我

以碧香之佳醞示我以黃絹之好辭酒酣手攜一圖出

令我端視神仙姿左摹卷石右撫喬枝蕭然自得彼何

人斯但撫膺以停睇不知此客此時心何爲王郎王郎爾莫癡我豈不識君鬚眉如君之才才不羈手持三寸不律筆玉堂金馬位置無不宜胡爲乎不衫不履兀坐而在兹以此問天天弗知以此問人人或疑以此問君徒太息而歔欷王郎王郎爾莫癡人生七十爲古稀富貴功名水東去何如詩人酒人千載無是非我言未畢君解頤君須聽我重致詞一年三百六十日但願日日對酒吟君詩

葉調生出觀王蓬心太守永州八景水墨冊子蒼老中含秀潤深得麓臺司寇家法遂假歸臥遊一

月一洗塵心數年來無此樂也各題一詩于左

萬石山

巖巖萬石山其下有綿谷一谿横中央泠泠奏琴筑朝烟寒不飛縹緲傍修竹曳杖無人來但見苔花緑有亭徜翼然裵裒景前躅

愚溪

密篠動寒色孤松森喬枝我聞謫居者岩際營茅茨亭泉固殊致皆以愚名之嘉木與異石交錯無醜姿伊人不可見摩挱石上詩

西山

西山何崔巍一覽數州壤蒼蒼天際浮千里豁指掌俯窺鈷鉧潭拳石亦奇狀日夕景尤佳暝色入莽蒼我讀宴遊記掩卷動神往

高溪

危磯二十四舟楫爲要衝風帆上下集凊與湘水通沿流絡茅屋民物咸亨豐垂釣三十年下有蓑笠翁富春嚴子陵庶幾同高風

朝陽巖

兹山抱城郭烟靄何空濛朝曦靜相照翠黛描姸容中有神仙洞香水流淙淙雪白皎如練蘭馥吹當風安得

九疑如美人紛紛綠修眉妝峯青浮鏡黛浦湘上

有浮雲一片青嵐烟京寺十遍何許但見烟中鎮嶋出

時不得千嶂拔地起

辛卯二月上小山中借宿崇義林上人房道經漢

上距漢江二十餘步遠城北奉贈以誌別

過潮旅舍已隔年霜石投筆起西川幾回極目停雲外

一笑滄海古佛前楊柳春風新滿湖桃花潭水舊因緣

此行知為名山去猶我飢驅倍惆然

辛卯六月將北上金陵應試奉和春帆丈見贈元韻

水墨千里落歸帆卻被仙人笑落几有木堤遷鶯眼說

未秋先別燕京兩三年逾小元亭酒上八度思撫白傳衍

自題藏書所處館足盤車推翼所攜衍

燕根集卷十一

未秋先别燕呢喃三年愧少元亭酒六度思抛白傅衫
自顧駑駘虚策足鹽車惟冀脱羈銜

蔗根集卷十一

三家詞合刻四卷

（清）金望華　范鍇　編

清道光二十二年（1842）刻本

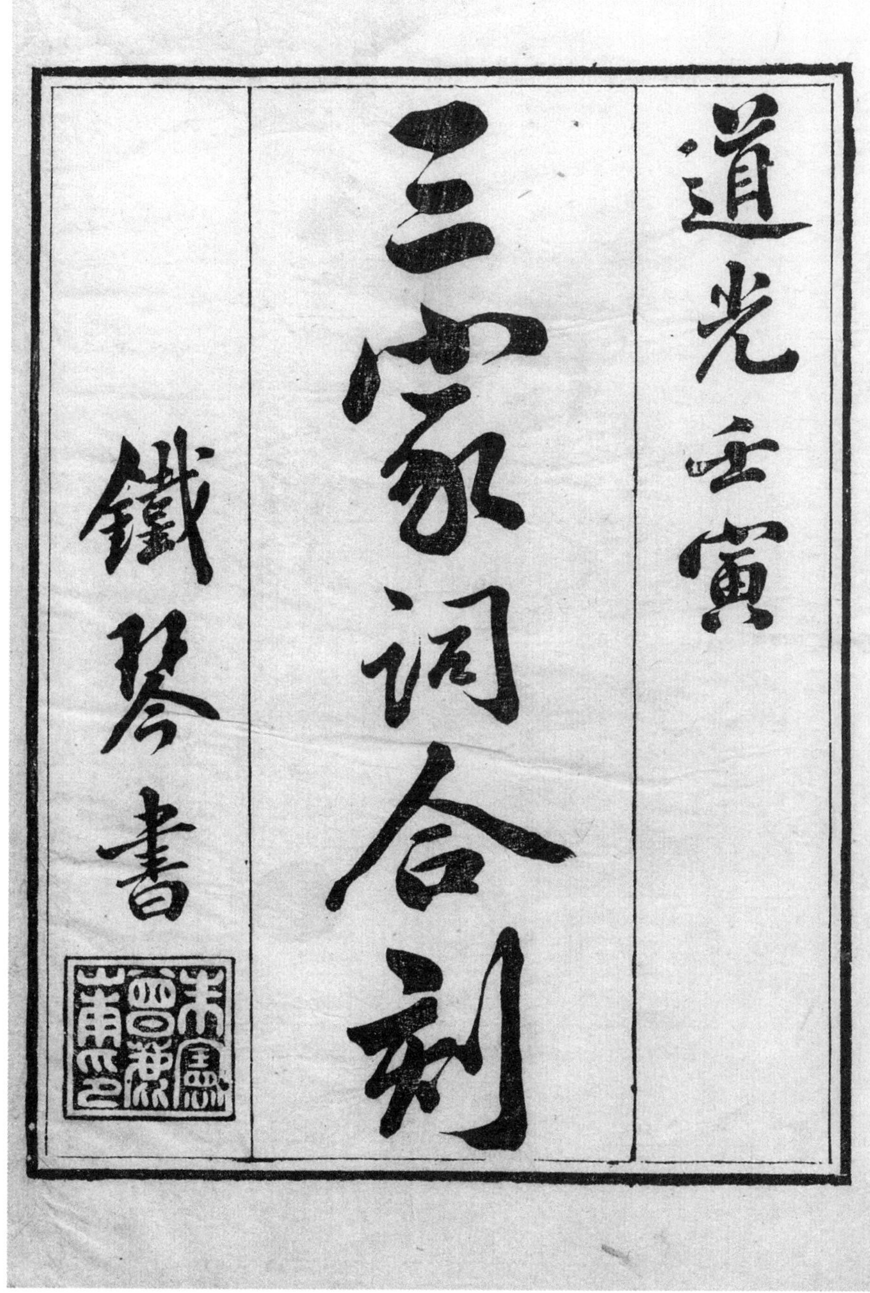

道光壬寅

三家词合刻

鐵琴書

白石道人歌曲

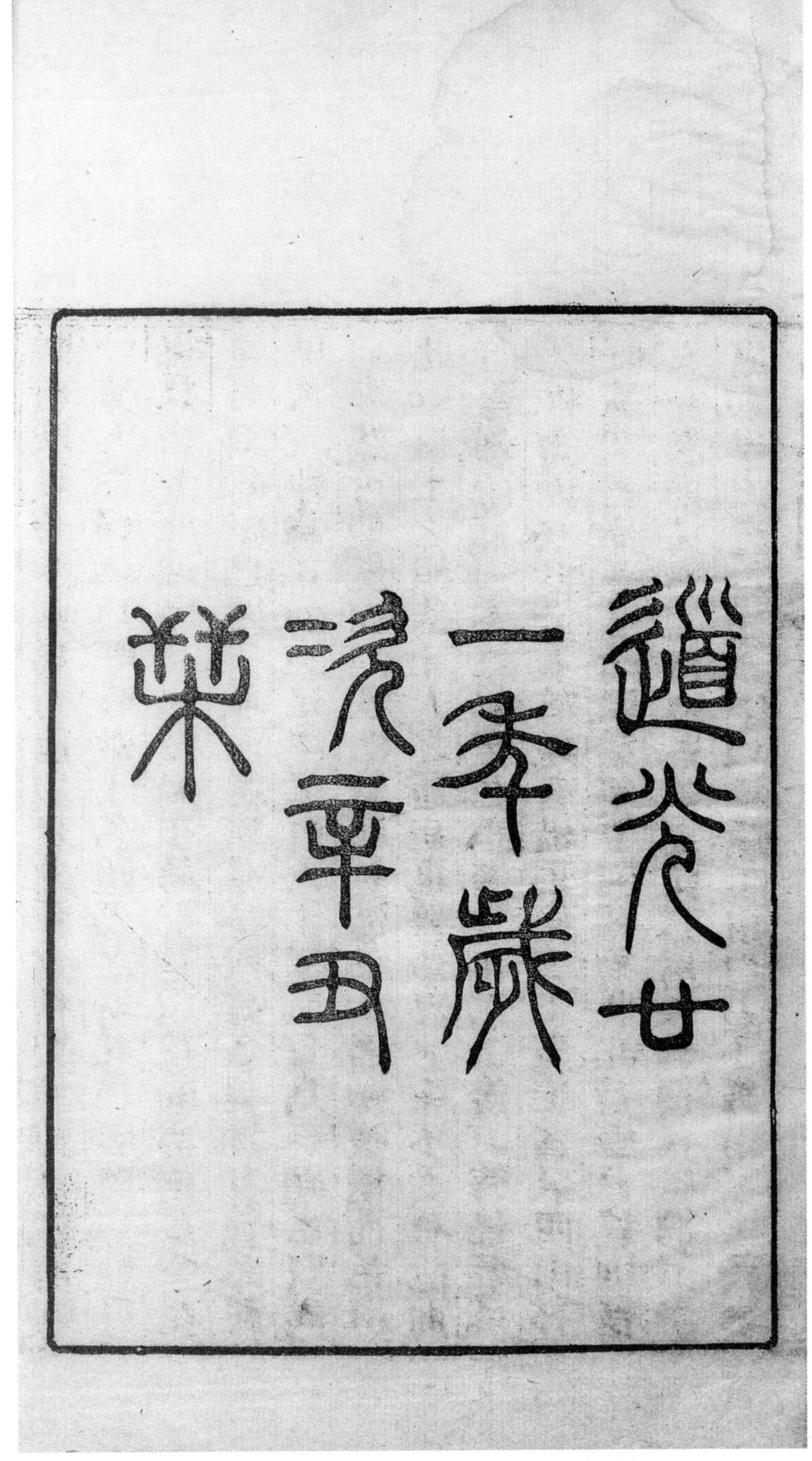

道光廿一年歲次辛丑栞

樂府既寑詩餘興焉有唐以來遞降遞精製體雖殊緣情則一勞人思婦藉以呻吟豪士名媛因之寄托循音聲以歎息撫意緒而低囘緣其感發過于詩矣是以花間尊前草堂花菴各集紛紜已踰千載而選輯羣公所好各異溯其篇章祇供披玩難爲正的詎足津梁自六十家詞彙爲一類名賢備列爛然可觀然而卷帙浩繁艱難涉歷閱者神疲攬而色沮此則學士之恒情才人之通病也雖覃思冥索不乏英流而抒藻揚辭每因本性偏至之詣既多正宗之傳何待標準或差性靈斯泯雖云未墜識者惜焉原夫工盧史者氣阻山林好蘇辛者情乖閨閣周秦運筆則咏物斯非黃柳摹篇則懷人並謬斯又舉似操觚數難更僕者焉金君桐孫夙嫻詞律慮初學之歧途擇名家以津逮玉田白石手錄兩家旁暨碧

山都爲一集付諸剞劂加以校讐可謂獨擅清襟能具隻眼
夫甜吟密韻者發以姜張而積習相沿秀而不實空音浮響
者歛以中仙而流弊漸深豔而不振惟此同編初非異致分
而專學其不善者遽見瑕疵合以研求即未工者已離凡近
信造意之梯航斯措心之圭臬矣苟尋源於五代並沿流於
六家千聲韵海即挽狂瀾一幟詞林詎難自樹夫指歸既定
博覽者奇華趣向未端泛觀者狂慧後賢或鑒斯言先哲庶
韙其旨是爲序

道光壬寅二月儀徵汪全泰

白石道人歌曲目錄

卷一 令 慢

卷二 自製曲

白石道人歌曲卷一

宋　番陽　姜　夔　堯章

令

小重山令

賦潭州紅梅

人繞湘皐月墜時斜橫花樹小浸愁漪一春幽事有誰知東風冷香遠茜帬歸　鷗去昔游非遙憐花可可夢依依九疑雲杳斷魂啼相思血都沁綠筠枝

江梅引

丙辰之冬予畱梁溪將詣淮南不得因夢思以述志

人間離別易多時見梅枝忽相思幾度小窗幽夢手同攜今夜夢中無覓處漫裵徊寒侵被尚未知　濕紅恨墨淺封題

寶箏空無雁飛俊游巷陌算空有古木斜暉舊約扁舟心事已成非歌罷淮南春草賦又萋萋漂零客淚滿衣

驀山溪

題錢氏溪月

與鷗爲客綠野留吟屐兩行柳垂陰是當日仙翁手植一亭寂寞烟外帶愁横荷冉冉展涼雲横臥虹千尺　才因老盡秀句君休覓萬綠正迷人更愁入山陽夜笛百年心事惟有玉闌知吟未了放船回月下空相憶

鶯聲繞紅樓

甲寅春平甫與予自越來吳攜家妓觀梅于孤山之西村命國工吹笛妓皆以柳黃爲衣

十畝梅花作雪飛冷香下攜手多時兩年不到斷橋西長笛

爲予吹　人妬垂楊綠春風爲染作仙衣垂楊却又妬腰肢

近平聲前舞綠綠

阮郎歸

爲張平甫壽是日同宿湖西定香寺

紅雲低壓碧玻瓈惺憁花上啼靜看樓角拂長枝朝寒吹翠眉　休涉筆且裁詩年年風絮時繡衣夜半草符移月中雙槳歸

又

旌陽宮殿昔裴徊一壇雲葉垂與君閒看壁間題夜涼笙鶴期　茅店酒壽君時老楓臨路岐年年強健得追隨名山游偏歸

好事近

賦茉莉

涼夜摘花鈿苒苒動搖雲綠金絡一團香露正紗廚人獨

朝來碧縷放長穿釵頭罣層玉記得如今時候正荔枝初熟

點絳唇

丁未冬過吳松作

燕鴈無心太湖西畔隨雲去數峯淸苦商畧黄昏雨　第四

橋邊擬共天隨住今何許凭闌懷古殘柳參差舞

又

金谷人歸綠楊低埽吹笙道數聲啼鳥也學相思調　月落

潮生掇送劉郎老淮南好甚時重到陌上生春草

虞美人

賦牡丹

西園曾爲梅花醉葉剪春雲細玉笙涼夜隔簾吹臥看花梢搖動一枝枝　娉娉嫋嫋教誰惜空壓紗巾側沈香亭北又青苔唯有當時蝴蝶自飛來

又

摩挲紫蓋峯頭石下瞰蒼厓立玉盤搖動半厓花花樹扶疏一半白雲遮　盈盈相望無由摘惆悵歸來屐而今仙迹杳難尋那日青樓曾見似花人

憶王孫

番陽彭氏小樓作

冷紅葉葉下塘秋長與行雲共一舟零落江南不自由兩綢繆料得吟鸞夜夜愁

少年游

戲平甫

雙螺未合雙蛾先斂家在碧雲西別母情懷隨郎滋味桃葉渡江時　扁舟載了悤悤歸去今夜泊前溪楊柳津頭梨花牆外心事兩人知

鷓鴣天

已酉之秋苕溪記所見

京洛風流絕代人因何風絮落溪津籠鞵淺出鴉頭襪知是凌波縹緲身　紅乍笑綠長嚬與誰同度可憐春鴛鴦獨宿何曾慣化作西樓一縷雲

又

予與張平甫自南昌同游西山玉隆宮止宿而返蓋乙卯三月十四日也是日卽平甫初度因買酒茅舍

竝坐古楓下古楓旌陽在時物也旌陽嘗以草屨懸其上土人以屨爲屩因名曰挂屩楓蒼山四圍平野盡綠高澗野花紅白照影可喜使人採蘋以藤糺纏著楓上少焉月出大於黃金盆逸興橫生遂成痛飲午夜乃寢明年平甫初度欲治舟往封禺松竹間念此游之不可再也歌以壽之

曾共君侯歷聘來去年今日躡莓苔旌陽宅裏疏疏磬挂屩楓前草草杯　呼煮酒摘青梅今年官事莫裴徊移家徑入藍田縣急急船頭打鼓催

又

丁巳元日

柏綠椒紅事事新高籬燈影賀年人三茅鐘動西窗曉詩髩

無端又一春　慵對客緩開門梅花閑伴老來身嬌兒學作人間字鬱壘神荼寫未眞

又

正月十一日觀燈

巷陌風光縱賞時籠紗未出馬先嘶白頭居士無呵殿只有乘肩小女隨　花滿市月侵衣少年情事老來悲沙河塘上春寒淺看了游人緩緩歸

又

元夕不出

一昨天街預賞時栁慳梅小未教知而今正是歡游夕却怕春寒自掩扉　簾寂寂月低低舊情惟有絳都詞芙蓉影暗三更後臥聽鄰娃笑語歸

又

元夕有所夢

肥水東流無盡期當初不合種相思夢中未比丹青見暗裏忽驚山鳥啼　春未綠鬢先絲人間別久不成悲誰教歲歲紅蓮夜兩處沈吟各自知

又

十六夜出

輦路珠簾兩行垂千枝銀燭舞僛僛東風歷歷紅樓下誰識三生杜牧之　歡正好夜何其明朝春過小桃枝鼓聲漸遠游人散惆悵歸來有月知

夜行船

己酉歲寓吳興同田幾道尋梅北山沈氏圃載雪而

歸

罨礿橫溪人不度聽流澌佩環無數屋角垂枝船頭生影算唯有春知處　回首江南天欲暮折寒香倩誰傳語玉笛無聲詩人有句花休道輕分付

踏莎行

自沔東來丁未元日至金陵江上感夢而作

燕燕輕盈鶯鶯嬌軟分明又向華胥見夜長爭得薄情知春初早被相思染　別後書辭別時針線離魂暗逐郎行遠淮南皓月冷千山冥冥歸去無人管

訴衷情

端午宿合路

石榴一樹浸溪紅零落小橋東五日淒涼心事山雨打船篷

諳世味楚人弓莫冲冲白頭行客不採蘋花孤負薰風

浣溪紗

予女須家沔之山陽左白湖右雲夢春水方生浸數千里冬寒沙露衰草入雲丙午之秋予與安甥或蕩舟採菱或舉火罝兔或觀魚簺下山行野吟自適其適凴虛悵望因賦此闋

著酒行行滿袂風草枯霜鶻落晴空銷魂都在夕陽中　恨入四弦人欲老夢尋千驛意難通當時何似莫怱怱

又

己酉歲客吳興收燈夜闔戶無聊俞商卿呼之共出因記所見

春點疎梅雨後枝剪燈心事峭寒時市橋攜手步遲遲　蜜

炬來時人更好玉笙吹徹夜何其東風落靨不成歸

又

辛亥正月二十四日發合肥

釵燕籠雲晚不忺擬將帬帶繫郎船別離滋味又今年　楊柳夜寒猶自舞鴛鴦風急不成眠些兒閑事莫縈牽

又

丙辰歲不盡五日吳松作

雁怯重雲不肯啼畫船愁過石塘西打頭風浪惡禁持　春浦漸生迎棹綠小梅應長亞門枝一年燈火要人歸

又

丙辰臘與俞商卿銛朴翁同寓新安溪莊舍得臘花韻甚二首

花裏春風未覺時美人呵蕊綴橫枝鬲簾飛過蜜蜂兒 書寄嶺頭封不到影浮杯面悞人吹寂寥惟有夜寒知

又

剪剪寒花小更垂阿瓊愁裏弄妝遲東風燒燭夜深歸 落蕊半黏釵上燕露黃斜映鬢邊犀老夫無味已多時

慢

慶宮春

紹熙辛亥除夕予別石湖歸吴興雪後夜過垂虹嘗賦詩云笠澤茫茫雁影微玉峯重疊護雲衣長橋寂寞春寒夜只有詩人一舸歸後五年冬復與俞商卿張平甫銛朴翁自封禺同載詣梁溪道經吴松山寒天迥雪浪四合中夕相呼步垂虹星斗下垂錯雜漁

火朔吹凜凜卮酒不能支朴翁以衾自纏猶相與行吟因賦此闋蓋過旬塗藁乃定朴翁咎予無益然意所耽不能自已也平甫商卿朴翁皆工於詩所出奇詭予亦強追逐之此行旣歸各得五十餘解

雙槳蓴波一蓑松雨暮愁漸滿空闊呼我盟鷗翩翩欲下背人還過木末那回歸去蕩雲雪孤舟夜發傷心重見依約眉山黛痕低壓　采香涇裏春寒老子婆娑自歌誰答垂虹西望飄然引去此興平生難遏酒醒波遠政凝想明璫素韈如今安在唯有闌干伴人一霎

齊天樂 黃鍾宮

丙辰歲與張功父會飲張達可之堂聞屋壁間蟋蟀有聲功父約予同賦以授歌者功父先成辭甚美予

裵徊茉莉花間仰見秋月頓起幽思尋亦得此蟋蟀中都呼爲促織善鬭好事者或以二三十萬錢致一枚鏤象齒爲樓觀以貯之

庾郎先自吟愁賦淒淒更聞私語露濕銅鋪苔侵石井都是曾聽伊處哀音似訴正思婦無眠起尋機杼曲曲屏山夜涼獨自甚情緒　西窗又吹暗雨爲誰頻斷續相和砧杵候館迎秋離宮弔月別有傷心無數豳詩謾與笑籬落呼燈世間兒女寫入琴絲一聲聲更苦（宣政間有士大夫製蟋蟀吟）

滿江紅

滿江紅舊調用仄韻多不協律如末句云無心撲三字歌者將心字融入去聲方諧音律予欲以平韻爲之久不能成因泛巢湖聞遠岸簫鼓聲問之舟師云

居人爲此湖神姥壽也予因祝曰得一席風徑至居巢當以平韻滿江紅爲迎送神曲言訖風與筆俱駛頃刻而成末句云聞珮環則協律矣書以綠箋沈于白浪辛亥正月晦也是歲六月復過祠下因刻之柱間有客來自居巢云土人祠姥輒能歌此詞按曹操至濡須口孫權遺操書曰春水方生公宜速去操曰孫權不欺孤乃徹軍還濡須口與東關相近江湖水之所出入予意春水方生必有司之者故歸其功於姥云

仙姥來時正一望千頃翠瀾旌旗共亂雲俱下依約前山命駕羣龍金作軛相從諸娣玉爲冠（廟中列坐如夫人者十三人）向夜深風定悄無人聞珮環　神奇處君試看奠淮右阻江南遣六丁

雷電別守東關却笑英雄無好手一篙春水走曹瞞又怎知人在小紅樓簾影間

一萼紅

丙午人日予客長沙別駕之觀政堂堂下曲沼西負古垣有盧橘幽篁一徑深曲穿徑而南官梅數十株如椒如菽或紅破白露枝影扶疏著屐蒼苔細石間埜興橫生亟命駕登定王臺亂湘流入麓山湘雲低昂湘波容與興盡悲來醉吟成調

古城陰有官梅幾許紅萼未宜簪池面冰膠牆腰雪老雲意還又沈沈翠藤共閒穿徑竹漸笑語驚起臥沙禽野老林泉故王臺榭呼喚登臨　南去北來何事蕩湘雲楚水目極傷心朱戶黏雞金盤簇燕空歎時序侵尋記曾共西樓雅集想

垂楊還裊萬絲金待得歸鞍到時只怕春深

念奴嬌

予客武陵湖北憲治在焉古城野水喬木參天予與二三友日蕩舟其間薄荷花而飲意象幽閒不類人境秋水且涸荷葉出地尋丈因列坐其下上不見日清風徐來綠雲自動間于疏處窺見游人畫船亦一樂也揭來吳興數得相羊荷花中又夜泛西湖光景奇絕故以此句寫之

鬧紅一舸記來時嘗與鴛鴦爲侶三十六陂人未到水佩風裳無數翠葉招涼玉容銷酒更灑菰蒲雨嫣然搖動冷香飛上詩句　日暮青蓋亭亭情人不見爭忍凌波去只恐舞衣寒易落愁入西風南浦高柳垂陰老魚吹浪留我花間住田

田多少幾回沙際歸路

又

謝人惠竹榻

楚山修竹自娟娟不受人間袢暑我醉欲眠伊伴我一枕涼生如許象齒爲材花藤作面終是無眞趣梅風吹溽此君直恁清苦　須信下榻殷勤脩然成夢夢與秋相遇翠袖佳人來共看漠漠風烟千畝蕉葉窗紗荷花池館別有留人處此時歸去爲君聽盡秋雨

眉嫵 一名百宜嬌

戲仲遠

看垂楊連苑杜若侵沙愁損未歸眼信馬青樓去重簾下娉婷人妙飛燕翠尊共欵聽艷歌郎意先感便攜手月地雲階

裏愛良夜微暖　無限風流疏散有暗藏弓履偷寄香翰明日聞津鼓湘江上催人還解春纜亂紅萬點悵斷魂烟水遙遠又爭似相攜乘一舸鎮長見

月下笛

與客攜壺梅花過了夜來風雨幽禽自語啄香心度牆去春衣都是柔荑剪尚沾惹殘茸半縷悵玉鈿似埽朱門深閉再見無路　凝竚曾游處但繫馬垂楊認郎鸚鵡揚州夢覺彩雲飛過何許多情須倩梁間燕問吟袖弓腰在否怎知道慣了人年少自恁虛度

清波引

予久客古沔滄浪之烟雨鸚鵡之草樹頭陀黃鶴之偉觀郎官大別之幽處無一日不在心目間勝友二

三極意吟賞揭來湘浦歲晚凄然步繞園梅摘筆以

賦

冷雲迷浦倩誰喚玉妃起舞歲華如許野梅弄眉嫵屐齒印蒼蘚漸爲尋花來去自隨秋雁南來望江國渺何處　新詩漫與好風景長是暗度故人知否抱幽恨難語何時共漁艇莫負滄浪烟雨況有淸夜啼猿怨人良苦

法曲獻仙音　俗名大石　黃鍾商

張彥功官舍在鐵冶嶺上卽昔之教坊使宅高齋下瞰湖山光景奇絕予數過之爲賦此

虛閣籠寒小簾通月暮色偏憐高處樹隔離宮水平馳道湖山盡入尊俎柰楚客淹留久砧聲帶愁去　屢回顧過秋風未成歸計誰念我重見冷楓紅舞喚起淡妝人問逋仙今在

何許象筆鸞牋甚而今不道秀句怕平生幽恨化作沙邊烟雨

琵琶仙 黃鍾商

吴都賦云戶藏烟浦家具畫船唯吴興爲然春游之盛西湖未能過也己酉歲予與蕭時父載酒南郭感遇成歌

雙槳來時有人似舊曲桃根桃葉歌扇輕約飛花蛾眉正奇絶春漸遠汀洲自綠更添了幾聲啼鴂十里揚州三生杜牧前事休説　又還是宫燭分烟柰愁裏悤悤換時節都把一襟芳思與空階榆莢千萬縷藏鴉細柳爲玉尊起舞回雪想見西出陽關故人初別

玲瓏四犯 此曲雙調世別有大石調一曲

越中歲暮聞簫鼓感懷

疊鼓夜寒，垂燈春淺，悤悤時事如許。倦游歡意少，俛仰悲今古。江淹又吟恨賦，記當時、送君南浦。萬里乾坤，百年身世，唯有此情苦。　揚州柳，垂官路，有輕盈換馬，端正窺戶。酒醒明月下，夢逐潮聲去。文章信美知何用，謾贏得、天涯羈旅。教說與，春來要尋花伴侶。

側犯

詠芍藥

恨春易去，甚春却向揚州住。微雨，正繭栗梢頭弄詩句。紅橋二十四，總是行雲處。無語，漸半脫宮衣笑相顧。　金壺細葉，千朵圍歌舞。誰念我、鬢成絲，來此共尊俎。後日西園，綠陰無數。寂寞劉郎，自修花譜。

水龍吟

黃慶長夜泛鑑湖有懷歸之曲課予和之

夜深客子移舟處兩兩沙禽驚起紅衣入槳青燈搖浪微涼意思把酒臨風不思歸去有如此水況茂陵游倦長干望久芳心事簫聲裏　屈指歸期尚未鵲南飛有人應喜畫闌桂子畱香小待提攜影底我已情多十年幽夢略曾如此甚謝郎也恨飄零解道月明千里

探春慢

予自孩幼從先人宦于古沔女須因嫁焉中去復來幾二十年豈惟姊弟之愛沔之父老兒女子亦莫不予愛也丙午冬千巖老人約予過苕霅歲晚乘濤載雪而下顧念依依殆不能去作此曲別鄭次皋辛克

清姚剛中諸君

衰草愁烟亂鴉送日風沙回旋平野拂雪金鞭欺寒茸帽還記章臺走馬誰念漂零久謾贏得幽懷難寫故人清沔相逢小窗閑共情話　長恨離多會少重訪問竹西珠淚盈把雁磧波平漁汀人散老去不堪游冶無柰苕溪月又喚我扁舟東下甚日歸來梅花零亂春夜

八歸

湘中送胡德華

芳蓮墜粉疏桐吹緑庭院暗雨乍歇無端抱影銷魂處還見篠牆螢暗蘚階蛩切送客重尋西去路問水面琵琶誰撥最可惜一片江山總付與啼鴂　長恨相從未款而今何事又對西風離別渚寒烟淡棹移人遠縹緲行舟如葉想文君望

久倚竹愁生步羅襪歸來後翠尊雙欹下了珠簾玲瓏閒看月

解連環

玉鞭重倚却沈吟未上又縈離思為大喬能撥春風小喬妙移箏雁啼秋水柳怯雲鬆更何必十分梳洗道郎攜羽扇那日隔簾半面曾記　西窗夜涼雨霽歎幽歡未足何事輕棄問後約空指薔薇算如此溪山甚時重至水驛燈昏又見在曲屏近底念唯有夜來皓月照伊自睡

喜遷鶯慢

功父新第落成

玉珂朱組又占了道人林下真趣窗戶新成青紅猶潤雙燕為君胥宇秦淮貴人宅第問誰記六朝歌舞總付與在柳橋

花館玲瓏深處　居士閒記取高卧未成且種松千樹覓句堂深寫經窗静他日任聽風雨列仙更教誰做一院雙成儔侶世間佳且休將雞犬雲中飛去

摸魚兒

辛亥秋期予寓合肥小雨初霽偃卧窗下心事悠然起與趙君猷露坐月飲戲吟此曲蓋欲一洗鈿合金釵之塵他日野處見之甚爲予擊節也

向秋來漸疏班扇雨聲時過金井堂虚已放新涼入湘竹最宜欹枕閒記省又還是斜河舊約今再整天風夜冷自織錦人歸乘槎客去此意有誰領　空贏得今古三星炯炯銀波相望千頃柳州老矣猶兒戲瓜果爲伊三請雲路迥謾說道年年野鵲曾並影無人與問但濁酒相呼疏簾自捲微月照

清飲

宋　番陽　姜夔　堯章

自製曲

鬲溪梅令　仙呂調

丙辰冬自無錫歸作此寓意

好花不與殢香人浪粼粼又恐春風歸去綠成陰玉鈿何處尋　木蘭雙槳夢中雲小橫陳謾向孤山山下覓盈盈翠禽啼一春

杏花天影

丙午之冬發沔口丁未正月二日道金陵北望淮楚風日清淑小舟挂席容與波上

綠絲低拂鴛鴦浦想桃葉當時喚渡又將愁眼與春風待去

白石道人歌曲　卷二　一

倚蘭橈更少駐　金陵路鶯吟燕儛算潮水知人最苦滿汀芳草不成歸日暮更移舟向甚處

醉吟商小品

石湖老人謂予云琵琶有四曲今不傳矣曰濩索一曰濩弦梁州轉關綠腰醉吟商胡渭州歷弦薄媚也予每念之辛亥之夏予謁楊廷秀丈於金陵邸中遇琵琶工解作醉吟商胡渭州因求得品弦法譯成此譜實雙聲耳

又正是春歸細柳暗黃千縷暮鴉啼處夢逐金鞍去一點芳心休訴琵琶解語

玉梅令 高平調

石湖家自製此聲未有語實之命予作石湖宅南隔

河有圃曰范邨梅開雪落竹院深靜而石湖畏寒不
出故戲及之

疏疏雪片散入溪南苑春寒鎖舊家亭館有玉梅幾樹背立怨東風高花未吐暗香已遠　公來領客梅花能勸花長好願公更健揉春爲酒剪雪作新詩拚一日繞花千轉

霓裳中序第一

丙午歲畱長沙登祝融因得其祠神之曲曰黃帝鹽蘇合香又於樂工故書中得商調霓裳曲十八闋皆虛譜無辭按沈氏樂律霓裳道調此乃商調樂天詩云散序六闋此特兩闋未知孰是然音節閑雅不類今曲予不暇盡作作中序一闋傳於世予方羈游感此古音不自知其辭之怨抑也

亭皐正望極亂落江蓮歸未得多病却無氣力況紈扇漸疏羅衣初索流光過隙歎杏梁雙燕如客人何在一簾淡月彷彿照顏色　幽寂亂蛩吟壁動庾信清愁似織沈思年少浪跡笛裏關山柳下坊陌墜紅無信息漫暗水涓涓溜碧漂零久而今何意醉臥酒壚側

揚州慢 中呂宮

淳熙丙申至日余過維揚夜雪初霽薺麥彌望入其城則四顧蕭條寒水自碧暮色漸起戍角悲吟予懷愴然感慨今昔因自度此曲千巖老人以為有黍離之悲也

淮左名都竹西佳處解鞍少駐初程過春風十里盡薺麥青青自胡馬窺江去後廢池喬木猶厭言兵漸黃昏清角吹寒

都在空城　杜郎俊賞算而今重到須驚縱荳蔻詞工青樓夢好難賦深情二十四橋仍在波心蕩冷月無聲念橋邊紅藥年年知爲誰生

長亭怨慢　中呂宮

予頗喜自製曲初率意爲長短句然後協以律故前後闋多不同桓大司馬云昔年種柳依依漢南今看搖落悽愴江潭樹猶如此人何以堪此語予深愛之

漸吹盡枝頭香絮是處人家綠深門戶遠浦縈回暮帆零亂向何許閱人多矣誰得似長亭樹樹若有情時不會得青青如此　日暮望高城不見只見亂山無數韋郎去也怎忘得玉環分付第一是早早歸來怕紅萼無人爲主算只有并刀難剪離愁千縷

淡黃柳　正平調近

客居合肥南城赤闌橋之西巷陌淒涼與江左異唯柳色夾道依依可憐因度此闋以紓客懷

空城曉角吹入垂楊陌馬上單衣寒惻惻看盡鵞黃嫩綠都是江南舊相識　正岑寂明朝又寒食強攜酒小喬宅怕梨花落盡成秋色燕燕飛來問春何在唯有池塘自碧

石湖仙　越調

壽石湖居士

松江烟浦是千古三高游衍佳處須信石湖仙似鴟夷翩然引去浮雲安在我自愛綠香紅舞容與看世間幾度今古盧溝舊曾駐馬爲黃花閒吟秀句見説胡兒也學綸巾欹雨玉友金蕉玉人金縷緩移箏柱聞好語明年定在槐府

暗香 仙呂宮

辛亥之冬予載雪詣石湖止既月授簡索句且徵新聲作此兩曲石湖把玩不已使工妓隸習之音節諧婉乃名之曰暗香疏影

舊時月色算幾番照我梅邊吹笛喚起玉人不管清寒與攀摘何遜而今漸老都忘却春風詞筆但怪得竹外疏花香冷入瑤席　江國正寂寂歎寄與路遙夜雪初積翠尊易泣紅萼無言耿相憶長記曾攜手處千樹壓西湖寒碧又片片吹盡也幾時見得

疏影

苔枝綴玉有翠禽小小枝上同宿客裏相逢籬角黃昏無言自倚修竹昭君不慣胡沙遠但暗憶江南江北想珮環月夜

歸來化作此花幽獨　猶記深宮舊事那人正睡裏飛近蛾綠莫似春風不管盈盈早與安排金屋還教一片隨波去又却怨玉龍哀曲等恁時再覓幽香已入小窗橫幅

惜紅衣　無射宮

吳興號水晶宮荷華盛麗陳簡齋云今年何以報君恩一路荷華相送到青墩亦可見矣丁未之夏予游千巖數往來紅香中自度此曲以無射宮歌之

簟枕邀涼琴書換日睡餘無力細灑冰泉并刀破甘碧牆頭喚酒誰問訊城南詩客岑寂高樹晚蟬說西風消息　虹梁水陌魚浪吹香紅衣半狼籍維舟試望故國眇天北可惜柳邊沙外不共美人游歷問甚時同賦三十六陂秋色

角招　黃鍾角

甲寅春予與俞商卿燕游西湖觀梅於孤山之西邨玉雪照映吹香薄人已而商卿歸吳與予獨來則山横春烟新柳被水游人容與飛花中悵然有懷作此寄之商卿善歌聲稍以儒雅緣飾予每自度曲吟洞簫商卿輒歌而和之極有山林縹緲之思今予離憂商卿一行作吏殆無復此樂矣

爲春瘦何堪更繞西湖盡是垂柳自看烟外岫記得與君湖上攜手君歸未久早亂落香紅千畝一葉凌波縹緲過三十六離宮遺游人回首　猶有畫船障袖靑樓倚扇相映人爭秀翠翹光欲溜愛著宮黃而今時候傷春似舊蕩一點春心如酒寫入吳絲自奏問誰識曲中心花前後

徵招

越中山水幽遠予數上下西興錢清間襟抱清曠越人善爲舟卷篷方底舟師行歌徐徐曳之如偃臥榻上無動搖突兀勢以故得盡情騁望予欲家焉而未得作徵招以寄興徵招角招者政和間大晟府嘗製數十曲音節駁矣予嘗攷唐田畸聲律要訣云徵與二變之調咸非流美故自古少徵調曲也徵爲去母調如黃鍾之徵以黃鍾爲母不用黃鍾乃諧故隋唐舊譜不用母聲琴家無媒調商調之類皆徵也亦皆具母弦而不用其說詳於予所作琴書然黃鍾以林鍾爲徵住聲於林鍾若不用黃鍾聲便自成林鍾宮矣故大晟府徵調兼母聲一句似黃鍾均一句似林鍾均所以當時有落韻之語予嘗使人吹而聽之寄

君聲於臣民事物之中淸者高而亢濁者下而遺萬寶常所謂宮離而不附者是已因再三推尋唐譜并琴弦法而得其意黃鍾徵雖不用母聲亦不可多用變徵蕤賓變宮應鍾聲若不用黃鍾而用蕤賓應鍾卽是林鍾宮矣餘十一均徵調倣此其法可謂善矣然無淸聲只可施之琴瑟難入燕樂故燕樂闕徵調不必補可也此一曲乃予昔所製因舊曲正宮齊天樂慢前兩拍是徵調故足成之雖兼用母聲較大晟曲爲無病矣此曲依晉史名曰黃鍾下徵調角招曰黃鍾淸角調

潮回却過西陵浦扁舟僅容居士去得幾何時黍離離如此客途今倦矣漫贏得一襟詩思記憶江南落帆沙際此行還

是　迤邐剡中山重相見依依故人情味似怨不來游擁愁鬟十二一邱聊復爾也孤負幼輿高致水葓晚漠漠搖烟奈未成歸計

秋宵吟 越調

古簾空墜月皎坐久西窗人悄蛩吟苦漸漏水丁丁箭壺催曉引涼颸動翠葆露脚斜飛雲表因嗟念似去國情懷暮帆烟草　帶眼銷磨爲近日愁多頓老衞娘何在宋玉歸來兩地暗縈繞搖落江楓早嫩約無憑幽夢又杳但盈盈淚灑單衣今夕何夕恨未了

淒涼犯 仙呂調犯商調

合肥巷陌皆種柳秋風夕起騷騷然予客居闔戶時聞馬嘶出城四顧則荒烟野草不勝淒黯乃著此解

琴有淒涼調假以爲名凡曲言犯者謂以宮犯商商犯宮之類如道調宮上字住雙調亦上字住所住字同故道調曲中犯雙調或於雙調曲中犯道調其他準此唐人樂書云犯有正旁偏側宮犯宮爲正宮犯商爲旁宮犯角爲偏宮犯羽爲側宮此說非也十二宮所住字各不同不容相犯十二宮特可犯商角羽耳予歸行都以此曲示國工田正德使以啞觱栗吹之其韻極美亦曰瑞鶴仙影

綠楊巷陌秋風起邊城一片離索馬嘶漸遠人歸甚處戍樓吹角情懷正惡更衰草寒烟淡薄似當時將軍部曲迤邐度沙漠　追念西湖上小舫攜歌晚花行樂舊游在否想如今翠凋紅落漫寫羊裙等新鴈來時繫著怕怱怱不肯寄與悞

後約

翠樓吟 雙調

淳熙丙午冬武昌安遠樓成與劉去非諸友落之度曲見志予去武昌十年故人有泊舟鸚鵡洲者聞小姬歌此詞問之頗能道其事還吳爲予言之興懷昔游且傷今之離索也

月冷龍沙塵清虎落今年漢酺初賜新翻胡部曲聽氊幕元戎歌吹層樓高峙看檻曲縈紅簷牙飛翠人姝麗粉香吹下夜寒風細　此地宜有詞仙擁素雲黃鶴與君游戲玉梯凝望久歎芳草萋萋千里天涯情味仗酒祓清愁花消英氣西山外晚來還捲一簾秋霽

湘月

長溪楊聲伯典長沙檝櫂居瀕湘江窗間所見如燕公郭熙畫圖臥起幽適丙午七月既望聲伯約予與趙景魯景望蕭和父裕父時父恭父大舟浮湘放乎中流山水空寒烟月交映淒然其爲秋也坐客皆小冠練服或彈琴或浩歌或自酌或援筆搜句予度此曲即念奴嬌鬲指聲也於雙調中吹之鬲指亦謂之過腔見晁無咎集凡能吹竹者便能過腔也

五湖舊約問經年底事長負清景暝入西山漸喚我一葉夷猶乘興倦網都收歸禽時度月上汀洲冷中流容與畫橈不點清鏡　誰解喚起湘靈烟鬟霧鬢理哀弦鴻陣玉麈談玄歎坐客多少風流名勝暗栁蕭蕭飛星冉冉夜久知秋信鱸魚應好舊家樂事誰省

白石道人歌曲　卷二　八

白石道人歌曲別集

小重山令

趙郎中謁告迎侍太夫人將來都下予喜爲作此曲

寒食飛紅滿帝城慈烏相對立椰青青玉階端笏細陳情天恩許春盡可還京　鵲報倚門人安輿扶上了更親擎看花攜樂緩行程爭迎處堂下拜公卿

念奴嬌

毀舍後作

昔游未遠記湘皐聞瑟澧浦捐褋因覓孤山林處士來蹋梅根殘雪獠女供花傖兒行酒臥看青門轍一邱吾老可憐情事空切　曾見海作桑田仙人雲表笑汝眞癡絕說與依依王謝燕應有涼風時節越只青山吳惟芳草萬古皆沈滅繞

橫枝皆梅別種凡二十許名西村在孤山後梅皆阜陵時所種

又

象筆帶香題龍箇吟春咽楊柳嬌癡未覺愁花管人離別

路出古昌源石瘦冰霜潔折得青鬚碧蘚花持向人間說越之昌源古梅妙天下

又

御苑接湖波松下春風細雲綠峩峩玉萬枝別有仙風味

長信昨來看憶共東皇醉此樹婆娑一惆然苔蘚生春意聚景官梅皆植之高松之下芘蔭歲久萼盡綠蘷舊歲觀梅於彼所聞於園官者如此末章及之

洞仙歌

黃木香贈辛稼軒

花中慣識壓架玲瓏雪乍見緗蕤間琅葉恨春風將了染額

人歸留得箇裊裊垂香帶月　鵞兒眞似酒我愛幽芳還比
酴醾又嬌絶自種古松根待看黃龍亂飛上蒼髯五鬣更老
仙添與筆端春敢喚起桃花問誰優劣

驀山溪

詠柳

青青官柳飛過雙雙燕樓上對春寒捲珠簾瞥然一見如今
春去香絮亂因風霑徑草惹牆花一一教誰管　陽關去也
方表人腸斷幾度拂行軒念衣冠尊前易散翠眉織錦紅葉
浪題詩烟渡口水亭邊長是心先亂

永遇樂

次韻辛克清先生

我與先生夙期已久人間無此不學楊郎南山種豆十一徵

微利雲霄直上諸公衮衮乃作道邊苦李五千言老來受用肯教造物兒戲　東岡記得同來胥宇歲月幾何難計柳老悲桓松高對阮未辨爲鄰地長干白下青樓朱閣往往夢中槐蟻却不如窪尊放滿老夫未醉

虞美人

括蒼烟雨樓石湖居士所造也風景似越之蓬萊閣而山勢環繞峯嶺高秀過之觀居士題顏且歌其所作虞美人夔亦作一解

闌干表立蒼龍背三面攙天翠東游纔上小蓬萊不見此樓烟雨未應回　而今指點來時路却是冥濛處老仙鶴馭幾時歸未必山川城郭是耶非

永遇樂

北固樓次稼軒韻

雲隔迷樓苔封很石人向何處數騎秋烟一篙寒汐千古空來去使君心在蒼厓綠嶂苦被北門留住有尊中酒差可飲大旗盡繡熊虎　前身諸葛來游此地數語便酬三顧樓外冥冥江皐隱隱認得征西路中原生聚神京耆老南望長淮金鼓問當時依依種柳至今在否

水調歌頭

富覽亭永嘉作

日落愛山紫沙漲省潮回平生夢猶不到一葉眇西來欲訊桑田成海人世了無知者魚鳥兩相猜天外玉笙杳子晉只空臺　倚闌干二三子總仙才爾歌遠游章句雲氣入吾杯不問王郎五馬頗憶謝生雙屐處處長青苔東望赤城近吾

興亦悠哉

漢宮春

次韻稼軒

雲曰歸歟縱垂天曳曳終反衡廬揚州十年一夢俛仰差殊秦碑越殿悔舊游作計全疏分付與高懷老尹管弦絲竹寧無　知公愛山入剡若南尋李白問訊何如年年雁飛波上愁亦關予臨皋領客向月邊攜酒攜鱸今但借秋風一榻公歌我亦能書

又

次韻稼軒蓬萊閣

一顧傾吴苧蘿人不見烟杳重湖當時事如對弈此亦天乎大夫仙去笑人間千古須臾有倦客扁舟夜泛猶疑水鳥相

呼　秦山對樓自緣怕越王故壘時下樵蘇只今倚闌一笑然則非與小叢解唱倩松風爲我吹竽更坐待千巖月落城頭眇眇啼烏

白石道人歌曲跋

歌曲特文人餘事耳或者少諧音律白石留心學古有志雅樂如會要所載奉常所錄未能盡見也聲文之美槪具此編嘉泰壬戌刻於雲間之東巖其家轉徙自隨珍藏者五十載淳祐辛亥復歸嘉禾郡齋千歲令威夫豈偶然因筆之以識歲月端午日菊坡趙與訔書

至正十年歲在庚寅正月望日錄葉君居仲本于錢唐之用拙幽居既畢因以識其後云天台陶宗儀九成

此書俾他人抄錄故多有誤字今將善本勘讐方可人意後十一年庚子夏四月也

白石道人歌曲

六

右白石道人歌曲二卷絕妙好詞箋姜夔字堯章鄱陽人蕭東夫愛其詞妻以兄子因寓吳興之武康與白石洞天爲鄰自號白石道人又號石帚慶元中曾上書乞正太常雅樂得免解訖不第有白石詩一卷詞五卷又有絳帖平續書譜大樂議張循王遺事集古印譜攷白石詩詞始刻於嘉泰之時元陶九成獲善本手爲校藏積歲既深早經散棄故朱竹垞先生蒐求未見其全乾隆八年江都陸鍾輝喜得陶本發栞版片久毀後知不足齋鮑氏重彫鮑丈淥飲曾以見貽今又數十年矣余椄白石在南宋時已偁其長短句妙天下而世尟專本昔嘗與友人討論詩餘謂姜白石張玉田王碧山爲詞之正宗擬以三家合刻力有未逮全椒金君桐孫工樂府句聞余言而善之乃爲勷助互校先以白石詞分令慢爲一

卷自製曲爲一卷別集附焉授之梓人數十載嚮往之心積
齡快讀喜而書其緣起云
道光二十有一年歲次辛丑仲秌烏程范鍇書於漢口寓居
時年七十有七

烏程范　鍇
全椒金望華　同校刊

華外集

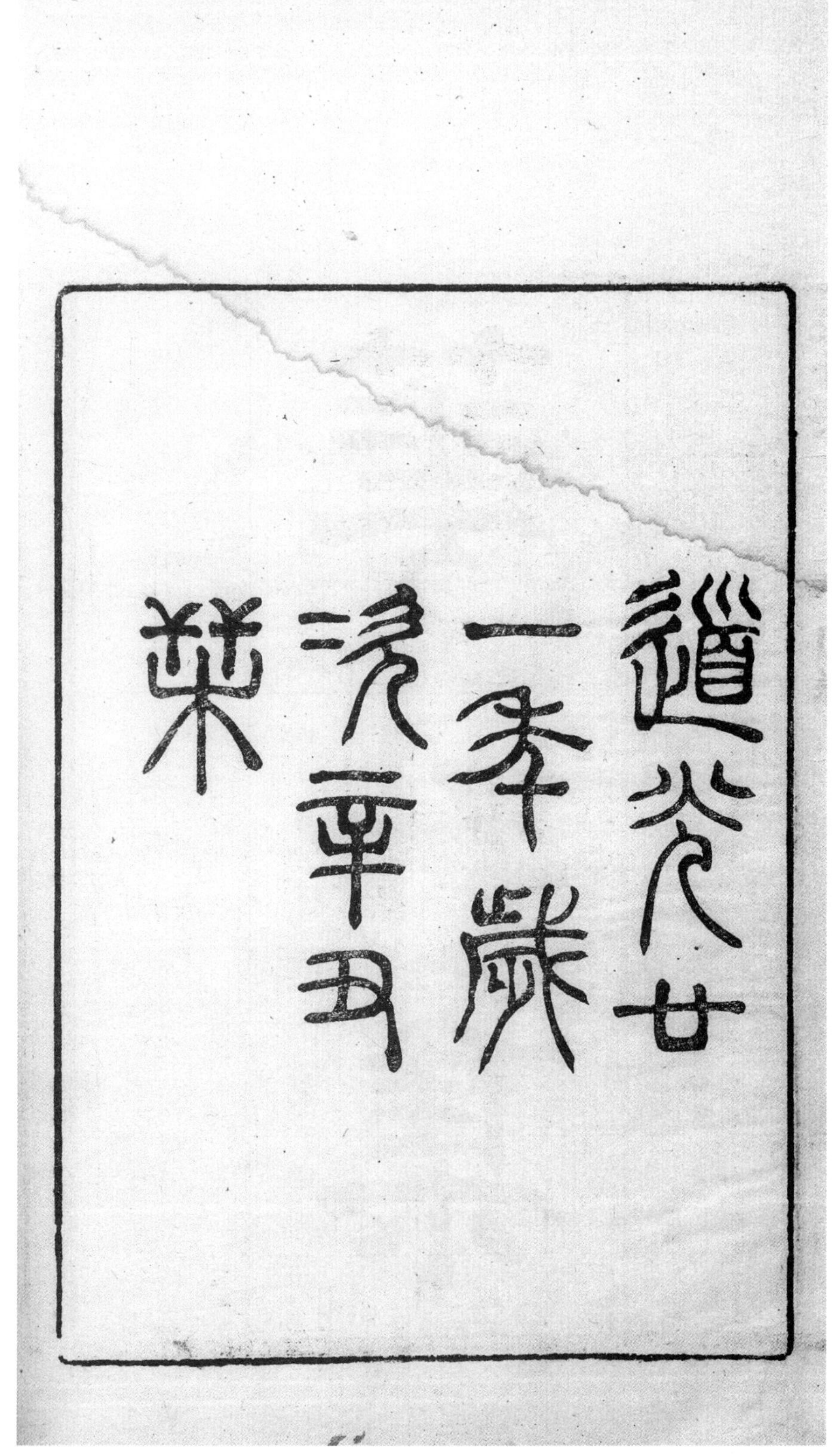
道光廿一年歲次辛丑栞

花外集目錄

正

花外集

元　會稽　王沂孫　聖與

天香

龍涎香

孤嶠蟠烟層濤蜕月驪宮夜採鉛水汎遠槎風夢深薇露化作斷魂心字紅甆候火還乍識冰環玉指一縷縈簾翠影依稀海天雲氣（樂府補題作海山雲氣）幾回殢嬌半醉剪春鐙夜寒花碎更好故溪飛雪小窗深閉荀令如今頓老總忘却尊前舊風味謾惜餘薰空篝素被

花犯

苔梅

古嬋娟蒼鬟素靨盈盈瞰流水斷魂十里歎紺縷飄零難繫

離思故山歲晚誰堪寄琅玕聊自倚慢記我綠蓑衝雪孤舟寒浪裏　三花兩蕊破蒙茸依依似有恨明珠輕委雲臥穩藍衣正護春顛頓羅浮夢半蟾挂曉幺鳳泠山中人乍起又喚取玉奴歸去餘香空翠被

露華　碧桃

紺葩乍坼笑爛漫嬌紅不是春色換了素妝重把青螺輕拂舊歌共渡烟江却占玉奴標格風霜陗瑤臺種時付與仙骨　閒門晝掩悽惻似澹月梨花重化清魄尚帶唾痕香凝怎忍攀摘嫩綠漸滿溪陰（詞綜作漸暖溪陰）簌簌粉雲飛出芳豔冷劉郎未應認得

南浦

春水

柳下碧粼粼認麴塵乍生色嫩如染清澑滿銀塘東風細參差縠紋初徧別君南浦翠眉曾照波痕淺再來漲綠迷舊處添卻殘紅幾片　蒲萄過雨新痕正拍拍輕鷗翩翩小燕簾影蘸樓陰芳流去應有淚珠千點滄浪一舸斷魂重唱蘋花怨采香幽徑鴛鴦睡誰道湔裙人遠

又

前題

柳外碧連天漾翠紋漸平低蘸雲影應是雪初消巴山路蛾眉乍窺清鏡綠痕無際幾番漂蕩江南恨弄波素韈知甚處空把落紅流盡　何時橘里蓴鄉汎一舸翩翩（一作然）東風歸興孤夢繞滄浪蘋花岸漠漠雨昏烟暝連筒接縷故溪深掩

柴門靜只愁雙燕銜芳去拂破藍光千頃

聲聲慢

催雪

風聲吝嗇雲意商量連朝滕六遲疑茸帽貂裘兎園準擬吟詩紅鑪旋添獸炭辦金船羔酒鎔脂問煎水恁鮑本脫今從御選歷代詩餘本補入工夫猶未還待何時　休被梅花爭白好誇奇鬥巧蚤徧璚枝絲索金鈴佳人等塑獅兒怕寒繡幃慵起夢梨雲說與春知莫誤了約王猷船過剡溪

高陽臺

紙被

霜楮刳皮冰花擘繭滿腔絮濕湘簾抱甕工夫何須待吐吳蠶水香玉色難裁剪更繡鍼茸綫休拈伴梅花暗卷春風斗

帳孤眠　篝薰鵲錦熊氈了按此調換頭皆作七字句御選本作一任屬下句讀鮑本誤作六字句今擬補了字與後之數首方同一律任粉融脂涴猶怯凝寒我睡方濃笑
他欠此清緣摻來細軟烘烘煖儘何妨挾纊裝緜酒魂醒半
榻梨雲起坐詩禪

疏影

詠梅影

瓊妃臥月任素裳瘦損羅帶重結石徑春寒碧蘚參差相思
曾步芳屧離魂分破東風恨又夢入水孤雲澗算如今也厭
娉婷帶了一痕殘雪　猶記冰奩半掩冷枝畫未就歸櫂輕
折幾度黃昏忽到窗前重想故人初別蒼虬欲捲漣漪去慢
蛻却連環香骨蚤又是翠蔭蒙茸不似一枝清絕

露華

前題

曉寒佇立記鉛輕黛淺初認冰魂紺羅（詞譜作碧羅）襯玉猶凝茸

唾香痕淨洗妒春顏色勝小紅臨水湔裙烟渡遠應憐舊曲

換葉移根　山中去年人到（詞譜作別）怪月悄風輕閒掩重門瓊

肌瘦損那堪燕子黃昏幾片故溪（詞譜作過溪）浮玉似夜歸深雪

前邨芳夢冷雙禽誤宿粉雲

無悶

雪意

陰積龍荒寒度雁門西北高樓獨倚悵短景無多亂山如此

欲喚飛瓊起舞怕攪碎紛紛銀河水凍雲一片藏花護玉未

教輕墜　清致悄無似有照水一枝（詞綜作南枝）已攪春意誤幾

度憑欄莫愁凝睇應是梨花夢好未肯放東風來人世待翠

管吹破蒼菭看取玉壺天地

眉嫵

新月

漸新痕懸栁澹彩穿花依約破初暝便有團圞意深深拜相逢誰在香徑畫眉未穩料素娥猶帶離恨最堪愛一曲銀鉤小寶簾挂秋冷　千古盈虧休問嘆慢磨玉斧難補金鏡太液池猶在淒涼處何人重賦清景故山夜永試待他窺戶端正看雲外山河還老桂華舊影

水龍吟

牡丹

曉寒慵揭珠簾牡丹院落花開未玉闌干畔栁絲一把和風半倚國色微酣天香乍染扶春不起自眞妃舞罷謫仙賦後

繁華夢如流水　池館家家芳事記當時買栽無地爭如一
朵幽人獨對水邊竹際把酒花前剩拚醉了醒來還醉怕洛
中春色悤悤又入杜鵑聲裏

又

海棠

世間無此娉婷玉環未破東風睡將開半斂似紅還白餘花
怎比偏占年華禁烟纔過夾衣初試歎黃州一夢燕宮絕筆
無人解看花意　猶記花陰同醉小闌干月高人起千枝媚
色一庭芳景清寒似水銀燭延嬌綠房留豔夜深花底怕明
朝小雨濛濛便化作燕支淚

又

落葉

曉霜初著青林望中故國淒涼蛩蕭蕭漸積紛紛猶墜門荒徑悄渭水風生洞庭波起幾番秋杪想重崖半沒千峯盡出山中路無人到　前度題紅杳杳溯宮溝暗流空繞啼螿未歇飛鴻欲過此時懷抱亂影翻窗碎聲敲砌愁人多少望吾廬甚處只應今夜滿庭誰埽

又

白蓮

淩妝不埽蛾眉爲伊佇立羞明鏡眞妃解語西施淨洗娉婷顧影薄露初勻纖塵不染移根玉井想飄然一葉颼颼短髮中流臥浮烟艇　可惜瑤臺路迥抱淒涼月中難認（樂府補題作誰認）　相逢還是冰壺浴罷牙牀酒醒步韈空留舞裳（樂府補遺作羽衣）微褪粉殘香冷望海山依約時時夢想素波千頃

又

前題

翠雲遙擁環妃夜深按徹霓裳舞鉛華盡洗涓涓出浴盈盈解語太液荒寒海山依約斷魂何許甚人間別有冰肌雪豔嬌無奈（一作那）頻相顧 三十六陂烟雨舊淒涼向誰（一本作有誰）堪訴如今謾說仙姿自潔芳心更苦羅襪初停玉璫還解早凌波去試乘風一葉重來月底與修簫譜

綺羅香

秋思

屋角疏星庭陰暗水猶記藏鴉新樹試折梨花行入小欄深處聽粉片簌簌飄階有人在夜窗無語料如今門掩孤鐙畫屏塵滿斷腸句 佳期渾似流水還見梧桐幾葉輕敲朱戶

一片秋聲應做兩邊愁緒江路遠歸雁無憑寫繡牋倩誰將去謾無聊猶掩芳尊醉聽深夜雨

又

紅葉

玉杵餘丹金刀剩綵重染吳江孤樹幾點朱鉛幾度怨啼秋暮驚舊夢綠鬢輕彫訴新恨絳脣微注最堪憐同拂新霜繡蓉一鏡曉妝妒　千林搖落漸少何事西風老邑爭妍如許二月殘花空誤小車山路重認取流水荒溝怕猶有寄情芳語但淒涼秋苑斜陽冷枝留醉舞

又

前題

夜滴研朱晨妝試酒寒樹偷分春豔賦冷吳江一片試霜猶

淺驚漢殿絳點初凝認隋苑綵枝重剪問仙丹鍊熟何遲少年邑換已秋晚　疏枝頻撼暮雨消得西風幾度舞衣吹斷綠水荒溝終是賦情人遠空一似零落桃花又等閒誤他劉阮且留取閒寫幽情石欄三四片

齊天樂

螢

碧痕初化池塘草熒熒野光相趁扇薄星流盤明露滴零落秋原飛燐練裳暗近記穿柳生涼度荷分暝誤我殘編翠囊空嘆夢無準　樓陰時過數點倚闌人未睡曾賦幽恨漢苑飄苔秦陵墜葉千古淒涼不盡何人爲省但隔水餘暉傍林殘影已覺蕭疏更堪秋夜永

又

蟬

綠槐（別本作綠陰）千樹西窗悄厭厭晝眠驚起（詞綜誤睡）飲露身輕吟風翅薄（樂府補題作嫩翼風微流聲露悄）半剪冰牋誰寄淒涼倦耳漫重拂琴絲怕尋冠珥短夢深宮向人猶自訴顦顇　殘虹收盡過雨曉來頻斷續都是秋意病葉難留纖柯易老空憶斜陽身世窗明月碎（別本作山明月碎）甚已絕餘音尚遺枯蛻鬢影參差斷魂青鏡裏

又

前題

一襟餘恨宮魂斷年年翠陰庭樹（樂府補題作庭字）乍咽涼柯還移暗葉重把離愁深訴（樂府補題作低訴）西窗（樂府補題作西園）過雨怪瑤佩流空（樂府補題作漸金錯鳴刀）玉箏調柱鏡暗妝殘（別本作鏡掩妝殘）爲誰嬌鬢

尚如許　銅仙鉛淚似洗嘆移盤去遠（樂府補題作攜盤去遠）難貯零露病翼驚秋枯形閱世消得斜陽幾度餘音更苦甚獨抱清高（詞綜作清商）頓成淒楚謾想薰風柳絲千萬縷

又

贈秋崖道人西歸

冷烟殘水山陰道家家擁門黃葉故里魚肥初寒雁落孤艇將歸時節江南恨切問還與何人共歌新闋換盡秋芳想渠西子更愁絕　當時無限舊事嘆繁華似夢如今休說短褐臨流幽懷倚石山邑重逢都別江雲凍結算只有梅花尚堪攀折寄取相思一枝和夜雪

又

四明別友

十洲三島曾行處離情幾番悽惋墜葉重題枯條舊折蕭颯那逢秋半登臨頓嬾更葵箑難留苧衣將換試語孤懷豈無人與共幽怨（一作愁怨） 遲遲終是也別算何如趁取涼生江滿挂月催程收風借泊休憶征帆已遠山陰路畔縱鳴壁猶蛩過樓初雁政恐黃花笑人歸較晚

一萼紅

石屋探梅

思飄飄擁仙姝獨步明月照蒼翹花候猶遲庭陰不埽門掩山意蕭條抱芳恨佳人分薄似未許芳魄化春嬌雨澀風慳霧輕波細湘夢迢迢 誰伴碧尊雕俎笑（御選本作歎）瓊肌（絕妙好詞作喚瓊姬）皎皎綠鬟蕭蕭青鳳啼空玉龍舞夜遙睇（絕妙好詞作遙盼）河漢光搖未須賦疏香澹影且同倚枯蘚聽吹簫聽久餘音欲

絶寒透鮫綃

又

丙午春赤城山中題梅花卷

玉嬋娟甚春餘雪盡猶未跨青鸞疏萼無香柔條獨秀應恨流落人間記曾照黄昏淡月漸瘦影移上小欄杆一點清魂半枝空色芳意班班　重省嫩寒清曉過斷橋流水問訊孤山冰粟微銷塵衣不浣相見還誤輕攀未須訝東南倦客掩沿淚看了又重看故國吳天樹老雨過風殘

又

紅梅

占芳菲趁東風嫵媚重拂澹烟支青鳳銜丹瓊奴試酒驚換玉質冰姿甚春色江南太早有人怪和雪杏花飛蘚佩蕭疏

茜裙零亂山意霏霏　空惹別愁無數照珊瑚海影冷月枯枝（一作孤枝）吳豔離魂蜀妖浥淚孤負多少心期歲寒事無人共省破丹霧應有寉歸時可惜鮫綃碎剪不寄相思

又

前題

剪丹雲怕江臯路冷千疊護清芬彈淚綃單凝妝枕重驚認消瘦冰魂爲誰趁東風換色任絳雪飛滿綠羅裙吳苑雙身蜀城高髻忽到柴門欲寄故人千里恨燕支太薄寂寞春痕玉管難留金尊易注（一作泣）幾度殘醉紛紛謾重記羅浮夢覺步芳影如宿杏花邨一樹珊瑚淡月獨照黃昏

又

初春懷舊

小庭深有蒼苔老樹風物似山林侵戶清寒捎池急雨時聽飛過啼（御選本作鳴）禽埽荒徑殘梅似雪甚過了人日更多陰壓酒人家試鐙天氣相次登臨　猶記舊游亭館正垂楊引縷嫩草抽簪羅帶同心泥金半臂花畔低唱輕斟又爭信風流一別念前事空惹恨沈沈野服山笻醉賞不似如今

解連環

橄欖

萬珠懸碧想炎荒樹密　恨絳娣先整吳颿政鬟翠逞嬌故林難別歲晚相逢薦青子獨誇冰頰點紅鹽亂落最是夜寒酒醒時節　霜槎蝟苾凍裂把孤花細嚼時嚥芳冽斷味惜回澀餘甘似重省家山舊游風月崖蜜重嘗也（鮑本脫擬補）到了輸他清絕更留人紺丸半顆素甌泛雪

三姝媚

次周公謹故京送別韻

蘭缸花半綻正西窗淒淒斷螢新雁別久逢稀謾相看華髮共成銷黯總是飄零更休賦梨花秋苑何況如今離思難禁俊才都減 今夜山高江淺又月落飄空酒醒人遠綵袖烏紗解愁人惟有斷歌幽婉一信東風再約看紅腮青眼只恐扁舟西去蘋花弄晚

又

櫻桃

紅纓（別本作櫻）懸翠葆漸金鈴枝深瑤階花少萬顆燕支贈舊情爭奈弄珠人老扇底清歌還記得樊姬嬌小幾度相思紅豆都銷碧絲空裊 芳意荼蘼開早正夜色瑛盤素蟾低照鷰

筍同時嘆故園春事已無多了貯滿筠籠偏暗觸天涯懷抱
謾想青衣初見花陰夢好

慶清朝

榴花

玉局歌殘金陵句絕年年負却薰風西鄰窈窕獨憐入戶飛
紅前度綠陰載酒枝頭色比舞裙同何須擬蠟珠作帶湘綵
成叢　誰在舊家殿閣自太眞仙去埽地春空朱旛護取如
今應誤花工顚倒絳英滿徑想無車馬到山中西風後尚餘
數點還勝春濃

慶春宮

水仙花

明玉擎金纖羅飄帶爲君起舞回雪柔影參差幽芳零亂翠

圍腰瘦一捻歲華相誤記前度湘皋怨別哀絃重聽都是淒涼未須彈徹　國香到此誰憐烟冷沙昏頓成愁絕花嬌難禁酒銷欲盡門外冰澌初結試招仙魄怕今夜瑤簪凍折攜盤獨出空想咸陽故宮落月

高陽臺

殘萼梅酸（詞綜殘作淺）新溝水綠初晴（絕妙好詞作東風）節序暄妍獨立雕欄誰憐枉度華年朝朝準擬清明近料燕翎須寄銀箋又爭知一字相思不到吟邊　雙蛾不拂青鸞冷任花陰寂寂掩戶閒眠屢卜佳期無憑却恨金錢何人寄與天涯信趁東風急整歸船（詞綜作驟）縱漂零滿院楊花猶是春前

又

陳君衡遠游未還周公謹有懷人之賦倚歌和之

駝褐輕裝狨韉小隊冰河夜渡流澌朔雪平沙飛花亂拂蛾眉琵琶已是淒涼調更賦情不比當時想如今人在龍庭初勸（別本作賜）金巵　一枝芳信應難寄向山邊水際獨抱相思江雁孤回天涯人自歸遲歸來依舊秦淮碧問此愁還有誰知對東風空似垂楊零亂千絲

又

和周草窗寄越中諸友韻

殘雪庭陰輕寒簾影霏霏玉管春葭小帖金泥不知春在誰家相思一夜窗前夢奈個人（別本作似人）水隔天遮但淒然滿樹幽香滿地橫斜　江南自是離愁苦況游驄古道歸雁平沙怎得銀箋殷勤與說年華如今處處生芳草縱憑高不見天涯更消他幾度東風幾度飛花

埽花游

秋聲

商飆乍發漸淅淅初聞蕭蕭還住頓驚倦旅背青鐙弔影起吟愁賦斷續無馮試立荒庭聽取在何許但落葉滿階惟有高樹　迢遞歸夢阻正老耳難禁病懷淒楚故山院宇想邊鴻孤唳砌蛩私語數點相和更著芭蕉細雨避無處者閒愁夜深尤苦

又

綠陰

小庭蔭碧過驟雨疏風剩紅如埽翠交徑小問攀條弄蘂有誰重到謾說青青比似花時更好怎知道自一別漢南遺恨多少　清晝人悄悄任密護簾寒暗迷窗曉舊盟誤了又新

枝嫩子總隨春老漸隔相思極目長亭路杳攬懷抱聽蒙茸
數聲啼鳥

又

前題

捲簾翠溼過幾陣殘寒幾番風雨問春住否但怱怱暗裏換
將花去亂碧迷人總是江南舊樹謾凝佇念昔日采香今更
何許　芳徑攜酒處又蔭得青青嫩苔無數故林晚步想參
差漸滿野塘山路倦枕閒牀正好微曛院宇送淒楚怕涼聲
又催秋暮

又

前題

滿庭嫩碧漸密葉迷窗亂枝交路斷紅甚處但怱怱換得翠

痕無數暗影沈沈靜鎖清和院宇試凝佇怕一點舊香猶在幽樹　濃陰知幾許且拂簟清眠引筇閒步杜郎老去算尋芳較晚倦懷難賦縱勝花時到了愁風怨雨短亭暮謾青青怎遮春去

鎖窗寒

春思

趁酒梨花催詩柳絮一窗春怨疏疏過雨洗盡滿階芳片數東風二十四番幾番誤了西園宴認小簾朱戶不如飛去舊巢雙燕　曾見雙蛾淺自別後多應黛痕不展撲蝶花陰怕看題詩團扇試憑他流水寄情遡紅不到春更遠但無聊病酒厭厭夜月荼蘼院

又

春寒

料峭東風廉纖細雨落梅飛盡單衣惻惻再整金猊香燼誤千紅試妝較遲故園不似清明近但滿庭柳色柔絲羞舞淡黃猶凝　芳景還重省向薄曉（一作晚）窺簾嫩陰欹枕桐花漸老已做一番風信又看看綠徧西湖早催塞北歸雁影等歸時爲帶將歸（詞綜作春歸）併帶江南恨

又

出谷鶯遲蹋沙雁少殢陰庭宇東風似水尚掩沈香雙戶恁莓階雪痕乍鋪那回已趁飛梅去柰柳邊占得一庭新暝又還留住　前度西園路記半袖爭持鬥嬌眉嫵瓊肌暗怯醉立千紅深處問如今山館水郵共誰翠幄薰蕙炷最難禁向晚淒涼（一作淒淒）化作梨花雨

應天長

疏簾蜨粉，幽徑燕泥，花間小雨初足。又是禁城寒食，輕舟泛晴漲。尋芳地，來去熟。尚彷彿、大隄南北，望楊柳、一片陰陰，搖曳新綠。　重訪豔歌人，聽取春聲，猶是杜郎曲。蕩漾去年春色，深深杏花屋。東風煖（鮑本脫，擬補），曾共宿。記小刻、近窗新竹。舊游遠，沈醉歸來，滿院銀燭。

八六子

埽（一作洗）芳林，幾番風雨，悤悤老盡春禽。漸薄潤侵衣不斷，嫩涼隨扇初生，晚窗自吟。　沈沈幽徑芳尋。晻靄苔香簾淨，蕭疏竹影庭深。謾淡却蛾眉，晨妝慵埽，寶釵蟲散（一作折），繡屏鸞破（詞譜作絹屏）。當時暗水和雲泛酒，空山留月聽琴。料如今、門前數重翠陰。

摸魚兒

洗芳林夜來風雨悤悤還送春去方纔送得春歸了那又送君南浦君聽取怕此際春歸也過吳中路君行到處便快折湖邊（詞綜作河邊）千條翠柳爲我繫春住　春還住休索吟春伴侶殘花今已塵土姑蘇臺下烟波遠西子近來何許能喚否又恐怕殘春到了無馮據煩君妙語更爲我將春連花帶柳寫入翠箋句

又

蒓

玉簾（御選本作奩）寒翠痕（一作絲）微斷浮空清影零碎碧芽也抱春洲怨雙卷小緘芳字還又似繫羅帶相思幾點青鈿綴吳中舊事悵酪乳爭奇鱸魚謾好誰與共秋醉　江湖興昨夜西

風又起年年輕誤歸計如今不怕歸無準却怕故人千里何況是正落日垂虹怎賦登臨意滄浪夢裏縱一舸重游孤懷暗老餘恨渺烟水

聲聲慢

啼螿門靜落葉階深秋聲又入吾廬一枕新涼西窗曉雨疏疏舊香舊色換却但滿川殘柳荒蒲茂陵遠任歲華苒苒老盡相如　昨夜西風初起想蓴邊呼櫂橘後思書短景淒然殘歌空扣銅壺當時送行共約雁歸時人賦歸歟雁歸也問人歸如雁也無

又

高寒戶牖虛白尊罍千山盡入孤光玉影如空天葩暗落清香平生此興不淺記當年獨據胡牀怎知道是歲華換却處

處堪傷　已是南樓曲斷縱疏花淡月也只淒涼冷雨斜風何況獨掩西窗天涯故人總御選本作縱老謾相思永夜相望斷夢遠趁秋聲一片渡江

又

和周草窗

迎門高髻倚扇清吭娉婷未數西州淺拂朱鉛春風二月梢頭相逢靚妝俊語有舊家京洛風流斷腸句試重拈綵筆與賦閑愁　猶記淩波欲去問明璫羅襪却爲誰留枉夢相思幾回南浦行舟莫辭玉尊起舞怕重來燕子空樓謾惆悵抱琵琶閑過此秋

補遺

醉蓬萊

歸故山

埽西風門徑黃葉凋零白雲蕭散栁換枯陰賦歸來何曉爽氣霏霏翠蛾眉嫵聊慰登臨眼故國如塵故人如夢登高還嬾 數點寒英爲誰零落楚魄難招暮寒堪攬步屧荒籬誰念幽芳遠一室秋鐙一庭秋雨更一聲秋雁試引芳尊不知消得幾多依黯

法曲獻仙音

聚景亭梅次草窗韻

層綠峨峨纖瓊皎皎倒壓波痕清淺過眼年華動人幽意相逢幾番春換記喚酒尋芳處盈盈褪妝曉 已銷黯況淒涼

近來離思應忘却明月夜深歸輦荏苒一枝春恨東風人似天遠縱有殘花灑征衣鉛淚都滿但殷勤折取自遣一襟幽怨

醉落魄

小窗銀燭輕鬟半擁釵橫玉數聲春調情眞曲拂拂（御選本作低拂）朱簾殘影亂紅撲 垂楊學畫蛾眉綠年年芳草迷金谷如今休把佳期卜一掬春情斜月杏花屋

長亭怨

重過中菴故園

汎孤艇東皋過訊（御選本作徧按此句宓叶韻鮑刻恐誤）尚記當日綠陰門掩屐齒莓階酒痕羅袖事何限欲尋前迹空惆悵成秋苑自約賞花人別後總風流雲散 水遠怎知流水外却是亂山尤

遠天涯夢短想恣了綺疏雕檻望不盡苒苒斜陽撫喬木年華將晩但數點紅英猶識西園淒惋

西江月

為趙元父賦雪梅圖

褪粉輕盈瓊靨護香重疊冰綃數枝誰帶玉痕描夜夜東風不埽　溪上橫斜影淡夢中落漠魂銷峭寒未肯放春嬌素被獨眠清曉

蹋莎行

題草窗詞卷

白石飛仙紫霞悽調斷歌人聽（別本作重恨）知音少幾番幽夢欲回時舊家池館生青草（別本作沈沈幽夢小池荒依依芳意閒窗悄）　風月交游山川懷抱憑誰說與春知道空留離恨（別本作遺恨）滿江南相思

一夜蘋花老

淡黃柳

甲戌冬別周公謹丈於孤山中次冬公謹游會稽相會一月又次冬公謹自剡還執手聚別且復別去悵然于懷敬賦此解

花邊短笛初結孤山約雨梢風輕寒漠漠翠鏡秦鬟釵別同折幽芳怨搖落　素裳薄重拈舊紅萼歎攜手轉離索料靑禽一夢春無幾後夜相思素蟾低照誰掃花陰共酌

右七闋見絕妙好詞

望梅 一名解連環

晝閒梅苑作畫欄人寂喜輕盈照水犯寒先坼裊數枝梅苑作芳枝雲縷鮫綃露淺淺塗黃漢宮嬌額剪玉裁冰已占斷江南春色

恨風前素豔雪裏暗香偶成拋擲　如今眼穿故國待拈花

弄蘂時話思憶想隴頭依約飄零甚千里芳心杳無消息粉

怯珠愁又只恐吹殘羌笛正斜飛半窗曉月夢回隴驛

右一闋見花草粹編

金盞子

雨葉吟蟬口露草流螢歲華將晚對靜夜無眠稀星散時度

絳河淸淺甚處畫角淒涼引輕寒催燕西樓外斜月未沈風

急雁行吹斷　此際怎消遣要相見除非待夢見盈盈洞房

淚眼看人似冷落過秋紈扇痛惜小院桐陰空啼鴉零亂厭

厭地口口終日爲伊香愁粉怨按此調夢窗竹山之作皆百三字萬氏詞律亦然其空處

總本脫去似誤

更漏子

花外集

日銜山山帶雪笛弄晚風殘月湘夢斷楚魂迷金河秋雁飛
別離心思憶泪錦帶已傷顦顇蛩韻急杵聲寒征衣不用
寬

錦堂春

七夕

桂嫩傳香榆高送影輕羅小扇涼生正鴛機梭靜鳳渚橋成
穿綫人來月底曝衣花入風庭看星殘靨碎露滴珠融笑掩
雲扃　綵盤凝望仙子但三星隱隱一水盈盈暗想凭肩私
語鬢亂釵橫蛛網飄絲罥恨玉籤傳點催明算人間待巧似
恁悤悤有甚心情

又

中秋

露掌秋深花籤漏永那堪此夕新晴正纖塵飛盡萬籟無聲
金鏡開奩弄影玉壺盛水侵稜縱簾斜樹隔燭暗花殘不礙
虛明　美人凝恨歌黛念經年間阻只恐雲生早是宮鬟鬌
小翠鬢蟬輕蟾潤妝梅夜發桂熏仙骨香清看姮娥此際道
是多情又似無情

如夢令

妾如春蠶抽縷君似箏絃移柱無語結同心滿地落花飛絮
歸去歸去遙指亂雲遮處

青房並蔕蓮　一作周美成作誤

醉凝眸是楚天秋曉湘岸雲收草綠蘭紅淺淺小汀洲芰荷
香裏鴛鴦浦恨菱歌驚起眠鷗望去帆一片孤光棹聲伊軋
艣聲柔　愁窺汴隄翠柳曾舞送當時錦纜龍舟擁傾國纖

腰皓齒笑倚迷樓空令五湖夜月也羞照三十六宮秋正朗吟不覺回橈水花楓葉兩悠悠

右六闋見陽春白雪

右花外集一卷絕妙好詞箋王沂孫字聖與號碧山又號中仙會稽人有碧山樂府二卷又名花外集延佑四明志至元中王沂孫慶元路學正桉花外集世無專刻本惟見于鮑氏知不足齋叢書金君桐孫手自校錄補正其訛落者悉注明于句下洵稱善本合爲一卷因以發彫與白石歌曲山中白雲竝傳不朽云烏程范鍇識

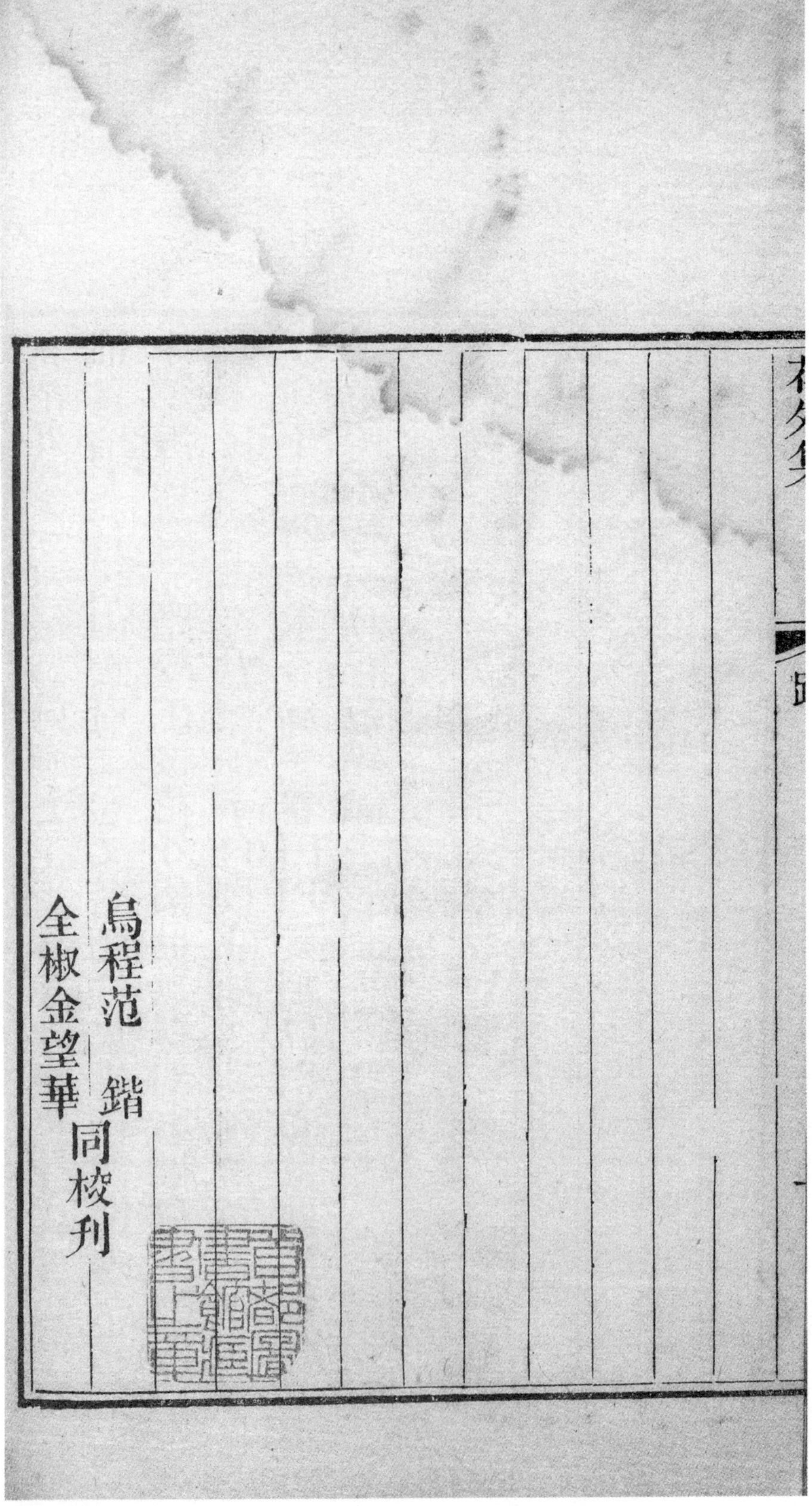
烏程范　鍇
全椒金望華同校刊

山中白雲詞

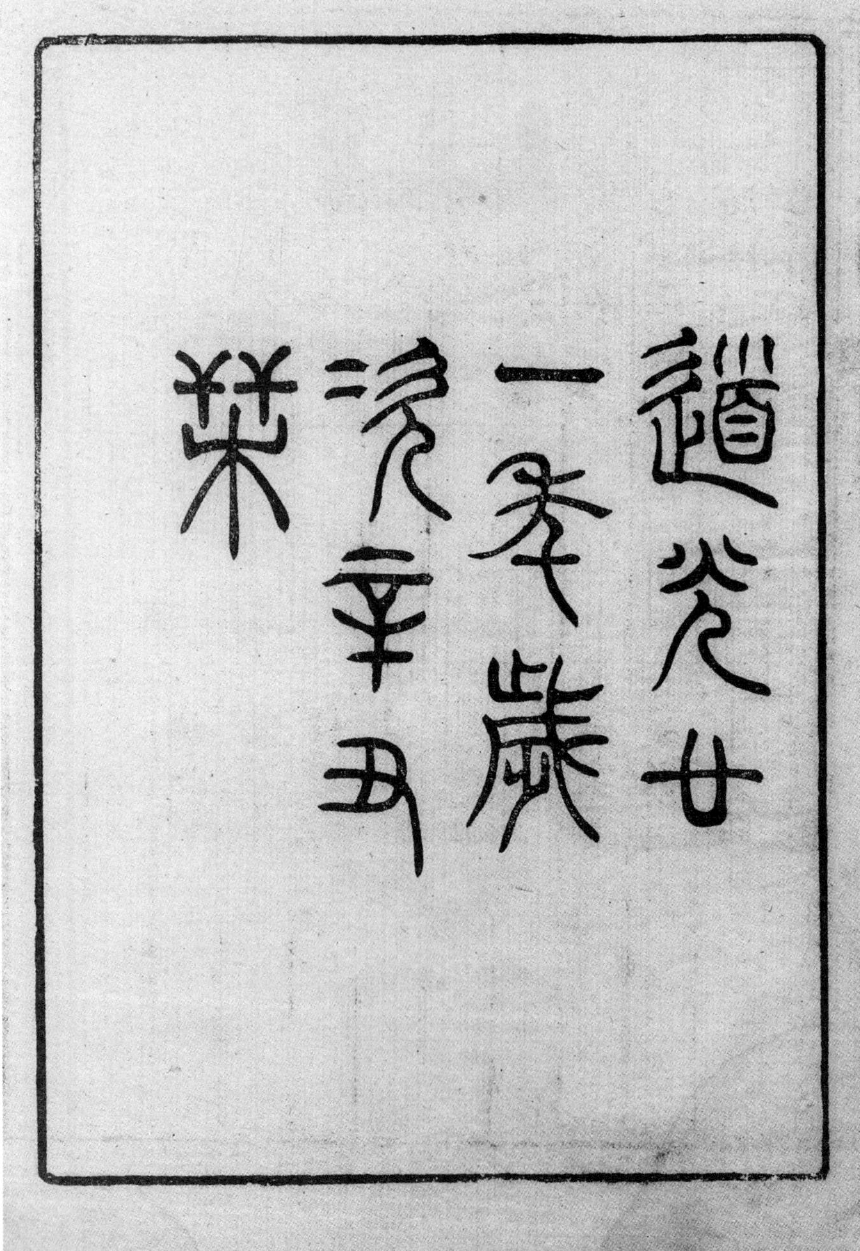

道光廿一年歲次辛丑栞

山中白雲詞目錄

卷一

卷二

卷三

卷六

卷七

卷八

山中白雲詞目錄終

山中白雲詞卷一

宋　西秦　張炎　叔夏

南浦

春水

波暖綠粼粼燕飛來好是蘇堤纔曉魚沒浪痕圓流紅去翻笑東風難埽荒橋斷浦柳陰撐出扁舟小回首池塘青欲徧絕似夢中芳草　和雲流出空山甚年年淨洗花香不了新淥乍生時孤村路猶憶那回曾到餘情渺渺茂林觴咏如今悄前度劉郎歸去後溪上碧桃多少

別本

溪燕驚游絲一作掠芹根漾粼粼鴨綠光動晴曉一作碎清曉何處落紅多芳菲夢翻入嫩贇一作碎萍深藻一番夜雨一番吟老池塘草寂歷一作柳下斷橋人欲一作不渡還見柳陰舟小一作

還棹漁鄉浪杳和雲流出空山甚年年淨洗花香不了新綠乍生時孤村路猶憶那時曾到傳觴事杳茂林應是依然好一作可憐難咏蘭亭舊事如今少試問清流今在否一作賦情逐王孫去心碎浮萍多少一作門外潮平渡小

高陽臺

西湖春感

接葉巢鶯一作暗柳藏鶯平一作明波捲絮斷橋斜日歸船能幾番游看花又是明年東風且伴薔薇住到薔薇春已堪憐更一作最悽然萬綠西泠一抹荒烟　當年燕子知一作歸何處但苔深韋曲草暗斜川見說新愁如今也到鷗邊無心再續一作結笙歌夢掩重門淺醉閒眠莫開簾怕見飛花怕聽啼鵑

憶舊游

大都長春宮即舊之太極宮也

看方壺擁翠太極垂光積雪初晴閶闔開黃道正綠章封事飛上層青古臺半壓琪樹引袖拂寒一作天星見玉冷開坡金明邃宇人住深清　幽尋自來去對一作嘆華表千年天籟無聲一作草暗碑陰別一作巾　有長生路看花開花落何處無春露臺深鎖丹氣隔水喚青禽尚記得歸時鶴衣散影都是雲

淒涼犯

北游道中寄懷

蕭疏野柳嘶寒馬蘆花深還一本無還字見游獵山勢北來甚時曾到醉魂飛越酸風自咽擁吟鼻征衣暗裂正淒迷天涯羈旅不似灞橋雪　誰念而今一作文園老嬾賦長楊倦懷休說一作極目寒波坐分黃葉空憐斷梗夢依依歲華輕別待擊歌壺怕如意和

冰澌折且行行平沙萬里盡是月

壺中天

夜渡古黃河與沈堯道曾子敬同賦

揚舲萬里笑當年底事中分南北須信平生無夢到却向而今游歷老柳官河斜陽古道風定（一作正）波猶直野人驚問汎槎何處狂（一作仙）客　迎面落葉蕭蕭水流沙共遠都無行迹衰草淒迷秋更綠惟有閒鷗獨立浪挾（一作拍）天浮山邀雲去銀浦橫空碧扣舷歌斷海蟾飛上孤白

（別本）御風萬里問當年何事中分南北須信人生無夢到却笑如今游歷古柳關河斜陽山海落雁秋聲急野人驚見汎槎何處狂客　雲外散髮吟商任天荒地老露盤猶泣水濶不容鷗獨占一棹芙蓉香濕蟹舍燈深漁鄉笛遠醉

眼流空碧夜涼人靜霽蟾飛上孤白

聲聲慢

都下與沈堯道同賦（別本作北游答曾心傳惠詩）

平沙催（一作籠）曉野水驚寒遙岑寸碧烟空萬里冰霜一夜換卻西風晴梢漸無墜葉撼秋聲都是梧桐情正遠柰吟湘（一作商）賦楚近日偏慵　客裏依然清事愛窗深帳暖戲揀香筒片雲歸程無柰夢與心同空教故林怨鶴掩閒門明月山中春又小甚梅花猶自未逢

綺羅香

席間代人賦情

候館深燈遼天斷羽近日音書疑絕轉眼傷心慵看剩歌殘闋纔忘了還着思量待去也怎禁離別恨只恨桃葉空江殷

勤不似謝紅葉　良宵誰念一作見哽咽對熏爐象尺閒伴淒
切獨立西風猶憶舊家時節隨款步花窗藏春聽私語柳疏
嫌月令休問燕約鶯期夢游空趁蝶

慶春宮

都下寒食游人甚盛水邊花外多麗環集各以柳圈
祓禊而去亦京洛舊事也

波蕩蘭觴鄰分杏酪晝輝冉冉一作快風麗日烘晴罥索飛仙戲船
移景薄游也自忺人短橋虛市一作蕙風來處聽隔柳誰家一作綠水人家
賣餳月題爭繫油壁相連笑語逢迎　池亭小隊秦箏就地
圍香臨水湔裙冶態飄雲醉妝扶玉未應閒了芳情旅懷無
限忍不住低低問春梨花落盡一點新愁一作烟曾到西泠

國香

沈梅嬌杭妓也忽于京都見之把酒相勞苦猶能歌周淸眞意難忘臺城路二曲因屬余記其事詞成以羅帊書之

鶯柳烟堤記未吟靑子曾比紅兒嫺嬌弄春微透鬟翠雙垂不道畱仙不住便無夢吹到南枝相看兩流落掩面凝羞怕說當時　淒涼歌楚調嫋餘音不放一朶雲飛丁香枝上幾度款語深期拜了花梢淡月最難忘弄影牽衣無端動人處過了黃昏猶道休歸

臺城路

庚辰秋九月之北遇汪菊坡一見若驚相對如夢回憶舊游已十八年矣因賦此詞（別本菊坡作蘭坡）

十年前事翻疑夢重逢可憐俱老水國春空山城歲晚無語

寒花清事老圃閒人相看秋色一作行吟曉氣霏霏帶葉分根空翠半濕荷衣沅湘舊愁未減有黃金難鑄相思但醉裏把苔牋重譜不許春知　聊慰幽懷古意且頻簪短帽休怨斜暉采摘無多一笑竟日忘歸從教護香徑小似東山還似東籬待去隱怕如今不是晉時

埽花游

賦高疎寮東墅園

烟霞萬壑記曲徑幽尋霽痕初曉綠窗窈窕看隨花甃石就泉通沼幾日不來一片蒼雲未埽自長嘯一作度層峭悵喬木荒涼一作依依都是殘照　碧天秋浩渺聽虛籟泠泠飛下孤峭一作稱刻竹微吟卧雲孤嘯山空翠老步仙風怕有采芝人到野色閒門芳草不除更好境深悄比斜川又清多少

瑣窗寒

王碧山又號中仙越人也能文工詞琢語峭拔有白石意度今絕響矣余悼之玉笥山所謂長歌之哀過于痛哭

斷碧分山空簾剩(一作貯)月故人天外香留(一作迷)酒殢蝴蝶一生花裏想如(一作猶)今醉(一作怨)魂未醒(一作正迷)夜臺夢語秋聲碎自中仙去後詞牋賦筆便無清致　都是淒涼意(一作慵指歡娛地)悵玉笥埋雲錦袍(一作衣)歸水形容憔悴料應也孤吟山鬼那知人彈折素絃黃金鑄出相思淚但柳枝門掩枯陰候蛩愁暗葦

木蘭花慢

爲越僧樵隱賦樵山

龜峰深處隱巖壑靜萬塵空任一路白雲山童休埽却似崆峒只恐（一作休教）爛柯人到怕光陰不與世間同旋采生枝帶葉微煎石鼎團龍　從容吟嘯百年翁行樂少扶筇向鏡水傳心柴桑袖手門掩清風如何晉人去後好林泉都在夕陽中禪外更無今古醉歸明月千松

（別本）龜峰游處隱巖壑靜萬塵空聽隔竹敲茶穿花喚酒曲徑幽通何人爛柯已久怕光陰不與世間同只住白雲一半任他一半眠龍　崆峒吟嘯百年翁近日一枝筇向鏡水傳心柴桑袖手門掩清風如何晉人去後好林泉多在夕陽中禪外更無今古醉歸明月千松

三姝媚

送舒亦山游越

蒼潭一作臺枯海樹正雪竇高寒水聲東去古意蕭閒問結廬人遠白雲誰侶賀監猶狂還散迹千巖風露一作雨抱瑟空游都是淒涼此愁難一作誰語　莫趁江湖鷗鷺怕太乙爐荒一作烟暗銷鉛虎投老心情未歸來何事共成羈旅布襪青鞵休誤入桃源深處待得重逢却說巴山夜雨

埽花游

台城春飲醉餘偶賦不知詞之所以然

嫩寒禁暖正草色侵衣野光如洗去城數里繞長堤是柳釣船深艤小立斜陽試數花風第幾問春意待留取斷紅心事難寄　芳訊成撚指甚遠客他鄉老懷如此醉餘夢裏尚分明認得舊時羅綺可惜空簾誤却歸來燕子勝游地想依然斷橋流水

別本嫩寒禁暖傍潤綠人家野船深檥去城數里共微開笑口□如傾耳倦立斜陽試數花風第幾問春意待翦取斷紅心事難寄　芳訊成撚指甚又客他山老懷如此醉餘夢裏尚分明認得舊時羅綺暮色簾空誤却歸來燕子段橋外繞西湖萬花流水

臺城路

杭友抵越過鑑曲漁舍會飲

春風不暖垂楊樹一作柳吹却絮雲一作綿多少燕子人家夕陽巷陌行入野畦深窈籌花鬭草記小舫尋芳斷橋初曉那日心情幾人同向近來老　銷憂何處最好夜游頻秉燭猶是遲了南浦歌闌東林社冷贏得如今懷抱吟悰暗惱待醉也慵聽勸一作怨歸啼鳥怕攪離愁亂紅休去埽

疏影

余于庚寅歲北歸與西湖諸友夜酌因有感于舊游寄周草窗（別本庚寅作辛卯）

栁黃未結放嫩晴消盡斷橋殘雪隔水人家渾是花陰曾醉好春時節輕車幾度新堤（一作西泠）曉想如今燕鶯猶說縱艷游得似當年早是舊情都別　重到翻（一作方）疑夢醒弄泉試照影驚見華髮却笑歸來石老雲荒身世飄然一葉閉門約住青山色自容與吟窗清絶怕夜寒吹到梅花（一作梢）休捲半簾明月

渡江雲

山陰久客一再逢春回憶西杭渺然愁思（別本作久客山陰王菊存問余近作書以寄之）

山空天入海（一作野光溥遠秀）倚樓望極風急暮潮初（一作青入燒痕初）一簾鳩外雨幾處閒田隔水動春鋤新烟禁柳想如今綠到西湖猶記得當年深隱（一作風流心事）門掩兩三株　愁余荒洲（一作煙）古溆斷梗疏萍更漂流何處空自覺圍羞帶減影怯燈孤常疑即見桃花面甚近來翻笑無書書縱遠如何夢也都無

瑣窗寒

旅窗孤寂雨意垂垂買舟西渡未能也賦此爲錢塘故人韓竹閒問

亂雨敲春深烟帶晚水窗慵凭空簾謾捲數日更無花影怕依然舊時歸燕定應（一作知）未識江南冷最憐他樹底蔫紅不語背人吹盡　清潤通幽徑待移燈剪韭試香溫鼎分明醉裏過了幾番風（一作花）信想竹閒高閣半開小車未來猶自等

傍新晴隔栖呼船待教（一作他）潮信（一作汎）穩

憶舊游

新朋故侶詩酒遲留吳山蒼蒼渺渺兮余懷也寄沈堯道諸公

記開簾過酒隔水懸燈（一作花樓放夜梅檻移春）欵語梅（一作燈）邊未了清游（一作煙波）興又飄然獨去何處山川（一作重聽湘絃）淡風暗收榆筴吹下（一作到）沈郎錢嘆客裏光陰消磨艷冶都在尊前　留連殢人處是鏡曲窺鷺蘭皐（一作沼）　闌泉醉拂珊瑚樹寫百年幽恨分付吟（一作苦）牋故鄉幾回飛夢江雨夜涼（一作吹一作深）船縱忘却歸期千山未必無杜鵑

水龍吟

白蓮

仙人掌上芙蓉娟娟猶濕金盤露輕妝照水纖裳玉立飄飄似舞幾度銷凝滿湖烟月一汀鷗鷺記小舟夜悄波明香遠渾不見花開處　應是浣紗人妒褪紅衣被誰輕悞閒情淡雅冶容一作姿清潤凴嬌待語隔浦相逢偶然傾蓋似傳心素怕湘皐珮解綠雲十里捲西風去

別本仙人掌上芙蓉涓涓猶滴金盤露輕妝照水纖裳玉立無言自舞幾度銷凝滿湖烟月一汀鷗鷺記小舟清夜波明香遠渾不見花開處　應是浣紗人妒褪紅衣被誰輕悞何郎淡雅一作意態六郎清致一作標格泠然意趣待折瓊芳楚江難涉那知延佇怕湘娥佩解綠雲千里捲西風去

憶舊游

余離羣索居與趙元父一別四載癸巳春于古杭見

之形容憔悴故態頓消以余之況味又有甚于元父者抑重余之惜因賦此調且寄元父當爲余愀然而悲也

嘆江潭樹老杜曲門荒同賦(一作是)飄零乍見翻疑夢對蕭蕭亂髮都是愁根秉燭故人歸後花月(一作花夜)(一作銅雀)鎖春深縱草帶堪題爭如片葉能寄殷勤　重尋已無處尚記得依稀柳下芳(一作東)鄰佇立香(一作東)風外抱孤愁悽惋羞燕慚鶯俛仰十年前事醉後(一作語)醒還驚又曉日千峰涓涓露濕花氣生

甘州

題趙葯牖山居見天地心怡顏小柴桑皆其亭名

倚危樓一笛翠屏空萬里見天心度野光清峭晴峰湧日冷石生雲簾捲小亭虛院無地不花陰徑曲知何處春水泠泠

嘯傲柴桑影裏且怡顏莫問誰古誰今任燕畱鷗住聊復慰幽情愛吾廬點塵難到好林泉都付與閒人還知否元來卜隱不在山深

摸魚子

高愛山隱居

愛吾廬傍湖千頃蒼茫一片清潤晴嵐暖翠融融處花影倒窺天鏡沙浦迴看野水涵波隔柳橫孤艇眠鷗未醒甚占得蓴鄉都無人見斜照起春暝　還重省豈料山中秦一作無晉桃源今度一作殘棋石上難認林間即是長生一作桃源路一笑元非捷徑深更靜待散髮吹簫跨鶴一作鶴背天風冷憑高露飲正碧落塵空光搖半壁月在萬松頂

風入松

賦稼村

老來學圃樂年華茅屋短籬遮兒孫戲逐田翁去小橋横路轉三义細雨一犂春意西風萬寶生涯　攜筇猶記渡晴沙流水帶寒鴉門前少得寛閒地遶平疇盡是桑麻却笑牧童遥指杏花深處人家

鳳凰臺上憶吹簫

趙主簿姚江人也風流蘊藉放情花柳老之將至况味淒然以其號孤篷屬余賦之

水國浮家漁村古隱浪游慣占花深猶記得琵琶半面曾濕衫青不道江空歲晚桃葉渡還嘆飄零因乘興醉夢醒時却是山陰　投閒倦呼儔侶竟棹入蘆花俗客難尋風渺渺雲拖暮雪獨釣寒清遠溯流光萬里渾錯認片竹寰瀛元來是

天上太乙眞人

解連環

孤雁

楚江空晚悵離羣萬里怳然驚散自顧影欲下寒塘一作江正沙淨一作靜草枯水平天遠寫不成書只寄得相思一點料因循誤了擁雪殘氈故人心眼　誰憐旅愁荏苒謾長門夜悄錦箏彈怨想伴侶猶宿蘆花也曾念春前去程應轉暮雨相呼怕驀地玉關重見未羞他雙燕歸來畫一作露簾半捲

滿庭芳

小春

晴皎一作卷霜花曉鎔冰羽一作掩閣烘晴開簾借煖開簾一作今朝覺道寒輕誤聞啼鳥生意又園林閒了淒涼賦筆便而一作如今不聽秋

聲消凝處一枝借暖（一作苔枝數點）終是未多情　陽和能幾許尋紅探粉也恁忺人笑隣娃癡小料理護花鈴卻怕驚回睡蝶恐和他草夢都醒還知否能消幾日風雪灞橋深

憶舊游

登蓬萊閣（別本登下有越州二字）

問蓬萊何處風月依然萬里江淸休説神仙事便神仙縱有即是閒人笑我幾番醒醉石磴掃松陰任（一作甚）狂客難招采芳難贈且自微吟　俯仰成陳迹嘆百年誰在闌檻孤凭海日生殘夜看臥龍和夢飛入秋冥還聽水聲東去山冷不生雲正目極空寒（一作萬里高寒）蕭蕭漢柏愁茂陵

解連環

拜陳西麓墓

句章城郭問千年往事（一作事往）幾回歸鶴嘆貞元朝士無多又日冷湖陰柳邊門鑰向北來時無處認江南花落縱荷衣未改病損茂陵總是離索　山中故人去却但碎寒峴首舊景如昨悵二喬空老春深正歌斷簾空草暗（一作昏）銅雀楚魄難招被萬疊閒雲迷着料猶是聽風聽雨（一作水）朗吟夜壑（山中樓扁萬疊雲）

臺城路

寄姚江太白山人陳文卿（別本文卿作又新）

薛濤牋上相思字，重開又還重摺。載酒船空，眠波柳老，一縷離痕難折。虛沙動月。嘆千里悲歌，唾壺敲缺。却説巴山，此時懷抱那時節。　寒香深處話別。病來渾瘦損，懶賦情切。太白閒雲，新豐舊雨，多少英游消歇。回潮似咽。送一點秋（一作愁）心，故人天末。江影沉沉，露（一作夜）涼鷗夢濶。

（別本）薛濤牋上相思字，重開又還重摺。太白秋聲，東瀛柳色，誰把柔條相（一作猶）結。虛沙動月。嘆千里悲歌，唾壺敲缺。却説巴山，者回知是甚時節。　紅香深處話別。病來渾瘦損，獨抱情切。笑裏移春，吟邊慨古，多少英雄消歇。回潮似咽。

送一點秋心故人天末江影沉沉露涼鷗夢濶

聲聲慢

送琹友季靜軒還杭

荷衣消翠蕙帶餘香燈前共語生平苦竹黃蘆都是夢裏游情西湖幾番夜雨怕如今冷却鷗盟倩寄遠見故人說道杜老飄零　難挽清風（一作泠然）飛珮有相思都在斷柳長汀此別何如一笑寫入瑤琹天空水雲變色任愔愔山鬼愁聽興未已（一作待去也）更（一作又）何妨彈到廣陵

水龍吟

春晚留別故人（別本春晚作客中）

亂紅飛已（一作盡）無多艷游終是如今少一番雨過（一作過雨一番）春減催人漸老倚檻調鶯捲簾收燕故園空杳柰闌愁不（一作）

未住悠悠萬里渾恰似（一作却似）天涯草　不擬（一作礙）相逢古（一作故）道（一作長汀憔笑）纔疑夢又還驚覺清風在梛江搖白浪舟行趁曉（一作吟窗剪燭郵亭維纜山晴水曉）遮莫重來不如休去怎堪懷抱那知又五梛門荒曾（一作多）聽得鵑啼了

一萼紅

賦紅梅

倚闌干問綠華何事偷餌九還（一作華）丹浣錦溪邊殘霞竹裏（一作外）翠袖不倚天寒照芳（一作苔）樹晴光泛曉護（一作誤）幺鳳無處認冰顏露洗春腴風搖醉（一作翠）魄聽笛江南　樹（一作枝）掛珊瑚冷月嘆玉奴妝褪仙掾詩慳（一作閒）謾覓花雲不同黎夢（一作素被羞熏黎雲無夢）推篷恍記孤山步夜雪前村問酒幾銷凝把做杏花看得似古桃流水不到人間

祝英臺近

與周草窗話舊

水痕一作草痕深花信足一作了寂寞漢南樹轉首青一作清陰芳事一作意頓如許不知多少銷魂夜來風雨猶夢到斷紅流處最無據長年息影空山愁入庾郎句玉老田荒心事已遲暮幾回聽得啼鵑不如歸去終不似舊時鸚鵡

月下笛

孤游萬竹山中閒門落葉愁思黯然因動黍離之感時寓甬東積翠山舍

萬里一作竹孤雲一作峰清游漸遠故人何處寒窗夢裏猶一作曾記經行舊時路連昌約略無多柳第一是難聽夜雨謾驚回淒悄相看竹影擁衾誰語張緒歸何暮半零落依依斷橋

鷗鷺天涯倦旅（一作抱影）此時心事良苦只愁重洒西州淚問杜曲人家在否（一作怕不是當初伴侶）恐翠袖正天寒猶倚梅花那樹

水龍吟

寄袁竹初

幾番問竹平安雁書不盡相思字籬根半樹村深孤艇闌干屢倚遠草兼雲凍河膠雪此時行李望去程無數并州回首還又渡桑乾水　笑我曾游萬里甚怱怱便成歸計江空歲晚棲遲猶在吳頭楚尾疏（一作獨）柳經寒斷槎浮（一作漂）月依然憔悴待相逢説與相思想亦在相思裏

綺羅香

紅葉

萬里飛霜（一作霜飛又作一夜新霜）千林落木（一作千山木落）寒艷不招春妒（一作

翻成春樹楓冷吳江獨客又吟愁句正船艤流水孤村似花繞斜陽歸路一作芳樹甚荒溝一片淒涼載情不去載愁一作秋去長安誰問倦旅羞見衰顏借酒飄零如許慢倚新妝不入洛陽花譜一作小字金書心事已成塵土爲回風起舞尊前盡化作斷霞千縷記陰陰綠徧江南夜窗聽暗雨

洞仙歌

觀王碧山花外詞集有感

野一作亂鵑啼月便角巾還第輕擲詩瓢付一作趁流水最無端小院寂歷一作寞春空門自掩柳髮離離如此可惜懽娛地雨冷雲昏不見當時譜銀字舊曲怯重翻總是離愁一作愁音淚痕灑一簾花碎夢沉沉知道不歸來尚錯問桃根醉魂醒未

新雁過妝樓

賦菊

風雨不來深院悄一作曉清事正滿東籬杖藜重到秋氣冉冉吹衣瘦碧飄蕭搖露梗膩黃秀野拂霜枝憶芳時翠微喚酒江雁初飛　湘潭一作澤無人弔楚嘆落莫自采誰寄一作記相思淡泊生涯聊伴老圃斜暉寒香應徧故里想鶴怨山空猶一作人未歸歸何晚問徑松不語只有花知

江神子

孫虛齋作四雲庵俾余賦之兩雲之間

奇峰相對接珠庭乍微晴又微陰舍北江東如蓋自亭亭翻笑天台連雁蕩隔一片不逢君　此中幽趣許誰鄰境雙清人獨清采藥難尋童子語山深絕似醉翁游樂意林壑靜聽泉聲

塞翁吟

友雲

交到無心處出岫細話幽期看流水意俱遲且淡薄相依淩霄未肯從龍去物外共鶴忘機迷古洞掩晴暉翠影濕行衣

飛飛垂天翼飄然萬里愁日暮佳人未歸尚記得巴山夜雨耿無語共說生平都付陶詩休題五朶莫夢陽臺不贈相思

祝英臺近

耕雲

占寬閒鉏浩渺船艤水村悄非霧（一作靄）非烟生氣（一作意）覆瑤草蒙茸數畝春陰夢魂落寞知蹋碎棃花多少聽孤嘯山

淺種玉人歸縹緲度晴峭鶴下芝田五色散微照笑他隔浦

誰家半江疏雨空吟斷一犁清撓

風入松

岫雲

捲舒無意入虛玄丘壑伴雲烟石根清氣千年潤覆孤松深護啼猿靄靄靜隨仙隱悠悠閒對僧眠　傍花懶向小溪邊空谷覆流泉浮踪自感今如此已無心萬里行天記得晉人歸去御風飛過斜川

瑤臺聚八仙

爲野舟賦

帶雨春潮人不渡沙外曉色迢遙自橫深靜誰見隔栁停橈知我知魚未是樂轉蓬閒趁白鷗招任風飄夜來酒醒何處江皐　泛宅浮家更好度菰蒲影裏濯足吹簫坐閱千帆空

競萬里波濤他年五湖訪隱第一是吳淞第四橋玄眞子共游烟水人月俱高

疏影

梅影

黃昏片月似（一作映）碎陰滿地還更清絶枝北枝南疑有疑無幾度背燈難折依稀倩（一作靚）女離魂處緩步出前村時節看夜深竹外橫斜應妒過雲明滅　窺鏡蛾眉淡抹爲容不在貌獨抱孤潔莫是花光描取春痕不怕麗譙吹徹還驚海上燃犀去（一作處）照水底珊瑚如（一作疑）活做弄得酒醒天寒空對一庭香雪

木蘭花慢

書鄧牧心東游詩卷後

采芳洲薜荔流水外白鷗前度萬壑千巖晴嵐暖翠心目娟娟山川自今自古怕依然認得米家船明月閒延夜語落花靜擁春眠　吟邊象筆蠻牋清絕處小酉連正寂寂江潭樹猶如此那更啼鵑居廛閉門隱几好林泉都在臥游邊（一作編）記得當時舊事誤人却是桃源

風入松

陳文卿酒邊偶賦

小窗晴碧颭簾波畫影舞飛梭惜春休（一作猶）問花多少柳成陰（一作陰成一作柳陰中）春已無多金字（一作塵篋）初尋小扇銖衣（一作山房早）試輕羅（一作乍試泥金巧扇初裁水碧輕羅）　園林未肯受清和人醉牡丹坡嘯歌且盡平生事問東風畢竟如何燕子尋常巷陌酒邊莫唱西河

臺城路

游北山寺 别本作雪竇寺訪同野雲日東巖

雲多一作雪深不記山深淺人行半天巖壑曠野飛聲虛空倒一作側影松挂危峰疑落流泉噴薄自窈窕尋源引瓢孤酌倦倚高寒少年游事老方覺　幽尋閒院邃閣樹涼僧坐夏翻笑一作深占行樂近竹驚秋一作敲茶穿蘿誤晚一作閒坡種藥都把塵緣消却東林似昨一作東隣舊約待學取當年晉人曾約童子何知故山空放鶴一作穿只有淵明至今寥寞動足千年未歸華表鶴

還京樂

送陳行之歸吳

醉吟一作游處多是棐尊竟日松下語有筆牀茶竈瘦筇相引逢花須住正翠陰迷路年光一作華荏苒成孤旅待趁燕檣休

忘了玄都前度　漸烟波遠怕五湖淒冷（一作西子）佳人袖薄修竹依依日暮（一作依然見了須說千愁萬緒）知他甚處（一作日）重逢（一作來）便恩恩（一作忙）背（一作帶）潮（一作人）歸去莫因循誤了（一作却）幽期應辜舊雨佇立山風晚月明（一作明月）搖碎江樹

臺城路

章靜山別業會飲

一窗烟雨不除草移家靜藏深窈東晉圖書南山杞菊誰識幽居懷抱疏陰未埽嘆喬木猶存易分殘照慷慨悲歌故人多向近來老（一作少）　相逢何事欠早愛吟心共苦此意難表野水無鷗閒門斷柵不滿濤風一笑荷衣製了待尋壑經邱溯雲孤嘯學取淵明抱琴歸去好

梅子黃時雨

病後別羅江諸友（別本作病中懷歸）

流水孤村愛塵事頓消來訪深隱向醉裏誰扶滿身花影鷗鷺相看如（一作鷺相比）瘦近來（一作茂陵）不是傷春病嗟流景竹外野橋猶繫烟艇　誰引斜川歸興便啼鴂縱少無柰（一作爭忍）時聽待棹擊空明魚（一作烟）波千頃彈到琵琶留不住最愁人是黃昏近江風緊一行柳陰吹暝

西子妝慢

吳夢窗自製此曲余喜其聲調妍雅久欲述之而未能甲午春寓羅江與羅景良野游江上綠陰芳草景況離離因塡此解惜舊譜零落不能倚聲而歌也（別本羅景良作陳文卿）

白浪搖天青陰漲地一片野懷幽意楊花點點是春心替風

前萬花吹淚遙岑寸碧一作殘山剩水有誰識一作看朝來清氣自沉吟甚流一作風光輕擲一作把繁華如此　斜陽外隱約孤村隔塢閒門閉漁舟何似一作自莫一作不歸來想桃源路通人世一作問桃開未危橋一作樓一作欄靜倚千年事都消一醉謾依依愁落鵑聲萬里

聲聲慢

賦漁隱

門當竹徑鷺管苔磯烟波自有閒人棹入孤村落照正滿寒汀桃花遠迷洞口想如今方信無秦醉夢醒向滄浪容與淨濯蘭纓　款乃一聲歸去對筆牀茶竈寄傲幽情雨笠風簑古意謾說玄眞知魚淡然自樂釣淸名空在綠綸笑未已笑嚴陵還笑渭濱

湘月

余載書往來山陰道中每以事奪不能盡興戊子冬晚與徐平野王中仙曳舟溪上天空水寒古意蕭颯中仙有詞雅麗平野作晉雪圖亦清逸可觀余述此調蓋白石念奴嬌鬲指聲也

行行且止把乾坤收入（一作拾）蓬窗深裏（一作把乾坤清事攬歸蓬底）星散白鷗三四點數筆橫（一作秋）塘秋（一作清）意岸嘴衝波籬根受（一作擁）葉野徑通村市疏風迎面（一作古林深處）濕衣原是空翠　堪嘆敲雪門荒爭棋墅冷苦竹鳴山鬼縱使如今猶有晉無復清游如此落日沙黃遠天雲淡弄影蘆花外幾時歸去剪取一半烟水

長亭怨

爲任次山賦馴鷺

笑海上白鷗盟冷飛過前灘又顧（一作自看）秋影似我知魚亂蒲流水動淸飲歲華空老猶一縷柔絲戀頂慵憶鴛行想應是朝回花口　人靜悵離羣日暮都把野情消盡山中舊隱料獨樹尚懸蒼暝引殘夢直上靑天又何處溪風吹醒定莫負歸舟同載烟波千頃

徵招

聽袁伯長琹（別本琹上有太古二字）

秋風（一作聲）吹碎江南樹石牀自聽流水別鶴不（一作夜）歸來引悲風千里餘音猶在耳有誰識醉翁深意去國情懷草枯沙遠尚鳴山鬼　客裏可消憂人間世寥寥幾年無此杳老古壇荒把淒涼空指心塵聊更洗傍何處竹邊松底共良夜白

月紛紛(一作娟娟)領一天淸氣

法曲獻仙音

席上聽琵琶有感

雲隱山暉樹分溪影未放妝臺(一作樓)簾捲篝(一作窗)密籠(一作收)香鏡圓窺粉(一作袖鼎溫香倚窗窺粉)花深自然寒淺正人在銀屏底琵琶半遮面 語聲軟且休彈玉闗愁(一作秋)怨怕喚起西湖那時春感楊柳古灣頭記小憐隔水曾見聽到無聲謾贏得情緒難剪把一襟心事散入落梅千點

渡江雲

懷歸(別本作客中寒食書以寫與)

江山居(一作歸)未定貂裘已敝空自帶愁歸亂花流水外訪里尋鄰都是可憐時橋邊燕子似軟語斜日江籬休問我如今

心事錯認鏡中誰　還思新烟驚換舊雨難招做不成春意渾未省誰家芳草猶夢吟詩一株古梛觀魚港傍清溪足可幽棲閒趣好白鷗尚識天隨

別本　玉京游巳倦貂裘背雪故國一身歸浣花流水外訪里尋隣都是可憐時孤雲湖遠愁倒影斜日江籬休問取如今成事老髩漸垂絲　悽悽停杯看劍換鼎分香做不成春意渾未省誰家芳草猶夢新詩淒涼最是梅邊月怕夜寒倚竹依依歸去好白鷗認得天隨

鬪嬋娟

春感（別本作故園荒沒懽事去心有感而作）

舊家池沼尋芳處（一作簾休下）　從教飛燕頻繞一灣梛護水房春看鏡鸞窺曉暈宿酒（一作粉）　雙蛾淡埽羅襦飄帶腰圍小盡醉

方歸去又暗約明朝鬭草誰解先到　心緒亂若晴（一作游）絲那回游處壁紅爭戀殘照近來心事漸無多尚被鶯聲惱便白髮如今縱少情懷不似前時好謾竚立東風外（一作慢重省燕臺句）愁極還醒背花一笑

暗香

海濱孤寂有懷秋江竹閒二友（別本作海濱孤寂魚淚不來寄李商隱）

羽音遼邈（一作雁書寥寞一作故交零落）怪四（一作虛）簷晝（一作靜）悄近來無鵲木（一作水）葉吹寒極目凝思（一作愁思一作愁凝一作凝情）倚江閣不信相如便老猶未減當時游樂但趁他鬭（一作書）草籌花終是帶離索　憶昨更情惡（一作寂寞夜偏覺）謾認着梅花是君還錯石牀冷落閒埽松陰與誰酌一自飄零（一作流）去遠幾悞了燈前深約縱到此歸未得幾曾忘却

玉漏遲

登無盡上人山樓

竹多塵自埽幽通徑曲禪房深窈空翠吹衣坐對閒(一作野)雲舒(一作孤)嘯寒(一作喬)木猶懸故葉又過了一番殘(一作斜)照經院悄詩夢正迷(一作寒)獨憐衰草　幽(一作佳)趣盡屬閒僧渾未識人間落花啼鳥呼酒凭高莫問四愁三笑可惜秦山晉水甚却向此時登眺清趣(一作處一作致)少那更好游人老

長亭怨

歲庚寅會吳菊泉于燕薊越八年再會于甬東未幾別去將復之北遂作此曲(別本庚寅作辛卯)

記橫笛玉關高處萬里沙寒雪深無路破却貂裘遠游歸後與(一作共)誰譜故人何許渾忘了江南舊雨不擬重逢應笑我

飄零如羽　同去釣珊瑚海樹底事又成行旅烟蓬斷浦更幾點戀人飛絮如今又京洛一作國尋春定應被薇花畱住且莫把孤愁說與當時歌舞

西河

依綠莊賞荷分淨字韻（別本依上有史元叟三字）

花最盛西湖曾泛烟艇鬧紅深處小秦箏斷橋夜飲鴛鴦水宿不知寒如今翻被驚醒　那時事都倦省闌干來此閒凭是誰分得半機（一作溪）雲恍疑晝錦想當（別本多年字）飛燕皺裙時舞盤微墮珠粉　軟波不剪素練淨碧盈盈移下秋影醉裏玉書難認且脫巾露髮飄然乘興一葉浮香天風冷

玲瓏四犯

杭友促歸調此寄意

流水人家乍過了斜陽一片蒼樹怕聽秋聲却是舊愁來處因甚尚客殊鄉自笑我被誰留住問種桃莫是前度不擬桃

花輕誤　少年未識相思苦最難禁此時情緒行雲暗與風
流散方信別淚如雨何況帳空夜鶴（一作鶴怨）怎奈向如今歸去
更可憐閒裏白了頭還知否

淒涼犯

過鄰家見故園有感（別本無題）

西風暗剪荷衣碎柔絲不解重緝荒烟斷浦晴暉歷（一作零）亂
半江搖碧悠悠望極忍獨聽秋聲漸急更憐他柳髮蕭條相
與動愁色　老態今如此猶自留連醉筇游屐（一作慷慨猶歌唾壺空擊）
不堪瘦影渺天涯儘成行客因甚忘歸謾吹裂山陽夜笛夢
三十六陂流水去未得

聲聲慢

別四明諸友歸杭

山風古道海國輕車相逢只在東瀛淡薄秋光恰似此日游情休嗟鬢絲一作梳斷雪一作唾壺暗缺喜閒身重渡一作入一作過西泠一作林又湖遠趁回潮拍岸斷浦揚舲　莫向長亭折柳正紛紛落葉同是飄零舊隱新招知住第幾層雲疏籬尚存晉菊想依然認得淵明待去也最愁人猶戀故人

燭影搖紅

西浙冬春間游事之盛惟杭爲然余冉冉老矣始復歸杭與二三友行歌雲舞繡中亦淸時之可樂以詞寫之

舟艤鷗波訪隣尋里愁都散老來猶似柳風流先露看花眼閒一作重把花枝試揀笑盈盈和香待剪也應回首紫曲門荒當年一作時游慣　簫鼓黃昏動人心處一作事情無限錦街不

甚月明多早已驕塵滿纔過風柔夜煖漸迤邐芳程遞趲向
西湖去（一作舊曾游處）那里人家依然鶯燕

憶舊游

過故園有感（别本作過隣家望故園有感）

記凝妝倚扇笑眼窺簾曾款芳尊步屧交枝徑引生香不斷
流水中分忘了牡丹名字和露撥花根甚杜牧重來買栽無
地都是銷魂　空存斷腸草伴幾摺眉痕幾點啼痕鏡裏芙
蓉老問如今何處綰綠梳雲怕有舊時歸燕猶自識黃昏待
說與羈愁（一作追游）遙知路隔楊柳門

春從天上來

己亥春復回西湖飲靜傳董高士樓作此解以寫我
憂

海上回槎認舊時鷗鷺猶戀蒹葭影散香消水流雲在疏樹十里寒沙難問錢唐蘇小都不見擘竹分茶更堪嗟似（一作向）荻花江上誰弄（一作嘆餘音嫋嫋却是）琵琶　烟霞自延晚照盡換了西林（一作陵）窈窕紋紗蝴蝶飛來不知是夢猶疑春在隣家一掬幽懷難寫（一作未必銅駝解語）春（一作人）何處春（一作人）已天涯減繁華是山中（一作且休嫌）杜宇不（一作莫）是（一作只恨）楊花

甘州

賦衆芳所在

看涓涓兩水自東西中有百花莊步交枝徑裏簾分晝影窗聚春香依約誰教鸚鵡列屋帶垂楊方喜閒居好翻爲詩忙　多少周情柳思向一邱一壑留戀年光又何心逐鹿蕉夢正錢唐且休將扇塵輕障萬山深不是舊河陽無人識牡丹

開處重見韓湘

慶清朝

韓亦顏歸隱兩水之濱殆未遜王右丞茱萸沜子從之游盤花旋竹散懷吟眺一任所適太白去後三百年無此樂也（别本無太白去後二句）

淺草猶霜融泥未燕晴梢潤葉初乾閒扶短策隣家（一作尋幽）小聚清歡錯認籬根是雪梅花過了一番寒風還峭較遲芳信恰似春殘　此境此時此意待攜琴獨去石冷慵彈飄飄爽氣飛鳥相與俱還醉裏不知何處（一作潭影空搖醉魄）好詩盡在夕陽山山深杳更無人到流水花間

眞珠簾

梨花

綠房幾夜迎淸曉光搖動素月溶溶如水惆悵一株寒記東闌閒倚近日花邊（一作間）無舊雨便寂寞何曾吹淚燭外護羞得紅妝而今猶睡　琪樹皎立風前萬塵空獨挹飄然淸氣雅淡不成嬌擁玲瓏（一作娟娟）春意落寞（一作淡淡）雲深詩夢淺但一似唐昌宮裏元是是分明錯認當時玉蕊

探春慢

雪霽

銀浦流雲綠房迎曉一抹牆腰月淡煖玉生烟懸冰解凍（一作融露）碎（一作頻）滴瑤階如霰（一作點點）纔放些晴意早瘦了梅花一半也知不做花看（一作不作花香）東風何事吹散　搖落似（一作易）成秋苑甚釀得春來怕教春見野渡舟回前村門掩應是不勝淸怨次第尋芳去灞橋外蕙香波煖猶妒（一作聽）簷聲看燈人在

深院

別本銀浦流雲綠房迎曉浮浮光粲初睍燒色初分庭陰還湅猶憶璃瑤幾片纔放些些晴意早消瘦南枝一半也知不做花看向風何事吹散　惆悵瓊林夢斷空釀得春成還怕春見湅解厓陰澌垂山溜淨洗修眉重展添作寒江水泛蕙渚波明香滿尚聽簷聲誰家試燈深院

風入松

春游 別本作醉花邊

一春不是不尋春終是不忺人好懷漸向中年減對歌鐘渾沒心一作風情短帽一作夢怕粘飛絮輕衫厭撲游塵　焌香十里軟一作款鶯聲小舫一作艇綠楊陰夢隨蝴蝶飄零後尚依依花月闌心惆悵一株一作東闌梨雪明年甚處清明

渡江雲

次趙元父韻

錦香（一作薌）繚繞地深（一作涼）燈掛壁簾影浪花斜酒船歸去後轉首河橋那處認紋紗重盟鏡約還記得前度秦嘉惟只有葉題堪寄（一作付）流不到天涯　驚嗟十年心事幾曲闌干想蕭娘聲價閒過了黃昏時候疏柳啼鴉浦潮夜湧平沙白（一作淨）問（一作湖）斷鴻知落誰家書又遠空江片月蘆花

探芳信

西湖春感寄草窗（別本作次周草窗韻）

坐清晝正治思（一作興）縈花餘醒倦酒甚采（一作探）芳人老芳心尚如舊銷魂忍說銅駝事不是因春瘦向西園竹埽頹垣蘉羅荒甃　風雨夜來驟嘆歌冷鶯簾恨凝蛾袖愁到今年多

似去年否舊賦一作情嬾聽山陽笛目極短髮一作空搔首我何堪老却江潭深柳聲聲慢

題吳夢窗遺筆別本作題夢窗自度曲霜花腴卷後

煙堤小舫雨屋深燈春衫慣染京塵舞柳歌桃心事暗惱東鄰渾疑夜窗夢蝶到如今猶宿花陰深一作待喚起甚江蘺搖落化作秋聲　回首曲終人遠去一作黯銷魂忍看朵朵芳雲潤戲一作墨空題惆悵醉魄難醒獨憐水樓賦筆有斜陽還怕登臨愁未了聽殘鶯啼過柳陰

徵招

答仇山村見寄

可憐張緒門前柳相看頓非年少三徑已荒涼更如今懷抱

薄游渾是感滿烟水一作喬木東風殘照古調誰彈古音誰賞一作聽歲華空老　京洛染緇塵悠然一作悠悠意獨對南山一笑只在此山中甚相逢不早瘦吟心共苦知幾度剪燈窗小何時更聽雨巴山賦草池春曉

甘州

餞草窗歸雪

記天風飛珮紫霞邊顧曲萬花深甚相如情一作游倦少陵愁老口嘆飄零短夢恍然今昔故國十年心回首三一作空三徑松竹成陰　不恨片篷南浦恨剪燈聽雨誰伴孤吟料瘦節歸後閒鎖北山雲是幾番栁邊行色是幾番同一作長醉古園林烟波遠筆牀茶竈何處逢君

一萼紅

弁陽翁新居堂名志雅詞名蘋洲漁笛譜

製荷衣傍山窗卜隱雅志可閒時款竹門深移花檻小動人芳意菲菲怕冷落蘋洲夜月想時將漁笛靜中吹塵外柴桑燈前兒女笑語忘歸　分得烟霞數畝乍埽苔尋徑撥葉通池放鶴幽情吟鶯懽事老去却顧春遲愛吾廬琴書自樂好襟懷初不要人知長日一簾芳草一卷新詩

高陽臺

慶承園即韓平原南園戊寅歲過之僅存丹桂百餘株有碑記在荆榛中故末有亦猶今之視昔之感復嘆葛嶺賈相之故廬也

古木迷鴉虛堂起燕懽游轉眼驚心南圃東窗酸風埽盡芳塵鬢貂飛入平原草最可憐渾是秋陰一作聲夜沉沉不信歸

魂不到花深　吹簫蹋葉一作散髮幽尋去任船依斷石袖裹寒雲一作向橋邊喚酒樹底行吟老桂懸香珊瑚碎擊無聲一作身在山中舉頭一片香雲故園已是愁如許撫殘碑却又傷今更關情秋水人家斜照西泠一作山林秋水觀賈相行樂處

臺城路

送周方山游吳

朗吟未了西湖酒驚心又歌南浦折柳官橋呼船野渡還聽垂虹一作憶五湖風雨漂流最苦況如此江山此時情緒怕有鴟夸笑人一作君何事載詩去　荒臺秪今在否登臨休望遠都是愁處暗草埋沙明波洗月誰念天涯羈旅荷陰未暑快料理歸程一作飛珮歸來再盟鷗鷺只恐一作有空山一作見說江南近來無杜宇

桂枝香

送賓月葉公東歸

晴江迴濶又客裏天涯還嘆輕别萬里潮生一櫂柳緜猶結荷衣好向山中補共飄零幾年霜雪賦歸何晚依依徑菊弄香時節　料此去清游未歇引一片秋聲都付吟篋落葉長安古意對人休說相思只在相畱處有孤芳可憐空折舊懷難寫山陽怨笛夜涼吹月

慶春宮

金粟洞天

蟾窟研霜蜂房點蠟一枝曾伴涼宵清氣初生丹心未折濃艷到此都消避風歸去貯金屋粧成漢嬌粟肌微潤和露吹香直與秋高　小山舊隱重一作誰招記得相逢古道迢遥把

酒長歌插花短舞誰在水國吹簫餘音何處看萬里星河動搖廣庭人散月淡天心鶴下銀橋

長亭怨

舊居有感

望花外小橋流水門巷愔愔玉簫聲絕鶴去臺空珮環何處弄明月十年前事愁千折（一作結）心情頓別露粉風香誰為主都成消歇　淒咽曉（一作小）窗分袂處同把帶鴛親結江空歲晚便忘了尊前曾說恨西風不庇寒蟬便埽盡一林殘葉謝（一本有他字）楊柳多情還有綠陰時節

甘州

寄李筠房

望涓涓一水隱芙蓉幾被暮雲遮正憑高送目（一作望極）西風斷

雁殘月平沙未覺丹楓盡老搖落已堪嗟無避秋聲處愁滿天涯　一自盟鷗別後甚酒瓢詩錦輕誤年華料荷衣初煖不忍負烟霞記前度剪燈一笑再相逢知一作却在那人家空山遠白雲休贈只贈梅花

又

趙文升索賦散樂妓桂卿

隔花窺半面帶天香吹動一天秋嘆行雲流水寒枝夜鵲楊柳灣頭浪打石城風急難繫莫愁舟未了笙歌夢倚櫂西州重省尋春樂事奈如今老去鬢改花羞指斜陽巷陌都是舊曾游憑寄與采芳儔侶且不須容易說風流爭得似桃根桃葉明月妝樓

疏影

題賓月圖

雪空四野照歸心萬里千峰獨立身與天游一洗襟懷海鏡倒湧秋白一作日相逢懶問盈虧事但脉脉此情無極是幾番飛蓋追隨桂底露衣香濕　閒款樓臺夜色料水光未許人世先得影裏分明認得山河一笑亂山横碧乾坤許大須容我渾忘了醉鄉猶客待倩誰招下清風共結歲寒三益

湘月

賦雲溪

隨風萬里已無心出岫浮游天地爲問山中何所有此意不堪持寄淡薄相依行藏自適一片松陰外石根蒼潤飄飄元是清氣　長伴暗谷泉生晴光瀲灩濕影搖花碎濁濁波濤江漢裏忽見清流如此枝上瓢空鷗前一作邊沙淨欲洗幽一作

愁人耳白蘋洲上浩歌一櫂春水

別本從龍萬里渺滄溟一粟浮游天地為問山中何所有心事不堪持寄古態行藏閒情舒卷飛出紅塵外石根蒼潤飄然一片清氣　長伴澗底泉生晴光瀲灧濕影搖花碎濁濁波濤江漢裏忽見清流如此鶴浴沙寒鷗眠竹淨深會漁翁意白蘋洲上浩歌一櫂春水

真珠簾

近雅軒即事

雲深別有深一作新庭宇小簾櫳一作窗閒一作紗窗一作窗櫳占取芳菲一作園林多處花暗水房春潤幾番酥雨見說蘇堤一作堤邊晴未穩便嬾一作好趁蹋青人去休去且料理琴書夸猶今古　誰見靜裏閒心一作佳趣靜樂蕭閒縱荷衣未葺一作緝雪巢堪賦醉醒一乾坤

任此情何許茂樹石牀同(一作因)坐久(一作嘯傲行行歸較晚)又却被清風囘住欲住柰簾影妝樓(一作簾捲西園)剪燈人語

大聖樂

華春堂分韻同趙學舟賦

隱市山林傍家池館頓成佳趣是幾番臨水看雲就樹攬香(一作芳)詩滿闌干橫處翠徑小車行花影聽一片春聲人笑語深庭(一作院)宇對清(一作晴)晝漸長閒教鸚鵡　芳情緩尋細數愛碧草平烟(一作烟江)紅(一作空)自雨任燕(一作鷗)來鷺(一作鴻一作鷗)去香凝翠煖(一作間心未老)歌酒清時鐘鼓(別本無歌酒字)二十四簾冰壺裏有誰在簫臺猶醉舞吹笙侶倚高寒半天風露

瑞鶴仙

趙文升席上代去姬寫懷

楚雲分斷雨問那回因甚琴心先許匆匆話離緒正花房蜂鬧着春無處殘歌剩舞尚隱約當時院宇黯銷凝銅雀深深一作從此愁多忍一作誰把小喬輕誤　休賦玉尊別後老葉沉溝暗珠還浦懽游再一作試數能幾日采芳去一作能幾日歡娛口最一作又無端做了霎時嬌夢不道風流慿苦把餘情付與秋蛩夜長自語

祝英臺近

重過西湖書所見

水西船山北酒多爲買春去事與雲消飛過舊時雨謾留一掬相思待題紅葉一作豆奈紅葉一作豆更無題處　正延竚亂花渾不知名嬌小未成語短櫂輕裝一作裘逢迎段橋路那知楊柳風流柳猶如此更休道少年張緒

戀繡衾

代題武桂卿扇

一枝涼玉欹路塵下瑤臺疑是夢雲怕趁取西風去被何人拈住皺裙　溫柔只在秋波裏者些兒眞個動心再同飲花前酒莫都忘今夜夜深

甘州

趙文叔與余賦別十年餘余方東游文叔北歸況味俱寥落更十年觀此曲又當何如耶

記當年紫曲戲分花簾影最深深聽惺鬆語笑香尋古字譜掐新聲散盡（一作歌舞）黃金歌舞（一作去後）那處着春情夢醒方知夢夢豈無憑　幾點別餘清淚盡化作妝樓斷雨殘雲指梢頭舊恨荳蔻結愁（一作秋一作同）心都休問北來南去但依依同是可

憐人還飄泊何時（一作處）尊酒卻說如今

浣溪紗

犀押重簾水院深柳綿（一作楊花）撲帳晝愔愔夢回孤蝶弄春陰乍減楚（一作寒）衣收帶眼初匀商（一作燬）鼎熨香心燕歸搖動護光鈴

菩薩蠻

蕊香不戀琵琶結舞衣折損藏花蝶春夢未堪憑幾時春夢眞愁把殘更數淚落燈前雨歌酒（一作舞）可曾忺情懷似去年

四字令

鶯吟翠屏簾吹絮雲東風也怕花嗔帶飛花趕春隣娃笑迎嬉游趁晴明朝何處相尋那人家柳陰

聲聲慢

已亥歲自台回杭雁旅數月復起遠興余冉冉老矣誰能重寫舊游編否

穿花省路傍竹（一作問市）尋隣如何故隱都荒問取堤邊（一作認得西林）因甚滅却垂楊消磨縱然未盡滿烟波添了斜陽空（一作助）嘆息又翻成無限杜老淒涼　一舸清（一作凌）風何處把秦山晉水分貯詩囊髮（一作與）已飄飄休問歲晚空江松陵試招舊隱（一作雨）怕白鷗猶識清狂漸溯遠望并州却是故鄉

杏花天

賦疏杏

湘羅幾剪粘新巧似過雨胭脂全少不教枝上春痕鬧都被

海棠分了　帶柳色愁眉暗惱謾遙指孤村自好(一作路杳)深巷明朝休起早空等賣花人到

醉落魄

柳侵闌角畫簾風軟紅香泊(一作落)引人蝴蝶翻輕薄已自闌情和(一作如)夢近(一作迎)來惡　眉梢輕把閒愁着如今愁重眉梢弱雙眉不盡愁消却不道愁痕來傍眼邊覺

甘州

題戚五雲雲山圖

過千巖萬壑古蓬萊招隱竟忘還想乾坤清氣霏霏冉冉却在闌干洞戶來時不鎖歸水映花關只可自怡悅持寄應難狂客如今何處甚酒船去後烟水空寒正黃塵沒馬林下一身閒幾消凝此圖誰畫細看來元不是終南無心好休教

出岫只在深山

小重山

賦雲屋

清氣飛來望似空數椽何用草膝堪容捲將一片當簾櫳難持贈只在此山中　魚影倦隨風無心成雨意又西東都緣窗戶自玲瓏江楓外不隔夜深鐘

聲聲慢

西湖（別本作與王碧山泛舟鑑曲王蘋隱吹簫余倚歌而和天濶秋高光景奇絕與姜白石垂虹夜游同一清致也）

晴光轉樹曉氣分嵐何人野渡橫舟斷柳枯蟬涼意正滿西州恖恖載花載酒便無情也自（一作是）風流芳晝短柰不堪深夜秉燭來游　誰識山中朝暮向白雲一笑今古無愁散髮

吟商此興萬里悠悠清狂未應似我倚高寒隔水呼鷗須待月許多清（一作情）都付與秋

木蘭花慢

爲靜春賦

幽棲身懶動邃庭悄日偏長甚不隱山林不喧車馬不斷生香澄心淡然止水笑東風引得落花忙慵對魚翻暗藻閒留鶯管垂楊　徜徉淨几明窗穿窈窕染芬芳自鶴無聲蒼雲息影物外行藏桃源去塵更遠問當年何事識漁郎爭似重門晝掩自看生意池塘

玉蝴蝶

賦玉繡毬花

留得一團和氣此花開盡（一作後）春已規圓虛白窗深恍訝碧

落星懸颺芳叢低翻雪羽凝素艷爭簇冰蟬向西園幾回錯認明月秋千　欲覓生香何處盈盈一水空對娟（一作嬋）娟待折歸來倩誰偷解玉連環試結取鴛鴦錦帶好移傍鸚鵡珠簾晚階前落梅無數因甚啼鵑

南樓令

壽邵素心席間賦

一片赤城霞無心戀海涯遠飛來喬木人家且向琴書深處隱終勝似聽琵琶　休近七香車年華已破瓜怕依然劉阮桃花欲問長生何處好金鼎內轉丹砂

國香

賦蘭

空谷幽（一作佳）人曳冰簪霧帶古色生（一作意融）春結根未同（一作倦隨）

蕭艾獨抱孤（一作幽）貞自分生涯澹薄隱蓬蒿甘老山林風烟伴憔悴（一作共榮瘁）冷落吳宮草暗花深。霽痕消蕙雪向崖陰飲露應（一作不）是知心（一作褪新芽小碧飲露厓陰）所思何處愁滿楚水湘雲肯信（一作不道）遺芳千古尚依依澤畔行吟香痕（一作嬌魂）已成夢短操誰彈月冷瑤琴

探春

己亥客闔閭歲晚江空暖雨奪雪篝燈顧影依依可憐作此曲寄戚五雲書之幾脱腕也（別本奪雪下有歎時序之侵尋也七字無篝燈以下數句）

列屋烘爐深門響竹催殘客裏時序投老情懷薄游滋味消得幾多淒楚聽雁聽風雨更聽過（一作得一作偏）數聲柔櫓暗將一點歸心試託醉鄉（一作鄉書）分付借（一作試）問（一作十二）西樓在否休

忘了盈盈端正窺戶鐵馬春冰柳蛾晴雪一作柳雪禁蟬簾冰却燕一作簾却蟬冰柳禁蛾雪次第滿城一作趁時簫鼓閒見誰家月渾不記舊游一作聞燈一作故人何處伴我微吟恰有梅花一樹

燭影搖紅

答邵素心

隔水呼舟采香何處追游好一年春事二分花猶有花多少容易繁華過了趁園林飛紅未埽舊醒新醉幾日不來綠陰芳草

別本隔水呼舟細聽人語吹笙道一年春事二分花猶有春多少　容易芳菲過了趁園林香塵未埽古樓窺燕山谷調鶯玉醐紅閙

木蘭花慢

丹谷園

萬花深處隱安一點世塵無步翠麓幽尋白雲自在流水縈紆擕歌緩游細賞倩何人重寫輞川圖遲月香生草木淡風聲和琴書　安居歌引巾車童放鶴我知魚看靜裏閒中醒來醉後樂意偏殊桃源帶春去遠有園林如此更何如回首丹光滿谷恍然却是蓬壺

意難忘

中吳車氏號秀卿樂部中之翹楚者歌美成曲得其音旨余每聽輒愛嘆不能已因賦此以贈余謂有善歌而無善聽雖抑揚高下聲字相宜傾耳者指不多屈曾不若春蚓秋蛩爭聲響于月籬烟砌間絶無僅有余深感于斯爲之賞音豈亦善聽者耶

風月吳娃柳陰中認得第二一作一香車春深妝減艷波轉影流花鶯語滑一作澁透紋紗一作剪紛譁有低唱人誇一作雲暖聚紋紗怕誤却周郎醉一作顧眼倚扇佯一作低遮　底須拍碎一作擊碎一作碎擊紅牙聽曲終奏雅可是堪嗟無人知此意明月又誰家塵滾滾老年華付情一作恨在琵琶更嘆我黃蘆苦竹萬里天涯

別本槐柳陰斜偶相逢第二香車春深膩減素波轉眼流花鶯語滑隔窗紗片雲駐簷牙似暗把琴心待許扇影還遮　吳歈謾說雛娃聽曲終奏雅可是堪嗟無人知此意明日又誰家塵滾滾老年華賦情在琵琶更嘆我青衫易濕萬里天涯

壺中天

養拙園夜飲

瘦笻訪隱正繁陰閒鎖一壺幽綠喬木一作山色蒼寒圖畫古窈窕行人韋曲鶴響天高水流花淨笑語通華屋虛堂松外夜深涼氣吹燭　樂事楊柳樓心瑤臺月下有生香堪掬誰理商一作篇聲簾外一作戶悄蕭瑟懸璫鳴玉一笑難逢四愁休賦任我雲邊宿倚欄歌罷露螢飛上秋竹

又

賦秀野園清暉堂別本作為陸義齋賦清暉山堂

穿幽透密傍園林宴樂清時鐘鼓簾隔波紋分晝影一作靜融得一壺春聚篆徑通花花多迷徑難省來時路緩尋深靜一作密野雲松下無數　空翠暗濕荷一作人衣夸猶舒嘯日涉成佳趣香雪因風晴更落知是山中何樹響石橫琴懸崖擁一作小檻待月慵歸去忽來詩思水田飛下白一作霜露

清波引

橫舟是時以湖湘廉使歸別本作橫舟湖湘就賦送別廉使

江濤如許更一夜聽風聽雨短篷容與盤礴那堪數弭節澄江一作扶疎樹不爲蓴鱸歸去怕教冷落蘆花誰招得舊鷗鷺寒汀一作洲古溆一作斷浦盡日無人喚渡此中清楚寄情在譚麈難覓眞閒處肯被水雲留住泠然棹入川流去一作近天尺五

暗香

送杜景齋歸永嘉

猗蘭一作倚闌聲歇抱孤琴思遠幾番彈徹洗耳無人寂寂行歌古時一作城月一笑東風又急黯銷凝一作魂恨聽啼鴂想少陵還嘆飄零遣一作遺興在吟篋愁絕更離一作愁別待款語遲留一作微吟賦歸心切故園夢接花暗閒門掩春一作飛蝶重訪山

中舊隱有羈懷未須輕說莫相忘堤上柳此時共折

一萼紅

東季博園池在平江文廟前

艤孤篷正叢篁護碧流水曲池通傴僂穿巖紆盤尋徑忽見倒影凌空擁一片花陰無地細看來猶占□春風勝事園林舊家陶謝詩酒相逢　眼底烟霞無數料神仙即我何處崆峒清氣分來生香不斷洞戶自有雲封認奇字摩挲峭石聚萬景只在此山中人倚虛闌喚鶴月白千峰

霜葉飛

悼澄江吳立齋南塘不礙雲山皆其亭名（別本澄江作江陰）

故園空杳霜風勁南塘吹斷瑤草已無清氣礙雲山柰此時懷（一作情）抱尚記得修門賦曉杜陵花竹歸來早傍雅亭幽榭

慣款語英游好懷無限歡笑　不見換羽移商杳梁塵(一作聲)遠可憐都付殘照坐中泣下最誰多嘆賞音人少悵一夜梅花頓老今年(一作日)　因甚無詩到待喚起(一作醒)　清魂說與淒涼定應(一作也教)愁了

憶舊游

寄友

記瓊筵卜夜錦檻移春同惱鶯嬌暗水流花徑正無風院落銀燭遲銷鬧枝淺壓髻髻香臉泛紅潮甚如此游情還將樂事輕趁冰消　飄零又成夢但長歌嫋嫋柳色迢迢一葉江心冷望美人不見隔浦難招認得舊時鷗鷺重過(一作見)　月明橋溯萬里天風清聲謾憶何處鸞簫

木蘭花慢

舟中有懷澄江陸起潛皆山樓昔游（別本澄江作江陰）

水痕吹杏雨正人在隔江船看燕集春（一作深）蕪漁樓暗竹濕影浮烟餘寒尚猶戀梛怕（一作怯）東風未肯擘晴綿愁重遲教醉醒夢長催得詩圓　樓前笑語當年情款密思留連記白月依弦青天墮酒哀哀山川垂髩至今在否倚飛臺誰擲買花錢不是尋春較晚都緣聽得啼鵑

瀟瀟雨

泛江有懷袁通父唐月心

空山彈古琵撋長流洗耳復誰聽倚闌干不語江潭樹老風挾波鳴愁裏不須啼鴂花落石牀平歲月鷗前夢耿耿離情　記得相逢竹外看詞源倒瀉一雪塵纓笑恩恩呼酒飛雨夜舟行又天涯零落如此掩閒門得似晉人清相思恨（一作眼）

趁楊花去錯到長亭

臺城路

抵吳書寄舊友

分明柳上春風眼曾看（一作見）少年人老雁拂沙黃天垂海白（一作碧）野艇誰家昏曉驚心夢覺謾慷慨悲歌賦歸不早想得相知此時（一作生）終是倦游了　經行幾度怨別酒痕消未盡空被花惱茂苑重來竹溪深隱還勝飄零多少羈懷頓埽尚識得妝樓那回蘇小寄語盟鷗問春何處好

木蘭花慢

趙鶴心問余近況書以寄之

（一作日月）光牛背上更時把漢書看記落葉江城孤雲海樹漂泊忘還懸知偶然是夢夢醒來未必是（一作失）邯鄲笑指螢燈

借煖愁憐鏡雪驚寒　投閒寄傲怡顏要一似白鷗閒且旋緝荷衣琴尊客裏歲月人間菟裘漸營瘦竹任重門近水隔花闌數畝清風自足元來不在深山

瑤臺聚八仙

杭友寄聲以詞答意

秋水（一作渚）涓涓人正遠魚雁待拂吟箋也知游意（一作事）多在第二橋邊花底鴛鴦深處影（一作睡）柳陰灣隔裏湖船路綿綿夢吹舊笛（一作曲）如此山川　平生幾兩謝屐任放歌自得直上風烟峭壁誰家長嘯竟落松前十年孤劍萬里又何似畦分抱甕泉中山酒且醉飡石髓白眼青天

摸魚子

寓澄江喜魏叔皐至

想西湖段橋疏樹梅花多是風雨如今見説閒雲散烟水少逢鷗鷺歸未許又款竹誰家遠思愁口庾重游倦旅縱認得鄉山長江袞袞隔浦正延佇　垂楊渡握手荒城舊侶不知來自何處春窗剪韭青燈夜疑與夢中相語闌屢拊甚轉眼流光短髮眞堪數從教醉舞試借地看花揮毫賦雪孤艇且休去

壺中天

陸性齋築葫蘆菴結茅于上植桃于外扁曰小蓬壺

海山縹緲算人間自有移來蓬島一粒粟中生倒景日月光融丹竈玉洞分春雪巢不夜心寂凝虛照鶴溪游處肯將琹劍同調　休問掛樹瓢空窗前淸意贏得不除草只恐漁郎曾悞入翻被桃花一笑潤色茶經評量山水如此閒方好神

仙陸地長房應未知道

風入松

題澄江仙刻海山圖或云桃源圖夷堅志云七十二女仙正合霓裳古曲仇仁近一詩精妙詳盡余詞不能工也別本海山作水仙

危一作迷樓古鏡影猶寒倒景忽相看桃花不識東西晉想如今也夢邯鄲縹緲神仙海上飄零圖畫人間　寶光丹氣共回環水弱小舟閒秋風難老三珠樹尚依依脆管清彈說與霓裳莫舞銀橋不到深山

數花風　別本作鳳凰閣

別義興諸友別本義作宜

好游人老秋鬢蘆花共色征衣猶戀一作是去年客古道依然

黃葉誰家蕭瑟自笑我如何是得　酒樓仍在流落天涯醉
白孤城寒樹美人隔烟水此程應遠須尋梅驛又漸數花風
第一

南樓令

風雨怯一作客殊鄉梧桐又一作傍小窗甚秋聲今夜偏長憶着
舊時歌舞地誰得似牧之狂　茉莉擁釵梁雲窩一枕香醉
瞢騰多少思量明月半牀人睡一作夢覺一作醒聽說道夜深涼

又

送崇一峯游靈隱別本無崇字

重整舊漁簑江湖風雨多好襟懷近日消磨流水桃花隨處
有終不似隱烟蘿　南浦又漁一作離歌披雲汎遠波想孤山
山下經過見說梅花都老盡憑爲一作與問是如何

淡黃柳

贈蘇氏柳兒

楚腰一捻羞剪青絲結力未勝春嬌怯怯暗托鶯聲細說愁蹙眉心鬪雙葉　正情切柔枝那堪折應不解管離別柰（一作謾）如今已入東風睫望斷章臺馬啼何處閒了黃昏淡月

清平樂

候蛩淒斷人語西風岸月落沙平江似練（一作流水慢）望盡（一作猶自）蘆花無雁　暗教愁損蘭成可憐（一作都緣）夜夜闌（一作閒）情只有一枝（一作）梧葉（一作桐樹）不知多少秋聲

虞美人

予昔賦柳兒詞今有杜牧重來之嘆劉夢得詩云春盡絮飛留不住隨風好去落誰家作憶柳曲

修眉刷翠春痕聚難剪愁來處斷絲無力綰韶一作繁華也學落紅流水到天涯　那回錯認章臺下一作樹却是陽關也一作路待將新恨一作心眼趁楊花不識相思一點在誰家

減字木蘭花

寄車秀卿

鎖香亭榭花艷烘春曾卜夜空想芳游不到秋涼一作深不信愁　酒一作漏遲歌一作聲緩月色平分窗一半誰伴孤吟手擘黃花碎却心

蹋莎行

柳未三眠風纔一䬐催人步屧吹笙徑可曾中酒似當時如今却是看花病　老願春遲愁嫌晝靜秋千院落寒猶剩捲簾休問海棠開相傳燕子歸來近

南鄉子

憶春

歌扇錦連枝問着東風已不知怪底樓前多種柳相思那葉渾如舊樣眉　醉裏眼都迷遮莫東牆帶笑窺行到尋常游冶處慵歸只道看花似向時

蝶戀花

贈楊柔卿別本作贈愛卿

頗愛楊瓊粧淡注猶理螺鬟擾擾鬆雲聚兩剪秋痕流不去佯羞却把周郎顧　欲訴一作多少閒愁無說處幾過鶯簾聽得間關語昨夜月明香暗度相思忽到梅花樹

又

陸子方飲客杏花下

仙子鋤雲親手種春鬧枝頭消得微霜凍可是東風吹不動
金鈴懸網珊瑚重　社燕盟鷗詩酒共未足游情剛把斜陽
送今夜定應歸去夢青蘋流水簫聲弄

又

賦艾花

巧結分枝粘翠艾剪剪香痕細把泥金界小簇葵榴芳錦隘
紅妝人見應須愛　午鏡將拈開鳳蓋倚醉凝嬌欲戴還慵
戴約臂猶餘朱索在梢頭添掛朱符袋

清平樂

贈處梅

暗香千樹結屋中間住明月一方流水護夢入梨雲深處
清冰隔斷塵埃無人蹋碎蒼苔一似逋仙歸後吟詩不下山

來

燭影搖紅

隔窗鬨歌

閒（一作園）苑深迷（一作沉）趁香隨粉（一作蝶）都行徧隔窗花氣煖扶春只許鸎鸎占燭焰晴烘醉臉想東鄰偷窺笑眼欲尋無處暗掐（一作拍，一作播）新聲銀屏斜掩　一片雲閒（一作閒雲）那知顧曲周郎怨看花猶自未分明畢竟何時見巳信仙緣較淺謾凝思風簾倒捲出門一笑月落江橫數峰天遠

露華

碧桃

亂紅自雨正翠蹊誤曉玉洞明（一作鳴）春蛾綃淡埽背風不語盈盈莫恨小溪流水引劉郎不（一作渾）是飛瓊羅扇底從教淨

冶遠障歌塵　一掬瑩然生意伴壓架酴醾相惱芳吟玄都觀裏幾回錯認梨雲花下（一作外）可憐仙子醉東風猶自吹笙殘照晚漁翁（一作郎）正迷武陵

解語花

吳子雲家姬號愛菊善歌舞忽有朝雲之感作此以寄

行歌趁月喚酒延秋多買鶯鶯笑蕊枝嬌小渾無柰一掬醉鄉懷抱籌花鬬草幾曾放好春閒了芳意闌可惜香心一夜酸風埽　海上仙山縹緲問玉環何事苦無分曉舊愁空杳藍橋路深掩半庭斜照餘情暗惱都緣是那時年少鶯夢回懶說相思畢竟如今老

祝英臺近

亍老矣賦此爲猿鶴問

及春游卜夜飲人醉萬花醒轉眼首一作年華白髮半颯一作垂領與鷗同一清波風蘋賓一作月樹友一作又何事浮蹤不定靜中省便須門掩柴桑黄卷伴孤隱一粟生涯樂事意一作在瓢飲愛閒休説山深有梅花處更添個暗香疏影

瑶臺聚八仙

菊日寓義興與王覺軒會飲酒中書送白廷玉

楚竹閒挑千日酒樂意稍稍漁樵那回輕散飛夢便覺迢遥似隔芙蓉無路夢一作到如何共此可憐宵舊愁消故人念我來問寂寥　登臨試開笑口看垂垂短髮破帽休輕一作飄款語微吟清氣風一作頓埽花妖明朝柳岸醉醒又知在烟波第幾橋懷人處任滿身風露踏月吹簫

滿江紅

贈韞玉傳奇惟吳中子弟爲第一

傳粉何郎比玉樹瓊枝謾誇看□□東塗西抹笑語浮華蝴蝶一生花裏活似花還似恐非花最可人嬌艷正芳年如破瓜　離別□生嘆嗟歡情事起喧譁聽歌喉清潤片玉無瑕洗盡人間箏笛耳賞音多向王侯家好思量都在步蓮中裙翠遮

摸魚子

別處梅

向天流水流雲散依依往事非（一作如）舊西湖見說鷗飛去知有海翁來否風雨後甚客裏逢春尚記（一作飲）花間酒空嗟皓首對茂苑殘紅攜歌占地相趁小垂手　歸時候花徑青紅

一作松尚有好游何事詩瘦龜蒙未肯尋幽興曾口志和漁叟吟嘯久愛如此清奇歲晚忘年友呼船渡口嘆西出陽關故人何處愁在渭城栖

南鄉子

爲處梅作

風月似孤山千樹斜橫水一環天與清香心獨領怡顏冰雪中間屋數間　庭户隔塵寰自有雲封底用關却笑桃源深處隱躋攀引得漁翁見不難

南樓令

送韓竹間歸杭并寫未歸之意

一見又天涯人生可嘆嗟想難忘江上琵琶詩酒一瓢風雨外都莫問是誰家　憐我鬢先華何愁歸路賒向西湖重隱

烟霞說與山童休放鶴最零落是梅花

醉落魄

題趙霞谷所藏吳夢窗親書詞卷

鏤花鐫葉滿枝風露和香擷引將芳思歸吟篋夢與魂同（一作消）閒了弄香蝶　小樓簾捲歌聲歇幽篁獨處泉鳴咽短（一作錦）箋空（一作定）在愁難說霜角寒梅吹碎半江月

壺中天

客中寄友

西秦倦旅是幾年不聽西湖風雨我托長鑱垂短髮心事時看天語吟篋空隨征衣休換薜荔猶堪補山能招隱一瓢閒掛烟樹　方嘆舊國人稀花間忽見傾蓋渾如故客裏不須談世事野老安知今古海上盟鷗門深款竹風月平分取陶

然一醉此時愁在何處

聲聲慢

和韓竹間韻贈歌者關關在兩水居

鬟絲濕霧扇錦翻桃尊前乍識歐蘇賦筆吟牋光動萬顆驪珠英英歲華未老怨歌長空擊銅壺細看取有飄然清氣自與塵疏　兩水猶存三徑嘆綠窗窈窕謾長新蒲茂苑扁舟底事夜雨江湖當年桺枝放却又不知樊素何如向醉裏暗傳香還記也無

清平樂

題處梅家藏所南翁畫蘭別本作所南翁詩書之暇為屈平寫眞一片古意照耀心目然不然是不是君其問賈長沙于湘水之濱

黑雲飛起夜月啼湘鬼魂返靈根無二紙千古不隨流水

薌心淡染淸華似花還似非花要與閒梅相處孤山山下人家

臺城路

餞于壽道應舉

幾年槐市槐花冷天風又還吹起故篋重尋閒書再整猶記燈窗滋味渾如夢裏見說道如今早催行李快買扁舟第一橋邊趁流水　陽關須是醉酒柳條休要折爭似攀桂舊有家聲榮看世美方了平生英氣瓊林宴喜帶雪絮歸來滿庭春意事業方一作才新大鵬九萬里

壺中天

咏周靜鏡園池

萬塵自遠徑松存髣髴斜川深意烏石岡邊猶記得竹裏吟

安一字暗一作密葉禽幽一作鶯巢虛闌荷近暑薄遲花氣行行且止枯瓢枝上閒寄　不恨老却流光可憐歸未得翻恨流水落落嶺頭雲尚在一笑生涯如此樹老梅荒山孤人共隔浦船歸未劃然長嘯海風吹下空翠

如夢令

處梅列芍藥于几上酌余不覺醉酒陶然有感

隱隱烟痕輕注拂拂脂香微度十二小紅樓人與玉簫何處歸去歸去醉插一枝風露

祝英臺近

寄陳直卿

路重尋門半掩苔老舊時樹采藥雲深童子更無語怪我流水迢遥湖天日暮想只在蘆花多處　謾延佇姓名題上芭

蕉涼夜未風雨賦了秋聲還賦斷腸句幾回獨立長橋扁舟欲換待招取白鷗歸去

如夢令

題漁樂圖

不是瀟湘風雨不是洞庭烟樹醉倒一作到古乾坤人在孤篷來處休去休去見說桃源無路

桂枝香

如心翁置酒桂下花晚而香益清坐客不談俗事惟論文主人懽甚予歌美成詞

琴書半室向桂邊偶然一見秋色老樹香遲清露綴花疑滴山翁翻笑如泥醉笑生平無此狂逸晉人游處幽情付與酒尊吟筆　任蕭散披襟岸幘嘆千古猶今休問何夕髮短霜

濃却恐浩歌消得明年野客重來此探枝頭幾分消息望西樓遠西湖更遠也尋梅驛

瑤臺聚八仙

爲焦雲隱賦

春樹江頭（一作東）吟正遠清氣竟入崆峒問余棲處只在縹緲山中此去山中何所有芰荷製了集芙蓉且扶笻倦游萬里獨對青松　行藏也須在我笑晉人爲菊出岫方濃淡然無心古意且許誰同飛符夜深潤物自呼起蒼龍雨太空舒還卷看滿樓依舊霽日光風

又

予昔有梅影詞今重爲模寫

近水橫斜先得月玉樹宛若籠紗散跡苔𥜿（一作痕）墨暈淨洗

鉛華誤入羅浮身外夢似花又却（一作却又）似非花探寒葩倩人醉裏扶過溪沙　竹籬幾番倦倚看乍無乍有如寄生涯更好一枝時到素壁簷牙香深與春暗却且休把江頭千樹誇東家女試淡妝顛倒難勝西家

又

咏鴛鴦菊

老圃堪嗟深夜雨紫英猶傲霜華煖宿籬根飛去想怯寒沙采摘浮盃如戲水曉香淡似夜來些背風斜翠苔徑裏描繡人誇　白頭共開笑口看試妝滿插雲鬟雙了蝶也休愁不是舊日疏葩連枝願爲比翼問因甚寒城獨自花悠然意對九江正色還醉陶家

西江月

絕妙好詞乃周草窗所集也

花氣烘入尚煖珠光出海猶寒如今賀老見應難解道江南腸斷　謾擊銅壺浩嘆空存錦瑟誰彈莊生蝴蝶夢春還簾外一聲鶯喚

霜葉飛

毘陵客中聞老妓歌

繡屏開了驚詩夢嬌鶯啼破春悄穩將譜字轉清圓正杏梁聲繞看帖帖蛾眉淡掃不知能聚愁多少嘆客裏凄涼尚記得當年雅音低唱還好　同是流落殊鄉相逢何晚坐對眞被花惱貞元朝士已無多但暮烟衰草未忘得春風窈窕却憐張緒如今老且慰我留連意莫說西湖那時蘇小

蝶戀花

題末色褚仲良寫眞

濟楚衣裳眉目秀活脫梨園子弟家聲舊諢砌隨機開笑口筵前戲諫從來有　戛玉敲金裁錦繡引得傳情惱得嫦娥瘦離合悲懽成正偶明珠一顆盤中走

甘州

爲小玉賦梅并柬韓竹閒

見梅花斜倚竹籬邊依道北枝寒□□□翠袖情隨眼盼愁接眉彎一串歌珠清潤綰結玉連環蘇小無尋處元在人間　何事淒涼蚓竅向尊前一笑歌倒狂瀾嘆從來古雅欲覓賞音難有如此和聲軟語甚韓湘風雪度藍關君知否挽櫻評柳却是香山按原本翠袖上誤落三字故擬補三空白

又

澄江陸起潛皆山樓四景　雲林遠市　君山下枕

江流爲羣山冠冕塔院居乎絶頂舊有浮遠堂今廢

俯長江不占洞庭波山拔地形高對扶疏古木浮圖倒影勢壓雄（一作洪）濤門掩翠微僧院應有月明敲物換堂安在斷碣閒拋　不識廬山眞面是誰將此屋突兀林坳上層臺回首萬境入詩豪響天心數聲長嘯任清風吹頂髮蕭騷凭闌久靑琴何處獨立瓊瑤

瑤臺聚八仙

千巖競秀　澄江之山犖犖清麗犇駛相觸自北而東由東而南笑人應接不暇其秀氣之所鍾與

屋上靑山靑未了凌虛試一憑闌亂峰壘嶂無限古色蒼寒正喜雲間雲又（一作自）去片雲未識我心閒對林巒底須謝屐

何用躋攀　三十六梯眺遠任半空笑語飛落人間賦筆吟牋塵事竟不相關朝來自然氣爽更好是秋屏宜晚看蓬壺一作塵寰裏有天開圖畫一作仙境休喚邊鸞一作圖畫應難

壺中天

月湧大江　西有大江遠隔淮甸月白潮生神爽為之飛越

長流萬里與沉沉滄海平分一水孤白爭流蟾不沒影落潛蛟驚起瑩玉懸秋綠房迎曉樓觀光疑洗紫簫聲一作音嫋四簷吹下清氣　遙睇浪擊空明古愁休問消長盈虛理風入蘆花歌忽斷知有漁舟閒艤露已沾衣漚猶棲草一片瀟湘意人方酣夢長翁元自如此

臺城路

遙岑寸碧　澄江衆山外無錫惠峰在其南若地靈湧出不偏不倚處樓之正中蒼翠橫陳足斯樓之勝境也

翠屏缺處添奇觀修眉遠浮孤碧天影微茫烟痕黯淡不與千峰同色凭高望極向簾櫳中間冷光流入料得吟僧數株松下坐蒼石　泉源猶是故跡煮茶曾味古還記游歷調水符閒登山屐在却倚闌干斜日輕一作清陰易□看飄忽風雲晦明朝夕爲我飛來傍江橫峭壁

江城子

爲滿春澤賦橫空樓

下臨無地手捫天上雲烟俯山川棲止危巢不隔道林禪坐處淸高風一作風高雨隔全萬境一壺懸　我來直欲挾飛仙海

爲田是何年如此江聲嘯咏白鷗前老樹無根雲懵董憑寄語米家船

木蘭花慢

游天師張公洞

風雷開萬象散一作放天影入虛壇一作浸仙壇看峭壁垂雲奇峰獻玉光洗琅玕青苔古痕一作根暗裂映參差石乳一作影倒懸山那得虛無幻境元來透徹玄關　躋攀竟日忘還空翠滴過衣寒想邃宇陰陰爐存太乙難覓飛丹泠然洞靈一作雲去遠甚千年都不到人間見說尋眞有路也須容我淸閒

臺城路

爲湖天賦

扁舟忽過蘆花浦閒情便隨鷗去水國吹簫虹橋問月西子

如今何許危闌漫撫正獨立蒼茫半空飛露倒影虛明洞庭波峽廣寒府　魚龍吹浪自舞渺然凌萬頃如聽風雨夜氣浮山晴暉蕩目一色無尋秋處鷺鳧自語尚記得當時故（一作散）人來否勝景平分此心游太古

月下笛

寄仇山村溧陽

千里行秋支筇背錦頓懷清友殊鄉聚首愛吟猶自詩瘦山人不解思（一作愁）猿鶴笑問我輩（一作蕭）娘在否記長堤畫舫（一作西湖畫舸）花柔春鬧幾番（一作度）攜手　別後都依舊但靖節門前近來無柳盟鷗尚有可憐西塞漁叟斷腸不恨江南老恨落葉飄零最久倦游處減羇愁猶未消磨（一作忘情）是酒

臺城路

遷居

梅花零落玄都觀劉郎此情誰語髩髮蕭疏襟懷澹薄空賦天涯羈旅離情萬縷第一是難招舊鷗今（一作新）雨錦瑟年華夢中猶記艷游處　依依心事最苦片帆渾是月獨抱淒楚屋破容秋牀空對雨迷却青門瓜圃初荷未暑嘆極目烟波又歌南浦燕忽歸來翠簾深幾許

惜紅衣

贈伎雙波

兩剪秋痕平分水影炯然冰潔未識新愁眉心倩人貼無端醉裏通一笑柔花盈睫癡絶不解送情倚銀屏斜瞥　長歌短舞換羽移宮飄飄步回雪扶嬌倚扇欲把艷懷說□□杜郎重到只慮空江桃葉但數峰猶在如傍那家風月

滿江紅

澄江會太初李尹

江上相逢更秉燭渾疑（一作是）夢裏寂寞久瑟絃塵斷爲君重理紫綬金章都莫問醉中□送揶揄鬼看滿頭白雪欲消難（一作恐難消）春風起　雲一片身千里漂泊地東西水嘆十年不見我生能幾慷慨悲歌驚淚落古人未必皆如此想今人愁似古人多如何是

壺中天

送趙壽父歸慶元

奚囊謝屐向芙蓉城下□□游歷（一作息）江上沙鷗何所似白髮飄飄行（一作閒）客曠海（一作埜）乘風長波垂釣欲把珊瑚拂近來楊柳却憐渾是秋色　日暮空想佳人楚芳難贈烟水分

明隔老病孤舟天地裏惟有歌聲消得一作沒故國荒城斜陽古道可柰花狠籍他時一笑似曾何處相識

山中白雲詞卷六

紅情

疏影暗香姜白石爲梅着語因易之曰紅情綠意以荷花荷葉詠之

無邊香色記涉江自采錦機雲密剪剪紅衣學舞波心舊賞識一見依然似語流水遠幾回空憶看□□倒影窺妝玉潤露痕濕　閒立翠屏側愛向人弄芳背酣斜日料應太液三十六宮土花碧清興後風更爽無數滿汀洲如昔汎片葉烟浪裏臥橫紫笛

綠意　樂府雅詞以此首作無名氏非

碧圓自潔向淺洲遠渚亭亭清絕猶有遺簪不展秋心能捲幾多炎熱鴛鴦密語同傾蓋且莫與浣紗人說恐怨歌忽斷

花風碎却翠雲千疊　回首當年漢舞怕飛去謾綢一作摺畱
仙裙摺戀戀青衫猶染枯香還嘆鬢絲飄雪盤心清露如鉛
水又一夜西風吹折喜靜看匹練秋光倒瀉半湖明月

虞美人

題陳公明所藏曲冊

黄金誰解教歌舞畱得當時譜斷情殘意落人間漢上行雲
迷却舊巫山　妝樓何處尋樊素空誤周郎顧一簾秋雨剪
燈看無限羈愁分付玉簫寒

蹋莎行

盧仝啜茶手卷

清氣厓深斜陽木末松風泉水聲相答光浮椀面啜先春何
須美酒吳姬壓　頭上烏巾鬢邊白髮數間破屋從蕪沒山

中有此玉川人相思一夜梅花發

南鄉子

杜陵醉歸手卷

晴野事春游老去尋詩苦未休一似浣花溪上路清幽烟草纖纖水自流　何處偶遲留猶未忘情是酒籌童子策驢人已醉知不醉裏省攢萬國愁

臨江仙

太白掛巾手卷

憶得沉香歌斷後深宮客夢迢遙硯池殘墨濺花妖青山人獨自早不似漁樵　石壁蒼寒巾尚掛松風頂上飄飄神仙那肯混塵囂詩魂元在此空向水中招

南樓令

雲冷未全開簷冰雨沍苔入花根煖意先回一夜綠房迎曉白空憶徧嶺頭梅　如幻舊情懷尋春上吹臺正泥深十二香街且問謝家池畔草春必定幾時來

摸魚子

己酉重登陸起潛皆山樓正對惠山

步高寒下覩浮遠清暉隔斷風雨醉魂誤入滁陽路落莫不知何處闌屢拊又却是秋城自有芙蓉主重游倦旅對萬壑千巖長江巨浪空翠灑衣屨　景如許都被樓臺占取晴嵐煖靄朝暮乾坤靜裏閒居賦評泊水經茶譜留勝侶更底用林泉叟杖尋桑苧休休訪古看排闥青來書牀嘯詠莫向惠峰去澄江又名芙蓉城

臺城路

陸義齋壽日自澄江放舟清游吳山水間散懷吟眺一任所適所之既倦乘月夜歸太白去後三百年無此樂耶

清時樂事中園賦怡情楚花湘草秀色通簾生香聚酒修景常畱池沼閒居自好柰車馬喧塵未教閒了把菊清游冷紅飛下洞庭曉　尋泉同步翠杳更將秋共遠書畫船小款竹誰家盟鷗某水白月光涵圓嶠天浮浩渺稱綠鬢飄飄溯風舒嘯緩築隄沙渭濱人未老

華胥引

錢舜舉幅紙畫牡丹梨花牡丹名洗妝紅爲賦一曲並題二花

溫泉浴罷酣酒纔甦洗妝猶濕落暮雲深（一作無語憑嬌）瑤臺月下

逢太白素衣初（一作猶）染天香對東風傾國惆悵東闌炯然玉樹獨立　只恐江空（一作雲）頓忘却錦袍清逸栖迷歸院欲遠花妖未得誰寫一枝淡雅（一作誰道玉容寂寞）傍沉香亭北說與鶯鶯怕人錯認秋色（一作擡首狂歌動人一片春色）

風入松

聽琴中彈樵歌

松風掩晝隱深清流水自泠泠一從柯爛歸來後愛絃聲不愛枰聲頻笑山中散木翻憐爨下勞薪　透雲遠響正丁丁孤鳳劃然鳴疑行嶺上千秋雪語高寒相應何人回首更無尋處一江風雨潮生

浪淘沙

秋江

萬里一飛蓬吟老丹楓潮生潮落海門東三兩點鷗沙外月閒意誰同　一色與天通絕去塵紅漁歌忽斷荻花風烟水自流心不競長笛霜空

夜飛鵲

大德乙巳中秋會仇山村于溧陽酒酣興逸各隨所賦余作此詞爲明月明年佳話云

林霏散浮暝河漢空雲都緣水國秋清綠房一夜迎向曉海影飛落寒冰蓬萊在何處但危峰縹緲玉籟無聲文簫素約料相逢依舊花陰　登眺尚餘佳興零露下衣襟欲醉還醒明月明年此夜頡頏萬里同此陰晴霓裳夢斷到如今不許人聽正婆娑桂底誰家弄笛風起潮生

風入松

爲山村賦

晴嵐暖翠護烟霞喬木晉人家幽居只恐歸圖畫嗔樵青多種桑麻門掩推敲古意泉分冷淡生涯　無邊風月樂年華畱客可茶瓜任他車馬雖嫌僻笑喧喧流水寒鴉小隱正宜深靜休栽湖上梅花

石州慢

書所見寄子野公明

野色驚秋隨意散愁蹋碎黃葉誰家籬院一作下　閒花似語試一作弄　妝嬌一作羞　怯行行步影未教背寫腰肢一嫋猶一作還　立門前雪依約鏡中春又無端輕別　癡絕漢皋何處解珮一作珮解　何人底須情切空一作勾　引東鄰遺恨丁香空結十年舊夢謾一作尚　餘恍惚雲窗可憐不是當一作舊　時蝶深夜醉醒來好

一作但一庭風月

清平樂

爲伯壽題四花　牡丹

百花開後一朵疑堆繡絕色年年常似舊因甚不隨春瘦脂痕淡約一作埽蜂黃可憐獨倚新妝太白醉游何處定應忘了沉香

點絳唇

芍藥

獨殿春光此花開後無花了丹青人巧不許芳心老　密影翻堦曾爲尋詩到竹西好朵香歌杳十里紅樓小

卜算子

黃葵一名側金盞

雅淡淺深黃顧影歛秋雨碧帶猶皴笥指痕（一作信手拈來一笑間）不
解擘芳醑　休唱古陽關（一作憔悴玉川人）如把相思鑄却憶（一作似）
銅盤露已乾愁在傾心處

蝶戀花

山茶

花占枝頭炊日焙金汞初抽火鼎（一作鼎煖）鉛華退還似瘢痕塗
獺髓胭脂淡抹微（一作浥透纔）酣醉　數朵折來春檻外欲染清
香只（一作不）許梅相對不是臨風珠蓓蕾山童隔竹休敲碎

新雁過妝樓

乙巳菊日寓溧陽聞雁聲因動脊令之感

偏插茱萸人何處客裏頓懶攜壺雁影涵秋（一作驚寒）絕似暮雨
相呼料得曾留堤上月舊家伴侶有書無謾嗟吁數聲怨抑

翻致無書　誰識（一作一笑）飄零萬里更可憐倦翼同此江湖飲啄關心知是近日何如陶潛尚存菊徑且休羨松風陶隱居沙汀冷揀寒枝不似烟水黃蘆

洞仙歌

寄茅峰梁中砥

中峰（一作流）壁立掛飛來（一作蓬萊）孤劍蒼雪紛紛墮晴蘚自當年詩酒客裏相逢春尚好鷗散烟波茂陵苑　只（一作祗）今誰最老種玉人間消得梅花共清淺問我入山期但恐山深松風把紅塵吹（一作分）斷望蓬萊（一作弱水）知隔幾重雲料只隔中間白雲一片

風入松

題蔣道録溪山堂（別本道録作山泉）

門前山可久長看留住白雲難溪虛却與雲相傍對白雲何必深居一作山爽氣潛生樹石晴光竟入闌干　舊家三徑竹千竿蒼雪拂衣寒綠簑青笠玄真子釣風波不是真閒得一作何似壺中日月依然只在人間

小重山

題曉竹圖

淡色分山曉氣浮疏林猶剩葉不多秋林深彷彿昔曾游頻喚酒漁屋岸西頭　不凝此凝眸朦朧清影裏過扁舟行行應到白蘋洲烟水冷傳語舊沙鷗

浪淘沙

題許由擲瓢手卷

拂袖入山阿深隱松蘿掬流洗耳厭塵多石上一般清意味

不羨漁簑　日月靜中過俗□消磨風瓢分付與淸波却笑
唐求因底事無柰詩何

憶王孫

謝安棊墅

爭棊賭墅意欣然心似游絲颺碧天只爲當時一着玄笑苻
堅百萬軍聲屐齒前

蝶戀花

邵平種瓜

秦地瓜分侯巳故不學淵明種秫辭歸去薄有田園還種取
養成碧玉甘如許　卜隱靑門眞得趣蕙帳空閒鶴怨來何
暮莫說蝸名催及戍長安城下鋤烟雨

如夢令

淵明行徑

苔徑獨行清晝瑟瑟松風如舊出岫本無心遲種門前楊柳
回首回首籬下白衣來否

醜奴兒

子母猿

山人去後知何處風月清虛來往無拘戲引兒孫樂有餘
懸崖掛樹如相語常守枯株久與人疏閒了當年一卷書

浣溪紗

雙筍

空色莊嚴玉版師老斑遮護錦綳兒只愁一夜被風吹 潤
處似沾貧谷雨斫來如帶渭川泥從空托出鎮帷犀

清平樂

平原放馬

轡搖銜鐵蹴蹋平原雪勇趁軍聲曾汗血閑過昇平時節茸茸春草天涯涓涓野水晴沙多少驊騮老去至今猶困鹽車

木蘭花慢

幾分春到柳青未了欲婆娑甚書劍飄零身猶是客歲月頻過西湖故園在否怕東風今日落梅多抱瑟空行古道盟鷗頓冷清波　知麼老子狂歌心未歇髩先皤嘆敝却貂裘驅車萬里風雪關河燈前恍疑夢醒好依然只着舊漁蓑流水桃花漸暖酒船不去如何

長相思

贈別笑倩別本作書寄笑倩柔香以致別意

去來心短長亭只隔中間一片雲不知何處尋　悶還顰恨還嗔同是天涯流落人此情烟水深

南樓令

有懷西湖且嘆客游之漂泊

湖上景消磨飄零有夢過問堤邊春事如何可是而今張緒老見說道柳無多　客裏醉時歌尋思安樂窩買扁舟重緝漁蓑欲趁桃花流水去又却怕有風波

清平樂

題倦耕圖

一犂初卸息影斜陽下角上漢書何不掛老子近來慵跨烟村草樹離離臥看流水忘歸莫歆山中清味怕教洗耳人知

滿江紅

近日衰遲但隨分蝸涎自足底須共紅塵爭道頓荒松菊壯志已荒圯上履正音恐是溝中木又安知幕下有詞人歸心速　書尚在憐魚腹珠何處驚魚目且依然詩思灞橋人獨不用回頭看墮甑不愁抱石疑非玉忽一聲長嘯出山來黃粱熟

法曲獻仙音

題姜子野雪溪圖

梅失黃昏，雁驚白晝，脈脈斜飛雲表。絮不生萍，水疑浮玉，此景正宜舒嘯一作清眺。記夜悄、曾乘興，何必見安道。　繫船好。想前村、未知甚處，吟思苦、誰游灞橋路杳。清歡一瓢寒，又何妨、分傍茶竈。野屋蕭蕭，任樓中、低唱人笑。漸東風解凍，怕有桃花流到。

浣溪紗

寫墨水仙二紙寄曾心傳併題其上

昨夜藍田採玉游，向陽瑤草帶花收，如今風雨不須愁。　零露依稀傾鑿落，碎瓊重疊綴搔頭，白雲黃鶴思一作自悠悠。

又

半面妝凝鏡裏春同心帶舞掌中身因（一作應）沾弱水褪精神

冷艷喜尋梅共笑枯香羞與佩同紉湘皐猶有未歸人

一枝春

爲陸浩齋賦梅南

竹外橫枝並闌干試數風纔一信么禽對語彷彿醉眠初醒遥知是雪甚都把暮寒□消盡清更潤明月飛來瘦却舊時疏影　東閣漫撩詩興料西湖樹老難認和靖晴窗自好勝事每來獨領融融向煖□塵世萬花猶冷須釀成一點春腴暗香在鼎

水調歌頭

寄王信父

白髮已如此歲序更駸駸化機消息莊生天籟雍門琴頗笑論交說劍休問高車駟馬袞袞口黃金螘在元無夢水競不流心　絕交書招隱操惡圓箴世塵空擾脫巾掛壁且松陰誰對紫微閣下我對白蘋洲畔朝市與山林不用一錢買風月短長吟

南樓令

送杭友

聚首不多時烟波又別離有黃金應鑄相思折得梅花先寄我山正在裏湖西　風雪脆荷衣休教鷗鷺知鬢絲絲猶混塵泥何日東書歸舊隱只恐怕種瓜遲

南鄉子

竹居

愛此碧相依卜築西園隱逸時三徑成陰門可款幽棲蒼雪紛紛冷不飛　青眼舊心知瘦節終看歲晚期人在淸風來往處吟詩更好梅花着一枝

朝中措

淸明時節雨聲譁潮擁渡頭沙翻被梨花冷看人生苦戀天涯　燕簾鶯戶雲窗霧閣酒醒啼鴉折得一枝楊柳歸來插向誰家

采桑子

西園冷罥秋千索雨透花顋雨過花皴近覺江南無好春杜郎不恨尋芳晚夢裏行雲陌上行塵最是多愁老得人

阮郎歸

有懷北游

細車驕馬錦相連香塵逐管絃瞥然飛過水秋千清明寒食
天　花貼貼柳懸懸鶯房幾醉眠醉中不信有啼鵑江南二
十年

浣溪紗

艾蒳香消火未殘便能晴去不多寒冶游天氣却身閒　帶
雨移花渾懶看應時插柳日須攀最堪惆悵是東闌

風入松

閏元宵

向人圓月轉分明簫鼓又逢迎風吹不老蛾兒鬧繞玉梅猶
戀香心報道依然放夜何妨款曲行春　錦燈重見麗繁星
水影動梨雲今朝準擬花朝醉柰今宵別是光陰簾底聽人
笑語莫教遲了□青

踏莎行

咏湯

瑤草收香琪花采汞冰輪碾處芳塵動竹爐湯煖火初紅玉纖調罷歌聲送　麾去茶經襲藏酒頌一盃清味佳賓共從來采藥得長生藍橋休被瓊漿弄

鷓鴣天

樓上誰將玉笛吹山前水濶暝雲低勞勞燕子人千里落落梨花雨一枝　修禊近賣餳時故鄉惟有夢相隨夜來折得江頭柳不是蘇堤也皺眉

摸魚子

春雪客中寄白香巖王信父

又孤吟灞橋深雪千山絕盡飛鳥梅花也着東風笑一夜瘦

添多少春悄悄正斷夢愁詩忘却池塘草前村路杳看野水流冰舟閒渡口何必見安道　慵登眺脉脉霏霏未了寒威猶自清峭終須幾日開晴去無柰此時懷抱空暗惱料酒興歌情未肯隨人老惜花起早拚醉裏忘歸接䍦更好一笑任傾倒

滿江紅

己酉春日

老子今年多准備吟牋賦筆還自喜錦囊添富頓非疇昔書冊琹棋清隊仗雲山水竹閒蹤跡任醉節游屐過平生千年客　回首夢東隅失乘興去桑榆得且怡然一笑探梅消息天下神仙何處有神仙只向人間覓折梅花橫掛酒壺歸白鷗識

木蘭花慢

元夕後春意盎然頗動游興呈霅川吟社諸公

錦街穿戲鼓聽鐵馬響春冰甚舞繡歌雲歡情未足早已收燈從今便須勝賞步青青野色一枝藤落魄花間酒侶溫存竹裏吟朋　休憎短髮鬅鬙游興懶我何曾任蹴蹋芳塵尋蕉覆鹿自笑無能清狂尚如舊否倚東風嘯咏古蘭陵十里梅花霽雪水邊樓觀先登

又

用前韻呈王信父

江南無賀老看萬壑出清冰想柳思周情長歌短咏窗與傳燈山川潤分秀色稱醉揮健筆剡溪藤一語不談俗事幾人來結吟朋　堪憎我髮鬅鬙頻賦曲舊時曾但春蚓秋蛩寒

籬晚砌頗嘆非能何如種瓜種秫帶一鉏歸去隱東陵野嘯天風兩耳翠微深處孫登

浪淘沙

寒口不多時燕燕纔歸杏花零落水痕肥淺碧分山初過雨一霎晴暉　閒折小桃枝蝶也相隨晚妝不合整蛾眉驀忽思量張敞畫又被愁知

臨江仙

懷辰州教授趙學舟

一點白鷗何處去半江潮落沙虛淡黃柳上月痕初遐觀情悄悄凝想步徐徐　每一相思千里夢十年有此相疏休休寄雁問何如如何休寄雁難寫絕交書

壺中天

遶枝倦鵲髩蕭蕭肯信如今猶客風雪荷衣寒葉補一點燈花懸壁萬里舟車十年書劍此意青天識泛然身世故家休問清白　却笑醉倒衰翁石牀飛夢不入槐安國只恐溪山游未了莫嘆飄零南北衮衮江橫嗚嗚歌罷渺渺情何極正無聊賴天風吹下孤笛

謁金門

晚晴薄一片杏花零落縱是東風渾未惡二分春過却　可怪寒生池閣下了重重簾幙忽見舊巢還是錯燕歸何處着

清平樂

采芳人杳頓覺游情少客裏看春多草草總被詩愁分了　去年燕子天涯今年燕子誰家三月休聽夜雨如今不是催花

漁家傲

病中未及過毘陵

門掩新陰孤館靜楊花却解來相趁幾日方知因酒病無憀甚脫巾掛壁將書枕　見說落紅堆滿徑不知何處游人盛自笑扁舟猶未定淸和近尋詩已約蘭陵令

又

辛苦移家聊處靜埽除花徑歌聲趁也學維摩閒示病迂疏甚松風雨耳和衣枕　頗倦扶筇尋捷徑東牆藹藹紅香盛少待搖人波自定蓬壺近且呼白鶴招韓令

壺中天

白香巖和東坡韻賦梅

苔根抱古透陽春挺挺林間英物隔水笛聲那得到斜日空

明絶壁半樹籬邊一枝竹外冷艷陵蒼雪淡然相對寓花無此清傑　還念庾嶺幽情江南聊折贈行人應發寂寂西窗閒弄影深夜寒燈明滅且浸芳壺休簪短帽照見蕭蕭鬢幾時歸去朗吟湖上香月

南樓令

題聚仙圖

曾記宴蓬壺尋思認得無醉歸來事已模糊忽對畫圖如夢寐又因甚下清都　拍手笑相呼應書縮地符恐（一作想）人間天上同遊隔水一聲何處笛正月滿洞庭湖

清平樂

題壘仙雙清圖

丹邱瑤草不許秋風掃記得對花曾被惱猶似前時春好

湘皐閒立雙清相看祓冷無聲獨說長生未老不知老却梅兄

浪淘沙

余畫墨水仙并題其上

回雪欲婆娑淡埽修蛾盈盈不語柰情何應恨梅兄樊弟遠雲隔山阿　弱水夜寒多帶月曾過羽衣飛過染餘波白鶴難招歸未得天潤星河

西江月

題墨水仙

縹緲波明洛浦依稀玉立湘皐獨將蘭蕙入離騷不識山中瑤草　月照英翹楚楚江空醉魄陶陶猶疑顏色尚清高一笑出門春老

壺中天

懷雪友

異鄉倦旅問扁舟東下歸期何日琴劍空隨身萬里天地誰
非行客李杜飄零羊曇悲感回首俱陳迹羈懷難寫豆蟲吟
破孤寂　椨外門掩疏陰佳人何處溪上蘋花白酉得一方
無用月隱隱山陽聞笛舊雨不來風流雲散惟有長相憶雁
書休寄寸心分付梅驛

甘州

和袁靜春入杭韻

聽江湖夜雨十年燈孤影尚中洲對荒涼茂苑吟情渺渺心
事悠悠見說寒梅猶在無處認西樓招取樓邊月同載扁舟
明日琴書何處正風前墜葉草外閒鷗甚消磨不盡惟有

古今愁總休問西湖南浦漸春來烟水入天流清游好醉招黃鶴一嘯清秋

風入松

與王彥常游會仙亭

愛閒能有幾人來松下獨徘徊清虛冷淡神仙事笑名場多少塵埃漱齒石邊危坐洗心易裏舒懷　劃然長嘯白雲堆更待月明□一瓢春水山中飲喜無人蹋破蒼苔開了桃花半樹此游不是天台

又

酌惠山泉

一瓢飲水曲肱眠此樂不知年今朝忽上龍峰頂却元來有此甘泉洗却平生塵土慵游萬里山川　照人如鑑止如淵

古竇暗涓涓當時桑苧今何在想松風吹斷茶烟着我白雲堆裏安知不是神仙

浪淘沙

題陳汝朝百鷺畫卷

玉立水雲鄉爾我相忘披離寒羽庇風霜不趁白鷗游海上静看魚忙　應笑我淒涼客路何長猶將孤影侶斜陽花底鵷行無認處却對秋塘

祝英臺近

題陸壺天水墨蘭石（別本壺天作湖山）

帶飄飄衣楚楚空谷飲甘露一轉（一作不信）花風蕭艾遽（一作清氣自）如許細看息影雲根淡然詩思曾□祓生香輕誤（一作寄一點生香何）處　此中趣能消幾筆幽奇羞掩衆（一作羣）芳譜薜老苔荒山

鬼竟無語夢游忘了江南故人何處一作但愁騷客聽淒涼行吟澤畔一片瀟湘夜風一作雨

臺城路

夏壺隱壁間李仲賓寫竹石趙子昂作枯木娟淨峭拔遠返古雅余賦詞以述二妙

老枝無着秋聲處蕭蕭倦聽風雨暗飲春腴欣榮晚節不載天河人去心存太古喜冰雪相看此君欲語共倚雲根歲寒羞並歲寒所　當年曾見漢館捲簾頻坐對飛夢湘楚歎我重來何堪如此落葉空江無數盤桓屢撫似冉冉吹衣頗疑非霧素壁高堂晉人清幾許

山中白雲詞 卷七 九

長亭怨

別陳行之

跨匹馬東瀛烟樹轉首十年旅愁無數此日重逢故人猶記舊游否雨今雲古更秉燭渾疑夢語哀哀登臺嘆野老白頭如許 歸去問當初鷗鷺幾度西湖霜露漂流最苦便一似斷蓬飛絮情可恨獨棹扁舟浩歌向清風來處有多少相思都在一聲南浦

憶舊游

寓毘陵有懷澄江舊友

笑銘崖筆倦訪雪舟寒覓里尋隣半掩閒門草看長松落蔭舊榻懸塵自憐此來何事不爲憶鱸蓴但回首當年芙蓉城

裏勝友如雲　思君度遙夜謾疑是梅花簷下空巡蝶與周俱夢折一枝聊寄古意殊眞渺然望極來雁傳與異鄉春尚記得行歌陽關西出無故人

踏莎行

郊行值游女以花擲水余得之戲作此解

花引春來手擘春住芳心一點誰分付微歌微笑驀思量瞥然抛與一作下東流去　帶潤偷拈和香密護歸時自有留連處不隨烟水不隨風不教輕一作更把劉郎誤

浪淘沙

作墨水仙寄張伯雨

香霧濕雲鬟蕊珮珊珊酒醒微步晚波寒金鼎尚存丹已化雪冷虛壇　游冶未知還鶴怨空山瀟湘無夢繞一作憶蔡蘭

碧海茫茫歸不去却在人間

西江月

又

落落奇花未吐離離瑤草偏幽蓬山元自不知秋却笑人間春瘦　瀟灑寒犀麈尾玲瓏潤玉搔頭半窗晴日水痕收不怕杜鵑啼後

珍珠令

桃花扇底歌聲杳愁多少便覺道花陰閒了因甚不歸來甚歸來不早　滿院飛花休要埽待留與薄情知道別本疊知道二字怕一似飛花和春都老

壺中天

壽月溪

波明晝錦看芳蓮迎曉風弄晴碧喬木千年長潤屋清蔭圖
書琴瑟龜甲屏開蝦鬚簾捲瑤草秋無色和熏蘭麝一作絲棶砌
衣歡擁詩伯　溪上燕往鷗還筆牀茶竈筇竹隨游屐閒似
神仙閒最好未必如今閒得書染芝香驛傳梅信次第來雲
北金尊須滿月光長照歌一作秋席

摸魚子

爲卞南仲賦月溪

溯空明霽蟾飛下湖湘難辨遙樹流來那得清如許不與衆
流東注浮淨一作玉宇任消息虛盈壺內藏今古停杯問取甚
玉笛移宮銀橋散影依舊廣寒府　休凝佇鼓枻漁歌在否
滄浪渾是烟雨黃河路接銀河路炯炯近一作去天尺五還自
語柰一寸閒心不是安愁處凌風遠舉趁冰玉光中排雲萬

里秋艇載詩去

好事近

贈笑倩

蔥蒨一作愁倩滿身雲酒暈淺融香頰水調數聲嫺雅把芳心偷一作徐說風吹裙帶下堦遲驚散雙一作兩蝴蝶伴撚花枝微笑濇睛波一瞥

小重山

烟竹圖別本作烟鎖篔簹谷

陰過雲根冷不移古林疏一作深又密色依依何須噴飯笑當時篔簹谷盈尺小鵝溪　展玩似堪疑楚山從此去望中迷不知何一作那處倚湘妃空江晚長笛一聲吹

蝶戀花

秋鶯

求友林泉深密處弄舌調簧如問春何許燕子先將雛燕去淒涼可是歌來暮　喬木蕭蕭梧葉雨不似尋芳翻落花心露認取門前楊柳樹數聲須入新年語

南樓令

壽月溪

天淨雨初晴秋清人更清瀟吟窗柳思周情一片香來松桂下長聽得讀書聲　閒處卷（一作養）黃庭年年兩鬢青佩芳蘭不（一作懶）繫塵纓傍取溪邊端正月對玉兎話長生

風入松

溪山堂竹（別本作子昂竹石卷子）

新篁依約珮初搖老石潤山腰逸人未必猶酣酒正溪頭風

雨蕭蕭礪齒猶隨市隱虛心肯受春招　從教三徑入漁樵對此覺塵消娟枝冷葉無多子伴明窗書卷詩瓢清一作過濃炎天梅蕊淡欺雪裏芭蕉

蹋莎行

跋伯時弟撫松寄傲詩集

水落槎枯田荒玉碎夜闌秉燭驚相對故家文物已無傳一燈却照清江外　色展天機光搖海貝錦囊日月奚童背重逢何處撫孤松共吟風月西湖醉

聲聲慢

中吳感舊

因風整帽借柳維舟陸輔之詞旨風作花舟作船　休登故苑荒臺去歲何年游處半入蒼苔白鷗舊盟未冷但寒沙空與愁堆謾嘆息

問西門灑淚不忍徘徊　眼底江山猶在把冰絃彈斷苦憶顏回一點歸心分付布襪青鞵相尋已期到老那知人如此情懷悵望久海棠開依舊燕來

又

重過垂虹

□聲短棹栁色長橋無花但覺風香萬境天開逸興縱我清狂白鷗更閒似我趁平蕪飛過斜陽重嘆息却如何不□夢裏黃粱　一自三高非舊把詩囊酒具千古淒涼近日烟波樂事盡逐漁忙山橫洞庭夜月似瀟湘不似瀟湘歸未得數清游多在水鄉

又

寄葉書隱

百花洲畔十里湖邊沙鷗未許盟寒舊隱琹書猶記渭水長安蒼雲數千萬壘却依然一笑人間似夢裏對青尊白髮秉燭更闌　渺渺烟波無際喚扁舟欲去且與憑闌此別何如能消幾度陽關江南又聽夜雨怕梅花零落孤山歸最好甚閒人猶自未閒

木蘭花慢

歸隱湖山書寄陸處梅

二分春是雨采香徑綠陰鋪正私語晴蛙于飛晚燕閒掩紋疏流光慣欺病酒問楊花過了有花無啼鴂初聞院宇釣船猶繫菰蒲　林逋樹老山孤渾忘却隱西湖嘆扇底歌殘蕉閒夢醒難寄中吳秋痕尚懸鬢影見蓴絲依舊也思鱸粘壁蝸涎幾許清風只在樵漁

清平樂

蘭曰國香爲哲人出不以色香自眩乃得天之清者也楚子不作蘭今安在得見所南翁紙上數筆斯可矣賦此以紀情事云

□花一葉比似前時別烟水茫茫無處說冷却西湖□月
貞芳只合深山紅塵了不相關畱得許多清影幽香不到人間

又

贈雲麓麓道人

□□不了多被紅塵老一粒粟中休道好弱水竟通蓬島
孤雲漂泊難尋如今却在□□莫趁清風出岫此中方是無心

又

題平沙落雁圖

平沙流水葉老蘆花未落雁無聲還有字一片瀟湘古意扁舟記得幽尋相尋只在口口莫趁春風飛去玉關夜雪猶深

臨江仙

甲寅秋寫吳作墨水仙爲處梅吟邊清玩時余年六十有七看花霧中不過戲縱筆墨觀者出門一笑可也

剪剪春冰消薥壑和春帶出芳蕤誰分弱水洗塵紅低回金叵羅約略玉玲瓏　昨夜洞庭雲一片朗吟飛過天風戲將瑤草散虛空靈根何處覓只在此山中

思佳客

題周草窗武林舊事

夢裏曾騰說夢華鶯鶯燕燕已天涯蕉中覆處應無鹿漢上重來不見花　今古事古今嗟西湖流水響琵琶銅駝烟雨棲芳草休向江南問故家

清平樂

別苗仲通

栁間花外日日離人淚憶得樓心和月醉落葉與愁俱碎如今一笑吳中眼青猶認衰翁先泛扁舟烟水西湖多定相逢

又

過金桂軒墳園

□□晴樹寒食無風雨記得當時游冶處桂底一身香露
神仙只在蓬萊不知白鶴飛來乘興飄然歸去嗔人蹋破蒼
苔

風入松

久別曾心傳近會于竹林淸話歡未足而離歌發情
如之何因作此解時至大庚戌七月也

滿頭風雪昔同游同載月明舟回來又續西湖夢遶江南那
處無愁贏得如今老大依然只是飄流　故人剪燭對花謳
不記此身浮征衣冷落荷衣煖徑雖荒也合歸休明□□□
烟水相思却在并州

漁歌子

十解　張志和與余同姓而意趣亦不相遠庚戌春

自陽羡牧溪放舟過罨畫溪作漁歌子十解述古調也

□邨灣頭屋數間放船收盡一溪山聊適興且怡顔問天難買是眞閒

又

□□□□□溪流緊繫籬邊一葉舟沽酒去閉門休從此淸閒不屬鷗

又

□□□□白雲多童子貪眠枕綠簑莞爾笑浩然歌柰此蕭蕭落葉何

又

□□□□半樹梅捲簾一色玉蓬萊宜嘯咏莫徘徊乘與扁

舟好去來

又

□□□□□子同更無人識老漁翁來往事有無中却恐桃源自此通

又

□□□□□求魚釣不得魚還自如塵事遠世人疏何須更寫絕交書

又

□□□□濯塵纓嚴瀨磻溪有重輕多少事古今情今人當似古人淸

又

□□□□□浮家蓬底光陰髩未華停短棹艤平沙流來恐

是杏壇花

又

□□□□□孤村路隔塵寰水到門斜照散遠雲昏白鷺飛來老樹根

又

□□□年酒半酣知魚知我靜中參峯六六徑三三此懷難與俗人談

一剪梅

悶蕊驚寒減艷痕蜂也消魂蝶也消魂醉歸無月傍黃昏知是花村知是前村　留得閒枝葉半存好似桃根不似桃根

小樓昨夜雨聲渾春到三分秋到三分

南鄉子

野色一橋分活水流雲直到門落葉堆籬從不埽開尊醉裏教兒誦楚文　隔斷馬蹄痕商鼎熏花獨自聞吟思更添清絶處黄昏月白枝寒雪滿村

清平樂

過吳見屠存博近詩有懷其人（別本屠作吳）

五湖一葉風浪何時歇醉裏不知花影別依舊空山明月夜深鶴怨歸遲此時那處堪歸門外一株楊柳折來多少相思

柳梢青

清明夜雪

一夜凝寒忽成瓊樹換却繁華因甚春深片紅不到綠水人家　眼驚白晝天涯空望斷塵香鈿車獨立回風東闌惆悵

莫是梨花

南歌子

陸義齋燕喜亭

窗密春聲聚，花多水影重。只留一路過東風。園得生香不斷錦熏籠。　月地連金屋，雲樓瞰翠蓬。惺鬆笑語隔簾櫳。知是誰調鸚鵡柳陰中。

青玉案

閒居

萬紅梅裏幽深處。甚杖屨、來何暮。草帶湘香穿水樹。塵留不住，雲留卻住，壺內藏今古。　獨清懶入終南去。有忙事、修花譜。騎省不須重作賦。園中成趣，琴中得趣，酒醒聽風雨。

右山中白雲八卷絕妙好詞箋張炎字叔夏西秦人循王之後居杭號玉田又號樂笑翁有詞源二卷山中白雲八卷楼玉田詞於康熙間龔蘅圃侍御翔麟得曝書亭鈔本鏤版以傳繼歸趙谷林昱之小山堂廣爲摹印余計龔氏迄今已百數十年而小山堂亦琴書散落其版片能不免其斷爛邪曩嘗語鮑丈渌飲廷博黃主政蕘圃丕烈付諸剞劂葢深恐久而失傳也今金君桐孫舉以開彫眞詞林盛事昔樊榭厲氏鶚序云功甫名鎡偏傍從金以五行相生推之叔夏于功甫爲三世于循王爲五世與袁伯長贈詩注相符特功甫與斗南父均未審耳余讀宋奚淢秋崖津言張濡字子含父功甫與史衛王謀誅韓侂冑者子樞字斗南工長短句則樞父爲濡獨鎡父無攷而方萬里南湖集小序云南湖生于紹興癸

酉循忠烈王之曾孫據此叔夏于循王爲六世厲氏乃以袁

桷詩注沿誤也因書于後以攷叔夏世系云烏程范鍇跋

烏程范鍇

全椒金望華同校刊

書山中白雲卷後

曩余薄游楚北郎耳寓公范丈白舫名時丈遠客蜀中未相見也茲橐筆復來漢汭始得相與過從適丈與金君桐孫互商有三家合刻之舉白石碧山二集已各訂訛而玉田詞較多數倍不以檮昧見棄屬與校勘畢余按玉田于祥興宋亾時年僅三十有二以勳臣之裔不願仕進發喬木摧隤布袍淪落幾無以寧居故不得已往來南北之途甚至賣卜於鄞肆銅槃之泣桑海之嗟時寓意於長短句中低回不置讀山中白雲當悲其志而閔其窮也周丈止菴稱中仙能自尊其體獨不及玉田豈有愛憎之偏耶惟龔氏原本或沿鈔本之譌故有落字如卷五甘州之翠袖上落去三字已補三空格注明於後矣又有誤字丈爲摘出如卷四南樓令之桃雲汎

遠波桃字當作披字淡黄柳之柔枝未堪折未字作那字卷八臨江仙之剪剪春冰出萬壑出字作消字而卷中空格甚多間有一二亦可以意揣無疑者如卷六南鄉子晴野事春游之游字木蘭花慢幾分春到柳之幾字卷七摸魚子拚醉裡忩歸之裡字酌爲補塡餘則壹仍其舊至卷四憶舊游後半結句卷六洞仙歌前半結句均多一字卷七一枝春暮寒消盡句消字上多一空格未敢擅爲損益范丈金君以刊工竣事未克注明屬歷舉各條書於卷後以待正大雅君子焉時道光辛丑季冬佛誕日全椒篘山吳搢光識於漢上寓廬

余幼有倚聲之癖凡宋元名作手鈔成帙名曰詩餘簡編吟玩無少輟暇或引紙揮筆自鳴得意而求其所謂四聲五音重輕清濁之故茫乎未有得也弱冠後游於楚聞范丈白舫名丈吳興老斲輪也著有苕溪漁隱詞二卷膾炙人口久矣時客蜀中丙戌春自夔歸漢亟以蕪詞就正過蒙獎譽辱爲忘年交戊戌秋余攜湘姬賃居於吳氏之小聽秋館與丈比鄰蹤益密恒一詞脫手丈必指示不逮遂於詞學源流升降得失稍稍窺其門徑焉丈嘗謂詞盛於宋元而詞之正宗以姜白石張玉田王碧山三家爲斷久欲專刻三家爲一集俾操觚家得所依歸不致有歧塗之患垂三十年未克蕆事余亦墨守姜張聞之忻然迺互相參校一二同好之士醵金開彫適同邑吳君筠山來亦得糾正訛落越半年而告竣名之

曰三家詞合刻云凡三家之里居出處范丈掇樊榭之絶妙好詞箋分載跋語無可復贅白石詞叔夏比之野雲孤飛去留無迹二語已抉白石精蘊竊以詞家之有堯章猶詩家之有太白如天馬行空不可羈紲皆仙才也或云白石脱胎稼軒豈篤論哉玉田詞篇什較諸家爲最富其中酬應之作間或率意塡之用韻亦寬此其病耳然一種清空秀遠之氣躍躍於紙上亦自有不可磨滅者范丈并詳攷玉田世系余桉宋史張循王有五子琦厚顔正仁未知玉田出誰後鄧牧伯牙琴載張樞循王後善詞名世子炎能傳其家學玉田詞源亦言先人曉暢音律有寄閒集行於世厲氏絶妙好詞箋載張桂循王從子恭簡公四世孫桂與樞名皆從木於循王爲五世則玉田於循王爲六世無疑此又其一證也碧山詞蓮